Código do Direito de Autor e dos Direitos Conexos

Código do Direito de Autor e dos Direitos Conexos

ANOTADO

2019 • 2ª Edição – Revista e Actualizada

Patrícia Akester

INCLUI OITO DIPLOMAS INTEGRANTES

ALMEDINA

**CÓDIGO DO DIREITO DE AUTOR
E DOS DIREITOS CONEXOS**

ANOTADO

AUTORA

Patrícia Akester

EDITOR

EDIÇÕES ALMEDINA, S.A.

Rua Fernandes Tomás, nºs 76-80

3000-167 Coimbra

Tel.: 239 851 904 · Fax: 239 851 901

www.almedina.net · editora@almedina.net

DESIGN DE CAPA

FBA.

PRÉ-IMPRESSÃO

João Jegundo

IMPRESSÃO E ACABAMENTO

ACD Print, S.A.

Outubro, 2019

DEPÓSITO LEGAL

462262/19

ALMEDINA | GRUPOALMEDINA

BIBLIOTECA NACIONAL DE PORTUGAL – CATALOGAÇÃO NA PUBLICAÇÃO

PORTUGAL. Leis, decretos, etc.

Código do direito de autor e dos direitos conexos
Código do direito de autor e dos direitos
conexos : anotado / Patrícia Akester. – 2ª
ed. rev. e atualizada. – (Códigos anotados)
ISBN 978-972-40-8129-8

I – AKESTER, Patrícia

CDU 347

Para o meu filho Laurie

NOTA RELATIVA À 2ª EDIÇÃO

Esta 2ª edição tem em conta alterações legislativas e jurisprudenciais relevantes emergentes entre 2017 e 2019, tais como:

- A Lei 36/2017 de 2 de Junho, que garante o exercício dos direitos dos beneficiários das utilizações livres de obras, procedendo à décima terceira alteração ao Código do Direito de Autor e Direitos Conexos, aprovado pelo Decreto-Lei 63/85, de 14 de Março;
- O Decreto-Lei 100/2017, de 23 de Agosto, que procede à primeira alteração à Lei 26/2015, de 14 de Abril, transpondo a Directiva 2014/26/UE, relativa à gestão colectiva dos direitos de autor e direitos conexos e à concessão de licenças multiterritoriais de direitos sobre obras musicais para utilização em linha no mercado interno, e que procede à décima quarta alteração do Código dos Direito de Autor e Direitos Conexos e a tabela de compensação equitativa anexa à Lei 62/98, de 1 de Setembro;
- O Decreto-Lei 89/2019, de 4 de Junho que procede à segunda alteração à Lei 26/2015, de 14 de Abril, alterada pelo Decreto-Lei 100/2017, de 23 de Agosto, que regula as entidades de gestão colectiva do direito de autor e dos direitos conexos; e
- A Lei 92/2019, de 4 de Setembro, que estabelece as utilizações permitidas de obras em benefício de pessoas cegas, transpondo a Directiva 2017/1564, do Parlamento Europeu e do Conselho, de 13 de Setembro, e descriminaliza a execução pública não autorizada de fonogramas e videogramas editados comercialmente, procedendo à décima quinta alteração ao Código do Direito de Autor e Direitos Conexos, à segunda alteração ao Decreto-Lei 252/94, de 20 de Outubro, à terceira alteração ao Decreto-Lei 332/97, de 27 de Novembro e à primeira alteração ao Decreto-Lei 122/2000, de 4 de Julho.

A recente aprovação da Directiva sobre o Direito de Autor no Mercado Único Digital, que será transposta para o território nacional nos próximos dois anos, impõe uma breve referência à reforma europeia do Direito de Autor na sua intersecção com o digital que se seguirá.

Aqui deixo apenas, a esse propósito, breves considerações a quatro níveis: (i) político, (ii) técnico, (iii) prático e (iv) nacional.

A nível político a Directiva gerou enorme controvérsia e falsas questões. A verdadeira questão é que o tratamento que a Directiva dá ao direito de autor na Internet desafia o *status quo* existente, retirando poder às grandes plataformas da Internet (norte americanas) em benefício de entidades europeias do mundo cultural e editorial.

Não foi por acaso que as grandes plataformas da Internet criticaram fortemente a Directiva. Os artigos 11º e 13º (15º e 17º de acordo com a nova numeração) foram os mais contestados: curiosamente os artigos que alteram o equilíbrio de poder entre tais plataformas e a indústria cultural e editorial europeia.

O *Pirate Party* liderou uma campanha europeia contra a Directiva, sendo que a protagonista de tal campanha, Julia Reda, actuou com base numa ideologia que propugna a erradicação do direito de autor em nome de reivindicações de ordem pública. Na prática, talvez inconscientemente, a campanha em causa serviu, ou tentou servir, os interesses das referidas plataformas.

A nível técnico, tentando respeitar o imprescindível equilibrio entre os interesses do criador e os da sociedade no que concerne à produção e ao uso das obras do espírito, a Directiva estabelece medidas que beneficiam os utilizadores (artigos 3º, 4º, 5º e 6º, entre outros, de acordo com a nova numeração) bem como medidas que beneficiam os autores e titulares de direitos (os famosos artigos 11º e 13º, 15º e 17º de acordo com a nova numeração).

Em benefício dos utilizadores, a Directiva identifica três domínios de intervenção para criação de novas excepções: a prospecção de textos e dados no domínio da investigação científica, as utilizações digitais e transnacionais no domínio da educação e a conservação do património cultural.

Em benefício dos autores e titulares de direitos, a Directiva propõe regras no que toca à utilização digital das publicações de imprensa (*press right*) e à utilização de conteúdos protegidos pelas grandes plataformas da Internet (*value gap*).

A nível prático, as grandes plataformas acabarão por conceder alguns dos proventos obtidos a quem cria cultura (e que, em regra, não obtém ordenado mas apenas *royalties*), os investigadores, os professores, os alunos e as instituições responsáveis pelo património cultural passarão a ter a possibilidade de executar certos actos em nome do interesse público no acesso à informação, à cultura e ao conhecimento e os utilizadores poderão praticar de forma legítima certos actos que até agora praticavam de forma ilícita.

Note-se, por exemplo, que a paródia, que torna lícitos os famosos *memes*, não é permitida à luz do direito de autor português, mas passará a sê-lo em função da implementação da Directiva, o que significa que os *memes* passarão, em Portugal, de ilícitos a lícitos.

Mas recorramos ao artigo 13º (artigo 17º de acordo com a nova numeração), que incide, como sabemos, sobre a utilização de conteúdos protegidos pelas grandes plataformas, para ilustrar de forma mais detalhada, tomando como exemplo a polémica norma, as consequências práticas da Directiva.

Por um lado, o preceito, que na sua versão inicial defendia a Cultura Europeia de forma incisiva, foi diluído à medida que as negociações foram avançando e, por outro lado, é acompanhado de um Recital, o Recital (64) que pode ser interpretada, se a leitura não for atenta, no sentido de que a lei comunitária não é, neste campo, alterada mas somente esclarecida.

Uma leitura cuidada do artigo em causa permite concluir que as plataformas efectivamente abrangidas pelo artigo 13º:

- Devem, antes de mais, tentar obter autorização para o uso de conteúdos nos seus sistemas;
- Se não conseguirem obter autorização apesar dos seus *best efforts* devem tentar evitar actos ilícitos nos seus sistemas, mas só têm de recorrer a medidas tecnológicas (a) se tiverem à sua disposição medidas adequadas e eficazes, (b) se tal não for demasiadamente oneroso em termos financeiros e (c) se forem devidamente avisadas pelos titulares de direitos de autor;
- Se apesar dos seus *best efforts* surgirem conteúdos ilícitos nos seus sistemas, devem as ditas plataforma remover ou impedir o acesso a esses conteúdos, **desde que** devidamente avisadas pelos titulares de direitos de autor. Ou seja, a ausência de notificação elimina qualquer responsabilidade por parte das grandes plataformas.

Quanto aos utilizadores:

- **Desde que** as plataformas tenham obtido autorização, os utilizadores podem usar conteúdos (a) para fins privados ou (b) até para fins comerciais **desde que** apenas obtenham proventos insignificantes;
- Mesmo que as plataformas não tenham obtido autorização, os utilizadores podem fazer upload de conteúdos livremente **desde que** para citação,

crítica, caricatura ou paródia, isto é, podem partilhar livremente *memes* e *gifs*;
- As medidas tecnológicas para evitar usos ilícitos não devem impedir usos legítimos pelos utilizadores;
- Está prevista, à cautela, a criação obrigatória, pelas grandes plataformas, de mecanismos de reclamação e de recurso.

A complexidade surgirá, penso, a nível de **implementação doméstica** uma vez que a Directiva deixa múltiplos conceitos em aberto.

Por exemplo:

- Que *prestadores de serviços de partilha de conteúdos em linha* são abrangidos pelo artigo 13º (artigo 17º de acordo com a nova numeração)?
- A que montam os *best efforts* das grandes plataformas no sentido de obterem autorização para uso de conteúdos protegidos pelo direito de autor?
- Em sede de medidas tecnológicas para evitar actos ilícitos nos sistemas das grandes plataformas, em que consistem *medidas adequadas e eficazes*?
- Em sede de medidas tecnológicas para evitar actos ilícitos nos sistemas das grandes plataformas, quando é que o processo é *demasiadamente oneroso em termos financeiros* para as grandes plataformas?
- No que respeita aos professores e alunos, em que circunstâncias específicas estão *facilmente disponíveis no mercado acordos de licenciamento adequados às necessidades e especificidades dos estabelecimentos de ensino*?
  No que toca a partilhas executadas online pelos utilizadores, em que consistem *proventos insignificantes*?
- No atinente à possibilidade de os utilizadores executarem hiperligações a notícias, em que consistem *excertos curtos*?

Conclui-se que nada há a temer, excepto alguma complexidade na transposição da Directiva para o território nacional.

O difícil processo de negociação, a intensa polémica e os constantes anúncios da iminente morte da Internet levaram à introdução, no texto aprovado pelo Parlamento Europeu, de soluções de compromisso sob a forma de múltiplos conceitos vagos que agora carecem de estudo e de preenchimento a nível nacional.

As consequências desta reforma legislativa ficarão, assim, em grande medida, dependentes das opções tomadas pelo legislador nacional aquando da implementação da Directiva.

PREFÁCIO

RIGOR, COMPETÊNCIA E INFORMAÇÃO AO SERVIÇO DO DIREITO DE AUTOR

Como a Professora Patrícia Akester oportunamente assinala no texto introdutório do "Código do Direito de Autor e dos Direitos Conexos Anotado", "aos autores pouca referência é feita nos tempos que correm, excepto para afirmar que são meras vítimas da indústria cultural." E tal asserção – acrescenta – "traz grande perigo, pois retirados os interesses do autor da equação jusautoral torna-se fácil justificar o desrespeito pelo direito de autor. Há, pois, que fazer o público entender que partilha uma obrigação ao nível da política cultural e o quão importante é viabilizar financeiramente a criação cultural no século XXI, porque se o acesso a bens culturais tem que ser gratuito, talvez tais bens não surjam de todo."

Patrícia Akester, pela sua brilhante carreira académica, tanto em Londres, como em Cambridge, como em Portugal, na Universidade Católica, é uma das mais valiosas e competentes especialistas portuguesas no domínio da investigação que tem vindo a atrair novos docentes, evidenciando quase todos eles, de uma forma crescente e apreciável, uma visão crítica e problematizadora de um assunto que se implantou menos nas universalidades portuguesas do que seria expectável e desejável.

Pela sua obra como investigadora, sabe de ciência certa Patrícia Akester que "a causa do autor, e dos bens culturais por si gerados que tanto beneficiam a sociedade não se encontra devidamente defendida a não ser que todos os seus interesses, sejam eles monetários sejam eles morais, se encontrem acautelados. Para tal, é preciso que se reconheça a importância da criação intelectual." Por outro lado, acentua Patrícia Akester que "desde os seus primórdios, o direito de autor se tem adaptado às pressões ditadas, sobretudo, mas não apenas, pela emergência de novas tecnologias de reprodução e comunicação de obras, não havendo motivo para que o deixe de fazer, pautado, sempre, pelo imprescindível equilíbrio entre os interesses do criador e os da sociedade no que concerne à produção e ao uso das obras do espírito."

Dizendo isto, deixa Patrícia Akester, com rigor e objectividade, quase tudo dito, acentuando e alertando para o facto de os autores estarem a atravessar um preocupante período de subalternização, tanto na perspectiva dos legisladores como nas estruturas que lideram a evolução tecnológica da humanidade num período de verdadeira e perturbante transformação neste domínio.

Na introdução a este código anotado, produz a autora uma relevante e oportuna síntese daquilo que foi a evolução do direito de autor em períodos tão profundamente transformadores como foi o da Revolução Francesa ou até a dos Estados Unidos depois de Thomas Edison ter inventado o fonógrafo em 1877.

As tecnologias, como a autora muito bem observa, foram sempre essenciais para fazer chegar mais longe e em melhores condições as obras literárias ou musicais, tendo-se porém colocado "a questão de saber se a licitude destas novas utilizações das obras se encontrava dependente de autorização dos respectivos autores tendo o direito internacional reconhecido, com relativa rapidez, que ao autor cabia o direito exclusivo de autorizar a inserção da obra em registos fonográficos ou cinematográficos."

A tecnologia continua a ser o elemento central de um debate que assume importância crescente sempre que se trata de proteger e valorizar o trabalho criador em todas as suas dimensões e efeitos.

Neste texto introdutório, Patrícia Akester, além do enquadramento cronológico, encaminha também o leitor, no plano da produção legislativa, para todos os documentos que têm vindo, desde 1994 até à actualidade, a acompanhar o trabalho dos autores. Por outro lado, a investigadora sublinha a importância das doze directivas comunitárias que, desde Dezembro de 1986, contextualizam e enquadram o direito de autor.

Patrícia Akester faz questão de não ignorar que "a tecnologia digital emergiu como um poderoso instrumento de democratização do acesso à informação, à cultura e ao conhecimento, aliando a possibilidade de gerar copias perfeitas de bens culturais e de proceder à sua disseminação a nível global – instantaneamente e praticamente sem custo." E logo a seguir acrescenta que "Desde a invenção da imprensa de Gutenberg que não se assistia a semelhante fenómeno."

Todavia, a docente e investigadora não pode ignorar que "esta promessa de acesso universal, instantâneo e forçadamente gratuito a bens culturais, ameaça a sobrevivência dos alicerces conceptuais que viabilizam o processo de criação intelectual". E sublinha o facto de ter emergido e ser ter acentuado "uma questão fundamental: como pode a nossa sociedade garantir a dignidade e subsistência do criador e a sobrevivência das indústrias culturais na era digital?" Tem, pois, o texto de Patrícia Akester o mérito de, contextualizando cronologia e conceptualmente o problema, formular as perguntas e dar as respostas que a nossa atenção e empenho forçosamente exigem. O texto da introdução ao Código dos Direito de Autor e dos Direitos Conexos Anotado coloca-nos perante uma intervenção sólida, abrangente e motivadora que nos leva a ler mais e a querer saber sempre mais sobre um tema que sofre actualmente uma profunda e inquietante metamorfose, uma mudança de paradigma e que exige a atenção e a reflexão profunda dos legisladores, o empenhamento combativo da sociedade autoral, vigilância soberana e critica da sociedade de autores que o representa – a SPA – e que convoca os próprios consumidores para uma outra dimensão de análise sobre um assunto em que têm, inevitavelmente, a dupla condição de actores e observadores. Se esta convergência de energias e vontades não for alcançada, muito dificilmente a vida dos autores e o processo de defesa dos seus direitos e interesses será pacifica e tão tranquila como um acto de criação requer.

O texto da Professora Patrícia Akester deve ser lido por autores e legisladores, por decisores políticos e por consumidores por ser um valioso e fluente contributo para a análise de um assunto que não se compadece com abordagens ligeiras e com reflexões demasiado circunstanciais.

Patrícia Akester escreve o que é justo e certo e fá-lo com a reconhecida e meritória competência que nos leva a aplaudir a qualidade da sua docência e da sua investigação, bem como a sua intervenção em actos que convocam públicos e atenções diversificados, alguns dos quais já promovidos com êxito pela Sociedade Portuguesa de Autores e que eu, enquanto seu Presidente, mas também enquanto Presidente do Comité Europeu das Sociedades de Autores da CISAC, não posso deixar de recordar e louvar, convicto de que a SPA é uma instituição com a qual é preciso contar para que a batalha dos autores, sempre dura e isolada, não seja marcada por uma derrota injusta e dolorosa que tão nefasta poderá ser para a própria civilização, por cujo futuro e sustentabilidade tanto nos batemos.

José Jorge Letria

Presidente da Direcção e do Conselho de Administração da SPA

Presidente da CISAC

INTRODUÇÃO

Foi a invenção da imprensa, ocorrida durante a primeira metade do século XV, que permitiu a reprodução e a disseminação de obras literárias e artísticas com uma celeridade até aí desconhecida.

Poucos anos depois, os Estados europeus decidiram controlar a impressão e a distribuição de material impresso, que lhes podia ser avesso, reservando-se, nomeadamente, o direito de conceder autorização a quem lhes aprouvesse para a impressão e venda de certas obras ou de certas classes de obras – ou seja, outorgando os chamados «privilégios» ou monopólios de impressão e de edição.[1]

Os primeiros privilégios foram emitidos pelo Estado de Veneza, no século XV, tendo o primeiro sido outorgado a um impressor de nome Johannes de Speyer, por Decreto de 18 de Setembro de 1469, conferindo-lhe o direito exclusivo de exercer a arte da impressão.

O segundo destes privilégios foi cedido a um autor, Marc Antony Sabellico, por Decreto de 1 Setembro de 1486, obsequiando-o com o direito exclusivo de imprimir determinada obra de sua autoria. O Decreto de 1486 traduziu-se, pois, no primeiro registo da concessão formal de um «direito de autor» a um autor.

Ponto de viragem na história do direito de autor, foi a emergência da noção de que ao autor cabiam direitos exclusivos no tocante à respectiva criação literária e artística. Tendo sido defendido, ao longo do século XVII, em países como a Inglaterra, a França e a Alemanha, esse ideal apenas singrou, no princípio do século dezoito, no Reino Unido, através do Estatuto da Rainha Ana.[2]

[1] H. F. Brown, *The Venetian Printing Press*, J. C. Nimmon, 1891; G. H. Putnam, *Books and their Makers during the Middle Ages*, 2ª ed, G.H. Putnam's Sons, 1896.

[2] M. C. Dock, *Etude sur le droit d'auteur*, Librarie Générale de Droit et de Jurisprudence, 1963; M. Vogel, «Deutsche Urheber- und Verlagsrechtsgeschichte zwischen 1450 und 1850», *Archiv für Geschichte des Buchwesens*, XIX, 1978; M. Rose, *Authors and Owners: the Invention of Copyright*, Harvard U.P, 1993; B. Sherman e A. Strowel *Of Authors and*

Na génese desta lei estiveram as convulsões políticas do final do século XVII, as quais causaram o desmantelamento do sistema de fiscalização da impressão e da distribuição de obras, tendo permitido, *inter alia*, a importação de livros oriundos da Irlanda, da Escócia e da Holanda – os quais eram vendidos abaixo dos preços praticados para os livros imprimidos em Inglaterra.

Em pânico, os impressores e editores ingleses peticionaram o Parlamento, requerendo a emanação de legislação que tutelasse os seus interesses. Surgiu, neste contexto, o Estatuto da Rainha Ana, que para algum desconsolo desses peticionantes, atribuiu o direito exclusivo de imprimir livros ao autor e não ao impressor ou ao editor. Estes podiam adquirir esse direito contratualmente, mas o autor era, por lei, o seu titular originário.

O Estatuto da Rainha Ana concedia aos autores um direito exclusivo de impressão, com a duração de vinte e um anos para livros publicados e de catorze anos para livros inéditos – prazo esse contado a partir da respectiva publicação e prorrogável por iguais períodos de tempo, desde que o autor estivesse vivo à data da expiração do prazo inicial. A protecção assim concedida aos livros foi, com o tempo, estendida às gravuras, às esculturas, aos quadros, aos desenhos e às fotografias. Saliente-se que tal protecção se encontrava condicionada ao registo da obra.

A segunda lei dedicada à protecção dos interesses autorais foi a Ordenação Dinamarquesa, de 7 Janeiro de 1741, que impedia a impressão de livros publicados sem a autorização do respectivo autor ou editor.

Cronologicamente, seguiu-se a emanação, nos Estados Unidos, da Lei de 1790, a primeira lei federal dedicada ao direito de autor.[3] Na senda da lei inglesa, a Lei de 1790 concedia ao autor e aos seus sucessores, o direito exclusivo de impressão das respectivas obras, direito esse com a duração de catorze anos, prazo esse prorrogável e sendo a protecção condicionada ao registo da obra. Ao contrário da lei inglesa, a Lei de 1790 restringia o seu escopo de apli-

Origins, Clarendon, 1994; J. Feather, *Publishing, Piracy and Politics: An Historical Study of Copyright in Britain,* Mansell, 1994; R. Deazley, *On the Origin of the Right to Copy: Charting the Movement of Copyright Law in the Eighteenth Century,* Hart Publishing, 2004; R. Deazley, *Rethinking Copyright: History, Theory, Language,* Edward Elgar, 2006.

[3] A Lei de 1790 assenta num princípio contido na Constituição dos Estados Unidos, de 1787, cujo artigo 1 (8) declara: «the Congress shall have power (...) to promote the progress of science and useful arts, by securing for limited times to authors and inventors the exclusive right to their respective Writings and Discoveries.» W. Bugbee, *Genesis of American Patent and Copyright Law,* Washington D.C. Public Affairs Press, 1967.

cação aos cidadãos e residentes dos Estados Unidos e respectivos sucessores, não protegendo, pois, obras estrangeiras.[4]

Só em 1891 foi aprovada uma lei que permitia a tutela das obras estrangeiras, nos Estados Unidos, com base num princípio de reciprocidade. Ainda assim, perdurou uma política restritiva até 1955, ano em que os Estados Unidos aderiram à Convenção Universal do Direito de Autor.[5]

Em França, a Revolução de 1789 abriu caminho para reformas neste campo. Verificou-se, a 4 de Agosto de 1789, a abolição dos privilégios, tendo sido instituída, a 26 de Agosto de 1789, a Declaração dos Direitos do Homem e do Cidadão. Seguiram-se os Decretos de 13/19 de Janeiro de 1791 e de 19/24 de Julho de 1793 que estabeleceram as fundações do direito de autor em França.[6]

O Decreto de 1791 concedia, aos autores dramáticos, o direito à representação das suas obras em teatros públicos, sob pena da apreensão das receitas do espectáculo em seu proveito.[7]

Outro passo foi dado com o Decreto de 1793, o qual protegia todas as obras, outorgando ao autor o direito de vender, promover a venda e distribuir as suas obras, bem como de ceder a respectiva propriedade, no todo ou em parte, estabelecendo um prazo de protecção de dez anos além da morte – prazo esse que foi elevado para vinte anos em 1810 e para cinquenta anos em 1886.[8]

[4] De acordo com a secção 5 da Lei de 1790: «nothing in this Act shall be construed to extend to prohibit the importation or vending, reprinting or publishing within the United States, of any book etc. written, printed or published by foreigners in places outside the United States.»

[5] S. P. Ladas, *The International Protection of Literary and Artistic Property*, Macmillan, 1938.

[6] M. C. Dock, *Etude sur le droit d'auteur*, Librarie Générale de Droit et de Jurisprudence, 1963.

[7] Via Le Chapelier, o famoso relactor do primeiro Decreto, o direito de autor como: «[l]a plus sacrée, la plus légitime, la plus inattaquable et, si je puis parler ainsi, la plus personnelle de toutes les propriétés, est l'ouvrage, fruit de la pensée d'un écrivain.» Le Chapelier, Relatório sobre a Lei de 13/19 de Janeiro de 1791.

[8] Lakanal, o relactor do segundo Decreto, descreveu a obra como «production de l'esprit ou du génie», tendo ainda afirmado que: «[d]e toutes les propriétés, la moins susceptible de contestation, celle dont l'accroissement ne peut ni blesser l'égalité républicaine, ni donner ombrage à la liberté, c'est sans contredit celle des productions du génie, et si quelque chose doit étonner, c'est qu'il ait fallu reconnaître cette propriété, assurer son libre exercice, par une loi positive (...)»., Lakanal, Relatório sobre a Lei de 19/24 de Julho de 1793.

Durante o século XIX, outros Estados europeus adoptaram legislação que conferia direitos específicos aos autores no que toca à impressão e à execução pública das suas obras. Isto, a nível nacional. A nível internacional optou-se, então, pela execução de acordos bilaterais, com base no princípio de que cada Estado Contratante concedia aos cidadãos do outro Estado Contratante o mesmo nível de protecção que era atribuído aos seus cidadãos.[9]

Em meados do século XIX, entendeu-se ser essencial estabelecer um regime internacional para a protecção dos autores e das suas obras. Fulcral foi, então, o papel da *Association Littéraire et Artistique Internationale* (ALAI), fundada em Paris em 1878, a qual, presidida por Victor Hugo, promoveu conferências e estudos que levaram à elaboração de um Projectos de convenção e, eventualmente, à adopção, em 1886, da Convenção de Berna para a Protecção das Obras Literárias e Artísticas.[10]

Nessa Convenção assentam dois rudimentos autorais: por um lado, o princípio do tratamento nacional, segundo o qual cada país da União de Berna concede, aos cidadãos de outros países da União, o mesmo tratamento que faculta aos seus cidadãos e, por outro, a consagração de patamares mínimos de protecção alcançada através da outorga, por cada país da União de Berna, de um núcleo mínimo de direitos aos autores abrangidos pela Convenção de Berna.

Por consequência, em regra, um autor que seja nacional de um país da União de Berna beneficia, em qualquer outro país dessa União, do tratamento que tal país concede aos seus nacionais, bem como dos direitos mínimos garantidos pela Convenção de Berna.

No final do século XIX, a evolução do direito de autor foi influenciada pela invenção, em 1877, por Thomas Edison, do fonógrafo (um sistema de gravação e reprodução e o primeiro aparato capaz de reproduzir sons, previamente gravados, em cilindros de papel, metal ou cera) e pela exibição, em 1895, pelos irmãos Lumiére, do cinematógrafo (uma máquina de filmar e de projectar cinema, inventada por Léon Bouly em 1892).

Tais tecnologias possibilitaram, respectivamente, a gravação de obras literárias e musicais sob a forma de registos fonográficos, e a gravação de obras literárias, dramáticas, musicais e artísticas sob a forma de registos cinema-

[9] S. Ricketson e J. C. Ginsburg, *International Copyright and Neighbouring Rights: The Berne Convention and Beyond*, 2ª ed., Oxford University Press, 2006.

[10] J. Cavalli, *La genèse de la Convention de Berne pour la protection des oeuvres littéraires et artistiques du 9 septembre 1886*, Imprimeries Réunies, 1986; S. Ricketson e J. C. Ginsburg, *International Copyright and Neighbouring Rights: The Berne Convention and Beyond*, 2ª ed., Oxford University Press, 2006.

tográficos, tendo-se assistido ao florescimento das indústrias fonográfica e cinematográfica.[11]

Inevitavelmente, colocou-se a questão de saber se a licitude destas novas utilizações das obras se encontrava dependente de autorização dos respectivos autores, tendo o direito internacional reconhecido, com relativa rapidez, que ao autor cabia o direito exclusivo de autorizar a inserção da obra em registos fonográficos ou cinematográficos.[12]

Mais tarde, perguntou-se se os registos fonográficos e cinematográficos deviam ser tutelados *per se*, interrogação esta a que o direito internacional também deu resposta afirmativa em 1928, no que toca aos registos cinematográficos e em 1961, no respeitante aos registos fonográficos.[13]

Nos anos vinte, o advento da radiodifusão sem fios despoletou uma nova forma de exploração das obras, tendo o direito internacional reconhecido, com alguma celeridade, que o autor tinha o direito de controlar a radiodifusão das suas obras.[14]

Com o crescimento das indústrias fonográfica, cinematográfica e de radiodifusão, começou a ser reivindicada protecção para os produtores e para as produções ligados a essas indústrias, assim como para as prestações dos artistas intérpretes ou executantes.

Ora, sob a perspectiva do sistema de *droit d'auteur*, tais reivindicações careciam de mérito. Não se via como justificar a atribuição de direitos de autor a entidades colectivas, como os organismos de radiodifusão, quando o direito de autor protegia, supostamente, o criador, a obra e o vínculo místico existente entre ambos. Quanto aos artistas intérpretes ou executantes, não sendo nem autores nem disseminadores de obras, subsistiam num limbo conceptual.

Coube à Lei Austríaca, de 1936, a resolução deste dilema, ao destrinçar entre os direitos de autor pertencentes aos autores de obras literárias e artísticas e os direitos conexos granjeados aos artistas intérpretes ou executantes, aos produtores de fonogramas e aos organismos de radiodifusão.

Resolvida a questão dos direitos conexos, seguiu-se, cronologicamente, a emergência da Convenção Universal sobre Direito de Autor, elaborada sob a

[11] J. A. L. Sterling, *Intellectual Property Rights in Sound Recordings, Film and o* (Sweet e Maxwell, 1992, suplemento de 1994).

[12] Artigos 13-14 da Convenção de Berna, no texto resultante da Revisão de Berlim, de 1908.

[13] Artigo 14 da Convenção de Berna, no texto resultante da Revisão de Berlim, de 1908, e artigos 10 e 12 da Convenção de Roma, de 1961.

[14] Artigo 11 bis da Convenção de Berna, no texto resultante da Revisão de Roma, de 1928.

égide da UNESCO, a qual permitiu que países como os Estados Unidos e a União Soviética, cujas legislações autorais não cumpriam os ditames de protecção exigidos pela Convenção de Berna, não podendo, pois, aderir à mesma, aderissem a um instrumento internacional de direito de autor.[15]

Entrementes, concluiu-se que se impunha tutelar, no quadro jurídico internacional, os interesses dos produtores de fonogramas, dos artistas intérpretes ou executantes e dos organismos de radiodifusão, objectivo esse que foi alcançado, em 1961, sob a forma da Convenção de Roma.

Pouco depois, em 1967, em Estocolmo, aquando da revisão da Convenção de Berna, os países em desenvolvimento revelaram a sua insatisfação em relação a um sistema de protecção que, na sua visão, obstaculizava o acesso à cultura, à informação e ao conhecimento. Requerida a unanimidade dos países contratantes para a revisão da Convenção de Berna, o voto favorável dos países em desenvolvimento foi assegurado por meio da introdução de um apêndice nessa Convenção, incorporando certos privilégios em benefício dos países em desenvolvimento, no respeitante aos direitos de tradução e de reprodução das obras.

Em 1971, nasceu a Convenção de Fonogramas, em Genebra. Resultou a mesma de reivindicações da indústria fonográfica, no sentido de uma protecção mais eficaz no combate à reprodução e venda ilícitas de fonogramas. Alegou-se que a Convenção de Roma havia sido ratificada por um número insignificante de países, sendo necessário um novo instrumento dedicado, exclusivamente, à «pirataria» de fonogramas, formulado sem ornatos nem enfeites, de modo a facilitar a adesão generalizada e célere ao mesmo.

Desde então, foram adoptados quatro instrumentos internacionais sob a égide da Organização Mundial da Propriedade Intelectual:

- Em 1994, o Acordo TRIPS, o qual estabeleceu parâmetros internacionais de protecção dos direitos relativos à propriedade intelectual, em geral;
- Em 1996, o Tratado OMPI sobre Direito de Autor e o Tratado OMPI sobre Interpretações ou Execuções e Fonogramas, os quais incluem preceitos talhados à resolução de alguns dos desafios colocados pela tecnologia digital;
- Em 2012, o Tratado de Pequim sobre a Protecção das Interpretações e Execuções Audiovisuais, que estabelece novas regras internacionais,

[15] Curiosamente, em 1992, a China aderiu à Convenção de Berna e não à Convenção Universal sobre Direito de Autor.

no domínio dos direitos conexos, de modo a garantir uma protecção e remuneração adequadas dos artistas intérpretes ou executantes do sector audiovisual; e
- Em 2013, o Tratado de Marraquexe para facilitar o acesso a obras publicadas a pessoas cegas, com incapacidade visual ou com outras dificuldades para aceder ao texto impresso, que prevê excepções que permitem a elaboração de versões em formato acessível de obras protegidas pelo direito de autor.

Também a nível regional se verificaram desenvolvimentos de grande importância. Com efeito, o programa de harmonização autoral levado a cabo pela União Europeia acarretou a criação da seguinte legislação comunitária com relevância em sede de direito de autor:

- Directiva do Conselho, de 16 de Dezembro de 1986, relativa à protecção jurídica das topografias de programas semicondutores (Dir. 87/54/CEE);
- Directiva do Conselho, de 23 de Abril de 2009, relativa à protecção jurídica dos programas de computador (Dir. 2009/24/CE, versão codificada);
- Directiva do Parlamento Europeu e do Conselho, de 12 de Dezembro de 2006, relativa ao direito de aluguer, ao direito de comodato e a certos direitos conexos ao direito de autor (Dir. 2006/115/CE, versão codificada);
- Directiva do Conselho, de 27 de Setembro de 1993, relativa à coordenação de determinadas disposições em matéria de direito de autor e direitos conexos aplicáveis à radiodifusão por satélite e à retransmissão por cabo (Dir. 93/83/CEE);
- Directiva do Parlamento Europeu e do Conselho, de 27 de Setembro de 2011, relativa à harmonização do prazo de protecção dos direitos de autor e de certos direitos conexos (Dir. 2006/116/CE, versão codificada, alterada pela Dir. 2011/77/CE);
- Directiva do Parlamento Europeu e do Conselho, de 11 de Março de 1996, relativa à protecção jurídica das bases de dados (Dir. 96/9/CE);
- Directiva do Parlamento Europeu e do Conselho, de 20 de Novembro de 1998, relativa à protecção jurídica dos serviços que se baseiem ou consistam num acesso condicional (Dir. 98/84/CE);
- Directiva do Parlamento Europeu e do Conselho, de 22 de Maio de 2001, relativa à harmonização de certos aspectos do direito de autor e dos direitos conexos na sociedade da informação (Dir. 2001/29/CE);

- Directiva do Parlamento Europeu e do Conselho, de 27 de Setembro de 2001, relativa ao direito de sequência em benefício do autor de uma obra de arte original que seja objecto de alienações sucessivas (Dir. 2001/84/CE);
- Directiva do Parlamento Europeu e do Conselho, de 29 de Abril de 2004, relativa ao respeito dos direitos de propriedade intelectual (Dir. 2004/48/CE);
- Directiva do Parlamento Europeu e do Conselho, de 25 de Outubro de 2012, relativa a determinadas utilizações permitidas de obras órfãs (Dir. 2012/28/UE); e
- Directiva do Parlamento Europeu e do Conselho, de 26 de Fevereiro de 2014, relativa à gestão colectiva dos direitos de autor e direitos conexos e ao licenciamento multiterritorial de direitos sobre obras musicais para utilização em linha no mercado interno (Dir. 2014/26/UE).
- Directiva do Parlamento Europeu e do Conselho de 13 de Setembro de 2017, relativa a determinadas utilizações permitidas de determinadas obras e outro material protegidos por direito de autor e direitos conexos em benefício das pessoas cegas, com deficiência visual ou com outras dificuldades de acesso a textos impressos (Dir. 2017/1564);
- Regulamento do Parlamento Europeu e do Conselho de 14 de Junho de 2017 relativo à portabilidade transfronteiriça dos serviços de conteúdos em linha no mercado interno (Reg. 2017/1128).
- Directiva do Parlamento Europeu e do Conselho de 17 de Abril de 2019 que estabelece normas sobre o exercício dos direitos de autor e direitos conexos aplicáveis a determinadas transmissões em linha dos organismos de radiodifusão e à retransmissão de programas de televisão e de rádio e que altera a directiva 93/83/CEE do Conselho (Dir. 2019/789)
- Directiva do Parlamento Europeu e do Conselho de 17 de Abril de 2019 relativa aos direitos de autor e direitos conexos no mercado único digital e que altera as Directivas 96/9/CE e 2001/29/CE (Dir. 2019/790)

Igualmente no plano regional, o Acordo de Livre Comércio Norte-Americano, de 1992, assinado entre o Canadá, o México e os Estados Unidos, introduziu, entre esses países, um padrão mínimo de protecção autoral.

Outrossim, a Decisão 351 do Acordo de Cartagena, assinado, em 1993, entre a Bolívia, a Colômbia, o Equador, o Peru e a Venezuela, estabeleceu um regime autoral comunitário.

No plano tecnológico, há que realçar a emergência da revolução digital, a qual, iniciada em finais do século XX, trouxe consigo perigos para o direito de autor. Como se sabe, a informação contida em formato digital é intangível, podendo ser copiada sem detrimento da qualidade das cópias daí decorrentes. As obras em formato digital podem ser reproduzidas instantaneamente e, ao contrário do que sucede no âmbito da cópia efectuada através de meios técnicos tradicionais, essa reprodução é realizada com exactidão e sem esforço. As técnicas de compressão digital permitem que as cópias de som e/ou imagem sejam substancialmente reduzidas em relação à sua dimensão original, restringindo o espaço e o tempo necessários para proceder à sua armazenagem e transferência. O crescimento da capacidade da Internet, em virtude do surgimento da chamada «banda larga», facilita a disseminação de cópias a grande velocidade e com baixo custo monetário. Para além de possibilitar a obtenção ilícita de obras que se encontram armazenadas pela Internet, a tecnologia digital permite, ainda, a transformação não autorizada dessas obras noutras obras. Em suma, a tecnologia digital facilitou, de forma exponencial, a reprodução, a manipulação e a disseminação de obras, sem a autorização dos respectivos autores, ameaçando assim os seus direitos morais e patrimoniais.[16]

A tecnologia digital emergiu como um poderoso instrumento de democratização do acesso à informação, à cultura e ao conhecimento, aliando a possibilidade de gerar cópias perfeitas de bens culturais e de proceder à sua disseminação a nível global – instantaneamente e praticamente sem custo. Desde a invenção da imprensa de Gutenberg que não se assistia a semelhante fenómeno.

Todavia, esta promessa de acesso universal, instantâneo e forçadamente gratuito a bens culturais, ameaça a sobrevivência dos alicerces conceptuais que viabilizam o processo de criação intelectual, surgindo uma questão fundamental: como pode a nossa sociedade garantir a dignidade e subsistência do criador e a sobrevivência das indústrias culturais na era digital?

É uma questão cuja resposta passa pela invocação, configuração e manutenção de uma série de equilíbrios: entre o acesso a bens culturais e o controlo do seu processo de distribuição; entre consumidores e criadores de bens culturais; entre os interesses da sociedade e os do criador intelectual; entre o consumo pouco reflectido de bens culturais e o fornecimento de incentivos e recompensas para a dinamização da cultura a longo prazo.

Surgiu ainda nos últimos tempos um outro desafio para o direito de autor, sob a forma de objectivos, discursos e soluções que não assentam, primordialmente, nos direitos e interesses dos titulares de direitos, mas em reivindicações de ordem pública. Nesta sequência, há quem assevere que a informação

[16] P. Akester, *Direito de Autor e os Desafios da Tecnologia Digital,* Principia, 2004.

contida na Internet deve ser «livre» (ainda que estejam em causa obras protegidas pelo direito de autor) ou mesmo que o direito de autor deve ser abolido no que toca, pelo menos, ao ciberespaço. No extremo oposto, há quem favoreça um modelo autoral intransigente, que não toma em consideração as reivindicações dos países em desenvolvimento.[17]

Pior ainda, o debate actual em redor do direito de autor não contém grande referência ao autor. A polémica jusautoral do século XXI centra-se, por um lado, nos interesses da indústria cultural, retractados como sendo inexoravelmente malévolos e, por outro lado, nos interesses dos consumidores e na suposta correspondência conceptual entre «acesso» e «gratuitidade de acesso» a bens culturais.

Curiosamente, aos autores pouca referência é feita nos tempos que correm, excepto para afirmar que são meras vítimas da indústria cultural. E tal asserção traz grande perigo, pois retirados os interesses do autor da equação jusautoral torna-se fácil justificar o desrespeito pelo direito de autor.

Há, pois, que fazer o público entender que partilha uma obrigação ao nível da política cultural e o quão importante é viabilizar financeiramente a criação cultural no século XXI, porque se o acesso a bens culturais tem de ser gratuito, talvez tais bens não surjam de todo.

A causa do autor, e dos bens culturais por si gerados que tanto beneficiam a sociedade, não se encontra devidamente defendida a não ser que todos os seus interesses, sejam eles monetários sejam eles morais, se encontrem acautelados. Para tal, é preciso que se reconheça a importância da criação intelectual.

Urge, ainda, recentrar o debate no autor e nos seus interesses, nos direitos da inteligência, da propriedade adquirida pelo trabalho do cérebro,[18] não deixando que o direito de autor e a causa do autor pereçam.

Lembremo-nos de que, desde os seus primórdios, o direito de autor se tem adaptado às pressões ditadas, sobretudo, mas não apenas, pela emergência de novas tecnologias de reprodução e comunicação de obras, não havendo motivo para que o deixe de fazer, pautado, sempre, pelo imprescindível equilíbrio entre os interesses do criador e os da sociedade no que concerne à produção e ao uso das obras do espírito.

[17] S. Ghosh, The Merits of Ownership, *Harvard Journal of Law e Technoloy*, 15, 2002, p. 453.

[18] A. Garrett, Representação à Rainha, de 29 de Junho de 1851, *in* L. F. Rebello, *Garret, Herculano e a Propriedade Literária*, SPA/Publicações D. Quixote, 1999, pp. 63 e 65.

ABREVIATURAS

Instrumentos jurídicos nacionais

CDADC de 1985. Código de direito de autor e direitos conexos, 1985.

Lei 16/89. Lei 16/89, de 30 de Junho, que procedeu à transposição da Directiva sobre os Produtos Semicondutores.

Decreto-Lei 252/94. Decreto-Lei 252/94, de 20 de Outubro, alterado pelo Decreto-Lei 334/97, de 27 de Novembro, texto consolidado, que procedeu à transposição da Directiva sobre os Programas de Computador.

Decreto-Lei 332/97. Decreto-Lei 332/97, de 27 de Novembro, alterado pelas Leis 24/2006, de 30 de Junho e 16/2008, de 1 de Abril, que procedeu à transposição da Directiva sobre o Aluguer e o Comodato.

Decreto-Lei 333/97. Decreto-Lei 333/97, de 27 de Novembro, que procedeu à transposição da Directiva sobre a Radiodifusão por Satélite e a Retransmissão por Cabo.

Lei 82/2013. Lei 82/2013, de 6 de Dezembro, que procedeu à transposição da alteração à Directiva sobre o Prazo de Protecção.

Decreto-Lei 122/2000. Decreto-Lei 122/2000, de 4 de Julho, que procedeu à transposição da Directiva sobre as Bases de Dados.

Decreto-Lei 7/2004. Decreto-Lei 7/2004, de 7 de Janeiro, que procedeu à transposição da Directiva sobre o Comércio Electrónico.

Decreto-Lei 143/2014. Decreto-Lei 143/2014, de 26 de Setembro, que aprovou o Regulamento de Registo de Obras Literárias e Artísticas.

Lei 26/2015. Lei 26/2015, de 14 de Abril, que procedeu à transposição da Directiva sobre a Gestão Colectiva.

Lei 49/2015. Lei 49/2015, de 5 de Junho, que regulou a compensação equitativa relativa à cópia privada.

Lei 36/2017. Lei 36/2017, de 2 de Junho, que garantiu o exercício dos direitos dos beneficiários das utilizações livres de obras.

Decreto-Lei 100/2017. Decreto-Lei 100/2017, de 23 de Agosto, que procedeu à primeira alteração à Lei 26/2015, de 14 de Abril, transpondo a Directiva 2014/26/UE, relativa à gestão colectiva dos direitos de autor e direitos conexos e à concessão de licenças multiterritoriais de direitos sobre obras musicais para utilização em linha no mercado interno.

Decreto-Lei 89/2019. Decreto-Lei 89/2019, de 4 de Junho que procedeu à segunda alteração à Lei 26/2015, de 14 de Abril, alterada pelo Decreto-Lei 100/2017, de 23 de Agosto, que regulou as entidades de gestão colectiva do direito de autor e dos direitos conexos.

Lei 92/2019. Lei 92/2019, de 4 de Setembro, que estabeleceu as utilizações permitidas de obras em benefício de pessoas cegas, transpondo a Directiva 2017/1564, do Parlamento Europeu e do Conselho, de 13 de Setembro, e descriminalizou a execução pública não autorizada de fonogramas e videogramas editados comercialmente.

Código francês de 1992. Código de direito da propriedade intelectual, 1992.

Lei norte-americana de 1976. Lei de copyright, 1976.

Lei do Reino Unido de 1988. Lei de copyright, design e patentes, 1988.

Acordos multilaterais

Convenção de Berna. Convenção de Berna relativa à protecção das obras literárias e artísticas, 1886, acto de Paris, 1971.

Convenção Universal sobre Direito de Autor. Convenção universal sobre direito de autor, 1952, acto de Paris, 1971.

Convenção de Roma. Convenção internacional para protecção dos artistas intérpretes ou executantes, dos produtores de fonogramas e dos organismos de radiodifusão, Roma, 1961.

Acordo TRIPS. Acordo sobre os aspectos dos direitos de propriedade intelectual relacionados com o comércio, Marraquexe, 1994.

Tratado da OMPI sobre Direito de Autor. Tratado da OMPI sobre direito de autor, Genebra, 1996.

Tratado da OMPI sobre Interpretações ou Execuções e Fonogramas. Tratado da OMPI sobre interpretações ou execuções e fonogramas, Genebra, 1996.

Tratado de Pequim. Tratado de Pequim dobre Interpretações e Execuções e Audiovisuais. Tratado da OMPI sobre interpretações e execuções audiovisuais, Pequim, 2012.

Tratado de Marraquexe. Tratado de Marraquexe para facilitar o acesso a obras publicadas a pessoas cegas, com incapacidade visual ou com outras dificuldades para aceder ao texto impresso, 2014.

Instrumentos jurídicos da União Europeia

Directiva sobre os Programas Semicondutores. Directiva do Conselho, de 16 de Dezembro de 1986, relativa à protecção jurídica das topografias de programas semicondutores (Dir. 87/54/CEE).

Directiva sobre os Programas de Computador. Directiva do Conselho, de 23 de Abril de 2009, relativa à protecção jurídica dos programas de computador (Dir. 2009/24/CE, versão codificada).

Directiva sobre o Aluguer e o Comodato. Directiva do Parlamento Europeu e do Conselho, de 12 de Dezembro de 2006, relativa ao direito de aluguer, ao direito de comodato e a certos direitos conexos ao direito de autor (Dir. 2006/115/CE, versão codificada).

Directiva sobre a Radiodifusão por Satélite e a Retransmissão por Cabo. Directiva do Conselho, de 27 de Setembro de 1993, relativa à coordenação de determinadas disposições em matéria de direito de autor e direitos conexos aplicáveis à radiodifusão por satélite e à retransmissão por cabo (Dir. 93/83/CEE).

Directiva sobre o Prazo de Protecção. Directiva do Parlamento Europeu e do Conselho, de 27 de Setembro de 2011, relativa à harmonização do prazo de protecção dos direitos de autor e de certos direitos conexos (Dir. 2006/116/CE, versão codificada, alterada pela Dir. 2011/77/CE).

Directiva sobre as Bases de Dados. Directiva do Parlamento Europeu e do Conselho, de 11 de Março de 1996, relativa à protecção jurídica das bases de dados (Dir. 96/9/CE).

Directiva sobre os Serviços de Acesso Condicional. Directiva do Parlamento Europeu e do Conselho, de 20 de Novembro de 1998, relativa à protecção jurídica dos serviços que se baseiem ou consistam num acesso condicional (Dir. 98/84/CE).

Directiva sobre a Sociedade de Informação. Directiva do Parlamento Europeu e do Conselho, de 22 de Maio de 2001, relativa à harmonização de certos aspectos do direito de autor e dos direitos conexos na sociedade da informação (Dir. 2001/29/CE).

Directiva sobre o Direito de Sequência. Directiva do Parlamento Europeu e do Conselho, de 27 de Setembro de 2001, relativa ao direito de sequência em benefício do autor de uma obra de arte original que seja objecto de alienações sucessivas (Dir. 2001/84/CE).

Directiva sobre o Respeito dos Direitos de Propriedade Intelectual. Directiva do Parlamento Europeu e do Conselho, de 29 de Abril de 2004, relativa ao respeito dos direitos de propriedade intelectual (Dir. 2004/48/CE).

Directiva sobre as Obras Órfãs. Directiva do Parlamento Europeu e do Conselho, de 25 de Outubro de 2012, relativa a determinadas utilizações permitidas de obras órfãs (Dir. 2012/28/EU).

Directiva sobre a Gestão Colectiva. Directiva do Parlamento Europeu e do Conselho, de 26 de Fevereiro de 2014, relativa à gestão colectiva dos direitos de autor e direitos conexos e ao licenciamento multiterritorial de direitos sobre obras musicais para utilização em linha no mercado interno Dir. 2014/26/UE).

Directiva sobre Utilizações Permitidas em Benefício de Pessoas com Deficiência Visual. Directiva do Parlamento Europeu e do Conselho de 13 de Setembro de 2017, relativa a determinadas utilizações permitidas de determinadas obras e outro material protegidos por direito de autor e direitos conexos em benefício das pessoas cegas, com deficiência visual ou com outras dificuldades de acesso a textos impressos (Dir. 2017/1564).

Regulamento sobre a Portabilidade de Serviços de Conteúdos em Linha. Regulamento sobre a Regulamento do Parlamento Europeu e do Conselho de 14 de Junho de 2017 relativo à portabilidade transfronteiriça dos serviços de conteúdos em linha no mercado interno (Reg. 2017/1128).

Directiva sobre a Transmissão em Linha e a Retransmissão. Directiva do Parlamento Europeu e do Conselho de 17 de Abril de 2019 que estabelece normas sobre o exercício dos direitos de autor e direitos conexos aplicáveis a determinadas transmissões em linha dos organismos de radiodifusão e à retransmissão de programas de televisão e de rádio e que altera a directiva 93/83/CEE do conselho (Dir. 2019/789)

Directiva sobre o Direito de Autor no Mercado Único Digital. Directiva do Parlamento Europeu e do Conselho de 17 de Abril de 2019 relativa aos direitos de autor e direitos conexos no mercado único digital e que altera as Directivas 96/9/CE e 2001/29/CE (Dir. 2019/790)

Outros instrumentos jurídicos regionais

Pacto Internacional sobre os Direitos Económicos Sociais e Culturais. Pacto internacional sobre os direitos económicos sociais e culturais, 1966.

Acordo NAFTA. Acordo norte-americano de livre comércio, 1992.

Carta dos Direitos Fundamentais da União Europeia. Carta dos direitos fundamentais da União Europeia, Nice, 2000.

Outras abreviaturas

TJUE. Tribunal de Justiça da União Europeia.

Código do Direito de Autor e dos Direitos Conexos

Aprovado pelo Decreto-Lei 63/85, de 14 de Março e alterado pelas Leis 45/85, de 17 de Setembro, 114/91, de 3 de Setembro, Decretos-Leis 332/97 e 334/97, ambos de 27 de Novembro, pela Lei 50/2004, de 24 de Agosto, pela Lei 24/2006 de 30 de Junho, pela Lei 16/2008, de 1 de Abril, pela Lei 65/2012, de 20 de Dezembro, pela Lei 82/2013 de 6 de Dezembro, pela Lei 32/2015 de 24 de Abril, pela Lei 49/2015 de 5 de Junho, pela Lei 36/2017, de 2 de Junho, pelo Decreto-Lei 100/2017, de 23 de Agosto, pelo Decreto-Lei 89/2019, de 4 de Junho e pela Lei 92/2019, de 4 de Setembro.

Código do Direito de Autor e Direitos Conexos

DECRETO-LEI 63/85 DE 14 DE MARÇO

No nosso país e neste século foram os direitos de autor definidos em 1972 no Decreto-Lei 13725, de 27 de Maio de 1927 (Regime de Propriedade Literária, Científica e Artística), e depois no Decreto-Lei 46980, de 27 de Abril de 1966 (Código do Direito de Autor). Estipulava o preâmbulo deste último que o precedente representara importante processo à data da publicação, mas se fora desactualizando com o decorrer do tempo, pelo que se tornava necessário substituí-lo.

Pelas mesmas razões é hoje imprescindível substituir o Código vigente, que se acha, aliás, alterado em vários passos por leis avulsas mais modernas.

Mas não se visa apenas reunir num corpo único e coerente toda a legislação sobre esta importante matéria. Com o presente diploma pretende o Governo actualizar o Código do Direito de Autor em função da realidade portuguesa, decorrente da institucionalização da democracia, dos aperfeiçoamentos deste direito no plano internacional, das convenções internacionais a que vimos aderindo e das necessidades criadas pelo progresso da comunicação e da reprodução.

O novo Código remodela e aperfeiçoa a legislação anterior quanto à gestão de direitos de autor, aos vários contratos que têm por objecto a utilização e exploração das obras literárias ou artísticas, em especial o contrato de edição e aos direitos do tradutor quanto à protecção do seu trabalho, em pé de igualdade com os dos autores traduzidos. Teve-se sempre presente, ao elaborá-lo, a necessidade de assegurar o melhor equilíbrio possível entre os autores e utilizadores das suas obras. A indispensável protecção dos direitos de autor não pode exercer-se em detrimento dos legítimos direitos e interesses de editores, produtores, realizadores e radiodifusores nem dos utentes em geral, pelo que não se deve, ao assegurá-la, perder de vista o interesse público.

A adesão recente de Portugal aos actos de revisão da Convenção de Berna para a Protecção das Obras Literárias e Artísticas (Decreto 73/78, de 26 de Julho) e da Convenção Universal sobre o Direito de Autor (Decreto 140-A/79, de 26 de Dezembro) efectuados em Paris a 24 de Julho de 1971, obrigam a alterações, quer terminológicas quer substanciais, na actual regulamentação do direito de autor.

A importante disciplina da protecção dos titulares de direitos afins do direito de autor, ou com ele conexos, segue de muito perto a Convenção de Roma para Protecção de Artistas Intérpretes ou Executantes, de Produtores de Fonogramas e dos Organismos de Radiodifusão, de 1961. O intérprete e o executante têm, sem dúvida, uma interpretação criadora, digna de protecção. Mas como esta criação se insere necessariamente noutra – a do autor da obra interpretada ou executada – a protecção outorgada àqueles não pode em nada prejudicar a protecção dos autores desta.

O novo Código toma também em consideração a Convenção de Genebra para Protecção dos Produtores contra Reprodução não Autorizada dos seus Fonogramas, de 1971. Todos aqueles que fabricarem ou duplicarem fonogramas e videogramas passam a estar obrigados a comunicar, periódica e especificamente, à Direcção-Geral dos Espectáculos e do Direito de Autor as quantidades produzidas ou duplicadas. Esta comunicação será acompanhada de prova de autorização dos titulares de direitos sobre as obras fixadas nos fonogramas e videogramas. Prevê-se ainda que no preço de venda ao público de todos e quaisquer aparelhos mecânicos, químicos, eléctricos, electrónicos ou outros que permitam a gravação e reprodução de obras literárias ou artísticas e bem assim no preço de todos e quaisquer suportes de gravações e reproduções que por qualquer desses meios possam obter-se passe a incluir-se uma quantia em benefício dos autores e dos artistas cujo objecto sejam obras gravadas ou reproduzidas pelos meios em apreço.

Anuncie-se, enfim, que o presente Código tem em conta trabalhos anteriores para revisão do precedente e bem assim o parecer e as sugestões, expressamente solicitadas, dos organismos representativos dos interesses em causa.

Por alterar – o que se procurará em momento oportuno – fica a matéria relativa ao registo do direito de autor. As normas registais contempladas no presente Código prendem-se tão-só com a protecção do nome literário e artístico das obras e do respectivo título.

Nestes termos:

No uso da autorização conferida pela Lei 25/84, de 13 de Julho, o Governo decreta, nos termos da alínea *b)* do nº 1 do artigo 201º da Constituição, o seguinte:

Artigo 1º É aprovado o Código do Direito de Autor e dos Direitos Conexos, que faz parte integrante do presente decreto-lei.

Artigo 2º As regras actuais sobre o registo que não contrariem o disposto neste Código permanecem em vigor até à revisão da disciplina do registo do direito de autor.

Artigo 3º É revogado o Código do Direito de Autor, aprovado pelo Decreto-Lei 46980, de 27 de Abril de 1966, bem como todos os diplomas especificamente referentes à matéria do direito de autor e protecção de fonogramas e videogramas, exceptuado o Decreto-Lei 150/82, de 29 de Abril.

ANOTAÇÃO

Em Portugal, a evolução do direito de autor acompanhou, de perto, a história constitucional portuguesa (Visconde de Carnaxide, *Tratado da Propriedade Literária e Artística,* Porto, 1918 e L. F. Rebello, «Visita Guiada ao Mundo do Direito de Autor», *Separata da Revista da Ordem dos Advogados,* 1974).

Na sequência da revolução liberal de 24 de Agosto de 1820, foi extinto o regime dos privilégios, nascendo a primeira constituição portuguesa, a Constituição de 1822. O texto de tal constituição, elaborado pelos representantes da nação, visava pôr fim ao absolutismo e inaugurar, em Portugal, uma monarquia constitucional.

A Constituição de 1822 fazia referência à liberdade de expressão, nos seus artigos 7 e 8, que mencionavam a «liberdade de comunicação dos pensamentos» e a «liberdade de imprensa».

Por sua vez, a Carta de Lei de 4 de Julho de 1821 concedia ao autor ou tradutor de uma obra literária, original ou traduzida, a faculdade vitalícia de imprimir a mesma, por um prazo de dez anos além da morte (artigo 2 da Carta de Lei de 4 de Julho de 1821).

Em 1826, D. Pedro IV outorgou uma nova constituição, menos radical do que a de 1822, mantendo embora os princípios fundamentais do liberalismo e procurando, dessa forma, sanear os diferendos políticos entre liberais e absolutistas.

A Carta Constitucional de 1826 consagrava, expressamente, a liberdade de criação intelectual e de expressão literária e artística, reconhecendo ainda «a propriedade pelos inventores das suas descobertas ou produções» (§3 e §24 do artigo 145 da Carta de Lei de 4 de Julho de 1821), não assegurando, contudo, a tutela das obras literárias e artísticas.

A vitória da facção liberal levou à emergência da Constituição Portuguesa de 1838, a qual instituía, no §4 do seu artigo 23, o direito de propriedade dos inventores sobre as suas descobertas e dos escritores sobre as suas obras literárias «pelo tempo e forma que a lei determinar» – lei essa que surgiu apenas em 1851.

Em 1839, Garrett apresentou à Câmara dos Deputados um Projectos de lei sobre propriedade literária e artística, Projectos esse que foi aprovado em 1841, mas que não chegou a tornar-se lei devido às comoções políticas da época que obstaram a que a lei passasse por todos os trâmites constitucionais (L. F. Rebello, *Garret, Herculano e a Propriedade Literária*, SPA/Publicações D. Quixote, 1999).

Em 1851, com o triunfo da Regeneração, o Projectos voltou à Câmara onde foi aprovado, tendo sido publicada, a 18 de Julho desse ano, a primeira lei portuguesa sobre direito de autor.

O preâmbulo do Decreto de 1851 declarava «proteger as artes, as ciências e as letras, prestar homenagem à força intelectual e ao poder do espírito que o governo representativo é obrigado a reconhecer e honrar, consagrar os direitos do pensamento, e fortificar ainda mais assim a liberdade de o comunicar (...) considerando que o Projectos de lei sobre a propriedade literária apresentado às Cortes pelo deputado João Baptista de Almeida Garrett (...) está fundado nos princípios da justiça e da boa razão, e neles se acham codificadas todas as regras já adoptadas e experimentadas pelas nações mais cultas do mundo civilizado.»

O Decreto de 1851 incluía normas referentes aos direitos dos autores, às obras dramáticas, aos produtos das artes do desenho e às obras musicais, bem como preceitos atinentes ao registo, às sanções penais e ao tratamento nacional a ser concedido aos autores estrangeiros quando a violação dos seus direitos ocorresse em território nacional, estabelecendo além disso um prazo de protecção de trinta anos além da morte.

O referido Decreto manteve-se em vigor até 1867, ano em que a matéria respeitante ao direito de autor foi inserida no Código Civil elaborado pelo Visconde de Seabra. O Código de Seabra dedicava um Capítulo ao «Trabalho Literário e Artístico», estatuindo que «a propriedade literária é considerada e regida como qualquer outra propriedade móvel» e que o direito de publicar ou autorizar a publicação de uma obra durava por um prazo de cinquenta anos além da morte do autor (artigos 579 e 590 do Código de Seabra).

Na sequência da Revolução de 1910 emergiu a Constituição de 1911, a primeira constituição republicana, a qual, ao contrário da Constituição de 1838, não consagrava como imperativo constitucional a protecção dos criadores intelectuais.

O Decreto 13.725, de 3 de Junho de 1927, substituiu o Código de Seabra em sede autoral, equiparando a propriedade literária e artística à propriedade mobiliária e decretando a perpetuidade dessa protecção (artigos 15, 16 e 36 do Decreto 13.725, de 3 de Junho de 1927).

À semelhança da Constituição de 1911, a Constituição de 1933, documento fundador do Estado Novo em Portugal, não integrava a protecção dos criadores intelectuais no âmbito da Lei das leis.

Aprovado pelo Decreto-Lei 46980, de 27 de Abril de 1966 e revogando o Decreto 13.725 de 3 de Junho de 1927, o Código do Direito de Autor de 1966 afirmava, no seu artigo 7, «o direito de autor sobre a obra intelectual como coisa incorpórea», ou seja, independente do direito de propriedade sobre o seu suporte material. O Código de 1966 aproximava-se do regime da Convenção de Berna, excepto no respeitante, por exemplo, às traduções, para as quais instituía um regime de licenças compulsórias (disposição revogada pelo Decreto-Lei 112/82, de 10 de Abril), tendo restaurado o prazo de protecção de cinquenta anos além da morte (artigo 37 do Código de 1966).

Seguiu-se, em 1974, a Revolução dos Cravos, da qual decorreu a Constituição da República Portuguesa de 1976, a actual constituição portuguesa. Esta proclama, no artigo 42, a liberdade de criação intelectual, artística e científica, «que compreende o direito à invenção, produção e divulgação da obra científica, literária ou artística, incluindo a protecção legal dos direitos de autor».

A adesão de Portugal aos actos de revisão da Convenção de Berna e da Convenção Universal, efectuados em Paris em Julho de 1971, obrigou a alterações, algumas de foro substancial, na regulamentação do direito de autor, tendo levado à publicação do Decreto-Lei 63/85, que instituiu um novo Código do Direito de Autor.

Ao longo dos anos, o CDADC de 1985 foi alvo de alterações que visaram adaptar a legislação interna à legislação comunitária emanada em sede de direito de autor, nem sempre de forma muito coerente. Infelizmente, directivas houve que foram transplantadas para tal diploma e outras que foram implementadas através de diplomas autónomos. Mesmo as Directivas que foram transplantadas para o CDADC de 1985, nem sempre o foram de forma integral, havendo, pois, que ter em conta tanto o preceituado no CDADC de 1985 como no diploma que opera a implementação em causa.

Resta-nos, assim, uma legislação autoral que inclui, a nível básico, não apenas o Código, mas, também, diplomas integrantes, o que dificulta, por demais, uma interpretação clara e coesa de normas jusautorais cruciais, urgindo que se proceda à revisão do CDADC de 1985.

Código do Direito de Autor e dos Direitos Conexos

TÍTULO I – Da obra protegida e do direito de autor

CAPÍTULO I – Da obra protegida

Artigo 1º – Definição

1 – Consideram-se obras as criações intelectuais do domínio literário, científico e artístico, por qualquer modo exteriorizadas, que, como tais, são protegidas nos termos deste Código, incluindo-se nessa protecção os direitos dos respectivos autores.

2 – As ideias, os processos, os sistemas, os métodos operacionais, os conceitos, os princípios ou as descobertas não são, por si só e enquanto tais, protegidos nos termos deste Código.

3 – Para os efeitos do disposto neste Código, a obra é independente da sua divulgação, publicação, utilização ou exploração.

4 – Eliminado

ANOTAÇÃO

I. O artigo 1 (1) do CDADC de 1985 faz referência à obra protegida e aos direitos dos autores.

Comece-se, pois, por esclarecer os conceitos de «direito de autor» e, de modo preliminar, o de «obra», sendo este último tratado de forma mais detalhada em anotação ao artigo 2 do CDADC de 1985.

O termo «direito de autor» é utilizado para denominar a área da propriedade intelectual que rege a protecção da obra que decorre da criação intelectual.

Na sua génese, o direito de autor começou por tutelar as obras literárias e artísticas de cariz tradicional, como os livros, as peças musicais ou teatrais e os filmes. Com a evolução tecnológica dos últimos anos surgiram novas produções e outras necessidades, em sede de tutela, que obrigaram o direito de autor a alargar o seu escopo de modo a abranger, também, as obras de cariz utilitário, como os programas de computador, as bases de dados e as topografias dos semicondutores.

Hoje, o direito de autor protege bens culturais, intangíveis de natureza diversa, que vão desde as clássicas obras literárias, dramáticas, musicais e artísticas, às obras advenientes da revolução digital.

Como ramo do direito, o direito de autor corresponde a um ramo do direito privado. Como nota, Oliveira Ascensão, respeitando o direito de autor à situação dos particulares e não à estrutura e funcionamento dos órgãos públicos, pertence ao direito privado, isto é, «a um amplo direito dos particulares que regula a situação dos particulares no seio da sociedade.» Mais, o direito de autor regula um sector diferenciado da vida dos particulares, a criação literária e artística, tendo, pois, «assegurada a sua autonomia como ramo do direito civil» (J. Oliveira Ascensão, *Direito de Autor e Direitos Conexos,* Coimbra Editora, 1992, pp. 29-30).

Terminologicamente, o «direito de autor», como ramo do Direito, rege os direitos outorgados aos autores («direitos de autor»), bem como os direitos atribuídos aos artistas intérpretes ou executantes, aos produtores de fonogramas ou videogramas e aos organismos de radiodifusão («direitos conexos»), direitos esses que são frequentemente denominados, em geral, como «direito de autor».

O «direito de autor» e a «propriedade industrial» integram a chamada «propriedade intelectual», *lacto sensu,* a qual tutela, em sede industrial, a produção intelectual atinente à actividade económica e, em sede autoral, a produção intelectual de foro literário e artístico.

A «propriedade industrial» tutela as invenções, as criações estéticas e os sinais utilizados para distinguir produtos, serviços e entidades, abarcando várias modalidades de protecção, como as patentes e os modelos de utilidade, os desenhos ou modelos, e as marcas (A. Campinos e L. C. Gonçalves (coordenadores), *Código da Propriedade Industrial Anotado,* Almedina, 2010).

As «patentes» e os «modelos de utilidade», consistem em direitos exclusivos que incidem sobre invenções (ou seja, soluções novas para problemas técnicos específicos), dependendo a sua tutela de diversas formalidades (como o registo) e sendo o respectivo prazo de protecção mais restrito do que o previsto para o direito de autor – em geral, vinte anos contados da data do respectivo pedido, em vez de cinquenta ou setenta anos contados desde a morte do autor.

Atente-se que se pode verificar uma sobreposição entre as tutelas autoral e industrial. Por exemplo, os programas de computador originais são tutelados pelo direito de autor, podendo as invenções relacionadas com esses programas ser protegidas através da concessão de uma ou mais patentes.

Os «desenhos» ou «modelos» protegem a aparência total ou parcial de um «produto» (linhas, contornos, cores, textura, etc.), definido como um artigo industrial ou de artesanato. Embora alguns desenhos ou modelos sejam puramente funcionais, outros têm, também, aspectos artísticos, o que pode levar a uma sobreposição entre a protecção autoral e a protecção industrial.

Por último, as «marcas» são sinais que servem para distinguir, no mercado, os produtos ou serviços de uma empresa dos produtos ou serviços de outras empresas. Tais sinais distintivos podem ser formados por elementos verbais e/ou figurativos, por sons e pela forma dos produtos ou das respectivas embalagens. Mais uma vez há que realçar o facto de que pode emergir uma sobreposição entre a protecção autoral e a protecção industrial, contanto que todos os respectivos requisitos de tutela se encontrem devidamente cumpridos.

Há, ainda, que distinguir o direito de autor dos direitos *sui generis* concedidos aos criadores de topografias de semicondutores e de bases de dados, direitos esses que protegem produtos ligados às novas tecnologias e que são dotados de uma natureza própria.

Impõe-se, por fim, diferenciar o direito de autor da protecção que decorre dos Tratados OMPI de 1996 e de 2012, para certas «medidas tecnológicas» e para as chamadas «informações para a gestão electrónica dos direitos», cuja missão é assegurar o respeito pelo direito de autor com base em tecnologias disponíveis. Dessarte, as «medidas tecnológicas» destinam-se a impedir ou restringir actos ilícitos em relação a obras protegidas, enquanto as «informações para a gestão electrónica dos direitos» identificam a obra e as respectivas condições de utilização lícita.

Finda esta introdução de foro terminológico, note-se que decorre, ainda, do artigo 1 (1) do CDADC de 1985 que a obra, enquanto criação do espírito, apenas é protegida quando «exteriorizada».

Se a criação intelectual não for exteriorizada, isto é, expressa por certa forma, não existirá obra protegida. A protecção autoral surge quando a ideia se converte em obra, quando é exteriorizada sob qualquer forma apreensível pelos sentidos.

Por exemplo, a obra literária pode ser exteriorizada através de palavras, a obra musical por meio de sons e a obra artística sob a forma de uma escultura.

Como observou o Supremo, num processo relativo a determinada proposta de concepção urbanística e arquitectónica, a solução incluída em tal proposta e concretizada e exteriorizada através de peças escritas e gráficas, consistia numa criação intelectual exteriorizada (Acórdão do Supremo Tribunal de Justiça, Processo Nº 00A2668, 03/16/2000).

Subsequentemente, num processo relativo a um novo programa de televisão, o Supremo mais uma vez perfilhou este princípio, notando que a ideia original para o programa em apreço, por si só e enquanto tal, não consubstanciava uma obra ou criação intelectual merecedora de protecção e que a ideia apenas havia sido exteriorizada ou concretizada com o guião criado (Acórdão do Supremo Tribunal de Justiça, Processo Nº 3501/05.0TBOER.L1.S1, 04/29/2010).

II. O artigo 1 (2) do CDADC de 1985 reflecte um princípio fundamental, também vertido no artigo 1 (2) da Directiva Sobre os Programas de Computador, no artigo 9 (2) do Acordo TRIPS e no artigo 2 do Tratado da OMPI sobre Direito de Autor, segundo o qual as ideias não são, por si só e enquanto tais, protegidas.

É cânone básico do direito de autor, que as ideias uma vez concebidas são património comum da humanidade, não sendo objecto de protecção.

Não se permite, em homenagem ao princípio da liberdade das ideias, que o autor monopolize, por exemplo, temas literários, conceitos de foro artístico, descobertas científicas, factos históricos ou ideias políticas.

Consequentemente, a ideia de escrever um livro sobre dois jovens que se apaixonam e cujas famílias nutrem um rancor visceral uma pela outra não será, por si só, protegida pelo direito de autor, mas a expressão detalhada e original dessa ideia poderá ser alvo de protecção.

O direito de autor protege a obra, entendida como criação intelectual por qualquer modo exteriorizada, como decorre do artigo 1 (1) do CDADC de 1985, não tutelando a ideia subjacente à obra, contida apenas no espírito humano, mas a forma como ela se apresenta.

Nem sempre é fácil separar as ideias da sua expressão. Segundo Eugen Ulmer há que distinguir entre «matéria preexistente» e «prestação criativa»», incluindo, a primeira, os dados que a natureza, a história, a tradição literária e artística e as teorias e doutrinas científicas livremente disponibilizam para efeitos de criação intelectual e consistindo, a segunda, na forma e no modo de expressão que cada criador dá a esses dados (Eugen Ulmer, *Urheber-und Verlagsrecht*, 1980).

III. Como referimos *supra*, a obra, enquanto criação do espírito, apenas é protegida quando exteriorizada, o que, como bem conclui o artigo 1 (3) do CDADC de 1985, não equivale à sua divulgação, publicação, utilização ou exploração, mas à susceptibilidade de percepção.

A protecção da obra não depende da sua divulgação, publicação, utilização ou exploração, mas da sua exteriorização. A forma é a essência da obra e a obra existe desde que perceptível aos sentidos.

Artigo 2º – Obras originais

1 – As criações intelectuais do domínio literário, científico e artístico, quaisquer que sejam o género, a forma de expressão, o mérito, o modo de comunicação e o objectivo, compreendem nomeadamente:

a) Livros, folhetos, revistas, jornais e outros escritos;

b) Conferências, lições, alocuções e sermões;

c) Obras dramáticas e dramático-musicais e a sua encenação;

d) Obras coreográficas e pantomimas, cuja expressão se fixa por escrito ou por qualquer outra forma;

e) Composições musicais, com ou sem palavras;

f) Obras cinematográficas, televisivas, fonográficas, *vide*ográficos e radiofónicas;

g) Obras de desenho, tapeçaria, pintura, escultura, cerâmica, azulejo, gravura, litografia e arquitectura;

h) Obras fotográficas ou produzidas por quaisquer processos análogos aos da fotografia;

i) Obras de artes aplicadas, desenhos ou modelos industriais e obras de design que constituam criação artística, independentemente da protecção relativa à propriedade industrial;

j) Ilustrações e cartas geográficas;

l) Projectos, esboços e obras plásticas respeitantes à arquitectura, ao urbanismo, à geografia ou às outras ciências;

m) Lemas ou divisas, ainda que de carácter publicitário, se se revestirem de originalidade;

n) Paródias e outras composições literárias ou musicais, ainda que inspiradas num tema ou motivo de outra obra.

2 – As sucessivas edições de uma obra, ainda que corrigidas, aumentadas, refundidas ou com mudança de título ou de formato, não são obras distintas da obra original, nem o são as reproduções de obra de arte, embora com diversas dimensões.

ANOTAÇÃO

I. O direito de autor pressupõe a existência de uma «obra», obra essa que o artigo 2 (1) do CDADC de 1985 entende como «criação do espírito» ou «criação intelectual» do seu autor, não relevando o seu género, forma de expressão, mérito, modo de comunicação e objectivo.

Mais, o artigo 2 do CDADC de 1985 tem por epígrafe «obras originais», transmitindo-nos, assim, a lei, de forma, um pouco tosca, o princípio de que o direito de autor exige a originalidade da obra, originalidade essa que marca a fronteira entre a obra susceptível de ser objecto da protecção autoral e aquela que fica fora dessa protecção.

A noção de «obra» constante do artigo 2 (1) do CDADC de 1985 encontra corroboração a nível internacional, resultando da sistemática geral da Convenção de Berna que a protecção de determinadas produções enquanto obras literárias e artísticas pressupõe que constituam «criações intelectuais» (neste sentido, *Infopaq International A/S v. Danske Dagblades Forening*, Acórdão do TJUE, Processo C-5/08, 16 de Julho de 2009, 34).

A nível internacional, a tutela concedida pela Convenção de Berna não se encontra subordinada ao modo ou à forma de expressão da obra, mas esta terá de ser original, ou seja, deverá consistir numa «criação intelectual».

Dispõe, por exemplo, o artigo 2 (5) da Convenção de Berna que «as compilações de obras literárias ou artísticas tais como as enciclopédias e antologias que, pela escolha ou disposição das matérias, constituem <u>criações intelectuais</u>, são protegidas como tais, sem prejuízo dos direitos dos autores sobre cada uma das obras que fazem parte dessas compilações.» [sublinhado nosso]

Embora a essência do direito de autor resida na noção de «originalidade», os autores da Convenção de Berna não a definiram, gerando assim alguma incerteza conceptual. Com efeito, a Convenção de Berna refere-se apenas a «criações intelectuais», sem mais (artigo 2 (5) da Convenção de Berna).

A nível nacional, no sistema de *droit d'auteuer*, onde a obra é encarada como criação pessoal do autor e expressão da sua personalidade e do seu espírito, o imperativo da originalidade tende a exigir, para além da ausência de cópia de obra preexistente, a marca da personalidade do autor na sua obra, um contributo intelectual, uma criação intelectual e pessoal e/ou um determinado nível de individualidade da obra.

Já no sistema de *copyright*, a obra é tutelada contanto que não resulte de um acto de cópia de obra alheia e que provenha do seu autor. O teste fundamental, no que se refere à originalidade da obra, reside em averiguar se o autor investiu um grau suficiente de perícia, trabalho e raciocínio (*skill, labour and judgement*) na criação da mesma. Dada a ausência de legislação sobre concorrência desleal, o nível de originalidade exigido para a concessão de protecção foi reduzido de modo a possibilitar a tutela de obras cuja reprodução conferiria uma vantagem desleal ao infractor. Consequentemente, neste contexto o sistema de *copyright* afasta-se do espírito, se não mesmo da letra, da Convenção de Berna (S. Ricketson, *The Berne Convention for the Protection of Literary and Artistic Works 1886-1986*, Kluwer, 1987).

A nível comunitário, três das directivas em vigor atinentes ao direito de autor e direitos conexos contêm preceitos relativos ao conceito de «originalidade».

De acordo com o artigo 1 (3) da Directiva sobre Programas de Computador, um programa de computador será protegido se for original, isto é, se resultar da criação intelectual do autor, não se considerando quaisquer outros critérios para determinar a sua susceptibilidade de protecção (*vide* Decreto-Lei 252/94, de 20 de Outubro, alterado pelo Decreto-Lei 334/97, de 27 de Novembro, texto consolidado, que procedeu à transposição da Directiva sobre os Programas de Computador).

Decorre do artigo 6 da Directiva sobre o Prazo de Protecção que são tuteladas as fotografias originais, adiantando o décimo sexto considerando da mesma directiva, que «[u]ma obra fotográfica, na acepção da Convenção de Berna, deve ser considerada original sempre que for criação intelectual própria do respectivo autor, reflectindo a sua personalidade, sem que outros critérios, tais como o mérito ou a finalidade, sejam tomados em consideração» (*vide* Lei 82/2013, de 6 de Dezembro, que procedeu à transposição da Directiva sobre o Prazo de Protecção, versão codificada).

Afirma, ainda, o artigo 3 (1) da Directiva sobre Bases de Dados, que as bases de dados que em virtude da selecção ou da disposição das matérias constituam uma criação intelectual do respectivo autor, serão protegidas pelo direito de autor, não sendo aplicáveis quaisquer outros critérios para determinar se podem beneficiar dessa protecção (*vide* Decreto-Lei 122/2000, de 4 de Julho, que procedeu à transposição da Directiva sobre as Bases de Dados).

Desta abordagem da União Europeia ao conceito de originalidade, no contexto dos programas de computador, das fotografias e das bases de dados, emana a noção de originalidade como «criação intelectual do autor».

Este entendimento foi avigorado recentemente pelo TJUE, num processo respeitante à visualização de jogos da *Premier League*. Decretou então o TJUE que os jogos da *Premier League* não podiam ser qualificados como obras, uma vez que para tal era necessário que fossem originais, no sentido de constituírem criação intelectual própria do seu autor. Ora, os eventos desportivos não consistem em criações intelectuais, o mesmo sucedendo com os jogos de futebol, «enquadrados por regras que não deixam margem para uma liberdade criativa, na acepção do direito de autor». Concebível é, segundo aquele Tribunal, invocar tutela autoral sobre diversas obras contidas nas emissões radiodifundidas, como a sequência vídeo de abertura, o hino da *Premier League* e as sequências pré-filmadas que mostram momentos marcantes de jogos recentes da *Premier League* (*Football Association Premier League Ltd, NetMed Hellas SA, Multichoice Hellas SA v. QC Leisure, David Richardson, AV Station plc, Malcolm Chamberlain, Michael Madden, SR Leisure Ltd, Philip George Charles Houghton and Derek Owen e Karen Murphy v. Media Protection Services Ltd*, Acórdão do TJUE, Processos apensos C-403/08 e C-429/08, 4 de Outubro de 2011, 98, *vide* também neste sentido, *Infopaq International A/S v. Danske Dagblades Forening*, Acórdão do TJUE, Processo C-5/08, 16 de Julho de 2009, 45; *Bezpečnostní softwarová asociace – Svaz softwarové ochrany v. Ministerstvo kultury*, Acórdão do TJUE, Processo C-393/09, 22 de Dezembro de 2010, 50; *Football Dataco Ltd, Football Association Premier League Ltd, Football League Ltd, Scottish*

Premier League Ltd, Scottish Football League, PA Sport UK Ltd v. Yahoo! UK Ltd, Stan James (Abingdon) Ltd, Stan James plc, Enetpulse ApS, Acórdão do TJUE, Processo C-604/10, 1 de Março de 2012, 38).

Em Portugal, o imperativo da originalidade da obra resulta da conjugação dos artigos 2 e 3 do CDADC de 1985, não elucidando a lei o conceito em causa.

Visto que a lei não define o que se deva entender por «originalidade», vejamos em seguida como é que esse conceito tem sido interpretado pelos nossos tribunais.

Afirmou o Supremo, num processo relativo a um programa televisivo de informação, que para que uma obra televisiva seja qualificada como criação intelectual é necessário que reflicta, em maior ou menor grau, a personalidade de seu criador (Acórdão do Supremo Tribunal de Justiça, Processo Nº 079712, 09/28/1989).

Mais tarde, ao debruçar-se sobre o título X3QMAT dado a um livro escolar de matemática, considerou o mesmo Tribunal que se tratava de um título original, inconfundível e não banal, porque revelador «de uma destacável criatividade, de um profundo conhecimento da matéria que contém e de uma aturada elaboração» (Acórdão do Supremo Tribunal de Justiça, Processo Nº 07B3943, 01/08/2009).

Num processo relativo ao uso de uma fotografia, entendeu o Tribunal da Relação do Porto que uma fotografia vulgar, resultante da simples escolha de um objecto como um edifício camarário e parte de um conjunto arbóreo, sem um mínimo de criatividade, não podia ser considerada como criação artística e pessoal do seu autor (Acórdão do Tribunal da Relação do Porto, Processo Nº 9120900, 12/09/1991).

Sublinhou o mesmo Tribunal, ao examinar a representação de um coração, que nem todas as obras humanas merecem protecção autoral, mas apenas as que são criativas, que trazem algo de novo, expresso através da personalidade do seu autor. Vendo a fotografia do coração em causa, o Tribunal não encontrou nenhuma diferença entre o mesmo e os corações já feitos e utilizados em congressos, no ensino secundário ou nas faculdades de medicina (Acórdão do Tribunal da Relação do Porto, Processo Nº 0442253, 07/08/2004).

Por sua vez, o Tribunal da Relação de Coimbra determinou, a propósito de uma planta de arquitectura, que a mesma fazia, perante o espaço habitável, uma normal distribuição dos compartimentos e sua área, não introduzindo qualquer novidade em comparação com as demais plantas. Essencial é, asseverou aquele Tribunal, que a obra incorpore a marca pessoal do seu autor, a qual lhe confere a diferença e a distingue das demais obras (Acórdão do Tribunal da Relação de Coimbra, Processo Nº 112/04.1TAFND.C1, 02/18/2009).

Num processo em que se discutia a originalidade de certa pintura a aguarela, explicou o Tribunal da Relação de Lisboa que essa pintura de um espaço urbano, captado pela sensibilidade do respectivo pintor, inserido num certo enquadramento de luz e cor, reflectia o espírito do seu criador, o seu traço inconfundível e indelével e o seu cunho artístico único, constituindo um produto da sua criação artística, livre e personalizada (Acórdão do Tribunal da Relação de Lisboa, Processo Nº 8713/2006-7, 11/28/2006).

Declarou o mesmo Tribunal, num processo relativo a uma revista, a Guia TV Cabo, tratar-se de um produto da criação artística, livre e personalizada do respectivo autor, acrescentando que embora todas as publicações do género apresentassem conteúdos semelhantes, o Projectos e formato da Guia TV Cabo haviam sido concebidos e executados de forma original (Acórdão do Tribunal da Relação de Lisboa, Processo Nº 5670/2006-7, 01/16/2007).

Conclui-se, pois, que os tribunais portugueses têm assimilado o conceito de originalidade à marca pessoal do autor, à individualidade, à novidade e/ou à ausência de banalidade.

Pergunta-se, então, se a originalidade da obra postula a marca indelével do autor, algo que se vê pela primeira vez, o que não é trivial ou uma fusão destes elementos, em maior ou menor medida, determinada casuisticamente.

Não importa, seguramente, o valor literário, científico e artístico da obra. O artigo 2 (1) do CDADC de 1985 afasta expressamente, como requisito da obra protegida, o mérito, enquanto manifestação de um juízo estético ou artístico sobre a obra.

Como explanou o Tribunal da Relação de Évora, é «indiferente, pois, que a obra seja mais ou menos valiosa, que represente um nível inferior, superior ou mediano (o que quer que isto signifique) da criação artística, literária ou científica, para merecer a tutela do direito de autor» (Acórdão do Tribunal da Relação de Évora, Processo Nº 526/07-1, 07/10/2007).

Certo é também que, como «criação do espírito», a verdadeira obra resulta necessariamente do esforço criador do espírito humano, ou seja, é fruto do engenho do seu autor.

Consequentemente, condição mínima para cumprimento do requisito de originalidade é a ausência de cópia, mas não bastará essa ausência de cópia para que nos encontremos perante uma obra protegida pelo direito de autor.

Uma segunda exigência advém da noção de «individualidade» introduzida pelo artigo 196 (1) do CDADC de 1985, individualidade essa que não é, nem pode ser, sinónimo de novidade. O direito de autor não impõe a «novidade» da obra como requisito de tutela, ao contrário do que sucede, no reino das patentes, em relação às invenções (neste sentido L. F. Rebello, *Introdução ao Direito de Autor, Vol. I* SPA/ Publicações D. Quixote, 1994).

A milésima pintura ou fotografia da mesma paisagem não deixará de ser tutelada pela falta de novidade do tema, contanto que a sua expressão seja criação intelectual do seu autor.

Avancemos, desde já, decorrer da lei portuguesa que o postulado da originalidade da obra, entendida como criação do espírito humano tutelada na sua forma de expressão, exige a ausência de cópia dessa expressão, bem como a sua individualidade, mas não a sua novidade.

Recorrendo-se em seguida à orientação dada pelo TJUE nesta matéria, constata-se que o mesmo reconduziu, recentemente, o conceito de originalidade à noção de «criação intelectual do autor» (*Infopaq International A/S v. Danske Dagblades Forening*, Acórdão do TJUE, Processo C-5/08, 16 de Julho de 2009, 37), tendo, ainda, feito referência à necessidade de «margem para uma liberdade criativa, na acepção do direito de autor» (*Football Association Premier League Ltd, NetMed Hellas SA, Multichoice Hellas SA v. QC Leisure, David Richardson, AV Station plc, Malcolm Chamberlain, Michael Madden, SR Leisure Ltd, Philip George Charles Houghton and Derek Owen e Karen Murphy v. Media Protection Services Ltd*, Acórdão do TJUE, Processos apensos C-403/08 e C-429/08, 4 de Outubro de 2011, 98).

Refira-se ainda, um recente processo comunitário (*Levola Hengelo BV v. Smilde Foods BV*, Acórdão do TJUE, Processo C-310/17,13 de Novembro de 2018) que incidiu sobre a possibilidade de o conceito de obra incluir o sabor de um produto alimentar. Afirmou o TJUE, a este propósito, que para que um objecto possa revestir a qualificação de obra importa que estejam reunidos dois requisitos cumulativos: (i) o objecto em causa tem de ser original, no sentido de constituir uma criação intelectual do próprio autor e (ii) a noção de obra cinge-se à expressão dessa criação intelectual (*vide* anotação ao artigo 1(2)). Explicou o TJUE:

«Ora, nos termos do artigo 2(1) da Convenção de Berna, as obras literárias e artísticas compreendem todas as produções do domínio literário, científico e artístico, qualquer que seja o seu modo ou forma de expressão. Acresce que, em conformidade com o disposto no artigo 2 do Tratado da OMPI sobre direito de autor e no artigo 9 (2) do Acordo sobre os Aspectos dos Direitos de Propriedade Intelectual relacionados com o Comércio (...) são as expressões e não as ideias, os processos, os métodos operacionais ou os conceitos matemáticos, enquanto tal, que podem ser objecto de protecção a título de direito de autor (...) Portanto, o conceito de «obra» visado pela Directiva 2001/29 implica necessariamente uma expressão do objecto da protecção conferida pelo direito de autor que o torne identificável com suficiente precisão e objectividade, ainda que essa expressão não seja necessariamente permanente. Com efeito, por um lado, as autoridades responsáveis pela protecção dos direitos exclusivos inerentes ao direito de autor devem poder conhecer com clareza e precisão os objectos assim protegidos. O mesmo se aplica aos particulares, nomeadamente operadores económicos, que devem poder identificar com clareza e precisão os objectos protegidos em benefício de terceiros, nomeadamente concorrentes. Por outro lado, a necessidade de afastar qualquer elemento de subjectividade, prejudicial à segurança jurídica, no processo de identificação do objecto protegido implica que este último possa ser objecto de uma expressão precisa e objectiva.» (*Levola Hengelo BV v. Smilde Foods BV*, Acórdão do TJUE, Processo C-310/17,13 de Novembro de 2018, para. 39-41).

Podemos, assim, concluir, com base nas exigências decorrentes da lei portuguesa e da jurisprudência da União Europeia, que a obra, entendida como criação do espírito humano tutelada na sua forma de expressão, será considerada original se tiver individualidade, não porque é algo que se vê pela primeira vez, não porque contém necessariamente a marca indelével do seu autor (embora tal suceda, com frequência, tanto no que toca às obras de cariz tradicional como os livros, como no respeitante às obras de cariz utilitário, como os programas de computador), mas porque é criação intelectual do autor, fruto do esforço criador e engenho deste, emergindo num contexto de liberdade criativa – tomando o autor opções num quadro de liberdade e de criatividade.

Por exemplo, o autor de um artigo de imprensa pode exprimir o seu espírito criador e original através da escolha, da disposição e da combinação das palavras em causa, enquanto o autor de uma fotografia pode imprimir o seu cunho pessoal à obra criada através da selecção do pano de fundo, da pose da pessoa a fotografar, da iluminação, do enquadramento, do ângulo, da atmosfera criada, da técnica de revelação ou ainda através da utilização de aplicações informáticas (*Infopaq International A/S v. Danske Dagblades Forening*, Acórdão do TJUE, Processo C-5/08, 16 de Julho de 2009, 45; *Eva-Maria Painer v. Standard VerlagsGmbH, Axel Springer AG, Süddeutsche Zeitung GmbH, SPIEGEL-Verlag Rudolf AUGSTEIN GmbH e Co KG and Verlag M. DuMont Schauberg Expedition der Kölnischen Zeitung GmbH e Co KG*, Acórdão do TJUE, Processo C-145/10, 1 de Dezembro de 2011, 90-92).

Para além de fazer depender a possibilidade de tutela de uma produção enquanto «obra» da qualificação como «criação intelectual», o artigo 2 (1) do CDADC de 1985 elenca, de forma exemplificativa, obras protegidas.

Também a Convenção de Berna define o termo «obras literárias e artísticas» como compreendendo todas as produções do domínio literário, científico e artístico, tais como: «os livros, folhetos e outros escritos; as conferências, alocuções, sermões e outras obras da mesma natureza; as obras dramáticas ou dramático-musicais; as obras coreográficas e as pantomimas; as composições musicais com ou sem palavras; as obras cinematográficas, às quais são assimiladas as obras expressas por um processo análogo à cinematografia; as obras de desenho, pintura, arquitectura, escultura, gravura e litografia; as obras fotográficas, às quais são assimiladas as obras expressas por um processo análogo ao da fotografia; as obras de artes aplicadas; as ilustrações e as cartas geográficas; os planos, esboços e obras plásticas relativos à geografia, à topografia, à arquitectura ou às ciências.» (artigo 2 (1)-(2) da Convenção de Berna).

Note-se que o artigo 2 (1) do CDADC de 1985, não estabelece um elenco taxativo de categorias de obras protegidas, optando, ao invés, por uma enumeração exemplificativa, ao afirmar que são «nomeadamente» protegidos.

Tal não sucede, por exemplo, no Reino Unido, pois a secção 1 da Lei do Reino Unido de 1988, afirma, peremptoriamente, apenas proteger determinadas categorias de obras: «(1) Copyright is a property right which subsists in accordance with this Part in the following descriptions of work— (a) original literary, dramatic, musical or artistic works, (b) sound recordings, films or broadcasts, and (c) the typographical arrangement of published editions. (2) In this Part *copyright work* means a work of any of those descriptions in which copyright subsists.» A não inserção de uma criação do espírito numa destas categorias leva, assim, à ausência de protecção (*vide, inter alia, Hyperion v. Sawkins* (2005) *England and Wales Court of Appeal (Civil Division) Decisions* 565; *Creation Records Ltd v. Newsgroup Newspapers Ltd* (1997) *Entertainment and Media Law Reports* (UK) 444; *Nova Productions Ltd v. Mazooma Games Ltd & Ors* (2007) *England and Wales Court of Appeal (Civil Division) Decisions* 219).

Decorre do carácter exemplificativo da enumeração constante do artigo 2 (1) do CDADC de 1985 que qualquer criação do espírito ou criação intelectual (do domínio literário, científico e artístico) pode ser tutelada pelo direito de autor, ainda que não se encontre mencionado nesse artigo (contanto se encontrem preenchidos os restantes requisitos de protecção).

Mais, a não integração de uma produção numa das categorias expressamente previstas nas diversas alíneas do referido preceito, não faz depender a protecção da equiparação a um exemplo legalmente indicado.

Caso contrário, poder-se-ia privar de tutela uma criação do espírito que não se inserisse, de forma expressa ou equiparada, numa das categorias previstas no artigo 2 (1) do CDADC de 1985, com resultados semelhantes aos operados pela lei inglesa, que decreta a inexistência de protecção em relação às produções que não possam ser incluídas numa das categorias previstas na lei, de forma expressa ou equiparada.

Ora, se o legislador português pretendesse este resultado teria optado, como fez o legislador inglês, por um elenco taxativo de categorias de obras protegidas e não por uma enumeração exemplificativa.

Não concordamos, pois, com o raciocínio do Tribunal da Relação de Évora, num processo em que se questionava se certo Projectos de irrigação era merecedor de protecção autoral. Decidiu aquele Tribunal, após uma breve leitura do artigo 2 do CDADC de 1985, que o Projectos em causa não integrava nenhuma das criações expressamente previstas nas diversas alíneas do preceito, nem podia ser equiparado a nenhum dos exemplos indicados pela lei. O mais próximo que o Tribunal encontrou na exemplificação legal com o Projectos em causa, foi a categoria atinente a «Projectos, esboços e obras plásticas respeitantes à arquitectura, ao urbanismo, à geografia ou às outras ciências», na qual o Projectos de irrigação não podia ser integrado pelo facto de o mesmo não ser referente à arquitectura, ao urbanismo nem a quaisquer ciências (Acórdão do Tribunal da Relação de Évora, Processo Nº 32/06.5TBBJA.E1, 05/12/2010).

Discordamos, metodologicamente, pelos motivos acima expostos, com o recurso à equiparação na ausência de inserção expressa de uma produção numa categoria preexistente, defendendo, ao invés, o recurso aos conceitos de «obra» (entendida como criação de foro espiritual ou intelectual e abrangendo as obras literárias, dramáticas, musicais e artísticas, bem como outras obras do domínio literário, científico e artístico, resultantes da criação intelectual do autor, independentemente do seu mérito) e de «originalidade» (a obra será considerada original se tiver individualidade, não porque é algo que se vê pela primeira vez, não porque contém, necessariamente, a marca indelével do seu autor, mas porque é criação intelectual do autor, fruto do esforço criador e engenho deste, emergindo num contexto de liberdade criativa, tomando o autor opções num quadro de liberdade e de criatividade) para investigar a possibilidade de tutela dessa produção, pelo CDADC de 1985, como criação intelectual.

Já o Tribunal da Relação de Lisboa, num processo em que se discutia se a maqueta de uma escultura podia ser protegida pelo direito de autor, apurou que essa maqueta, classificada como «coisa comum», não possuía o mesmo cunho que a obra de arte acabada, tratando-se de um mero passo no percurso que desemboca, eventualmente, na obra de arte final, tal como os esboços, os desenhos, os trabalhos de digitalização e as fotos que possam ser criados na perspectiva de dar corpo à ideia original (Acórdão do Tribunal da Relação de Lisboa, Processo Nº 323/07.8TVLSB.L1-2, 06/30/2011).

Ao decretar a incompletude da obra e ao classificá-la como «coisa comum», alcançou o Tribunal, acuradamente, que a produção em causa se encontrava longe do conceito de «obra» como criação do espírito ou do intelecto, ou que carecia de originalidade, não merecendo, pois, tutela autoral.

Refira-se ainda a «paródia», que o artigo 2 (1) do CDADC de 1985 inclui na lista exemplificativa de obras protegidas (ainda que inspirada num tema ou motivo de outra obra), perguntando se é lícito parodiar uma obra preexistente sem a autorização do seu autor.

Antes de mais há que determinar se a paródia é protegida *per se*, ou seja, se se trata de uma «obra» em relação à qual se encontram preenchidos os devidos requisitos de protecção.

Se a paródia apenas aproveita o tema anterior, dificilmente será considerada «original» e justamente tutelada pelo direito de autor. A verdadeira paródia aproveita o tema da obra anterior, mas tem individualidade, não porque é algo que se vê pela primeira vez vista, não porque contém, necessariamente, a marca indelével do seu autor, mas porque é criação intelectual do autor, fruto do esforço criador e engenho deste, emergindo num contexto de liberdade criativa.

Qualificada uma paródia como uma obra merecedora de protecção autoral, tal não lhe confere imunidade no que toca à ilicitude que possa resultar da utilização de obra preexistente para efeitos de criação dessa paródia protegida.

Se a paródia reproduz e/ou modifica, no todo ou em parte, uma obra preexistente tutelada pelo direito de autor, a licitude dessa utilização exige a autorização prévia do autor da obra anterior (como sucede no caso da obra compósita) ou da lei (sob a forma de uma excepção).

A ausência dessa autorização (fornecida pelo autor ou pela lei) configurará, em princípio, uma violação do direito moral à integridade da obra e dos direitos patrimoniais à reprodução e à modificação da mesma.

Se, todavia, a paródia aproveita o tema da obra anterior, sem reproduzir e/ou modificar a obra preexistente, no todo ou em parte, já não será necessária a autorização do autor da obra preexistente nem da lei (sob a forma de uma excepção).

Em Portugal, dada a ausência de uma excepção neste campo, por opção legislativa tomada aquando da implementação da Directiva sobre a Sociedade da Informação, a paródia apenas será lícita, na ausência de autorização dos titulares de direitos relevantes, se recorrer a temas e ideias de obras preexistentes sem, contudo, utilizar a sua expressão protegida. *Vide* anotação artigo 75 do CDADC de 1985.

Assim se opera a distinção, por um lado, das ideias, como matéria não protegida, que todos podem utilizar livremente e, por outro, da expressão reconduzida à criação intelectual, sendo a utilização abusiva desta última que se configura como ilícita (princípio este que se encontra consagrado no artigo 1 (2) do CDADC de 1985).

O Tribunal da Relação de Lisboa foi confrontado com esta matéria, num processo em que se discutia a licitude da utilização da obra «As cantigas do avô cantigas», de tal modo que em lugar do verso «Eu sou o avô cantigas/E todas as crianças são minhas amigas/Eu sou o avô cantigas/Rapazes e raparigas» surgia o verso «Eu sou o avô cantigas/E todos os gays são minhas amigas/Eu sou o avô cantigas/La La La He He He». Tendo essa utilização carecido da autorização do respectivo autor, o Tribunal da Relação de Lisboa distinguiu, por um lado, a liberdade que todos têm de utilizar tema ou ideia de obra alheia e com base neles criar uma obra nova e, por outro, a utilização de obra alheia em obra própria, mesmo que para parodiar uma situação social ou política. Este último caso, salientou o Tribunal, reconduz-se a uma utilização de obra alheia ainda que para criação de obra própria. No caso *sub judice*, denotou o Tribunal a alteração introduzida na referida obra havia desvirtuado a mesma, dando um outro sentido às palavras inocentes contidas nos versos originais (Acórdão do Tribunal da Relação de Lisboa, Processo Nº 1598/10.0TVLSB.L1-6, 03/31/2011).

A nível comunitário, o conceito de paródia foi examinado pelo TJUE num processo que teve na origem um pedido de decisão prejudicial apresentado pelo *hof van beroep te Brussel*, no âmbito de um litígio que opôs *J. Deckmyn* e a *Vrijheidsfonds VZW*, associação sem fins lucrativos, a vários herdeiros de *W. Vandersteen*, autor das bandas desenhadas *Suske en Wiske*, bem como aos titulares dos direitos associados a estas obras, a respeito da distribuição, por *J. Deckmyn*, de um calendário no qual foi reproduzido um desenho que se assemelhava a um desenho existente na capa de um álbum da série *Suske en Wiske* (*J. Deckmyn e Vrijheidsfonds VZW v. Vandersteen e o.*, Acórdão do TJUE, Processo C-201/13, 3 de Setembro de 2014).

O TJUE começou por cercear a margem de manobra do legislador nacional, recordando que os termos de uma disposição do direito da União que não contenha nenhuma remissão expressa para o direito dos Estados Membros para determinar o seu sentido e alcance devem ser interpretados em toda a União Europeia de modo autónomo e uniforme, invocando o Acórdão *Padawan* e a jurisprudência aí referida (*Padawan SL v. Sociedad General de Autores y Editores de España (SGAE)*, Acórdão do TJUE, Processo C-467/08, 21 de Outubro de 2010).

Como tal, o conceito de paródia deve ser considerado um conceito autónomo do direito da União e interpretado de modo uniforme no território desta última.

Segundo o TJUE esse conceito deve ter em conta o seu sentido habitual na linguagem corrente e conter dois elementos, evocando, por um lado, uma obra existente, mas apresentando diferenças perceptíveis relativamente à mesma e, por outro, tendo um carácter humorístico ou burlesco.

O TJUE não subordinou o conceito de paródia à existência de originalidade para além da apresentação de diferenças perceptíveis relativamente à obra original objecto de paródia

Crucialmente, o TJUE afirmou que a aplicação, numa situação concreta, da excepção relativa à paródia, na acepção do artigo 5 (3) (k) da Directiva sobre a Sociedade da Informação (que não foi, note-se implementado no ordenamento jurídico nacional) deve respeitar um justo equilíbrio entre os interesses dos titulares de direitos e a liberdade de expressão dos utilizadores.

II. Decorre do artigo 2 (2) do CDADC de 1985, que as sucessivas edições de uma obra, ainda que com mudança de título ou de formato, não são obras distintas da obra original, nem o são as reproduções de obra de arte, embora com diversas dimensões. Porquê? Porque tais modificações e reproduções não tocam no cerne da obra, naquilo que lhe confere originalidade. Mantendo-se intocável o que confere originalidade à obra, não emerge nova obra, apenas se verificando a utilização de uma obra pré-existente.

Artigo 3º – Obras equiparadas a originais

1 – São obras equiparadas a originais:

a) As traduções, arranjos, instrumentações, dramatizações, cinematizações e outras transformações de qualquer obra, ainda que esta não seja objecto de protecção;

b) Os sumários e as compilações de obras protegidas ou não, tais como selectas, enciclopédias e antologias que, pela escolha ou disposição das matérias, constituam criações intelectuais;

c) As compilações sistemáticas ou anotadas de textos de convenções, de leis, de regulamentos e de relatórios ou de decisões administrativas, judiciais ou de quaisquer órgãos ou autoridades do Estado ou da Administração.

2 – A protecção conferida a estas obras não prejudica os direitos reconhecidos aos autores da correspondente obra original.

ANOTAÇÃO

I. A Convenção de Berna impõe a protecção, como obras originais, das traduções, das adaptações, dos arranjos de música e de outras transformações de uma obra literária ou artística (sem prejuízo dos direitos do autor da obra original), assim como das compilações de obras literárias ou artísticas, tais como as enciclopédias e antologias, que pela escolha ou disposição das matérias constituem criações intelectuais – sem prejuízo dos direitos dos autores sobre cada uma das obras que fazem parte dessas compilações). *Vide* artigos artigo 2 (3) e (5) da Convenção de Berna.

Nessa sequência, o artigo 3 (1) do CDADC de 1985 estabelece um elenco taxativo de obras que considera equiparadas às obras originais, obras essas que são derivadas de obras originais.

No que toca às traduções, há que distinguir a tutela da obra original, a qual só pode ser traduzida mediante autorização do respectivo autor, e a protecção da tradução feita a partir dessa obra original.

Dita, por isso, a Convenção de Berna, que «[o]s autores de obras literárias e artísticas protegidas pela presente Convenção gozam, durante toda a vigência dos seus direitos sobre a obra original, do direito exclusivo de fazer ou de autorizar a tradução das suas obras» e que as traduções «são protegidas como obras originais, sem prejuízo dos direitos de autor da obra original» (artigos 2 (3) e 8 da Convenção de Berna).

Quanto às compilações de obras, a sua protecção decorre do artigo 2 (5) da Convenção de Berna, segundo o qual «[a]s recolhas de obras literárias ou artísticas, tais como enciclopédias e antologias, que, pela selecção ou disposição das matérias, constituem criações intelectuais são protegidas como tal, sem prejuízo dos direitos dos autores sobre cada uma das obras que fazem parte dessas recolhas.»

Deste modo, a tutela da obra recolhida pode coexistir com a da compilação *per se*. Por exemplo, uma compilação de poemas poderá ser protegida como criação intelectual no seu todo, dada a selecção ou disposição dos poemas nela contido, podendo cada poema individualmente considerado ser tutelado pelo direito de autor.

Acrescente-se que, com o advento das bases de dados electrónicas, a questão da protecção das compilações revestiu-se de grande importância económica, tendo levado à consagração da sua tutela a nível internacional e regional (*vide* artigo 10 (2) do Acordo TRIPS e artigo 5 do Tratado OMPI sobre Direito de Autor, Directiva sobre as Bases de Dados e Decreto-Lei 122/2000, de 4 de Julho, que procedeu à transposição da Directiva sobre as Bases de Dados).

Registe-se que a protecção da obra derivada é independente da protecção da obra original. Assim, a obra adaptada pode ser protegida, apesar da ausência de protecção da obra original. Expirado o prazo de protecção de uma obra que foi traduzida, adaptada, sumarizada ou compilada, pode-se verificar a protecção da obra equiparada apesar da ausência de protecção da obra original.

II. Segundo o artigo 3 (2) do CDADC de 1985, a protecção conferida às obras equiparadas encontra-se subordinada à primazia da tutela das obras originais, pelo que a protecção de uma obra equiparada não pode prejudicar os direitos reconhecidos aos autores da correspondente obra original.

Se a obra original for uma obra protegida, assistem ao respectivo autor uma série de direitos patrimoniais e morais que lhe permitem, *inter alia*, autorizar ou impedir a tradução, adaptação, sumarização ou compilação executadas a partir da obra original, bem como exigir o respeito pela integridade da obra original e o reconhecimento da sua autoria no que toca à obra preexistente (*vide* anotações aos artigos 9, 56-62 e 67-68 do CDADC de 1985).

O desrespeito por tais direitos patrimoniais e morais comina de ilicitude a obra derivada.

Expirado o prazo de protecção da obra original, ou seja, caída tal obra no domínio público, mantém-se a necessidade de respeitar a integridade da obra original e o reconhecimento do autor dessa obra preexistente como tal (*vide* anotação ao artigo 57 do CDADC de 1985).

Note-se que a autorização concedida pelo autor da obra derivada para utilização desta não dispensa a autorização do autor da obra original, desde que esta se trate de uma obra protegida. Da mesma forma, a autorização concedida pelo autor da obra original para utilização dessa obra não dispensa a autorização do autor da obra derivada para utilização desta última.

Artigo 4º – Título da obra

1 – A protecção da obra é extensível ao título, independentemente de registo, desde que seja original e não possa confundir-se com o título de qualquer outra obra do mesmo género de outro autor anteriormente divulgada ou publicada.

2 – Considera-se que não satisfazem estes requisitos:

a) Os títulos consistentes em designação genérica, necessária ou usual do tema ou objecto de obras de certo género;

b) Os títulos exclusivamente constituídos por nomes de personagens históricas, histórico-dramáticas ou literárias e mitológicas ou por nomes de personalidades vivas.

3 – O título de obra não divulgada ou não publicada é protegido se, satisfazendo os requisitos deste artigo, tiver sido registado juntamente com a obra.

ANOTAÇÃO

I. A protecção da obra abrange a protecção do respectivo título, desde que seja original e não possa confundir-se com o título de obra alheia do mesmo género (artigo 4 (1) do CDADC de 1985).

Visto que são requisitos de protecção do título, não apenas a sua «originalidade» mas ainda o seu «carácter diferenciativo», num processo relativo à protecção da palavra «Telejornal», concluiu o Tribunal da Relação de Lisboa que se tratava de designação genérica e usual para designar qualquer obra do género de noticiário transmitido pela televisão, não podendo ser classificado como título original e inconfundível (Acórdão do Tribunal da Relação de Lisboa, Processo Nº 0004161, 06/18/1991).

Num outro processo, atinente ao título de um concurso destinado a encontrar «o sonho de mulher de todos os portugueses», declarou o Supremo que o título em causa era claramente banal e destituído de qualquer tipo de originalidade. Sustentou o mesmo Tribunal que ainda que esse título não se pudesse etiquetar de banal, se tratava, em todo o caso, «de uma expressão vulgar, comummente usada em contextos que versem sobre questões de beleza e estética feminina, com um significado bem vincado, de uso corrente e insusceptível de constituir objecto de direito exclusivo», não se vislumbrando «qualquer resquício de originalidade no uso da expressão em causa, de modo a erigi-lo a um título merecedor da protecção» (Acórdão do Supremo Tribunal de Justiça, Processo Nº 3501/05.0TBOER.L1.S1, 04/29/2010).

Tais considerações são apenas aplicáveis aos títulos (cuja protecção a lei faz depender quer da sua originalidade, quer do seu carácter diferenciativo em relação a outros títulos) e não às obras em geral. Em relação a estas últimas, não se pode reconduzir o conceito de «originalidade» a um misto de ausência de banalidade e de novidade.

Se é verdade que a criação do espírito é, por natureza, algo não banal, já não se pode dizer que comporte sempre novidade. O milésimo poema sobre um tema comum não deixará de ser tutelado pela falta de novidade do tema, desde que possa ser assimilado, conceptualmente, a uma criação intelectual. Aliás, o direito de autor não impõe a «novidade» da obra como requisito de tutela, ao contrário do que sucede, no reino das patentes, em relação às invenções.

Resulta, ainda, do artigo 4 (1) do CDADC de 1985, que a protecção da obra abrange a protecção do respectivo título, independentemente de registo, em harmonia com o princípio contido no artigo 12 (*vide* anotação artigo 12 do CDADC de 1985).

II. Em virtude do princípio estabelecido no artigo 4 (1) do CDADC de 1985, dita o artigo 4 (2) do CDADC de 1985 que não são protegidos os títulos que careçam manifestamente de originalidade, tais como os que consistam em designação genérica, necessária ou usual, assim como os títulos exclusivamente constituídos por nomes de personagens históricas, histórico-dramáticas ou literárias e mitológicas ou por nomes de personalidades vivas.

III. O artigo 4 (3) do CDADC de 1985 encerra um desvio ao princípio contido no artigo 4 (1) do CDADC de 1985, segundo o qual a protecção da obra abrange a protecção do respectivo título, independentemente de registo. Tal princípio é afastado perante uma obra não divulgada ou não publicada. No caso da obra inédita, o título apenas é protegido, podendo ser oposto a terceiros, se tiver sido registado juntamente com a obra.

Artigo 5º – Título de jornal ou de qualquer outra publicação periódica

1 – O título de jornal ou de qualquer outra publicação periódica é protegido, enquanto a respectiva publicação se efectuar com regularidade, desde que devidamente inscrito na competente repartição de registo do departamento governamental com tutela sobre a comunicação social.

2 – A utilização do referido título por publicação congénere só será possível um ano após a extinção do direito à publicação, anunciado por qualquer modo, ou decorridos três anos sobre a interrupção da publicação.

ANOTAÇÃO

I. Estabelecidas, no artigo 4 do CDADC de 1985, as regras relativas à protecção do título da obra, o artigo 5 (1) do CDADC de 1985 prevê uma disposição específica para o título de jornal ou de qualquer outra publicação. Este último apenas é protegido enquanto a respectiva publicação se efectuar com regularidade, desde que devidamente registado.

Diz o artigo 15 da Lei da Imprensa (Lei 2/99, de 13 de Janeiro) que as publicações periódicas devem conter, na primeira página de cada edição, o título e, em página predominantemente preenchida com materiais informativos, o número de registo do título.

Esta matéria é organizada pelo Decreto Regulamentar nº 8/99, de 9 de Junho de 1999, que afirma que o registo tem por finalidade, *inter alia*, assegurar a protecção legal dos títulos de publicações periódicas, sendo competente para o registo o Instituto da Comunicação Social (ICS), através da Divisão de Registos (artigo 1 do Decreto Regulamentar nº 8/99, de 9 de Junho de 1999).

A manutenção da protecção dos títulos de publicações periódicas está sujeita à apresentação de prova relativa à regularidade da publicação, mediante envio à Divisão de Registos, durante o mês de Março de cada ano, do último exemplar publicado no ano anterior, sob pena de cancelamento oficioso do registo (artigo 22 do Decreto Regulamentar nº 8/99, de 9 de Junho de 1999).

II. Um ano após a extinção do direito à publicação ou decorridos três anos sobre a interrupção da publicação, é lícita a utilização do mesmo título por publicação congénere (artigo 5 (2) do CDADC de 1985).

Artigo 6º – Obra publicada e obra divulgada

1 – A obra publicada é a obra reproduzida com o consentimento do seu autor, qualquer que seja o modo de fabrico dos respectivos exemplares, desde que efectivamente postos à disposição do público em termos que satisfaçam razoavelmente as necessidades deste, tendo em consideração a natureza da obra.

2 – Não constitui publicação a utilização ou divulgação de uma obra que não importe a sua reprodução nos termos do número anterior.

3 – Obra divulgada é a que foi licitamente trazida ao conhecimento do público por quaisquer meios, como sejam a representação de obra dramática ou dramático-musical, a exibição cinematográfica, a execução de obra musical, a recitação de obra literária, a transmissão ou a radiodifusão, a construção de obra de arquitectura ou de obra plástica nela incorporada e a exposição de qualquer obra artística.

ANOTAÇÃO

I & II. O artigo 6 (1)-(2) do CDADC de 1985 trata do conceito de «obra publicada» com base no artigo 3 (3) da Convenção de Berna, segundo o qual «obras publicadas» são «obras editadas com o consentimento dos seus autores, qualquer que seja o modo de fabrico dos exemplares, desde que a oferta destes últimos tenha sido tal que satisfaça as necessidades razoáveis do público, tendo em conta a natureza da obra», não constituindo «publicação a representação de uma obra dramática, dramático-musical, ou cinematográfica, a execução de uma obra musical, a recitação pública de uma obra literária, a transmissão ou a radiodifusão de obras literárias ou artísticas, a exposição de uma de uma obra de arte e a construção de uma obra de arquitectura».

O artigo 6 (1) reproduz, praticamente, a primeira parte do artigo 3 (3) da Convenção de Berna e o artigo 6 (2) articula o princípio contido na segunda parte do artigo 3 (3) daquela Convenção, princípio esse que exige a presença de um acto de reprodução para operação do conceito de «obra publicada».

Terminologicamente, o termo «público» a que se refere o artigo 6 do CDADC de 1985 deve ser entendido, segundo o Supremo, como o público em geral, só existindo divulgação quando a obra sai fora da esfera de controlo do autor e passa a ser acessível a todos aqueles que procuram ter conhecimento dela. Não se pode considerar a mera gravação de ensaios como fazendo parte do conceito de divulgação (Acórdão do Supremo Tribunal de Justiça, Processo Nº 3501/05.0TBOER.L1.S1, 04/29/2010).

III. O artigo 6 (3) do CDADC de 1985 invoca o elenco de actos contidos na segunda parte do artigo 3 (3) da Convenção de Berna, como exemplos de modalidades de divulgação da obra.

Note-se que a publicação ou divulgação da obra requer o consentimento dos respectivos titulares de direitos. Havendo ilicitude decreta a lei a ausência formal de classificação da obra em causa como «publicada» ou «divulgada» (artigo 6 (1) e (3) do CDADC de 1985).

Vide anotação artigo 67 do CDADC de 1985 no que toca ao direito à divulgação da obra.

Artigo 7º – Exclusão de protecção

1 – Não constituem objecto de protecção:

a) As notícias do dia e os relatos de acontecimentos diversos com carácter de simples informações de qualquer modo divulgados;

b) Os requerimentos, alegações, queixas e outros textos apresentados por escrito ou oralmente perante autoridades ou serviços públicos;

c) Os textos propostos e os discursos proferidos perante assembleias ou outros órgãos colegiais, políticos e administrativos, de âmbito nacional, regional ou local, ou em debates públicos sobre assuntos de interesse comum;

d) Os discursos políticos.

2 – A reprodução integral, em separata, em colectânea ou noutra utilização conjunta, de discursos, peças oratórias e demais textos referidos nas alíneas *c)* e *d)* do nº 1 só pode ser feita pelo autor ou com o seu consentimento.

3 – A utilização por terceiro de obra referida no nº 1, quando livre, deve limitar-se ao exigido pelo fim a atingir com a sua divulgação.

4 – Não é permitida a comunicação dos textos a que se refere a alínea *b)* do nº 1 quando esses textos forem por natureza confidenciais ou dela possa resultar prejuízo para a honra ou reputação do autor ou de qualquer outra pessoa, salvo decisão judicial em contrário proferida em face de prova da existência de interesse legítimo superior ao subjacente à proibição.

ANOTAÇÃO

I. O artigo 7 (1) do CDADC de 1985 exclui do escopo de protecção da lei certas criações intelectuais, em harmonia com a Convenção de Berna que reserva às legislações dos países da União, a determinação da protecção a conceder a certas produções, tais como os textos oficiais de carácter legislativo, administrativo ou judiciário, as traduções oficiais destes textos, os discursos políticos e os discursos pronunciados nos debates judiciários (artigos 2 (4) e 2 bis (1) da Convenção de Berna).

Assim bem concluiu o Tribunal da Relação de Lisboa, num processo relativo a enunciados de provas de avaliação e de exame nacionais elaborados pelo Instituto de Avaliação Educativa, I.P. (IAVE), que apesar de os mesmos, serem em abstracto, criações intelectuais susceptíveis de tutela jusautoral, sendo o requerente uma entidade de direito público e tendo elaborado tais provas de exame nacionais no pleno exercício dessa actuação administrativa, o requerente havia actuado como emitente de um texto oficial, intrinsecamente excluído de protecção jusautoral (*vide* Acórdão do Tribunal da Relação de Lisboa, Processo Nº 204/17.7YHLSB.L2-2, 17/07/2018).

Precisamente porque tal matéria é deixada ao critério de cada país da União, no Reino Unido, por exemplo, o Estado detém direito de autor sobre textos oficiais, pelo que, em regra, a sua utilização requer autorização do mesmo (secção 163 da Lei do Reino Unido de 1988).

Compulsória é a ausência de protecção das notícias do dia e dos relatos de acontecimentos diversos («fait divers») que tenham o carácter de simples informações de imprensa (artigo 2 (8) da Convenção de Berna).

II. Note-se que a exclusão de protecção contida no artigo 7 (1) do CDADC de 1985 permite o uso livre das produções intelectuais em causa, dentro dos limites estabelecidos no artigo 7 (2)-(4) do CDADC de 1985.

Assim, na esteira do artigo 2 bis (3) da Convenção de Berna, o artigo 7 (2) do CDADC de 1985 estabelece uma ressalva no que toca à utilização livre de textos e discursos apresentados perante assembleias ou outros órgão colegiais de foro político ou administrativo, de debates públicos sobre assuntos de interesse comum e de discursos políticos.

Embora se possa utilizar livremente tais produções intelectuais, só o respectivo autor goza do direito de fazer colectâneas dessas obras ou de autorizar outrem a fazê-lo.

III. O artigo 7 (3) do CDADC de 1985 exige que o uso livre das produções intelectuais aí elencadas se restrinja ao fim visado pela sua divulgação, critério esse que consta do artigo 2 bis (2) da Convenção de Berna.

IV. Por último, resulta do artigo 7 (4) do CDADC de 1985 que apenas é permitida a comunicação de textos apresentados perante autoridades públicas se os mesmos não forem confidenciais e se dessa comunicação não resultar prejuízo para a honra ou reputação do autor ou de qualquer outra pessoa. Esta proibição apenas cessa se for proferida uma decisão judicial em contrário, em função de prova da existência de interesse legítimo superior.

Artigo 8º – Compilações e anotações de textos oficiais

1 – Os textos compilados ou anotados a que se refere a alínea *c)* do nº 1 do artigo 3º, bem como as suas traduções oficiais, não beneficiam de protecção.

2 – Se os textos referidos no número anterior incorporarem obras protegidas, estas poderão ser introduzidas sem o consentimento do autor e sem que tal lhe confira qualquer direito no âmbito da actividade do serviço público de que se trate.

ANOTAÇÃO

I. O artigo 8 (1) do CDADC de 1985 exclui do escopo de protecção da lei as compilações e anotações de textos oficiais referidas no artigo 3 (1) (c) do CDADC de 1985 e respectivas traduções.

Tal é permitido pelo artigo 2 (4) da Convenção de Berna, que reserva «às legislações dos países da União a determinação da protecção a conceder aos textos oficiais de carácter legislativo, administrativo ou judiciário, bem como às traduções oficiais desses textos.»

II. O artigo 8 (2) do CDADC de 1985 autoriza a incorporação de obra alheia protegida em compilações e anotações de textos oficiais, sem o consentimento do autor e sem que tal dê direito a remuneração, desde que a utilização decorra «no âmbito da actividade do serviço público de que se trate».

Há que concluir que se essa utilização ocorrer fora da actividade do serviço público em causa, já não será afastado o direito à remuneração.

CAPÍTULO II – Do direito de autor

SECÇÃO I – Do conteúdo do direito de autor

Artigo 9º – Conteúdo do direito de autor

1 – O direito de autor abrange direitos de carácter patrimonial e direitos de natureza pessoal, denominados direitos morais.

2 – No exercício dos direitos de carácter patrimonial o autor tem o direito exclusivo de dispor da sua obra e de fruí-la e utilizá-la, ou autorizar a sua fruição ou utilização por terceiro, total ou parcialmente.

3 – Independentemente dos direitos patrimoniais, e mesmo depois da transmissão ou extinção destes, o autor goza de direitos morais sobre a sua obra, designadamente o direito de reivindicar a respectiva paternidade e assegurar a sua genuinidade e integridade.

ANOTAÇÃO

I. Em termos de conteúdo, decorre do artigo 9 (1) do CDADC de 1985, que o direito de autor inclui faculdades de cariz patrimonial e faculdades de cariz pessoal.

Mencionem-se, aqui, entre outras igualmente válidas, as perspectivas de Rebello e de Oliveira Ascensão.

O primeiro, define o direito de autor como um «conjunto de poderes, faculdades e prerrogativas, de carácter patrimoniais e pessoal que a lei confere ao autor de uma obra literária ou artística, pelo simples facto da sua criação exteriorizada, a fim de livre e exclusivamente utilizar e explorar ou autorizar que terceiros utilizem e explorem essa obra dentro do respeito pela sua paternidade e integridade, e de extrair vantagens económicas dessa utilização e exploração» (L. F. Rebello, *Introdução ao Direito de Autor, Vol. I,* SPA/Publicações D. Quixote, 1994, p. 57).

O segundo, concebe o direito de autor como um «feixe de direitos pessoais e patrimoniais que se revelam independentes e com características de comportamento distintas perante as vicissitudes sofridas pela situação jurídica a que respeita o direito de autor» (J. Oliveira Ascensão, *Direito Autoral,* Rio de Janeiro, 1980, p. 331; A. Sá e Mello, *O Direito Pessoal de Autor no Ordenamento Jurídico Português,* SPA, 1989, p. 38).

Apelando às definições *supra*citadas, poder-se-á avançar que o direito de autor engloba um conjunto de poderes, faculdades e prerrogativas, de natureza moral e patrimonial, que se revelam autónomos em face das alterações a que a situação jurídica autoral possa ser submetida.

Verifica-se, por exemplo, uma violação de interesses de foro moral quando a obra é alvo de actos que a desvirtuam e de interesses de natureza patrimonial quando a obra é utilizada, indevidamente, com vista à obtenção de proventos económicos.

Mais importante, ainda, o direito de autor consiste num direito do homem (R. L. Ostergard, «Intellectual Property: A Universal Human Right?» *Human Rights Quarterly*, 21, 1999, p. 156; H. J. Steiner e P. Alston, *International Human Rights in Context – Law, Politics, Morals*, 2ª ed., Oxford University Press, 2000; P. B. Hugenholtz, «Copyright and freedom of expression in Europe» in *Expanding the Boundaries of Intellectual Property*, Oxford University Press, 2001; R. Clayton, *The Law of Human Rights*, Oxford University Press, 2003; J. Griffiths e U. Suthersanen (coordenadores) *Copyright and Free Speech: Comparative and International Analyses*, Oxford University Press, 2005; P. Akester, «The political dimension of the digital challenge: copyright and free speech restrictions in the digital age», *Intellectual Property Quarterly*, 1, 2006, p. 16).

Diz o artigo 27 (2) da Declaração Universal dos Direitos do Homem que «[t]odos têm direito à protecção dos interesses morais e materiais ligados a qualquer produção científica, literária ou artística da sua autoria», princípio esse que é reiterado pelo artigo 15 do Pacto Internacional sobre os Direitos Económicos Sociais e Culturais e, em Portugal, pelo artigo 42 da Constituição.

Subsumindo-se, assim, o direito de autor no princípio constitucional da liberdade de criação intelectual artística e científica, garante-se, ao nível da Lei das leis, a criação do espírito.

Na União Europeia, enquanto o artigo II 77 da defunta Constituição Europeia seguia a mesma linha de orientação, os artigos 13 e 17 (2) da Carta dos Direitos Fundamentais da União Europeia decretam que «[a]s artes e a investigação científica são livres» e que é «protegida a propriedade intelectual».

A Carta dos Direitos Fundamentais da União Europeia prevê a protecção da propriedade intelectual no capítulo dedicado às liberdades, mais exactamente, no âmbito do imperativo da protecção da propriedade.

Arrisca-se, o legislador da União, a que tal inserção possa levar à conclusão de que se pretende classificar o direito de autor como um direito de propriedade.

Ora, se o direito de autor for integrado no artigo 17 (2) da Declaração Universal dos Direitos do Homem, isto é, no âmbito do direito à propriedade, porventura deixarão de fazer sentido as excepções e limitações autorais, as quais poderão ser entendidas como uma privação arbitrária dessa propriedade.

II. O artigo 9 (2) do CDADC de 1985 faz referência aos direitos de foro patrimonial, estabelecendo, nesse campo, um amplo direito de utilização da obra, ao contrário, por exemplo, da lei inglesa que inclui um elenco taxativo de direitos patrimoniais (secções 16 a 21 da Lei do Reino Unido de 1988).

Vide anotações ao artigo 67 do CDADC de 1985 (que reforça este princípio), ao artigo 68 do CDADC de 1985 (que refere várias modalidades de utilização de forma não taxativa) e ao capítulo III do CDADC de 1985 (que incide sobre certas utilizações em especial).

III. O artigo 9 (3) do CDADC de 1985 invoca os direitos de natureza moral, salientando, desde logo, a sua autonomia em relação aos direitos de foro patrimonial, ou seja, o facto de subsistirem na esfera jurídica do criador intelectual após a alienação, oneração ou extinção destes últimos.

Em Portugal, os direitos morais incluem, nomeadamente, a reivindicação da paternidade da obra e a tutela da genuinidade e integridade desta, em conformidade com o artigo 6 bis da Convenção de Berna (*vide* anotação ao artigo 56 do CDADC de 1985).

Artigo 10º – Suportes da obra

1 – O direito de autor sobre a obra como coisa incorpórea é independente do direito de propriedade sobre as coisas materiais que sirvam de suporte à sua fixação ou comunicação.

2 – O fabricante e o adquirente dos suportes referidos no número anterior não gozam de quaisquer poderes compreendidos no direito de autor.

ANOTAÇÃO

I. O artigo 10 (1) do CDADC de 1985 estabelece uma distinção crucial entre a obra e o seu suporte.

A protecção autoral emerge com a exteriorização da obra, exteriorização essa que não tem, em regra, de ser acompanhada de fixação em suporte material (em harmonia com o artigo 2 (2) da Convenção de Berna). Com efeito, embora a referida protecção exija a exteriorização da obra, a obra é incorpórea e intangível.

O direito de autor protege criações do espírito, como os poemas e as pinturas, criações essas que podem ser fixadas num suporte material, como os livros e as telas. No entanto, qualquer desses suportes é distinto da obra. Há que distinguir a obra em si do respectivo suporte mecânico ou *corpus mechanicum*.

Como bem reconheceu o Tribunal da Relação do Porto, num processo respeitante a uma licença de utilização de um programa de computador, o facto de ter existido um furto do equipamento onde corria, licitamente, esse programa, não obriga a novo pagamento da licença que havia sido paga anteriormente.

A licença de utilização mantém-se em existência, na titularidade do adquirente da mesma, independentemente de o suporte material lhe ter sido furtado. Seria incompreensível, afiançou o Tribunal, acolher o entendimento de que furtado o equipamento também desaparecia a licença (Acórdão do Tribunal da Relação do Porto, Processo Nº 0536901, 01/26/2006).

Registe-se, também, que a propriedade do suporte em que reside a obra não confere quaisquer direitos sobre a mesma. Quem adquire o livro ou a tela não fica, por isso, a ter qualquer direito de autor sobre as obras contidas nesses suportes materiais, mas apenas sobre os suportes em si mesmos.

Mais, a obra não deixa de ser protegida mesmo que o respectivo suporte venha a ser destruído. Por exemplo, se um poeta criar um poema e o declamar de imediato em frente a uma audiência, a obra será exteriorizada de forma perceptível, mas não fixada. Se em seguida o poeta reduzir o poema a escrito, a obra será fixada em suporte material. Se o poeta rasgar a folha em que verteu o poema, tal acto destruirá o papel enquanto suporte material da obra, mas o poema como criação intelectual não deixará de existir nas mentes do poeta e da sua audiência.

Note-se, todavia, que embora a criação intelectual, intangível que é, não seja passível de ser eliminada através da destruição do respectivo suporte, há que concluir, tendo em conta que o artigo 56 do CDADC de 1985 concede ao autor o direito perpétuo de se opor à destruição da sua obra (*vide* respectiva anotação), que o criador da obra tem o direito de proibir a destruição do respectivo suporte pelo menos quando existe apenas um exemplar da obra em questão (por exemplo, uma pintura ou uma escultura).

II. A distinção, aparentemente metafísica, estabelecida no artigo 10 (1) do CDADC de 1985 tem consequências práticas. Como bem esclarece o artigo 10 (2) do CDADC de 1985, o fabricante e o adquirente dos suportes referidos não gozam de quaisquer poderes compreendidos no direito de autor.

Por exemplo, quando alguém adquire uma tela que contém uma pintura, essa aquisição não transfere, para o adquirente, qualquer direito de autor sobre a obra artística. Vendido o suporte que encerra a obra, mantém-se o vínculo entre autor e obra e, consequentemente, o adquirente da tela não pode, *inter alia*, reproduzir a obra nela contida nem a modificar sem a autorização do respectivo autor.

SECÇÃO II – Da atribuição do direito de autor

Artigo 11º – Titularidade

O direito de autor pertence ao criador intelectual da obra, salvo disposição expressa em contrário.

ANOTAÇÃO

O direito de autor protege as criações do espírito, criações essas que são fruto do esforço e engenho intelectuais do autor e que enriquecem o quadro cultural disponível.

Considerando esse benefício cultural decorrente do labor do autor, dita a lei que o direito de autor é, em regra, atribuído ao criador intelectual, sendo que, salvo disposição contratual em contrário, «autor» é o criador intelectual da obra, pertencendo-lhe o direito de autor sobre a obra.

Vide anotação artigo 27 do CDADC de 1985.

Por conseguinte, num processo em que se disputava a titularidade do direito de autor relativo a um videograma, com fins culturais e promocionais, encomendado por certa Câmara Municipal a uma firma especializada no ramo, concluiu o Tribunal da Relação de Lisboa que nada se havendo convencionado sobre essa titularidade a obra pertencia ao seu criador intelectual (Acórdão do Tribunal da Relação de Lisboa, Processo Nº 0024383, 11/03/1999).

Artigo 12º – Reconhecimento do direito de autor

O direito de autor é reconhecido independentemente de registo, depósito ou qualquer outra formalidade.

ANOTAÇÃO

A nível internacional, a Convenção de Berna assenta em certas regras fundamentais, uma das quais consiste na concessão de protecção independentemente do cumprimento de quaisquer requisitos formais.

De acordo com o artigo 5 (2) da Convenção de Berna, «o gozo e o exercício destes direitos não estão subordinados a qualquer formalidade».

Enquanto a Convenção de Berna impede a exigência de quaisquer formalidades como requisito de protecção, a Convenção Universal sobre Direito de Autor exige o seu cumprimento, considerando, contudo, satisfeitas quaisquer formalidades exigidas pela legislação interna de um Estado Contratante se todos os exemplares da obra apresentarem o símbolo © acompanhado do nome do titular de direitos e da indicação do ano da sua primeira publicação (artigo III (1) da Convenção Universal sobre Direito de Autor).

Dada a aplicação generalizada da Convenção de Berna, o cumprimento de formalidades como condição de protecção apenas é exigido como condição de protecção por um pequeno número de países, número esse que diminui à medida que aumenta a aderência ao Acordo TRIPS, o qual impõe, neste campo, a observância do disposto na Convenção de Berna.

Refira-se que os Estados Unidos, na sequência da sua adesão tardia à Convenção de Berna aboliram, com grande relutância, a exigência do cumprimento de formalidades para subsistência de protecção autoral, tendo mantido, não obstante, o sistema de registo, de depósito e de *copyright notice* para outros efeitos. Por exemplo, o registo é requisito indispensável para a interposição de uma acção judicial em relação a obras norte-americanas e a ausência de depósito é punível com multa (secções 407-411 da Lei norte-americana).

De acordo com o artigo 5 (2) da Convenção de Berna, o artigo 12 do CDADC de 1985, estabelece que a protecção autoral é reconhecida independentemente de registo, depósito ou qualquer outra formalidade. Ou seja, essa tutela não depende do preenchimento de qualquer formalidade, incluindo o registo (*vide* anotação ao artigo 213 do CDADC de 1985).

O princípio vertido no artigo 12 do CDADC de 1985 encontra-se sujeito a algumas excepções, podendo em certos casos o registo ter carácter constitutivo e afastando-se, então, a lei do referido artigo 5 (2) da Convenção de Berna (*vide* anotações aos artigos 214 e 215 do CDADC de 1985).

A Convenção de Berna reserva, sim, no seu artigo 2 (2), «às legislações dos países da União a faculdade de prescrever que as obras literárias e artísticas ou uma ou várias categorias de entre elas não serão protegidas enquanto não forem fixadas num suporte material.»

Assim, a Convenção de Berna permite que o reconhecimento do direito de autor dependa de um acto de fixação da obra, ou seja, da redução de uma obra a uma forma física de expressão, como por exemplo a escrita, a impressão, a fotografia, a gravação sonora ou visual, a escultura, a gravura, a construção ou a representação gráfica, permitindo a identificação subsequente e a reprodução dessa criação (Organização Mundial da Propriedade Intelectual, *Glossary of Terms of the Law of Copyright and Neighbouring Rights*, OMPI, 1978, p. 116).

Em Portugal, de acordo com os princípios do sistema de *droit d'auteuer* em que a legislação portuguesa se inscreve, a protecção autoral surge independentemente da fixação da obra, a não ser no que toca às obras coreográficas e às pantominas, cuja tutela requer a fixação por escrito ou por qualquer outra forma da sua expressão (*vide* artigo 2 (1) (d) do CDADC de 1985).

Já nos países em que vigora o sistema de *copyright*, como o Reino Unido, a tutela autoral encontra-se dependente da fixação da obra num suporte material. Segundo a secção 3 (2) da Lei do Reino Unido de 1988, «[c]opyright does not subsist in a literary, dramatic or musical work unless and until it is recorded, in writing or otherwise; and references in this Part to the time at which such a work is made are to the time at which it is so recorded.»

Artigo 13º – Obra subsidiada

Aquele que subsidie ou financie por qualquer forma, total ou parcialmente, a preparação, conclusão, divulgação ou publicação de uma obra não adquire por esse facto sobre esta, salvo convenção escrita em contrário, qualquer dos poderes incluídos no direito de autor.

ANOTAÇÃO

Na «obra subsidiada», referida no artigo 13 do CDADC de 1985, verifica-se o financiamento, total ou parcial, da preparação, conclusão e divulgação da obra.

Salvo convenção escrita em contrário, esse financiamento não leva à aquisição sobre a obra de qualquer direito de autor. Isto é, na falta de convenção, presume-se que a titularidade desse direito pertence ao seu criador intelectual.

Para a alienação ou renúncia dos direitos patrimoniais, no caso da obra subsidiada quem subsidie ou financie por qualquer forma, total ou parcialmente, a preparação, conclusão, publicação ou divulgação de uma obra, apenas adquire esses direitos através de convenção escrita (*vide*, nesse sentido, Acórdão do Supremo Tribunal de Justiça, Processo Nº 05B1391, 09/30/2004).

Artigo 14º – Determinação da titularidade em casos excepcionais

1 – Sem prejuízo do disposto no artigo 174º, a titularidade do direito de autor relativo a obra feita por encomenda ou por conta de outrem, quer em cumprimento de dever funcional quer de contrato de trabalho, determina-se de harmonia com o que tiver sido convencionado.

2 – Na falta de convenção, presume-se que a titularidade do direito de autor relativo a obra feita por conta de outrem pertence ao seu criador intelectual.

3 – A circunstância de o nome do criador da obra não vir mencionado nesta ou não figurar no local destinado para o efeito segundo o uso universal constitui presunção de que o direito de autor fica a pertencer à entidade por conta de quem a obra é feita.

4 – Ainda quando a titularidade do conteúdo patrimonial do direito de autor pertença àquele para quem a obra é realizada, o seu criador intelectual pode exigir, para além da remuneração ajustada e independentemente do próprio facto da divulgação ou publicação, uma remuneração especial:

a) Quando a criação intelectual exceda claramente o desempenho, ainda que zeloso, da função ou tarefa que lhe estava confiada;

b) Quando da obra vierem a fazer-se utilizações ou a retirar-se vantagens não incluídas nem previstas na fixação da remuneração ajustada.

ANOTAÇÃO

I. A «obra feita por encomenda» é criada para terceiro, fora do âmbito de um contrato de trabalho ou do cumprimento de um dever funcional, enquanto a «obra feita por conta de outrem» surge no âmbito desse contrato ou em cumprimento desse dever.

Há que distinguir, preliminarmente, a «obra feita por encomenda» da «empreitada». O regime jurídico da empreitada incide sobre a realização de obras materiais, obrigando-se uma parte a executar determinada obra mediante certo preço. A empreitada circunscreve-se a coisas corpóreas, desde logo porque o direito de fiscalização que lhe é inerente não se compatibiliza com a criação de obras intelectuais, o mesmo sucedendo quanto ao direito de eliminação de defeitos (neste sentido, Acórdão do Tribunal da Relação de Coimbra, Processo Nº 1220/06.0TBTMR.C1, 03/16/2010).

Como esclareceu o Supremo, a realização de uma obra intelectual não pode gerar um contrato de empreitada só pelo facto de envolver, como prestação acessória ou secundária, a entrega de um suporte material, uma vez que a obra intelectual é incorpórea e não se confunde com esse suporte. Ao contrato de encomenda aplicam-se as regras do contrato de prestação de serviço e, subsidiariamente, as do mandato (Acórdão do Supremo Tribunal de Justiça, Processo Nº 06A1434, 07/11/2006).

Nessa senda concluiu o Tribunal da Relação de Coimbra, num processo relativo a um contrato de elaboração de um Projectos de arquitectura, que tendo esse contrato como prestação típica um resultado de foro intelectual, essencialmente técnico, embora objectivado num documento, não era um contrato de empreitada, mas um contrato inominado de prestação de serviços (Acórdão do Tribunal da Relação de Coimbra, Processo Nº 1220/06.0TBTMR.C1, 03/16/2010).

Feita tal distinção, registe-se que de acordo com o artigo 14 (1) do CDADC de 1985, não havendo disposição especial (como por exemplo a do artigo 174 do CDADC de 1985 relativo aos trabalhos jornalísticos ou a do artigo 165 (2) do CDADC de 1985 relativo à obra fotográfica no âmbito de encomenda ou de contrato de trabalho), cai-se no regime geral.

O regime geral dá prevalência à autonomia privada, estabelecendo que a titularidade do direito de autor relativo à obra feita por encomenda ou por conta de outrem, quer surja em cumprimento de dever funcional, quer emerja no âmbito de um contrato de trabalho, se determina de harmonia com o que tiver sido convencionado.

Ainda que haja convenção pode não haver prova da existência de uma relação laboral. Aquando da análise de um caso que o autor tinha celebrado com o Teatro Nacional de São Carlos dois contratos, comprometendo-se, no primeiro, a prestar os seus serviços como maestro pelo menos em duas produções líricas e quatro concertos sinfónicos, e, no segundo, a dirigir duas produções líricas por temporada e pelo menos três programas sinfónicos, notou o Supremo ser crucial determinar com que intensidade se encontra o prestador da actividade inserido na organização da contraparte. Frisou aquele Tribunal que «quanto mais amplos e concretos forem os termos da predefinição do objecto contratual, menos plausível será a existência de uma relação de subordinação.» Considerando que «a ocupação do autor não era exclusiva, a sua limitada disponibilidade e a circunstância de as partes terem estipulado uma cláusula resolutiva de cariz objectivo, nos termos da qual se prescindia de culpa do autor» concluiu o Supremo não se ter produzido prova da existência de uma relação laboral (Acórdão do Supremo Tribunal de Justiça, Processo Nº 2867/06.0TTLSB.L2.S1, 11/20/2013).

No que toca à alienação ou renúncia dos direitos patrimoniais, no caso da obra feita por encomenda ou por conta de outrem a titularidade do direito de autor determina-se de acordo com o que tiver sido estipulado, não se exigindo a forma escrita (*vide*, nesse sentido, Acórdão do Supremo Tribunal de Justiça, Processo Nº 05B1391, 09/30/2004).

II. Na falta de convenção, presume o artigo 14 (2) do CDADC de 1985 que a titularidade do direito de autor pertence ao criador intelectual. Isto é, nada se tendo convencionado quanto a essa titularidade, esta pertence ao seu criador intelectual por força dessa presunção.

III. Acrescenta o artigo 14 (3) do CDADC de 1985, que essa presunção, característica do sistema de *droit d'auteuer*, cessa se o nome do criador da obra não for mencionado nesta ou não figurar no local destinado para o efeito segundo o uso universal, presumindo-se, então, que o direito de autor pertence à entidade por conta de quem a obra é feita. Ou seja, se o nome do criador não for apresentado como o do autor, presume-se que a titularidade do direito de autor cabe ao destinatário da obra.

Não obstante, uma vez que o artigo 30 do CDADC de 1985 reconhece ao autor o direito irrenunciável de revelar, em qualquer altura, a sua identidade, terá de concluir-se que essa presunção pode ser ilidida por prova em contrário.

IV. Ainda que a titularidade do direito de autor pertença àquele para quem a obra é realizada, segundo o artigo 14 (4) do CDADC de 1985, o seu criador intelectual pode exigir, para além da remuneração ajustada, uma remuneração especial (*vide* anotações aos artigos 49, 105(3) e 170 do CDADC de 1985 que incidem sobre a noção de «compensação suplementar»).

Tal remuneração pode ser requerida quando o desempenho do criador intelectual ultrapassar, claramente, o cumprimento, ainda que zeloso, da função ou tarefa em causa ou a obra for utilizada para fins não convencionados ou o comitente dela retirar vantagens não previstas na fixação da remuneração ajustada.

Artigo 15º – Limites à utilização

1 – Nos casos dos artigos 13º e 14º, quando o direito de autor pertença ao criador intelectual, a obra apenas pode ser utilizada para os fins previstos na respectiva convenção.

2 – A faculdade de introduzir modificações na obra depende do acordo expresso do seu criador e só pode exercer-se nos termos convencionados.

3 – O criador intelectual não pode fazer utilização da obra que prejudique a obtenção dos fins para que foi produzida.

ANOTAÇÃO

I. O artigo 15 (1) do CDADC de 1985 estabelece limites à utilização da obra subsidiada, da obra feita por encomenda e da obra feita por conta de outrem, quando o direito de autor pertence ao criador intelectual, ditando que tais obras só podem ser utilizadas para os fins convencionados.

A referência que este preceito faz ao direito de autor incide, apenas sobre os direitos patrimoniais, uma vez que os direitos morais são inalienáveis, permanecendo, sempre, na esfera jurídica do criador intelectual (*vide* anotações aos artigos 9 (3) e 56 (2) do CDADC de 1985).

Quando a titularidade do direito de autor pertence ao comitente e se verifica uma utilização da obra para fins não convencionados, dita o artigo 14 (4) do CDADC de 1985 que o seu criador intelectual pode exigir, para além da remuneração ajustada, uma remuneração especial (*vide* anotação ao artigo 14 (4) do CDADC de 1985).

II. O artigo 15 (2) do CDADC de 1985 restringe a faculdade de introduzir modificações na obra, afirmando que qualquer modificação da obra depende do acordo expresso do seu criador e só pode exercer-se nos termos convencionados.

O artigo 15 (2) do CDADC de 1985 é, pois, um reflexo do direito à integridade da obra, direito esse que proíbe a sua destruição, toda e qualquer mutilação, deformação ou outra modificação da mesma e, de um modo geral, todo e qualquer acto que a desvirtue e possa afectar a honra e reputação do respectivo autor (*vide* anotação ao artigo 56 (1) do CDADC de 1985).

Com efeito, o direito de autor abrange direitos de natureza pessoal, denominados direitos morais, cuja tutela decorre do reconhecimento da natureza eminentemente pessoal da criação do espírito e do vínculo, imperecível, entre criador e obra e que não acompanham a transmissão dos direitos patrimoniais, subsistindo na esfera jurídica do autor mesmo quando haja alienação destes últimos (*vide* anotações aos artigos 42 e 56 do CDADC de 1985).

III. Por sua vez, o artigo 15 (3) do CDADC de 1985, por uma questão de justiça elementar, impede o criador intelectual de fazer utilização da obra que prejudique a obtenção dos fins para que foi produzida.

Artigo 16º – Noção de obra feita em colaboração e de obra colectiva

1 – A obra que for criação de uma pluralidade de pessoas denomina-se:

a) Obra feita em colaboração, quando divulgada ou publicada em nome dos colaboradores ou de algum deles, quer possam discriminar-se quer não os contributos individuais;

b) Obra colectiva, quando organizada por iniciativa de entidade singular ou colectiva e divulgada ou publicada em seu nome.

2 – A obra de arte aleatória em que a contribuição criativa do ou dos intérpretes se ache originariamente prevista considera-se obra feita em colaboração.

ANOTAÇÃO

I. Perante uma obra feita por várias pessoas, há que determinar, com recurso à classificação contida no artigo 16 (1) do CDADC de 1985, se se trata de uma «obra feita em colaboração» ou de uma «obra colectiva».

São exemplos de obras feitas em colaboração, a obra radiodifundida (*vide* anotação ao artigo 21 do CDADC de 1985), a obra cinematográfica (*vide* anotação ao artigo 22 do CDADC de 1985) e a obra fonográfica ou *vide*ográfica (*vide* anotação ao artigo 24 do CDADC de 1985), sendo exemplos de obras colectivas, os jornais e outras publicações periódicas (*vide* anotações aos artigos 173 e 174 do CDADC de 1985).

A classificação em causa tem repercussões práticas em termos de exercício e duração de direitos (*vide* anotações aos artigos 17, 18 e 19 do CDADC de 1985).

II. O artigo 16 (2) do CDADC de 1985 reconhece que certas obras beneficiam da concessão de uma certa margem de criatividade, em regra sob a forma de improviso, aos seus intérpretes.

Quando tal sucede, com autorização do autor da obra originária (caso contrário entramos no campo da ilicitude) o contributo aleatório do intérprete fornece-lhe um direito de autor e não apenas um direito conexo, considerando-se tal obra aleatória como obra feita em colaboração.

Artigo 17º – Obra feita em colaboração

1 – O direito de autor de obra feita em colaboração, na sua unidade, pertence a todos os que nela tiverem colaborado, aplicando-se ao exercício comum desse direito as regras de compropriedade.

2 – Salvo estipulação em contrário, que deve ser sempre reduzida a escrito, consideram-se de valor igual às partes indivisas dos autores na obra feita em colaboração.

3 – Se a obra feita em colaboração for divulgada ou publicada apenas em nome de algum ou alguns dos colaboradores, presume-se, na falta de designação explícita dos demais em qualquer parte da obra, que os não designados cederam os seus direitos àquele ou àqueles em nome de quem a divulgação ou publicação é feita.

4 – Não se consideram colaboradores e não participam, portanto, dos direitos de autor sobre a obra aqueles que tiverem simplesmente auxiliado o autor na produção e divulgação ou publicação desta, seja qual for o modo por que o tiverem feito.

ANOTAÇÃO

I. Sendo a obra feita em colaboração, decorre do artigo 17 (1) do CDADC de 1985, que o direito de autor sobre essa obra pertence a todos os que nela tiverem colaborado, aplicando-se ao exercício comum desse direito as regras da compropriedade (artigos 1403 e seq. do Código Civil) e sendo, pois, lícito a qualquer dos co-autores servir-se dela.

Segundo o Supremo, «o co-autor da obra que a interpreta, cantando-a ou tocando-a e que não transmitiu o conteúdo patrimonial do respectivo direito de autor, não carece de qualquer autorização para o efeito, pois não vai pedir autorização a si próprio» (Acórdão do Supremo Tribunal de Justiça, Processo Nº 97A941, 04/22/1997).

No contexto da obra criada por uma pluralidade de pessoas a lei considera como co-autores (artigos 21, 22 e 24 do CDADC de 1985):

- da obra radiodifundida, os autores do texto, da música e da respectiva realização, bem como da adaptação, se não se tratar de obra inicialmente produzida para a comunicação audiovisual;
- da obra cinematográfica, o realizador, o autor do argumento, dos diálogos, se for pessoa diferente, e o da banda musical (considerando-se também co-autores, quando se trate de adaptação de obra não composta expressamente para o cinema, os autores da adaptação e dos diálogos); e
- da obra fonográfica ou *video*gráfica, os autores do texto ou da música fixada e ainda, no segundo caso, o realizador.

II. O artigo 17 (2) do CDADC de 1985 considera de valor igual as partes indivisas dos autores de tal obra, salvo estipulação escrita em contrário.

III. Todavia, se a obra feita em colaboração for divulgada ou publicada apenas em nome de algum ou alguns dos colaboradores, presume-se que os não designados cederam os seus direitos àqueles em nome de quem a divulgação ou publicação é feita (artigo 17 (3) do CDADC de 1985).

Assiste-se, então, a uma presunção legal de que os colaboradores não nomeados cederam os seus direitos aos colaboradores nomeados.

Mas porque o direito à paternidade é inalienável e irrenunciável, trata-se, necessariamente, de uma presunção *tantum iuris,* tendo o autor a prerrogativa de revelar a sua identidade e a autoria da obra quando lhe aprouver (*vide* anotações aos artigos 30 e 56 do CDADC de 1985).

IV. O artigo 17 (4) do CDADC de 1985 reforça a interligação conceptual entre a ausência do trabalho criativo e a inexistência de protecção autoral, ao decretar que quem apenas auxilia o autor em sede de produção e divulgação da obra não é considerado colaborador da obra, não lhe sendo, pois, atribuído direito de autor (*vide* anotação ao artigo 26 do CDADC de 1985 no que toca aos colaboradores técnicos).

Artigo 18º – Direitos individuais dos autores de obra feita em colaboração

1 – Qualquer dos autores pode solicitar a divulgação, a publicação, a exploração ou a modificação de obra feita em colaboração, sendo, em caso de divergência, a questão resolvida segundo as regras da boa fé.

2 – Qualquer dos autores pode, sem prejuízo da exploração em comum de obra feita em colaboração, exercer individualmente os direitos relativos à sua contribuição pessoal, quando esta possa discriminar-se.

ANOTAÇÃO

I. Resulta do artigo 18 (1) do CDADC de 1985 que sendo a obra feita em colaboração, qualquer dos autores pode solicitar a utilização da mesma, havendo, em caso de divergência, de resolver a questão segundo as regras da boa fé.

Não havendo divergência, impera o artigo 17 (1) do CDADC de 1985, que permite que qualquer dos co-autores se sirva da obra de acordo com as regras da compropriedade (artigos 1403 e seq. do Código Civil).

II. Segundo o artigo 18 (2) do CDADC de 1985, sem prejuízo da exploração em comum, qualquer dos autores pode exercer individualmente os direitos relativos à sua contribuição pessoal quando esta possa discriminar-se (*vide* anotação ao artigo 135, no que toca a utilização e reprodução separadas).

Artigo 19º – Obra colectiva

1 – O direito de autor sobre obra colectiva é atribuído à entidade singular ou colectiva que tiver organizado e dirigido a sua criação e em nome de quem tiver sido divulgada ou publicada.

2 – Se, porém, no conjunto da obra colectiva for possível discriminar a produção pessoal de algum ou alguns colaboradores, aplicar-se-á, relativamente aos direitos sobre essa produção pessoal, o preceituado quanto à obra feita em colaboração.

3 – Os jornais e outras publicações periódicas presumem-se obras colectivas, pertencendo às respectivas empresas o direito de autor sobre as mesmas.

ANOTAÇÃO

I. A «obra colectiva» resulta da contribuição de vários autores, sob a égide de uma entidade singular ou colectiva que organiza e dirige a sua criação e em nome de quem a obra é divulgada ou publicada (artigo 19 (1) do CDADC de 1985). Critério fundamental é a coordenação das contribuições de vários autores. Neste caso, o direito de autor sobre a obra é atribuído à referida entidade.

II. Mas se no conjunto da obra colectiva for possível discriminar as contribuições pessoais dos respectivos colaboradores, aplica-se, em relação a essas contribuições discriminadas, o regime da obra feita em colaboração (artigo 19 (2) do CDADC de 1985).

Vide anotações aos artigos 17 e 18 do CDADC de 1985 no que toca à obra feita em colaboração e **ANOTAÇÃO** ao artigo 174 (1) do CDADC de 1985 que incide sobre trabalhos jornalísticos por conta de outrem.

Na prática, nem sempre é fácil identificar a autoria da obra feita por uma pluralidade de pessoas. Por exemplo, num processo respeitante à criação dos Projectos de arquitectura de determinadas obras, concebidas entre 1965 e 1972, provou-se que um conhecido arquitecto havia tido uma participação preponderante na concepção global e no processo de criação em causa. Contudo, perante a impossibilidade de discriminar a sua produção pessoal na criação dessas obras de arquitectura, o Supremo considerou tais obras como obras colectivas, não obstante a participação preponderante do referido arquitecto (Acórdão do Supremo Tribunal de Justiça, Processo Nº 05A2089, 11/10/2005).

III. Os jornais e outras publicações periódicas presumem-se obras colectivas, pertencendo, pois, às respectivas empresas o direito de autor sobre as mesmas (artigo 19 (3) do CDADC de 1985).

Vide anotações aos artigos 173 e 174, sobre o regime dos jornais e de outras publicações periódicas.

Artigo 20º – Obra compósita

1 – Considera-se obra compósita aquela em que se incorpora, no todo ou em parte, uma obra preexistente, com autorização, mas sem a colaboração do autor desta.

2 – Ao autor de obra compósita pertencem exclusivamente os direitos relativos à mesma, sem prejuízo dos direitos do autor da obra preexistente.

ANOTAÇÃO

I. Há que distinguir a «obra feita em colaboração» e a «obra colectiva» da «obra compósita». Nesta última incorpora-se, no todo ou em parte, uma obra preexistente, com autorização do respectivo autor (caso contrário entra-se no campo da ilicitude), mas sem a sua colaboração (artigo 20 (1) do CDADC de 1985).

É, por exemplo, autor de uma obra compósita, quem escreve uma letra de fado para uma música preexistente, com autorização do autor da obra musical original.

II. Pertence, exclusivamente, ao autor da obra compósita o direito de autor sobre a mesma, sem prejuízo do direito de autor da obra preexistente (artigo 20 (2) do CDADC de 1985).

Aliás, pode verificar-se uma exploração paralela da obra compósita e da obra preexistente pelos respectivos autores. O facto de a obra compósita incorporar uma obra preexistente (com autorização do respectivo autor) não impede o autor da obra preexistente de explorar a sua obra (*vide* anotação ao artigo 3 (2) do CDADC de 1985 quanto às obras derivadas).

Artigo 21º – Obra radiodifundida

1 – Entende-se por obra radiodifundida a que foi criada segundo as condições especiais da utilização pela radiodifusão sonora ou visual e, bem assim, as adaptações a esses meios de comunicação de obras originariamente criadas para outra forma de utilização.

2 – Consideram-se co-autores da obra radiodifundida, como obra feita em colaboração, os autores do texto, da música e da respectiva realização, bem como da adaptação se não se tratar de obra inicialmente produzida para a comunicação audiovisual.

3 – Aplica-se à autoria da obra radiodifundida, com as necessárias adaptações, o disposto nos artigos seguintes quanto à obra cinematográfica.

ANOTAÇÃO

I. O artigo 21 (1) do CDADC de 1985 fornece a definição de obra radiodifundida, abarcando tanto as obras criadas *ab initio* para fins de radiodifusão sonora ou visual, como as obras que são adaptadas a esses meios de comunicação.

Não esqueçamos, dada a referência à adaptação de obras preexistentes, o princípio contido no artigo 3 (2) do CDADC de 1985 quanto às obras derivadas, do qual decorre que a autorização concedida pelo autor da obra derivada para utilização desta não dispensa a autorização do autor da obra original, desde que esta seja uma obra protegida.

II. A obra radiodifundida é obra feita em colaboração, sendo co-autores de tal obra os autores do texto, da música, da realização e da adaptação, caso não se trate de obra inicialmente produzida para a comunicação audiovisual (artigo 21 (2) do CDADC de 1985).

Vide anotações aos artigos 17 e 18 do CDADC de 1985, no que toca ao regime das obras feitas em colaboração.

III. O artigo 21 (3) do CDADC de 1985 manda aplicar à autoria da obra radiodifundida, com as necessárias adaptações, o disposto nos artigos seguintes quanto à obra cinematográfica, havendo, assim, que incluir no elenco de autores do texto, por força do artigo 22 (1) do CDADC de 1985, tanto o autor do argumento como o dos diálogos, se forem pessoas diferentes.

Artigo 22º – Obra cinematográfica

1 – Consideram-se co-autores da obra cinematográfica:

a) O realizador;

b) O autor do argumento, dos diálogos, se for pessoa diferente, e o da banda musical.

2 – Quando se trate de adaptação de obra não composta expressamente para o cinema, consideram-se também co-autores os autores da adaptação e dos diálogos.

ANOTAÇÃO

I. A Convenção de Berna especifica que o titular do direito de autor sobre a obra cinematográfica goza dos mesmos direitos que o autor de uma obra original, reservando à legislação do país onde a protecção é reclamada a determinação dos titulares do direito de autor sobre a obra cinematográfica (artigo 14 bis (1) e (2) (a) da Convenção de Berna).

Na União Europeia, decorre do artigo 2 (2) da Directiva sobre o Aluguer e o Comodato e do artigo 2 (1) da Directiva sobre o Prazo de Protecção, que é considerado autor, ou um dos autores, o realizador principal de uma obra cinematográfica ou audiovisual, podendo os Estados Membros prever que outras pessoas sejam consideradas co-autores.

Neste quadro legislativo, dita o artigo 22 (1) do CDADC de 1985, que são co-autores da obra cinematográfica, obra essa feita em colaboração, o realizador e os autores do argumento literário, dos diálogos, da banda musical.

II. Tratando-se de adaptação de obra não composta expressamente para o cinema, são também co-autores da obra cinematográfica, os criadores da adaptação e dos diálogos (artigo 22 (2) do CDADC de 1985).

Vide anotações aos artigos 17 e 18 do CDADC de 1985 no que toca ao regime das obras feitas em colaboração e artigos 124 a 140 do CDADC de 1985 nos quais se encontra estipulado o regime das obras cinematográficas.

Artigo 23º – Utilização de outras obras na obra cinematográfica

Aos direitos dos criadores que não sejam considerados co-autores, nos termos do artigo 22º, é aplicável o disposto no artigo 20º

ANOTAÇÃO

Segundo o artigo 22 do CDADC de 1985, são co-autores da obra cinematográfica, o realizador e os autores do argumento literário, dos diálogos, da banda musical, bem como, tratando-se de adaptação de obra não composta expressamente para o cinema, os autores da adaptação e dos diálogos.

No que toca aos autores de obras preexistentes que sejam incorporadas na obra cinematográfica, o artigo 23 do CDADC de 1985 remete para o artigo 20 do CDADC de 1985, tornando claro que a utilização de obras preexistentes requer a autorização dos titulares de direitos relevantes, princípio esse que é reiterado no artigo 124 do CDADC de 1985.

Artigo 24º – Obra fonográfica ou *video*gráfico

Consideram-se autores da obra fonográfica ou *video*gráfica os autores do texto ou da música fixada e ainda, no segundo caso, o realizador.

ANOTAÇÃO

São co-autores da obra fonográfica os autores do texto ou da música fixada e co-autores da obra *video*gráfica os autores do texto ou da música fixada e o realizador.

Entende a lei, por fixação, «a incorporação de sons ou de imagens, separadas ou cumulativamente, num suporte material suficientemente estável e duradouro que permita a sua percepção, reprodução ou comunicação de qualquer modo, em período não efémero» (artigo 141 (1) do CDADC de 1985).

Vide anotações aos artigos 17 e 18 do CDADC de 1985 no que toca ao regime das obras feitas em colaboração e aos artigos 141 a 148 do CDADC de 1985 nos quais se encontra previsto o regime da fixação fonográfica e *video*gráfica.

Artigo 25º – Obra de arquitectura, urbanismo e «design»

Autor de obra de arquitectura, de urbanismo ou de design é o criador da sua concepção global e respectivo Projectos.

ANOTAÇÃO

Em termos de matéria protegida, o artigo 25 do CDADC de 1985 invoca a protecção das obras de arquitectura e das obras de design «que constituam criação artística, independentemente da protecção relativa à propriedade industrial» (artigo 2 do CDADC de 1985).

Sendo a originalidade critério crucial para atribuição de protecção autoral a qualquer obra, o artigo 2 do CDADC de 1985 acentua a exigência desse critério para tutela das obras de design, mencionando a possibilidade de as mesmas encontrarem protecção por via da propriedade industrial (*vide* anotação ao artigo 2 do CDADC de 1985).

Por sua vez, o artigo 25 do CDADC de 1985 afirma ser autor das obras referidas o criador da sua concepção global e respectivo Projectos, remetendo, pois, para o artigo 1 do CDADC de 1985, segundo o qual o direito de autor protege a criação intelectual por qualquer modo exteriorizada, não tutelando a ideia subjacente à obra, contida apenas no espírito humano, mas a forma como ela se apresenta (*vide* anotação ao artigo 1 do CDADC de 1985). A protecção autoral surge, pois, quando a ideia (concepção global) se converte em obra (Projectos).

Vide artigos 157 a 162 no que toca ao regime aplicável.

Artigo 26º – Colaboradores técnicos

Sem prejuízo dos direitos conexos de que possam ser titulares, as pessoas singulares ou colectivas intervenientes a título de colaboradores, agentes técnicos, desenhadores, construtores ou outro semelhante na produção e divulgação das obras a que se referem os artigos 21º e seguintes não podem invocar relativamente a estas quaisquer poderes incluídos no direito de autor.

ANOTAÇÃO

O artigo 26 do CDADC de 1985 distingue o contributo criativo do autor de outros contributos de foro técnico que possam emergir no âmbito da produção e divulgação das obras radiodifundidas, cinematográficas, fonográficas, *video*gráficos, de arquitectura, urbanismo ou design.

Tal como o artigo 17 (4) do CDADC de 1985, o artigo 26 do CDADC de 1985 reforça a interligação conceptual entre a ausência do trabalho criativo e a inexistência de protecção autoral.

Como reconheceu o Supremo num processo atinente a uma obra de desenho, quando «alguém se limita a ser mero executor de desenhos sob a ordem e orientação de outrem (o editor), não os concebendo ou criando como um trabalho original ou criação de espírito, não é considerado seu autor» (Acórdão do Supremo Tribunal de Justiça, Processo Nº 069332, 07/05/1981).

Seguindo a mesma linha de orientação, afirmou o Tribunal da Relação de Lisboa num processo relativo a uma série de programas comemorativos sobre o 25 de Abril, que quem fornece dados históricos, preexistentes (que foram submetidos a tratamento por certo jornalista que tinha a execução dos programas a seu cargo), assim contribuindo para a preparação de um programa radiodifundido, dá uma contribuição para a criação da obra que não atribui, a quem a presta, direito de autor (Acórdão do Tribunal da Relação de Lisboa, Processo Nº 6229/05.8TVLSB.L1-7, 10/29/2011).

Os referidos contributos de natureza técnica (provindos de colaboradores, agentes técnicos, desenhadores técnicos, construtores semelhantes) não geram direito de autor sobre a obra, podendo, todavia, dar lugar a direitos conexos, desde que estejam em causa prestações de artistas intérpretes e executantes, de produtores de fonogramas, de videogramas ou de organismos de radiodifusão (artigo 176 do CDCDC de 1985).

Artigo 26º-A – Obras órfãs

1 – Consideram-se obras órfãs, as obras intelectuais protegidas em que nenhum dos seus titulares de direitos estiver identificado ou se, apesar de identificado, nenhum deles tiver sido localizado.

2 – Para efeitos do disposto no número anterior, são abrangidas as obras intelectuais objecto de publicação ou distribuição nos Estados membros da União Europeia, nomeadamente:

a) As obras publicadas sob a forma de livros, folhetos, jornais, revistas ou outros escritos, existentes nas colecções de bibliotecas, arquivos, estabelecimentos de ensino ou museus acessíveis ao público e das instituições responsáveis pelo património cinematográfico ou sonoro;

b) As obras cinematográficas ou audiovisuais ou fixadas em fonogramas existentes em colecções das entidades referidas na alínea anterior;

c) As obras cinematográficas ou audiovisuais ou fixadas em fonogramas produzidos por organismos de radiodifusão de serviço público até 31 de Dezembro de 2002 e existentes nos seus arquivos;

d) As obras e os fonogramas nunca publicados ou distribuídos, mas colocados à disposição do público pelas entidades referidas nas alíneas anteriores, com o consentimento dos titulares de direitos, desde que seja razoável presumir que estes não se oporiam às utilizações dos bens intelectuais feitas pelas entidades na prossecução dos seus objectivos de interesse público;

e) As obras e qualquer outro material protegido inserido ou incorporado nas obras ou fonogramas referidos nas alíneas anteriores.

3 – A atribuição da natureza de obra órfã e a sua utilização no âmbito dos objectivos de interesse público prosseguidos pelas instituições está condicionada à prévia realização e registo de pesquisa diligente e de boa-fé, a cargo das entidades mencionadas no número anterior.

4 – São nomeadamente consideradas fontes adequadas para uma pesquisa diligente e de boa-fé:

a) A base de dados *Virtual International Authority File* (VIAF);

b) O sistema *International Standard Book Number* (ISBN);

c) O depósito legal;

d) Os registos da Biblioteca Nacional de Portugal, que inclui a Bibliografia Nacional Portuguesa, o Catálogo Bibliográfico da Biblioteca Nacional de Portugal, o Catálogo Bibliográfico PORBASE e os registos de *International Standard Serials Number* (ISSN);

e) Os registos da Inspecção-Geral das Actividades Culturais, da Direcção-Geral do Livro, dos Arquivos e das Bibliotecas, da Entidade Reguladora para a Comunicação Social e da Direcção-Geral do Património Cultural;

f) Os registos da Cinemateca Portuguesa-Museu do Cinema, I. P., designadamente do Arquivo Nacional das Imagens em Movimento e do Centro Português de Fotografia;

g) As bases de dados das associações de editores e livreiros, das associações de produtores fonográficos, dos órgãos da comunicação social e das entidades de gestão colectiva de direitos de autor e direitos conexos.

5 – No caso da primeira publicação ou difusão da obra ter sido efectuada em território português, a pesquisa diligente e de boa-fé deve ser efectuada neste território, com excepção das obras cinematográficas ou audiovisuais e das fixadas em fonograma que sejam produzidas ou coproduzidas por produtores com a sua sede ou a sua residência habitual num Estado Membro da União Europeia, caso em que a pesquisa se efectua no Estado Membro da sua sede ou da sua residência habitual.

6 – No caso de obras que não tenham sido publicadas ou distribuídas, mas que tenham sido colocadas à disposição do público com o consentimento dos titulares de direitos, a pesquisa diligente e de boa-fé é realizada em Portugal caso a entidade que colocou a obra à disposição do público esteja estabelecida no país.

7 – As entidades referidas no nº 2 devem manter registos actualizados das suas pesquisas diligentes e de boa-fé e disponibilizá-los, regularmente e com brevidade, para constarem de uma base de dados central e publicamente acessível em linha, sob a gestão da Biblioteca Nacional de Portugal.

8 – Os registos referidos no número anterior devem ser transmitidos regular e imediatamente ao Instituto de Harmonização do Mercado Interno, incluindo designadamente as seguintes informações:

a) Os resultados das pesquisas diligentes que permitem a atribuição a uma obra do estatuto de obra órfã;

b) As utilizações que as entidades fazem das obras órfãs;

c) Todas as alterações feitas ao estatuto de obra órfã;

d) Os dados de contacto e quaisquer informações pertinentes.

9 – As entidades referidas no nº 2 que façam utilização de obras órfãs, em ordem a assegurar exclusivamente a cobertura dos custos de digitalização, tratamento, salvaguarda e preservação destes bens, podem celebrar acordos comerciais com entidades públicas e privadas e obter os financiamentos devidos, não podendo, contudo, estabelecer qualquer restrição à utilização das referidas obras.

ANOTAÇÃO

I. Uma questão premente, na era digital, é a das obras órfãs, ou seja, das obras tuteladas pelo direito de autor em relação às quais não é possível identificar ou localizar os respectivos titulares de direitos.

Por exemplo, um editor que pretenda traduzir e editar uma obra literária terá de averiguar se se trata de uma obra protegida e, se assim for, de identificar os titulares de direitos relevantes ou os respectivos representantes (para requerer autorização para o uso referido).

A averiguação da subsistência ou não de tutela autoral requer, em regra, a título preliminar, que se proceda à identificação do autor da obra, uma vez que os critérios de protecção ao abrigo da Convenção de Berna se referem, antes de mais, à nacionalidade daquele.

Com efeito, decorre do artigo 3 (1) da Convenção de Berna a tutela dos autores nacionais de um dos países da União, pelas suas obras, publicadas ou inéditas e dos autores não nacionais de um dos países da União, pelas obras que publiquem pela primeira vez num desses países ou simultaneamente num país estranho à União e num país da União.

Uma vez identificado o autor da obra em causa, assim como o local e a data da primeira publicação, há que determinar se a obra se encontra protegida pelo direito de autor, e tratando-se de uma obra protegida há que identificar os titulares de direitos relevantes (ou os respectivos representantes).

Todavia, a determinação da subsistência (ou não) de tutela autoral pode revelar-se impossível, bem como a identificação dos titulares de direitos relevantes (ou respectivos representantes).

Mais, ainda que se conclua pela subsistência de tutela autoral e se identifiquem os titulares de direitos relevantes (ou os respectivos representantes) em certo país, se o referido editor pretender utilizar a obra noutros países, por exemplo mediante disponibilização na Internet, essa averiguação terá de ser executada em relação a todos os países em causa.

Por isso se verificou recentemente a emanação da Directiva sobre as Obras Órfãs, que tenta resolver a questão das obras órfãs em relação a determinadas entidades, para fins específicos, na União Europeia.

A Directiva sobre as Obras Órfãs reconhece que as bibliotecas, os estabelecimentos de ensino e os museus acessíveis ao público, bem como os arquivos, as instituições responsáveis pelo património cinematográfico ou sonoro e as organizações de radiodifusão de serviço público, estabelecidos nos Estados Membros, se encontram a proceder à digitalização, em larga escala, das suas colecções ou arquivos com vista à criação de bibliotecas digitais europeias, contribuindo, assim, para a preservação e difusão do património cultural europeu e para a criação de bibliotecas digitais europeias, como a *Europeana* (*vide* considerando primeiro da Directiva sobre as Obras Órfãs).

Ora, releva neste contexto a criação de um enquadramento jurídico que facilite a digitalização e a disseminação de obras e de outro material protegido pelo direito de autor e direitos conexos, cujo titular de direitos não é identificado ou, mesmo quando identificado, não é localizado – ou seja, das chamadas «obras órfãs» (*vide* considerando terceiro da Directiva sobre as Obras Órfãs).

Em Portugal, a Directiva sobre as Obras Órfãs foi implementada pela Lei 32/2015, de 24 de Abril, que aditou ao CDADC de 1985 os artigos 26 -A e 26 – B.

A nível terminológico, resulta do artigo 26 – A (1) do CDADC de 1985 que uma obra só será classificada como «órfã» se o titular ou titulares de direitos sobre a mesma não se encontrarem identificados (*vide* artigo 2 (1) da Directiva sobre as Obras Órfãs). A definição em causa é completada pelo artigo 26 – A (3) do CDADC de 1985.

II. O artigo 26 – A (2) do CDADC de 1985 inclui nos escopo das obras órfãs as obras publicadas sob a forma de livros, folhetos, jornais, revistas ou outros escritos e as obras cinematográficas ou audiovisuais e fonogramas, contidas nas colecções de certas entidades, publicados ou difundidos num Estado Membro, assim como as obras e os fonogramas nunca publicados ou distribuídos mas colocados à disposição do público por tais entidades, com o consentimento dos titulares de direitos, desde que seja «razoável supor» que os titulares de direitos não se oporiam às utilizações autorizadas em causa – não explicando, todavia, nem a directiva nem o artigo em causa, o que se deva entender por «suposição razoável».

Este preceito difere do artigo 1 (2) da Directiva sobre as Obras Órfãs de diversas formas.

O elenco de obras contido na directiva é exaustivo enquanto o da norma nacional é exemplificativo, apresentando meros exemplos de obras que podem ser abrangidas pela excepção relevante.

Ao contrário da directiva, a norma nacional não incide sobre obras publicadas pela primeira vez num Estado Membro ou, na ausência de tal publicação, radiodifundidas pela primeira vez num Estado Membro («first published in a Member State or, in the absence of publication, first broadcast in a Member State»), mas sobre obras publicadas ou distribuídas num Estado Membro.

Como tal, a fórmula portuguesa não parece abranger a radiodifusão, consideradas que sejam as definições de «obra publicada» e de «obra divulgada» contidas no artigo 6 do CDADC de 1985 e o direito à distribuição tal como articulado no artigo 68 (2) (f) do CDADC de 1985.

Mais, ao fazer referência a obras disseminadas num Estado Membro e não disseminadas pela primeira vez num Estado Membro, a norma nacional não vai de encontro ao considerando décimo segundo da mesma directiva que justifica essa exigência com base em razões de «reciprocidade internacional» («[f]or reasons of international comity, this Directive should apply only to works and phonograms that are first published in the territory of a Member State or, in the absence of publication, first broadcast in the territory of a Member State or, in the absence of publication or broadcast, made publicly accessible by the beneficiaries of this Directive with the consent of the rightholders»).

III. Resulta do artigo 26 – A (1) e (3) do CDADC de 1985, que uma obra só será classificada como «órfã» se o titular ou titulares de direitos sobre a mesma não se encontrarem identificados ou se, apesar de identificados, não for possível localizá-los, não obstante à prévia realização e registo de pesquisa diligente e de boa fé (*vide* artigo 2 (1) da Directiva sobre as Obras Órfãs).

Decorre, ainda, do artigo 26 – A (2) e (3) do CDADC de 1985, em termos de objecto e âmbito de aplicação, que relevam apenas determinadas utilizações de obras órfãs, por bibliotecas, estabelecimentos de ensino e museus acessíveis ao público, bem como por arquivos, instituições responsáveis pelo património cinematográfico ou sonoro e organizações de radiodifusão de serviço público estabelecidos, nos Estados Membros, para executar objectivos relacionados com a sua missão de interesse público (*vide* artigo 1 (1) da Directiva sobre as Obras Órfãs).

Ou seja, não se contemplam usos análogos levados a cabo por empresas, como a Google, a qual tem procedido à digitalização em massa de obras impressas, as quais uma vez digitalizadas podem ser consultadas, *online*, utilizando o motor de pesquisa daquela empresa.

IV. O artigo 26 – A (4) do CDADC de 1985 elenca exemplos de fontes que considera adequadas para efeitos de uma pesquisa diligente e de boa fé (*vide* artigo 3 da Directiva sobre as Obras Órfãs).

A norma nacional não segue o considerando décimo quinto da Directiva sobre as Obras Órfãs, não exigindo expressamente a consulta de fontes de informação disponíveis noutros países se existirem provas que apontem para a existência de informações relevantes sobre os titulares de direitos nesses países («[s]ources of information available in other countries should also be consulted if there is e*vide*nce to suggest that relevant information on rightholders is to be found in those other countries»).

Contudo, o elenco de fontes constante do artigo 26 – A (4) do CDADC de 1985 é meramente exemplificativo, pelo que se poderá entender que se existirem provas que levem a crer que podem ser encontradas informações relevantes sobre os titulares dos direitos noutros países, as fontes de informação disponíveis nesses países serão também consultadas.

V & VI. A fim de evitar a duplicação do esforço de pesquisa, esta deve ser executada no Estado Membro em que a obra foi publicada ou difundida pela primeira vez – excepto no caso de obras cinematográficas ou audiovisuais cujo produtor tenha a sua sede ou a sua residência habitual num Estado Membro, visto que, nesse caso, a pesquisa diligente dever ser realizada no Estado Membro da sua sede ou da sua residência habitual (*vide* artigo 3 e considerando décimo quinto da Directiva sobre as Obras Órfãs).

VII & VIII. O registo de pesquisa deve ser arquivado, para que as entidades interessadas possam demonstrar que a pesquisa foi efectivamente «diligente». Em última instância, pretende-se criar uma base de dados em linha da União Europeia que contenha informações relativas a pesquisas diligentes, aos resultados dessas pesquisas, a eventuais mudanças de estatuto e à utilização das obras órfãs, tornando-a disponível ao público em geral, de uma forma transparente (*vide* artigo 3 e considerando décimo sexto da Directiva sobre as Obras Órfãs).

IX. Para incentivar a digitalização, fica acautelada a possibilidade de as entidades *supra* referidas celebrarem acordos, no exercício da sua missão de interesse público, com entidades públicas e privadas e assim obterem financiamentos exclusivamente para cobertura dos custos de digitalização, tratamento, salvaguarda e preservação das obras em causa (*vide* artigo 6 e considerando vigésimo primeiro da Directiva sobre as Obras Órfãs).

Artigo 26º- B – Termo do estatuto de obra órfã

1 – Os titulares de direitos anteriormente não identificados ou não localizados podem a todo o tempo reclamar os seus direitos sobre a obra ou outro material protegido, fazendo cessar o estatuto de obra órfã, sem prejuízo da possibilidade de se manter a utilização daqueles bens, caso se verifique a autorização do titular do direito.

2 – Os titulares de direitos que ponham termo ao estatuto de obra órfã, têm direito a receber uma compensação equitativa pela utilização que foi feita das suas obras ou do material protegido, a cargo das entidades referidas no nº 2 do artigo anterior.

3 – Na fixação da compensação equitativa, tem-se em conta a natureza não comercial da utilização feita, a eventual gratuitidade do acto, os objectivos de interesse público envolvidos, designadamente o acesso à informação, à educação e à cultura, bem como os eventuais danos patrimoniais injustificados sofridos pelos titulares de direitos.

ANOTAÇÃO

I. O artigo 26 – B do CDADC de 1985 foi aditado pela Lei 32/2015, de 24 de Abril, resultando da implementação da Directiva sobre as Obras Órfãs.

O artigo 26 – B (1) do CDADC de 1985 ressalva a possibilidade de o titular ou titulares anteriormente não identificados ou não localizados se apresentarem para reivindicar os seus direitos sobre a obra, ficando, então, a utilização desta dependente da sua autorização (*vide* artigo 2 e considerando décimo sétimo da Directiva sobre as Obras Órfãs).

II & III. Do artigo 26 – B (2)-(3) do CDADC de 1985 decorre que os titulares de direitos que ponham termo ao estatuto de obra órfã têm direito a receber uma «compensação equitativa» pela utilização das suas obras, devendo a determinação dessa compensação ter em conta os objectivos de interesse público em causa (designadamente o acesso à informação, à educação e à cultura), a natureza não comercial da utilização feita, a eventual gratuitidade do acto e os eventuais danos patrimoniais injustificados sofridos pelos titulares de direitos (*vide* artigos 5 e 6 (5) e considerando décimo oitavo da Directiva sobre as Obras Órfãs).

CAPÍTULO III – Do autor e do nome literário ou artístico

Artigo 27º – Paternidade da obra

1 – Salvo disposição em contrário, autor é o criador intelectual da obra.

2 – Presume-se autor aquele cujo nome tiver sido indicado como tal na obra, conforme o uso consagrado, ou anunciado em qualquer forma de utilização ou comunicação ao público.

3 – Salvo disposição em contrário, a referência ao autor abrange o sucessor e o transmissário dos respectivos direitos.

ANOTAÇÃO

I. O artigo 27 (1) do CDCDC de 1985 reforça o princípio contido no artigo 11 do CDCDC de 1985 segundo o qual, salvo disposição contratual em contrário, «autor» é o criador intelectual da obra, pertencendo-lhe o direito de autor sobre a obra (*vide* anotação ao artigo 11 do CDADC de 1985).

II. Em harmonia com o artigo 15 da Convenção de Berna, afirma o artigo 27 (2) do CDADC de 1985 que se presume autor aquele cujo nome tiver sido indicado como tal na obra, conforme o uso consagrado, ou anunciado em qualquer forma de utilização ou comunicação ao público. Esta presunção é uma presunção *iuris tantum,* e como tal ilidível por prova em contrário.

A presunção *auctor est quem opus demonstrat* reveste-se, claro está, de significado prático em sede judicial, uma vez que é tida como verdadeira até que prova em contrário seja apresentada pela outra parte.

Deste modo, num processo em que se disputava a autoria de um videograma encomendado pela Câmara Municipal de Ílhavo, pressupôs, o Tribunal da Relação de Lisboa, que a titularidade do direito de autor relativo a esse videograma se encontrava atribuída à realizadora cujo nome, enquanto tal, figurava na obra, uma vez que nada havia sido convencionado entre o Município e essa realizadora (Acórdão do Tribunal da Relação de Lisboa, Processo Nº 11845/2001-5, 11/04/2003).

III. A referência que a lei faz ao «autor» também pode abranger o sucessor e o transmissário de direitos (artigo 27 (3) do CDADC de 1985). Pode haver uma transmissão de direitos *mortis causa* ou por negócio *inter vivos,* passando a ser titulares de direitos, respectivamente, o sucessor ou o transmissário de direitos.

Dessarte, num processo judicial atinente a um espólio fotográfico centenário sobre a cidade de Viseu, sublinhou o Tribunal da Relação de Coimbra que para que o detentor das fotografias em questão tivesse direito à remuneração equitativa requerida (de acordo com o artigo 165 (3) do CDADC de 1985), teria de demonstrar que era o fotógrafo que originariamente havia captado as imagens em causa (ou seja, o autor originário) ou que as fotografias lhe haviam sido transmitidas *mortis causa* ou por negócio *inter vivos*, isto é, que era seu sucessor ou transmissário (Acórdão do Tribunal da Relação de Coimbra, Processo Nº 312/10.5TBVIS.C1, 05/10/2011).

Artigo 28º – Identificação do autor

O autor pode identificar-se pelo nome próprio, completo ou abreviado, as iniciais deste, um pseudónimo ou qualquer sinal convencional.

ANOTAÇÃO

Recordemos que segundo o artigo 15 (1) da Convenção de Berna, para que os autores de obras literárias e artísticas sejam, salvo prova em contrário, considerados como tais, é suficiente que o nome esteja indicado na obra na forma habitual, ainda que se trate de um pseudónimo – desde que o mesmo não deixe lugar a qualquer dúvida sobre a identidade do autor.

Neste sentido, o artigo 28 do CDADC de 1985 permite que o autor se identifique pelo nome completo ou abreviados, pelas respectivas iniciais, por pseudónimo ou por sinal convencional, postulando o artigo 74 do Código Civil que o pseudónimo goza, quando tenha notoriedade, da protecção conferida ao próprio nome.

Acrescenta o artigo 216 do CDADC de 1985, que o nome literário ou artístico pode ser registado em benefício do criador de obra anteriormente registada, para mero efeito da publicação do seu uso. *Vide* anotação artigo 216 do CDADC de 1985.

Artigo 29º – Protecção do nome

1 – Não é permitida a utilização de nome literário, artístico ou científico susceptível de ser confundido com outro anteriormente usado em obra divulgada ou publicada, ainda que de género diverso, nem com nome de personagem célebre da história das letras, das artes ou das ciências.

2 – Se o autor for parente ou afim de outro anteriormente conhecido por nome idêntico, pode a distinção fazer-se juntando ao nome civil aditamento indicativo do parentesco ou afinidade.

3 – Ninguém pode usar em obra sua o nome de outro autor, ainda que com autorização deste.

4 – O lesado pelo uso de nome em contravenção do disposto nos números anteriores pode requerer as providências judiciais adequadas a evitar a confusão do público sobre o verdadeiro autor, incluindo a cessação de tal uso.

ANOTAÇÃO

I. O artigo 29 do CDADC de 1985 protege o nome literário, artístico ou científico, tutelando os interesses do autor e do público, ao afastar a possibilidade de confusão no que toca ao autor e ao evitar que o público seja induzido em erro.

Tal preceito harmoniza-se com o princípio contido no artigo 74 do Código Civil, intitulado direito ao nome, que emerge como direito de personalidade. Segundo esse preceito, qualquer pessoa tem direito a usar o seu nome e a opor-se a que outrem o use ilicitamente para sua identificação ou outros fins, não podendo, especialmente no exercício de uma actividade profissional, usá-lo de modo a prejudicar os interesses de quem tiver nome total ou parcialmente idêntico.

Em conformidade, o artigo 29 (1) do CDADC de 1985 estabelece uma proibição geral no que toca à utilização de nome literário, artístico ou científico susceptível de ser confundido com outro usado em obra previamente divulgada ou publicada ou de nome de personagem célebre.

II. O artigo 29 (2) do CDADC de 1985 permite, todavia, em circunstâncias restritas o uso do nome de autor anteriormente conhecido, desde que subsista parentesco ou afinidade e que, para distinção, se junte ao nome civil aditamento indicativo de tal laço.

III. O artigo 29 (3) do CDADC de 1985 veda, para que o público não seja induzido em erro, a possibilidade de alguém usar em obra sua o nome de outro autor, ainda que com autorização deste.

IV. Por fim, o artigo 29 (4) do CDADC de 1985 centra-se na exequibilidade da defesa do nome, permitindo que o lesado exija as providências judiciais adequadas, incluindo a cessação do uso ofensivo, bem como, de acordo com o artigo 210-do CDADC de 1985, indemnização por perdas e danos.

Vide artigos 215 (b) e 216 do CDADC de 1985 no que toca ao registo do nome literário e artístico.

Artigo 30º – Obra de autor anónimo

1 – Aquele que divulgar ou publicar uma obra com o consentimento do autor, sob nome que não revele a identidade deste ou anonimamente, considera-se representante do autor, incumbindo-lhe o dever de defender perante terceiros os respectivos direitos, salvo manifestação de vontade em contrário por parte do autor.

2 – O autor pode a todo o tempo revelar a sua identidade e a autoria da obra, cessando a partir desse momento os poderes de representação referidos no número precedente.

ANOTAÇÃO

I. O direito à paternidade assenta na faculdade que o autor tem de reivindicar a paternidade da obra ou de manter o anonimato (artigo 9 (3) e 56 (1) do CDADC de 1985).

Como tal, resulta do artigo 30 (1) do CDADC de 1985, que ao invés de reivindicar a paternidade da obra, o autor pode, se assim entender, divulgar ou publicar a obra sob nome que não revele a sua identidade ou anonimamente. Neste caso, os direitos do autor são salvaguardados pelo editor até que o autor revele a sua identidade.

Tal preceito harmoniza-se com o artigo 15 (3) da Convenção de Berna, do qual decorre que o editor das obras anónimas e das obras pseudónimas que deixem dúvidas sobre a identidade do autor é, sem outra prova, reputado representar o autor, tendo legitimidade para salvaguardar e fazer valer os direitos deste.

II. Mas porque o direito à paternidade é inalienável e irrenunciável, o artigo 30 (2) do CDADC de 1985 afirma que o autor tem a prerrogativa de revelar a sua identidade e a autoria da obra quando lhe aprouver (*vide* anotação ao artigo 56 (2) do CDADC de 1985).

O autor tem toda a vida o direito de reivindicar a paternidade da obra ou de manter o anonimato e, por sua morte, o exercício deste direito compete aos seus sucessores (artigos 9 (3), 56 (2) e 57 (1) do CDADC de 1985).

CAPÍTULO IV – Da duração

Artigo 31º – Regra geral

O direito de autor caduca, na falta de disposição especial, 70 anos após a morte do criador intelectual, mesmo que a obra só tenha sido publicada ou divulgada postumamente.

ANOTAÇÃO

Por norma, no que toca ao prazo de protecção, os instrumentos nacionais, regionais e internacionais sobre direito de autor prevêem que a protecção autoral caduque determinado número de anos após a morte do autor, isto é, *post mortem auctoris.*

O mesmo não sucede no que toca ao prazo de protecção dos direitos conexos dos artistas intérpretes ou executantes, dos produtores de fonogramas e dos organismos de radiodifusão, o qual cessa, geralmente, decorrido determinado número de anos após certo acontecimento, tal como a representação ou execução pelo artista intérprete ou executante.

Em termos do prazo de protecção, há que realçar, a nível internacional, as regras que advêm da Convenção de Berna nesta matéria.

Segundo essa Convenção, a duração da protecção dos direitos patrimoniais dos autores compreende a vida do autor e cinquenta anos após a sua morte, regra esta que emergiu em 1908, aquando da revisão da Convenção de Berna (artigo 7 (1) da Convenção de Berna).

No respeitante aos direitos morais dos autores, diz a Convenção de Berna que os mesmos são mantidos, após a morte do autor, pelo menos até à extinção dos direitos patrimoniais (artigo 6 bis (2) da Convenção de Berna).

Na União Europeia o prazo de protecção autoral vai para além do que é estipulado na Convenção de Berna, sendo de setenta anos *post mortem auctoris* (artigo 1 (1) da Directiva sobre o Prazo de Protecção).

Note-se que esta regra abrange as fotografias originais, na acepção de que são a «criação intelectual» do próprio autor (artigos 1 6 da Directiva sobre o Prazo de Protecção), indo para além do artigo 7 (4) da Convenção de Berna que estabelece que a duração da protecção das obras fotográficas não poderá ser inferior a um período de vinte e cinco anos a contar da realização da obra e do artigo 9 do Tratado da OMPI que alarga a regra dos cinquenta anos *post mortem auctoris* a estas obras.

Em harmonia com tal regra da União, determina o artigo 31 do CDADC de 1985 que o direito de autor caduca, na falta de disposição especial, setenta anos após a morte do criador intelectual, mesmo que a obra só tenha sido publicada ou divulgada postumamente.

Artigo 32º – Obra de colaboração e obra colectiva

1 – O direito de autor sobre obra feita em colaboração, como tal, caduca 70 anos após a morte do colaborador que falecer em último lugar.

2 – O direito de autor sobre obra colectiva ou originariamente atribuída a pessoa colectiva caduca 70 anos após a primeira publicação ou divulgação lícitas, salvo se as pessoas físicas que a criaram foram identificadas nas versões da obra tornadas acessíveis ao público.

3 – A duração do direito de autor atribuído individualmente aos colaboradores de obra colectiva, em relação às respectivas contribuições que possam discriminar-se, é a que se estabelece no artigo 31º

ANOTAÇÃO

I. Diz o artigo 7 bis da Convenção de Berna que, no caso de uma obra feita em colaboração, o prazo de protecção é calculado a partir da morte do último dos colaboradores sobrevivente.

Neste sentido, afirma o artigo 32 (1) do CDADC de 1985 que, no que toca à obra feita em colaboração, o direito de autor caduca setenta anos após a morte do co-autor que falecer em último lugar.

O artigo 32 (1) do CDADC de 1985 leva a um alargamento do prazo de protecção constante do artigo 31 do CDADC de 1985, uma vez que a sua contagem só tem início a partir da morte do co-autor que que falecer em último lugar.

Esta é a solução que mais se coaduna com o facto de que a obra feita em colaboração pertence, na sua unidade, a todos os que nela tiverem colaborado (*vide* artigos 17 e 18 do CDADC de 1985 e artigo 51 (3) do CDADC de 1985 que reflecte o mesmo princípio).

Na verdade, se a obra feita em colaboração caísse no domínio público em relação a um ou mais co-autores mas não em relação a todos, gerar-se-ia incerteza e confusão em termos de legitimidade de utilização da obra por terceiros e se a contagem do prazo fosse despoletada por morte de um dos co-autores, reduzir-se-ia, injustamente, o prazo de protecção em relação aos co-autores sobrevivos.

II. O artigo 32 (2) do CDADC de 1985 estipula que o direito de autor sobre a obra colectiva caduca setenta anos após a primeira publicação ou divulgação lícitas (ou seja, feitas com autorização de quem de direito), a não ser que as pessoas físicas que a criaram se encontrem devidamente identificadas.

III. O artigo 32 (3) do CDADC de 1985 manda aplicar a norma geral à duração do direito de autor sobre as contribuições que possam discriminar-se, no âmbito da obra colectiva (*vide* artigo 19 (2) do CDADC de 1985).

Artigo 33º – Obra anónima e equiparada

1 – A duração da protecção de obra anónima ou licitamente publicada ou divulgada sem identificação do autor é de 70 anos após a publicação ou divulgação.

2 – Se a utilização de nome, que não o próprio, não deixar dúvidas quanto à identidade do autor ou se este a revelar dentro do prazo referido no número anterior, a duração da protecção será a dispensada à obra publicada ou divulgada sob nome próprio.

ANOTAÇÃO

I. O artigo 33 (1) do CDADC de 1985 segue, para as obras anónimas ou pseudónimas, o princípio contido no artigo 7 (3) da Convenção de Berna, segundo o qual a duração da protecção expira cinquenta anos após o momento em que a obra foi licitamente tornada acessível ao público e no artigo 1 (1) da Directiva sobre o Prazo de Protecção que estabelece um prazo de protecção de setenta anos após o momento em que a obra foi licitamente tornada acessível ao público.

Como tal, por força do artigo 33 (1) do CDADC de 1985, a contagem do prazo é desencadeada pela morte do autor, desde que em função de publicação ou divulgação de carácter lícito.

II. Acrescenta o artigo 33 (2) do CDADC de 1985 que se a utilização de pseudónimo não deixar dúvidas quanto à identidade do autor ou se este a revelar dentro do prazo referido no artigo 33 (1) do CDADC de 1985, a contagem do prazo é despoletada pela morte do autor de acordo com a regra contida no artigo 31 do CDADC de 1985.

Também aqui se segue o artigo 7 (3) da Convenção de Berna, que afirma que se o pseudónimo adoptado pelo autor não deixar dúvidas sobre a sua identidade ou se o autor de uma obra anónima ou pseudónima revelar a sua identidade a duração da protecção cumpre a regra dos cinquenta anos *post mortem auctoris* e o artigo 1 (1) da Directiva sobre o Prazo de Protecção, que esclarece que se o pseudónimo adoptado pelo autor não deixar dúvidas sobre a sua identidade ou se o autor revelar a sua identidade se aplica a regra dos setenta anos *post mortem auctoris.*

O artigo 33 (2) do CDADC de 1985 reflecte a inalienabilidade e a irrenunciabilidade do direito à paternidade da obra, que levam a que o autor tenha a prerrogativa de revelar a sua identidade e a autoria da obra quando lhe aprouver (*vide* anotações aos artigos 30 e 56 do CDADC de 1985).

Artigo 34º – Obra cinematográfica ou audiovisual

O direito de autor sobre obra cinematográfica ou qualquer outra obra audiovisual, caduca 70 anos após a morte do último sobrevivente de entre as pessoas seguintes:

a) O realizador;
b) O autor do argumento ou da adaptação;
c) O autor dos diálogos;
d) O autor das composições musicais especialmente criadas para a obra.

ANOTAÇÃO

A Convenção de Berna permite, no que toca às obras cinematográficas, que o prazo de protecção expire cinquenta anos após o momento em que a obra tenha sido tornada acessível ao público, com o consentimento do autor, ou cinquenta anos após a realização da obra, na ausência de um tal acontecimento (artigo 7 (2) da Convenção de Berna), reservando a determinação dos titulares do direito de autor sobre essas obras à legislação do país em que a protecção é reclamada (artigo 14 bis (2) (a) da Convenção de Berna).

Na União Europeia, o artigo 2 (2) da Directiva sobre o Prazo de Protecção não se socorre da faculdade prevista no artigo 7 (2) da Convenção de Berna, estipulando que o prazo de protecção de uma obra cinematográfica ou audiovisual expira setenta anos após a morte do último de certos sobreviventes, que elenca expressamente, quer sejam ou não considerados co-autores.

Em Portugal, o artigo 34 do CDADC de 1985 segue o artigo 2 (2) da Directiva sobre o Prazo de Protecção.

Artigo 35º – Obra publicada ou divulgada em partes

1 – Se as diferentes partes, volumes ou episódios de uma obra não forem publicados ou divulgados simultaneamente, os prazos de protecção legal contam-se separadamente para cada parte, volume ou episódio.

2 – Aplica-se o mesmo princípio aos números ou fascículos de obras colectivas de publicação periódica, tais como jornais ou publicações similares.

ANOTAÇÃO

I. O artigo 35 (1) do CDADC de 1985 desencadeia a contagem de um prazo de protecção para cada porção de uma obra que seja publicada ou divulgada em partes. Cada parte que é publicada ou divulgada despoleta a contagem de um prazo autónomo.

Vide anotação artigo 175 do CDADC de 1985, no que toca à publicação fraccionada e periódica.

II. O artigo 35 (2) do CDADC de 1985 aplica este princípio aos números ou fascículos de obras colectivas de publicação periódica, tais como jornais.

Artigo 36º – Programa de computador

1 – O direito atribuído ao criador intelectual sobre a criação do programa extingue-se 70 anos após a sua morte.

2 – Se o direito for atribuído originariamente a pessoa diferente do criador intelectual, o direito extingue-se 70 anos após a data em que o programa foi pela primeira vez licitamente publicado ou divulgado.

ANOTAÇÃO

I. No que toca à atribuição de direitos, aplicam-se aos programas de computador as regras vigentes para o direito de autor, com algumas especificidades (*vide* artigo 3 (1) do Decreto-Lei 252/94 de 20 de Outubro, alterado pelo Decreto-Lei 334/97, de 27 de Novembro, versão consolidada).

Como tal, salvo disposição contratual em contrário, autor de um programa de computador é o criador intelectual da obra, pertencendo-lhe o direito de autor sobre a obra (aplicando-se por remissão os artigos 11 e 27 (1) do CDADC de 1985).

E assim sendo, determina o artigo 36 (1) do CDADC de 1985 que o direito de autor sobre o programa de computador caduca setenta anos após a morte do seu criador intelectual.

II. Já no caso da obra feita por encomenda ou por conta de outrem, o regime aplicável aos programas de computador afasta a presunção constante do artigo 14 (2) do CDADC de 1985, segundo a qual na falta de convenção a titularidade do direito de autor pertence ao criador intelectual.

Quando um programa de computador for criado por encomenda ou por conta de outrem, os direitos relativos ao programa pertencem, salvo estipulação em contrário ou se outra coisa resultar das finalidades do contrato, ao destinatário do programa. Mais, o programa que for realizado no âmbito de uma empresa presume-se obra colectiva (*vide* artigo 3 (1)-(3) do Decreto-Lei 252/94 de 20 de Outubro, alterado pelo Decreto-Lei 334/97, de 27 de Novembro, versão consolidada).

Por isso explica o artigo 36 (2) do CDADC de 1985, que sendo o direito de autor atribuído originariamente a pessoa diferente do criador intelectual, extingue-se setenta anos após a data em que o programa foi pela primeira vez licitamente publicado ou divulgado.

Artigo 37º – Obra estrangeira

As obras que tiverem como país de origem um país estrangeiro não pertencente à União Europeia e cujo autor não seja nacional de um país da União gozam da duração de protecção prevista na lei do país de origem, se não exceder a fixada nos artigos precedentes.

ANOTAÇÃO

O artigo 37 do CDADC de 1985 trata do prazo de protecção das obras estrangeiras, ou seja, das obras que tiverem como país de origem um país estrangeiro não pertencente à União Europeia e cujo autor não seja nacional de um país da União.

No caso de obras estrangeiras, quando a duração de protecção prevista na lei do país de origem for superior à estipulada pela lei portuguesa a lei limita o prazo de protecção aos setenta anos *post mortem auctoris* (de acordo com o artigo 31 do CDADC de 1985) e quando for inferior ao prazo previsto pela lei portuguesa manda aplicar o prazo de protecção fixado na lei de origem (reduzindo o prazo estabelecido no artigo 31 do CDADC de 1985).

O artigo 37 do CDADC de 1985 encontra-se em consonância com o artigo 7 (8) da Convenção de Berna e com o artigo 7 (1)-(2) da Directiva sobre o Prazo de Protecção.

Artigo 38º – Domínio público

1 – A obra cai no domínio público quando tiverem decorrido os prazos de protecção estabelecidos neste diploma.

2 – Cai igualmente no domínio público a obra que não for licitamente publicada ou divulgada no prazo de 70 anos a contar da sua criação, quando esse prazo não seja calculado a partir da morte do autor.

ANOTAÇÃO

I. Falecido o autor, enquanto a obra não cair no domínio público, o exercício dos direitos morais à paternidade e à integridade compete aos seus sucessores, podendo, contudo, o Ministério da Cultura defender as obras ainda não caídas no domínio público que se encontrem ameaçadas na sua autenticidade ou dignidade cultural, quando os titulares de direitos, notificados para os exercerem, se tiverem abstido sem motivo atendível (artigo 57 (1) e (3) do CDADC de 1985).

Decorridos os prazos de protecção definidos na lei, a obra cai no domínio público (artigo 38 (1) do CDADC de 1985). Note-se que a contagem do prazo de protecção tem início no primeiro dia do ano seguinte à morte do autor ou à divulgação ou publicação da obra, pelo que só opera após o dia 1 de Janeiro do ano seguinte àquele em que o prazo se completa (*vide* artigo 3 do Decreto-Lei 334/97, de 27 de Novembro, que transpõe para a ordem jurídica interna a Directiva sobre o Prazo de Protecção).

II. Expirado que seja o prazo de protecção dos respectivos direitos patrimoniais, a defesa da genuinidade e integridade das obras caídas no domínio público compete ao Estado e é exercida através do Ministério da Cultura (artigo 57 (2) do CDADC de 1985).

Em bom rigor, o artigo 57 (2) do CDADC de 1985 refere-se, apenas, à defesa da genuinidade e integridade das obras caídas no domínio público, não fazendo menção à defesa do direito à paternidade.

Terá de entender-se, como afirma Rebello, que esta defesa é extensiva à reivindicação da paternidade (L. F. Rebello, *Código do Direito de Autor e dos Direitos Conexos*, 3ª ed., Âncora, 2002, p. 10). Caso contrário, não faria nenhum sentido a referência feita, no artigo 56 (2) do CDADC de 1985, à imprescritibilidade dos direitos à paternidade e à integridade da obra.

Artigo 39º – Obras no domínio público

1 – Quem fizer publicar ou divulgar licitamente, após a caducidade do direito de autor, uma obra inédita beneficia durante 25 anos a contar da publicação ou divulgação de protecção equivalente à resultante dos direitos patrimoniais do autor.

2 – As publicações críticas e científicas de obras caídas no domínio público beneficiam de protecção durante 25 anos a contar da primeira publicação lícita.

ANOTAÇÃO

I & II. No referente à protecção de obras não publicadas anteriormente, decorre do artigo 4 da Directiva sobre o Prazo de Protecção que qualquer pessoa que, depois de expirar o prazo de protecção do direito de autor, licitamente publicar ou comunicar ao público uma obra não publicada anteriormente beneficia da protecção equivalente aos direitos patrimoniais do autor, sendo o prazo de protecção desses direitos de vinte e cinco anos a contar da data em que a obra tenha sido pela primeira vez licitamente publicada ou comunicada ao público.

Em consonância com esse preceito, o artigo 39 do CDADC de 1985 estabelece um regime específico para as obras inéditas caídas no domínio e para as publicações críticas e científicas de obras caídas no domínio.

Assim, a publicação ou divulgação lícita de obra inédita por terceiro leva à atribuição, a quem dá a conhecer a obra, de um exclusivo de exploração com a duração de vinte cinco anos e a publicação crítica e científica de obra caída no domínio público beneficia de um prazo de protecção de vinte e cinco anos a contar da primeira publicação lícita.

Vide anotação artigo 70 no referente à publicação de obra póstuma.

CAPÍTULO V – Da transmissão e oneração do conteúdo patrimonial do direito de autor

Artigo 40º – Disponibilidade dos poderes patrimoniais

O titular originário, bem como os seus sucessores ou transmissários, podem:

a) Autorizar a utilização da obra por terceiro;

b) Transmitir ou onerar, no todo ou em parte, o conteúdo patrimonial do direito de autor sobre essa obra.

ANOTAÇÃO

O artigo 40 do CDADC de 1985 permite que o autor (ou seus sucessores ou transmissários) disponha dos seus direitos patrimoniais sobre a obra, autorizando a utilização da obra por terceiros e transmitindo ou onerando, total ou parcialmente, esses direitos.

Vide no que toca aos direitos morais, que são inalienáveis e irrenunciáveis, as anotações aos artigos 9 (3) e 56 (2) do CDADC de 1985.

Note-se que a transmissão de direitos pode operar-se por presunção legal. Por exemplo, na União Europeia, aquando da celebração, individual ou colectiva, de um contrato de produção de filmes entre os artistas intérpretes ou executantes e um produtor, a Directiva sobre o Aluguer e o Comodato presume que o artista intérprete ou executante abrangido por esse contrato transmitiu os seus direitos de aluguer, na ausência de estipulação contratual em contrário (artigo 2 (5) da Directiva sobre o Aluguer e o Comodato).

Artigo 41º – Regime da autorização

1 – A simples autorização concedida a terceiros para divulgar, publicar, utilizar ou explorar a obra por qualquer processo não implica transmissão do direito de autor sobre ela.

2 – A autorização a que se refere o número anterior só pode ser concedida por escrito, presumindo-se a sua onerosidade e carácter não exclusivo.

3 – Da autorização escrita devem constar obrigatória e especificadamente a forma autorizada de divulgação, publicação e utilização, bem como as respectivas condições de tempo, lugar e preço.

ANOTAÇÃO

I. O autor pode autorizar a exploração da obra por terceiros, com exclusividade ou não, por qualquer processo, conforme lhe aprouver, sendo certo que essa autorização não implica a transmissão do direito de autor sobre a obra, permanecendo, pois, o mesmo na esfera jurídica do autor (artigo 41 (1) do CDADC de 1985).

II. Decorre do artigo 41 (2) do CDADC de 1985 que a autorização referida no artigo 41 (1) do CDADC de 1985 só pode ser concedida por escrito.

A exigência de que a autorização seja concedida por escrito traduz-se numa formalidade *ad probationem*, isto é, constitui uma exigência probatória. Como tal, a não redução a escrito da autorização não impõe a nulidade dessa autorização, levando apenas a uma transferência para o utilizador do *ónus probandi* da autorização, incluindo a forma de utilização da obra e respectivas condições.

Se o legislador pretendesse decretar a nulidade da autorização não reduzida à forma escrita tê-lo-ia dito expressamente, tal como fez nos artigos 43 e 44 do CDADC de 1985 no concernente à transmissão ou oneração.

Acresce que a lei presume a onerosidade e o carácter não exclusivo desta autorização, pelo que tais condições podem ser exigidas ainda que o documento escrito seja omisso no que toca ao preço e à ausência de exclusividade.

Tal presunção coaduna-se com o preceituado no artigo 67 (2) do CDADC de 1985, que afirma que a garantia das vantagens patrimoniais resultantes da exploração da obra constitui, do ponto de vista económico, o objecto fundamental da protecção legal – só no caso da representação por amadores se presume a não onerosidade da autorização a (artigo 108 (3) do CDADC de 1985).

III. Uma vez que a licença apenas habilita aquele que a obteve a explorar a obra de acordo com as condições estipuladas, as condições de utilização da obra são fundamentais, balizando as prerrogativas de utilização autorizadas. Como tal, o documento deve incluir a forma autorizada de divulgação, publicação e utilização, bem como as respectivas condições de tempo, lugar e preço (artigo 41 (3) do CDADC de 1985).

Por conseguinte, num processo judicial respeitante a uma obra que, tendo sido encomendada para ser utilizada no âmbito de um espectáculo de rua, itinerante, acabou por ser utilizada no Canal 43 da TV, declarou o Tribunal da Relação de Lisboa que uma nova forma de utilização da obra tem de ser sujeita a uma nova autorização, a não ser que, em função do objectivo final, se possa deduzir a existência de uma autorização implícita na faculdade acordada. No caso em análise, a forma de utilização havia ultrapassado os limites previstos na sua encomenda e não havia sido autorizada implicitamente, «por não resultar, minime, com nitidez suficiente, um forçoso encadeamento entre as duas formas de utilização em confronto da obra em causa, com vista ao seu objectivo final – publicidade da nova grelha da TV -, desde logo, porque não é seguro, sem mais, concluir-se que este objectivo não pudesse esgotar-se com a forma de utilização autorizada» (Acórdão do Tribunal da Relação de Lisboa, Processo Nº 10779/2007-6, 02/07/2008).

Saliente-se que os artigos 40 (a) e 41 do CDADC de 1985 se referem à autorização para a utilização da obra dada a terceiros, exigência que não é aplicável ao autor, enquanto titular de direitos. O autor, enquanto titular do direito exclusivo de fruir e utilizar a obra por qualquer forma, pode utilizar a obra, em público ou em privado, como lhe aprouver.

A utilização não autorizada encontra-se prevista e punida nos artigos 195 e 197 do CDADC de 1985 (crime de usurpação).

Artigo 42º – Limites da transmissão e da oneração

Não podem ser objecto de transmissão nem oneração, voluntárias ou forçadas, os poderes concedidos para tutela dos direitos morais nem quaisquer outros excluídos por lei.

ANOTAÇÃO

O autor pode transmitir ou onerar, no todo ou em parte, os direitos patrimoniais sobre a sua obra, podendo essa transmissão ou oneração incidir sobre obra futura.

O que o autor não pode fazer, conforme explica o artigo 42 do CDADC de 1985, é transmitir ou onerar os direitos morais.

Os direitos morais, direitos pessoais do autor, apenas podem ser exercidos pelo autor, não podendo este autorizar terceiros a exercê-los, nem os transmitir *inter vivos* (artigos 9 (3) e 56 (2) do CDADC de 1985).

Dito isto, o Tribunal da Relação de Lisboa, num processo em que se discutia a legitimidade da introdução de termos publicitários num dicionário sobre habitação, construção e urbanismo, sem a autorização do respectivo autor, afirmou que, fazendo os direitos morais parte do direito de autor por via do artigo 9 (1) do CDADC de 1985, e tendo-se apurado que a entidade que havia contratado o autor para elaborar o dicionário em causa era titular «deste direito sobre o dicionário», não podia deixar de se concluir que o criador da obra não era titular dos invocados direitos morais (Acórdão do Tribunal da Relação de Lisboa, Processo Nº 6626/2003-1, 12/16/2003).

Esqueceu aquele Tribunal, inexplicavelmente, que os direitos morais não são alienáveis, subsistindo na esfera jurídica do autor independentemente de quaisquer vicissitudes que ocorram ao nível do conteúdo patrimonial do direito de autor.

Mais tarde, felizmente, o Supremo frisou, num processo atinente a um guião para um programa televisivo, que a transmissão dos direitos patrimoniais sobre essa obra não havia transferido para o adquirente desses direitos por força da transmissão operada os direitos morais respeitantes à mesma, mas, unicamente, o conteúdo patrimonial do direito de autor sobre a obra. O autor ou criador intelectual do guião havia mantido na sua esfera jurídica, como não podia deixar de ser, os direitos morais sobre essa obra (Acórdão do Supremo Tribunal de Justiça, Processo Nº 3501/05.0TBOER.L1.S1, 04/29/2010).

Note-se que certos direitos morais podem ser transmitidos *mortis causa* (*vide* anotação ao artigo 57 do CDADC de 1985).

Artigo 43º – Transmissão ou oneração parciais

1 – A transmissão ou oneração parciais têm por mero objecto os modos de utilização designados no acto que as determina.

2 – Os contratos que tenham por objecto a transmissão ou oneração parciais do direito de autor devem constar de documento escrito com reconhecimento notarial das assinaturas, sob pena de nulidade.

3 – No título devem determinar-se as faculdades que são objecto de disposição e as condições de exercício, designadamente quanto ao tempo e quanto ao lugar e, se o negócio for oneroso, quanto ao preço.

4 – Se a transmissão ou oneração forem transitórias e não se tiver estabelecido duração, presume-se que a vigência máxima é de 25 anos em geral e de 10 anos nos casos de obra fotográfica ou de arte aplicada.

5 – O exclusivo outorgado caduca, porém, se, decorrido o prazo de sete anos, a obra não tiver sido utilizada.

ANOTAÇÃO

I. O artigo 43 (1) do CDADC de 1985 limita a exploração da obra aos modos de utilização estipuladas contratualmente, não viabilizando, nesse contexto, a possibilidade de recurso à interpretação extensiva ou analógica.

II. O artigo 43 (2) o do CDADC de 1985 decreta que os actos de transmissão ou oneração parcial da obra estão sujeitos às formalidades nele prescritas, e que a sua inobservância comina de nulidade os actos em causa. Estamos perante formalidades *ad substantiam*.

Note-se que o artigo 166 do CDADC de 1985 contém uma excepção a esta regra, ao permitir que a alienação do negativo de uma obra fotográfica despolete, salvo convenção em contrário, a transmissão dos direitos em causa.

III. O artigo 43 (3) do CDADC de 1985 acrescenta que o contrato de transmissão ou oneração parcial da obra deve incluir as faculdades que são objecto de disposição, assim como as condições de exercício, designadamente quanto ao tempo, ao lugar e ao preço (tratando-se de negócio oneroso).

Ou seja, não presume a lei a onerosidade deste contrato, ao contrário do que sucede no campo da autorização (*vide* artigo 41 (2) do CDADC de 1985).

Mas prevê-se que, transmitido ou onerado o direito de exploração da obra, a título oneroso, se o criador intelectual ou legítimos sucessores sofrerem grave lesão patrimonial em virtude de «manifesta desproporção» entre os seus proventos e os lucros auferidos pelo beneficiário daqueles actos, podem reclamar desse beneficiário uma compensação suplementar, que incidirá sobre os resultados da exploração (*vide* artigo 49 do CDADC de 1985).

Vide, em sede de compensação suplementar, os artigos 14 (4), 105 (3) e 170 do CDADC de 1985.

IV. O artigo 43 (4) do CDADC de 1985 presume que, na ausência de estipulação contratual de prazo, a transmissão ou oneração parciais da obra não vigorem por mais de vinte e cinco anos em geral e de dez anos nos casos de obra fotográfica ou de arte aplicada.

Pretende-se, pois, evitar que a transmissão ou oneração parcial da obra se transforme numa transmissão total e definitiva sem cumprimentos das formalidades necessárias (artigo 44 do CDADC de 1985).

V. Em nome do interesse público no acesso à informação, à cultura e ao conhecimento, o artigo 43 (5) do CDADC de 1985 decreta a caducidade do exclusivo outorgado se, decorrido o prazo de sete anos, a obra não tiver sido utilizada.

Artigo 44º – Transmissão total

A transmissão total e definitiva do conteúdo patrimonial do direito de autor só pode ser efectuada por escritura pública, com identificação da obra e indicação do preço respectivo, sob pena de nulidade.

ANOTAÇÃO

Os actos de transmissão total e definitiva da obra estão sujeitos às formalidades prescritas no artigo 44 do CDADC de 1985, e a sua inobservância comina de nulidade os actos em causa.

Ou seja, enquanto a formalidade requerida no campo da autorização, prevista no artigo 41 do CDADC de 1985, consiste numa formalidade *ad probationem*, as formalidades exigidas nos artigos 43 e 44 do CDADC de 1985 são formalidades *ad substantiam*.

O facto de os actos de transmissão, oneração ou alienação serem mais graves encontra reflexos no artigo 215 do CDADC de 1985, que sujeita a registo a transmissão, oneração ou alienação do direito de autor.

O artigo 44 do CDADC de 1985 refere expressamente a existência de um preço, ou seja, presume a onerosidade da alienação – o que não sucede no âmbito do artigo 43 (3) do CDADC de 1985.

Vide, em sede de compensação suplementar, os artigos 14 (4), 49, 105 (3) e 170 do CDADC de 1985.

Artigo 45º – Usufruto

1 – O direito de autor pode ser objecto de usufruto, tanto legal como voluntário.

2 – Salvo declaração em contrário, só com autorização do titular do direito de autor pode o usufrutuário utilizar a obra objecto do usufruto por qualquer forma que envolva transformação ou modificação desta.

ANOTAÇÃO

I. Os direitos patrimoniais podem ser objecto de usufruto, tanto legal como voluntário (artigo 45 (1) do CDADC de 1985), estando o mesmo sujeito a registo (artigo 215 (1) (a) do CDADC de 1985).

O regime do usufruto tem assento nos artigos 1439 a 1483 do Código Civil. A noção de usufruto encontra-se no artigo 1439 do Código Civil, que nos diz tratar-se do «direito de gozar temporária e plenamente uma coisa ou direito alheio, sem alterar a sua forma ou substância», acrescentando o artigo 1440 do mesmo diploma, no que toca à sua constituição, que «usufruto pode ser constituído por contrato, testamento, usucapião ou disposição da lei».

II. O artigo 45 (2) do CDADC de 1985 é um reflexo do direito à integridade da obra, direito esse que proíbe a sua destruição, toda e qualquer mutilação, deformação ou outra modificação da mesma e, de um modo geral, todo e qualquer acto que a desvirtue e possa afectar a honra e reputação do respectivo autor (*vide* anotação ao artigo 56 (1) do CDADC de 1985).

O artigo 59 (1) do CDADC de 1985 acrescenta que não são admitidas modificações da obra sem o consentimento do autor, mesmo naqueles casos em que é lícita, sem esse consentimento, a utilização da obra.

Ou seja, a obra só pode ser modificada com o consentimento do autor, pelo que apenas mediante autorização deste pode o usufrutuário utilizar a obra objecto do usufruto por qualquer forma que envolva transformação ou modificação desta.

Vide anotação artigo 56 do CDADC de 1985.

Artigo 46º – Penhor

1 – O conteúdo patrimonial do direito de autor pode ser dado em penhor.

2 – Em caso de execução, recairá especificamente sobre o direito ou direitos que o devedor tiver oferecido em garantia relativamente à obra ou obras indicadas.

3 – O credor pignoratício não adquire quaisquer direitos quanto aos suportes materiais da obra.

ANOTAÇÃO

I. Os direitos patrimoniais podem ser objecto de penhor (artigo 46 (1) do CDADC de 1985), estando o mesmo sujeito a registo (artigo 215 (1) (a) do CDADC de 1985).

O regime do penhor tem assento nos artigos 666 a 685 do Código Civil, resultando do artigo 666 (1) que «o penhor confere ao credor o direito à satisfação do seu crédito, bem como dos juros, se os houver, com preferência sobre os demais credores, pelo valor de certa coisa móvel, ou pelo valor de créditos ou outros direitos não susceptíveis de hipoteca, pertencentes ao devedor ou a terceiro.»

Trata-se de uma garantia real das obrigações que incide sobre certa coisa móvel, sobre créditos ou outros direitos não susceptíveis de hipoteca, pertencentes ao devedor ou a terceiro.

Segundo o artigo 681 (1) do Código Civil, «a constituição do penhor de direitos está sujeita à forma e publicidade exigidas para a transmissão dos direitos empenhados», remetendo, assim, para o artigo 43 do CDADC de 1985 no que toca às formalidades requeridas para a transmissão ou oneração parciais do conteúdo patrimonial do direito de autor.

Decorre do artigo 675 do Código Civil que «vencida a obrigação, adquire o credor o direito de se pagar pelo produto da venda executiva da coisa empenhada, podendo a venda ser feita extraprocessualmente, se as partes assim o tiverem convencionado» e sendo «lícito aos interessados convencionar que a coisa empenhada seja adjudicada ao credor pelo valor que o Tribunal fixar.»

II. O artigo 46 (2) do CDADC de 1985 decreta, cautelosamente, que em caso de execução o penhor apenas recai sobre os direitos especificamente oferecidos pelo titular de direitos para esse propósito e em relação às obras expressamente indicadas.

III. O artigo 46 (3) do CDADC de 1985 reflecte a distinção crucial entre a obra e o seu suporte, contida no artigo 10 (1) do mesmo diploma.

Artigo 47º – Penhora e arresto

1 – Os direitos patrimoniais do autor sobre todas ou algumas das suas obras podem ser objecto de penhora ou arresto, observando-se relativamente à arrematação em execução o disposto no artigo 46º quanto à venda do penhor.

2 – Em caso de penhora do direito patrimonial do criador da obra, aplica-se o regime fixado no Código de Processo Civil na parte relativa à penhora dos vencimentos, salários ou prestações de natureza semelhante.

ANOTAÇÃO

I & II. Os direitos patrimoniais (*vide* artigo 61 (1) do CDADC de 1985 no referente aos direitos morais) podem ser objecto de penhora ou arresto (artigo 47 do CDADC de 1985), estando o mesmo sujeito a registo (artigo 215 (1) (d) do CDADC de 1985).

A penhora consiste na apreensão judicial dos bens do executado, podendo ser requerida judicialmente quando o devedor entra em incumprimento da obrigação a que se encontra adstrito e podendo recair sobre bens imóveis (artigos 838 a 847 do Código de Processo Civil) ou móveis (artigos 848 a 850 do Código de Processo Civil) e sobre direitos (artigos 56 a 863 do Código de Processo Civil).

O arresto de bens é uma providência cautelar que permite a apreensão judicial dos bens do devedor, sendo requerida pelo credor que tenha justo receio de perder a garantia patrimonial do seu crédito e visando garantir que os bens do devedor, uma vez apreendidos, permaneçam na sua esfera jurídica até ao momento da respectiva penhora.

O regime da penhora encontra-se regulado nos artigos 856 a 863 do Código de Processo Civil e o do arresto nos artigos 406 a 411 do mesmo diploma.

O artigo 47 do CDADC de 1985 remete, relativamente à arrematação em execução, para o artigo 46 quanto à venda do penhor.

Vide artigo 50 do CDADC de 1985 no que toca à penhora e arresto de obra inédita ou incompleta.

Artigo 48º – Disposição antecipada do direito de autor

1 – A transmissão ou oneração do direito de autor sobre obra futura só pode abranger as que o autor vier a produzir no prazo máximo de 10 anos.

2 – Se o contrato visar obras produzidas em prazo mais dilatado, considerar-se-á reduzido aos limites do número anterior, diminuindo proporcionalmente a remuneração estipulada.

3 – É nulo o contrato de transmissão ou oneração de obras futuras sem prazo limitado.

ANOTAÇÃO

I. O artigo 48 (1) do CDADC de 1985 permite a disposição antecipada do direito de autor, desde que apenas abranja as obras que o autor venha a produzir no prazo máximo de dez anos.

II. No caso de se prever contratualmente um prazo mais alargado, o artigo 48 (2) do CDADC de 1985 não decreta a nulidade do contrato em causa, mas reduz a transmissão de obras futuras a um prazo de dez anos e diminui, proporcionalmente, a remuneração fixada.

III. Por último, o artigo 48 (3) do CDADC de 1985 decreta a nulidade do contrato de transmissão ou oneração de obras futuras sem prazo limitado.

Vide artigo 104 do CDADC de 1985 que versa sobre o contrato de edição que tenha em vista obras futuras.

Artigo 49º – Compensação suplementar

1 – Se o criador intelectual ou os seus sucessores, tendo transmitido ou onerado o seu direito de exploração a título oneroso, sofrerem grave lesão patrimonial por manifesta desproporção entre os seus proventos e os lucros auferidos pelo beneficiário daqueles actos, podem reclamar deste uma compensação suplementar, que incidirá sobre os resultados da exploração.

2 – Na falta de acordo, a compensação suplementar a que se refere o número anterior será fixada tendo em conta os resultados normais da exploração do conjunto das obras congéneres do autor.

3 – Se o preço da transmissão ou oneração do direito de autor tiver sido fixado sob forma de participação nos proventos que da exploração retirar o beneficiário, o direito à compensação suplementar só subsiste no caso de a percentagem estabelecida ser manifestamente inferior àquelas que correntemente se praticam em transacções da mesma natureza.

4 – O direito de compensação caduca se não for exercido no prazo de dois anos a contar do conhecimento da grave lesão patrimonial sofrida.

ANOTAÇÃO

I. O artigo 49 (1) do CDADC de 1985 tem em conta a possibilidade de surgir uma «manifesta desproporção» entre os proventos do autor que transmite ou onera, no todo ou em parte, o seu direito de exploração da obra e os lucros auferidos pelo transmissário de direitos, permitindo que o autor reclame uma compensação suplementar para correcção dessa injustiça.

Note-se que a aparente generosidade da norma é cerceada pelo uso de adjectivos de difícil comprovação prática: a desproporção tem de ser «manifesta» e a lesão «grave».

Vide, em sede de compensação suplementar, os artigos 14 (4), 105 (3) e 170 do CDADC de 1985.

II. Na falta de acordo quanto à fixação dessa compensação suplementar, segue-se o preceituado no artigo 49 (2) do CDADC de 1985, sendo a remuneração suplementar calculada com base nos resultados de exploração e cabendo àquele que invoca um direito fazer a prova dos factos constitutivos do direito alegado (artigo 342 (1) do Código Civil).

III. Se o preço da transmissão ou oneração se traduzir numa percentagem dos resultados de exploração, o direito à compensação suplementar só emerge no caso de a percentagem estipulada ser manifestamente inferior à que é habitualmente aplicada em transacções similares (artigo 49 (3) do CDADC de 1985).

IV. O artigo 49 (4) do CDADC de 1985 prevê a caducidade do direito à compensação suplementar se, dois anos após o conhecimento da grave lesão patrimonial, não for exercido. *Vide* artigos 296 a 299 e 328 a 333 do Código Civil.

Artigo 50º – Penhora e arresto de obra inédita ou incompleta

1 – Quando incompletos, são isentos de penhora e arresto, salvo oferecimento ou consentimento do autor, manuscritos inéditos esboços, desenhos, telas ou esculturas, tenham ou não assinatura.

2 – Se, porém, o autor tiver revelado por actos inequívocos o seu propósito de divulgar ou publicar os trabalhos referidos, pode o credor obter penhora ou arresto sobre o correspondente direito de autor.

ANOTAÇÃO

I. O artigo 50 do CDADC de 1985 tem por base a distinção entre bens penhoráveis (bens que podem ser penhorados ou apreendidos pelo agente de execução para o pagamento da dívida exequenda) e bens impenhoráveis (bens que não podem ser penhorados).

A obra inédita ou incompleta encontra-se isenta de penhora por disposição especial, tal como permitido pelo artigo 736 do Código de Processo Civil.

Essa disposição especial corresponde ao artigo 50 (1) do CDADC de 1985, que afasta a penhora dos manuscritos inéditos, esboços, telas ou esculturas, quando incompletos, a não ser que o próprio autor nomeie ou autorize o exequente a nomear esses bens à penhora.

II. O artigo 50 (2) do CDADC de 1985 coloca uma ressalva ao princípio da impenhorabilidade da obra inédita ou incompleta, determinando que se o autor revelar, de forma inequívoca, a sua pretensão de divulgar ou publicar a obra inédita ou incompleta pode o exequente nomeá-la à penhora.

Artigo 51º – Direito de autor incluído em herança vaga

1 – Se estiver incluído direito de autor em herança que for declarada vaga para o Estado, tal direito será excluído da liquidação, sendo-lhe, no entanto, aplicável o regime estabelecido no nº 3 do artigo 1133º do Código de Processo Civil.

2 – Decorridos 10 anos sobre a data da vacatura da herança sem que o Estado tenha utilizado ou autorizado a utilização da obra, cairá esta no domínio público.

3 – Se, por morte de algum dos autores de obra feita em colaboração, a sua herança dever ser devolvida ao Estado, o direito de autor sobre a obra na sua unidade ficará pertencendo apenas aos restantes.

ANOTAÇÃO

I. O artigo 51 (1) do CDADC de 1985 faz referência à herança que é declarada vaga para o Estado, o que sucede se ninguém aparece a habilitar-se ou se decai quem se apresenta como sucessor (artigo 939 (1) do Código de Processo Civil), excluindo da liquidação, no caso de herança vaga, o direito de autor nela incluído.

II. O artigo 51 (2) do CDADC de 1985 leva a um encurtamento do prazo de protecção constante do artigo 31 do CDADC de 1985 (setenta anos *post mortem auctoris*), no caso de herança vaga para o Estado, quando o Estado não tenha utilizado ou autorizado a utilização da obra.

III. Dita o artigo 51 (3) do CDADC de 1985, que se for declarada vaga para o Estado a herança de um dos co-autores da obra feita em colaboração, o direito de autor de autor sobre a obra fica a pertencer aos restantes co-autores.

Esta é a solução que mais se coaduna com o facto de que a obra feita em colaboração pertence, na sua unidade, a todos os que nela tiverem colaborado (*vide* artigos 17 e 18 do CDADC de 1985).

Artigo 52º – Reedição de obra esgotada

1 – Se o titular de direito de reedição se recusar a exercê-lo ou a autorizar a reedição depois de esgotadas as edições feitas, poderá qualquer interessado, incluindo o Estado, requerer autorização judicial para proceder à reedição da obra.

2 – A autorização judicial será concedida se houver interesse público na reedição da obra e a recusa se não fundar em razão moral ou material atendível, excluídas as de ordem financeira.

3 – O titular do direito de edição não ficará privado deste, podendo fazer ou autorizar futuras edições.

4 – As disposições deste artigo são aplicáveis, com as necessárias adaptações, a todas as formas de reprodução se o transmissário do direito sobre qualquer obra já divulgada ou publicada não assegurar a satisfação das necessidades razoáveis do público.

ANOTAÇÃO

I. O artigo 52 (1) do CDADC de 1985 permite que seja decretada judicialmente uma licença compulsória para reedição de obra esgotada, quando o titular do direito de reedição se recusar injustificadamente a exercê-lo ou a autorizar outrem a fazê-lo.

II. A decisão de não reeditar a obra esgotada é injustificada quando haja interesse público na reedição e quando a decisão se não fundar em razões atendíveis de ordem moral ou material, mas não de foro financeiro (artigo 52 (2) do CDADC de 1985).

III. O artigo 52 (3) do CDADC de 1985 esclarece que a concessão de uma licença compulsória para reedição de obra esgotada apenas confere, a quem a obtém judicialmente, o direito a uma única reedição da obra (nos termos do artigo 53 do CDADC de 1985). Esgotada essa reedição, o titular do direito de edição pode fazer ou autorizar outrem a fazer futuras edições, ou sujeitar-se, de novo, ao mesmo mecanismo.

IV. O artigo 52 (4) do CDADC de 1985 alarga o campo de aplicação do mecanismo em causa a todas as formas de reprodução (artigos 6 (1) e 176 (7) do CDADC de 1985) quando as obras relevantes se tornarem inacessíveis ao público.

Note-se que o autor não necessita de recorrer à licença compulsória prevista no artigo 52 do CDADC de 1985 para obrigar o editor a reeditar a sua obra, bastando-lhe resolver o contrato por incumprimento (artigos 105 e 106 (1) (d) do CDADC de 1985).

Artigo 53º – Processo

1 – A autorização judicial será dada nos termos do processo de suprimento do consentimento e indicará o número de exemplares a editar.

2 – Da decisão cabe recurso, com efeito suspensivo, para a Relação, que resolverá em definitivo.

ANOTAÇÃO

I. O artigo 53 (1) do CDADC de 1985 invoca o processo de suprimento do consentimento que, em caso de recusa, consta do artigo 1000 do Código de Processo Civil.

Este preceito estipula que «deduzindo o citado contestação, é designado dia para a audiência final, depois de concluídas as diligências que haja necessidade de realizar previamente».

Se o pedido for julgado procedente a autorização judicial terá de indicar expressamente o número de exemplares a editar.

II. O artigo 53 (2) do CDADC de 1985 admite recurso para a Relação das decisões judiciais tomadas à sombra dos artigos 52 e 53 (1) do CDADC de 1985.

Artigo 54º – Direito de sequência

1 – O autor de uma obra de arte original que não seja de arquitectura nem de arte aplicada tem direito a uma participação sobre o preço obtido, livre de impostos, pela venda dessa obra, realizada mediante a intervenção de qualquer agente que actue profissional e estavelmente no mercado de arte, após a sua alienação inicial por aquele.

2 – Para o efeito do disposto no número anterior, entende-se por 'obra de arte original' qualquer obra de arte gráfica ou plástica, tal como quadros, colagens, pinturas, desenhos, serigrafias, gravuras, estampas, litografias, esculturas, tapeçarias, cerâmicas, vidros e fotografias, na medida em que

seja executada pelo autor ou se trate de cópias consideradas como obras de arte originais, devendo estas ser numeradas, assinadas ou por qualquer modo por ele autorizadas.

3 – O direito referido no nº 1 é inalienável e irrenunciável.

4 – A participação sobre o preço prevista no nº 1 é fixada do seguinte modo:

a) 4 % sobre o preço de venda cujo montante esteja compreendido entre € 3000 e € 50 000;

b) 3 % sobre o preço de venda cujo montante esteja compreendido entre € 50 000,01 e € 200 000;

c) 1 % sobre o preço de venda cujo montante esteja compreendido entre € 200 000,01 e € 350 000;

d) 0,5 % sobre o preço de venda cujo montante esteja compreendido entre € 350 000,01 e € 500 000;

e) 0,25 % sobre o preço de venda cujo montante seja superior a € 500 000,01.

5 – O montante total da participação em cada transacção não pode exceder € 12 500.

6 – Exceptua-se do disposto nos números anteriores toda e qualquer transacção de obra de arte original que se destine a integrar o património de um museu sem fins lucrativos e aberto ao público.

7 – O pagamento da participação devida ao autor é da responsabilidade do vendedor da obra de arte original e, subsidiariamente, da entidade actuante no mercado de arte através da qual se operou a transacção.

8 – O autor ou o seu mandatário, em ordem a garantir o cumprimento do seu direito de participação, pode reclamar a qualquer interveniente na transacção da obra de arte original as informações estritamente úteis ao referido efeito, usando, se necessário, os meios administrativos e judiciais adequados.

9 – O direito a reclamar as informações referidas no número anterior prescreve no prazo de três anos a contar do conhecimento de cada transacção.

10 – O direito referido no nº 1 pode ser exercido após a morte do autor pelos herdeiros deste até à caducidade do direito de autor.

11 – A atribuição deste direito a nacionais de países não comunitários está sujeita ao princípio da reciprocidade.

ANOTAÇÃO

I. A nível internacional, o direito de sequência ou *droit de suite* encontra consagração no artigo 14 ter da Convenção de Berna, no respeitante a obras de arte originais e manuscritos originais dos escritores e compositores, decorrendo, dessa disposição, que o autor goza do direito, inalienável, de beneficiar das operações de venda de que a obra é objecto após a primeira cessão praticada por si (artigo 14 ter da Convenção de Berna).

Acrescenta o referido preceito que o direito de sequência apenas é exigível se a legislação nacional do país do autor o permitir, ou seja, o *droit de suite* é opcional e encontra-se sujeito ao princípio da reciprocidade.

Ora, o princípio da reciprocidade não é visto com bons olhos no plano comunitário, decorrendo da jurisprudência do TJUE sobre a aplicação do princípio da não discriminação, inscrito no artigo 12 do Tratado, que não podem ser invocadas disposições nacionais que contenham cláusulas de reciprocidade para recusar aos nacionais, de outros Estados Membros, direitos conferidos aos cidadãos nacionais (*Phil Collins v. IMTRAT Handels-GmbH, Patricia Im-und Export VmbH v. EMI Electrola GmbH,* Processos apensos C-92/92 e C-326/92).

Por conseguinte, a Directiva sobre o Direito de Sequência harmoniza este direito no seio da União Europeia, procurando restabelecer o equilíbrio entre a situação económica dos autores de obras de arte gráficas e plásticas e a dos outros criadores que beneficiam das explorações sucessivas das suas obras (*vide* considerandos primeiro e terceiro da Directiva sobre o Direito de Sequência).

Pretende a referida directiva assegurar um nível de protecção adequado e uniforme, neste contexto, em todos os Estados Membros, suprimindo as diferenças existentes a nível da legislação que tenham um efeito de distorção sobre o funcionamento do mercado interno e impedindo a emergência de novas diferenças (*vide* considerandos quarto e décimo terceiro da Directiva sobre o Direito de Sequência).

A Directiva sobre o Direito de Sequência foi transposta para o ordenamento jurídico nacional pela Lei 24/2006, de 30 de Junho que alterou a redacção do artigo 54 do CDADC de 1985.

Nesta conformidade, o artigo 54 (1) do CDADC de 1985 estabelece o direito de sequência em benefício do autor de uma obra de arte original que seja objecto de alienações sucessivas. Trata-se de um direito irrenunciável e inalienável de que goza o autor de uma obra de arte gráfica ou plástica original, de beneficiar de uma participação económica sobre o preço de cada transacção dessa obra. São beneficiários da protecção os autores de obras de arte originais (*vide* artigo 1 (1) da Directiva sobre o Direito de Sequência).

II. O conceito de «obra de arte original» advém do artigo 54 (1) e (2) do CDADC de 1985. A obra de arte original não é de arquitectura nem de arte aplicada, mas sim gráfica ou plástica. São exemplos de tal obra, os quadros, as colagens, as pinturas, os desenhos, as serigrafias, as gravuras, as estampas, as litografias, as esculturas, as tapeçarias, as cerâmicas, os vidros e as fotografias protegidas (*vide* artigo 1 (2) da Directiva sobre o Direito de Sequência).

III. O artigo 54 (3) do CDADC de 1985 afirma a inalienabilidade e irrenunciabilidade, mesmo por antecipação, do direito de sequência, a fim de evitar a sua cedência forçada por pressão das circunstâncias. Note-se que o direito não é perpétuo, estando sujeito ao prazo geral de caducidade previsto no artigo 31 do CDADC de 1985.

IV. O artigo 54 (4) do CDADC de 1985 fixa a participação prevista, que vai de 0,25 % a 4%, consoante o montante do preço de venda, estabelecendo um sistema de taxas degressivas por faixas de preços. Visa-se reduzir o risco de deslocalização das vendas e as tentativas de contornar a legislação em causa (*vide* considerandos quarto e décimo terceiro e artigo 4 (1) da Directiva sobre o Direito de Sequência).

V. O artigo 54 (5) do CDADC de 1985 acrescenta, todavia, que o montante total da participação não poderá exceder 12500 euros (*vide* artigo 4 (1) da Directiva sobre o Direito de Sequência). Ter-se-á entendido que tal montante permite ao autor uma justa participação na fortuna gerada pela sua obra.

VI. Em função do interesse público em causa, o artigo 54 (6) do CDADC de 1985 isenta do direito de sequência os actos de alienação de obras originais destinadas a museus que não tenham fins lucrativos e estejam abertos ao público (*vide* considerando décimo oitavo da Directiva sobre o Direito de Sequência).

VII. O artigo 54 (7) do CDADC de 1985 tem em conta que o direito de sequência se aplica a todos os actos de alienação sucessiva da obra que envolvam (como vendedores, compradores ou intermediários) profissionais do mercado da arte (nomeadamente, leiloeiros, galerias de arte e, de um modo geral, quaisquer negociantes de obras de arte), imputando, em primeira linha, a responsabilidade pelo pagamento da participação devida ao autor ao vendedor da obra de arte original e, subsidiariamente, à entidade intermediária através da qual a transacção foi feita.

Recentemente, o TJUE debruçou-se sobre o direito de sequência num processo que teve na origem um pedido de decisão prejudicial apresentado pelo *Cour de Cassation*, no âmbito de um litígio que opôs a *Christie's France SNC* contra o *Syndicat national des antiquaires*, a respeito da validade de uma cláusula inserida nas condições gerais de venda, segundo a qual a *Christie's France* receberia do comprador a soma equivalente ao montante da participação devida ao autor correspondente ao direito de sequência (*Christie's France SNC v. Syndicat national des antiquaires*, Acórdão do TJUE, Processo C-41/14, de 26 de Fevereiro de 2015).

Segundo aquele Tribunal, a Directiva sobre o Direito de Sequência não se opõe a que a pessoa responsável pelo pagamento do direito de sequência, quer se trate do vendedor quer de um profissional do mercado da arte interveniente na transacção, possa acordar com outrem, incluindo o comprador, que seja este último a suportar, no todo ou em parte, o custo do direito de sequência, desde que tal estipulação contratual não afecte o direito que a referida directiva atribui ao autor.

VIII. De modo a garantir a aplicação efectiva do direito de sequência, o artigo 54 (8) do CDADC de 1985 concede ao autor o direito de recolher todas as informações necessárias junto da pessoa singular ou colectiva responsável pelo pagamento do direito de sequência.

IX. O artigo 54 (9) do CDADC de 1985 estabelece um prazo para o exercício do direito a reclamar tais informações, sob pena da prescrição desse direito.

X. O artigo 54 (10) do CDADC de 1985 permite que, após a morte do autor, o direito de sequência seja exercido pelos seus legítimos sucessores até à caducidade desse direito, ou seja, até setenta anos *post mortem auctoris* (*vide* artigos 6 (1) e 8 (1) da Directiva sobre o Direito de Sequência).

Refira-se, a este propósito, um processo que teve por objecto um pedido de decisão prejudicial apresentado pelo *Tribunal de grande instance de Paris*, a respeito dos montantes relativos ao direito de sequência recebido sobre as vendas das obras de arte do pintor Salvador Dalí, no território francês, entendendo a *Fundación Gala-Salvador Dalí* que nos termos do testamento daquele pintor e do direito espanhol lhe deviam ser pagos esses montantes, mas reservando a lei francesa a fruição do direito de sequência aos herdeiros com exclusão dos legatários e dos sucessores a outro título (*Fundación Gala-Salvador Dalí and Visual Entidad de Gestión de Artistas Plásticos (VEGAP) v. Société des auteurs dans les arts graphiques et plastiques (ADAGP), Juan-Leonardo Bonet Domenech, Eulalia-María Bas Dalí, María del Carmen Domenech Biosca, Antonio Domenech Biosca, Ana-María Busquets Bonet and Mónica Busquets Bonet*, Acórdão do TJUE, Processo C-518/08, 15 de Abril de 2010).

No seu acórdão, declarou o TJUE que os objectivos da Directiva sobre o Direito de Sequência não são comprometidos pela transmissão do direito de sequência a determinadas categorias de pessoas jurídicas, com exclusão de outras, após a morte do artista.

Explicou aquele Tribunal que em conformidade com o princípio da subsidiariedade, o legislador da União não havia entendido oportuno intervir, através da referida directiva, no domínio do direito sucessório dos Estados Membros, pelo que esses Estados tinham legitimidade para determinar tal matéria livremente.

Assim, segundo o TJUE, o artigo 6 (1) da Directiva sobre o Direito de Sequência deve ser interpretado no sentido de que não se opõe a uma norma interna que apenas reserve a fruição do direito de sequência aos herdeiros legais do artista, com exclusão dos legatários testamentários.

XI. Por fim, o artigo 54 (11) do CDADC de 1985 limita a atribuição do direito em causa aos nacionais dos Estados Membros, bem como aos autores estrangeiros cujos países concedam uma protecção do mesmo tipo aos autores nacionais dos Estados Membros, de acordo com o princípio da reciprocidade (*vide* considerando vigésimo nono e artigos 7 e 8 da Directiva sobre o Direito de Sequência).

Artigo 55º – Usucapião

O direito de autor não pode adquirir-se por usucapião.

ANOTAÇÃO

O artigo 55 do CDADC de 1985 afasta a possibilidade de o direito de autor se adquirir por usucapião, que o artigo 1287 do Código Civil define como a posse do direito de propriedade ou de outros direitos reais de gozo, mantida por certo lapso de tempo, a qual faculta ao possuidor, salvo disposição em contrário, a aquisição do direito a cujo exercício corresponde a sua actuação.

Faz sentido tal preceito, que parte do correcto princípio de que o direito de autor não se traduz num direito real.

Refira-se que, ao longo dos tempos, surgiram múltiplas teorias sobre a natureza do direito de autor (A. Sá e Mello, *O Direito Pessoal de Autor no Ordenamento Jurídico Português*, SPA, 1989, pp. 25-39) não existindo, «porventura, na ciência jurídica, um outro domínio em que as opiniões se encontrem tão divididas e sejam tão diferentes, se é que não insanavelmente opostas.» (L. F. Rebello, *Introdução ao Direito de Autor, Vol. I*, SPA/Publicações D. Quixote, 1994, p. 52).

Assinale-se, a título meramente exemplificativo, que foi preconizada a assimilação da natureza intrínseca do direito de autor à de um direito de crédito, no âmbito do direito das obrigações (A. C. Renouard, *Traité des Droits d'Auteur, dans la Littérature, les Sciences et les Beaux-arts*, 1838-1839), bem como a sua equiparação a um direito de propriedade.

Esta última teoria, que bastante influenciou o pensamento anglo-saxónico, neste campo, encontra a sua origem nos famosos postulados de John Locke, contidos no *Second Treatise of Civil Government* (J. Locke, *Second Treatise of Civil Government*, 1690).

Sustentava, Locke, que a Terra e tudo o que ela continha, pertencia à humanidade, tratando-se de bem comum, e que o conceito de «propriedade» apenas emergia quando o homem retirava algo da natureza e lhe adicionava o seu trabalho – crucial, para se falar em «propriedade», era a adição do trabalho humano a algo que até aí a todos pertencia.

Houve, também, quem reconduzisse o direito de autor a um direito de propriedade sobre coisas incorpóreas, assim como quem configurasse o direito de autor como um direito pessoal, tendo por objecto a obra, obra essa, encarada como parte integrante da personalidade do seu criador.

Assim, Josef Kohler, fundador da teoria dualista, via o direito de autor como um direito de propriedade sobre coisas incorpóreas, o qual subsistia ao lado de um direito individual, sem conteúdo autoral específico (J. Kohler, *Das Literarische und Artistische Kunstwerk und sein Autorschutz: Eine juridisch-ästhetische Studie*, Bensheimer, 1892 e *Urheberrecht an Schriftwerken und Verlagsrecht*, Enke, 1907).

Já a identificação do direito de autor como um direito de personalidade, encontra a sua raiz em Immanuel Kant e no seu ensaio sobre a ilicitude da impressão não autorizada, daqui advindo a noção de que é o acto pessoal de criação que gera o direito de autor (I. Kant, *Von der Unrechtmässigkeit des Büchernachdruckes*, 1785, U.F.I.T.A., 1987, p. 106).

Aluda-se, ainda, à defesa da inserção da relação jurídica entre o autor e o explorador da obra num quadro jurídico laboral (A. Santos, *Ensaio Sobre o Direito de Autor*, Tese de Mestrado, Coimbra, 1954, p. 53).

Vide anotação artigo 9 do CDADC de 1985.

CAPÍTULO VI – Dos direitos morais

Artigo 56º – Definição

1 – Independentemente dos direitos de carácter patrimonial e ainda que os tenha alienado ou onerado, o autor goza durante toda a vida do direito de reivindicar a paternidade da obra e de assegurar a genuinidade e integridade desta, opondo-se à sua destruição, a toda e qualquer mutilação, deformação ou outra modificação da mesma e, de um modo geral, a todo e qualquer acto que a desvirtue e possa afectar a honra e reputação do autor.

2 – Este direito é inalienável, irrenunciável e imprescritível, perpetuando-se, após a morte do autor, nos termos do artigo seguinte.

ANOTAÇÃO

I. O nascimento dos direitos morais monta ao século XIX, salientando-se, em 1814, o facto de um Tribunal francês ter reconhecido que certo autor tinha direito a que o seu manuscrito não fosse alterado, sem a sua autorização, pela editora à qual havia sido submetido (*Billecocq v. Glendaz*, Tri. civ. Seine, 17/08/1814).

A jurisprudência francesa foi-se desenvolvendo neste campo, tendo cunhado a expressão *droit moral* (Z. Radojokovic, «The historical development of moral rights» *Copyright*, 1966, p. 168; S. StrÎmholm, *Le droit moral de l'auteur*, Nordstedt, 1966–73; N. Walravens, «La protection de l'oeuvre d'art et le droit moral de l'artiste», *Revue International du Droit d'Auteur*, 197, 2003, p. 3; E. Adeney, *The Moral Rights of Authors and Performers: an International and Comparative Analysis*, Oxford University Press, 2006; S.

Ricketson e J. C. Ginsburg, *International Copyright and Neighbouring Rights: The Berne Convention and Beyond*, 2ª ed., Oxford University Press, 2006, parágrafos 10.01 *et seq.*)

Em 1928, os direitos morais foram incorporados no artigo 6 bis da Convenção de Berna, em geral, com a anuência dos países pertencentes ao sistema de *droit d'auteuer* e o desagrado daqueles cuja legislação se integrava no sistema de *copyright*. Não obstante, foram outorgados ao autor o direito de reivindicar a paternidade da obra («direito à paternidade») e de se opor a qualquer deformação, mutilação ou outra modificação da obra ou a qualquer outro atentado contra a mesma obra, prejudicial à sua honra ou à sua reputação («direito à integridade»).

A reticência dos países pertencentes ao sistema de *copyright*, nomeadamente dos Estados Unidos, no que toca à consagração dos direitos morais, encontra reflexos no artigo 9 (1) do Acordo TRIPS, o qual impõe aos Estados Contratantes o cumprimento do disposto nos artigos 1 a 21 e no Apêndice da Convenção de Berna, excluindo, no entanto, quaisquer obrigações resultantes daquela Convenção no respeitante aos direitos morais (G. Dworkin, «Moral rights and the *copyright* countries», *Australian Intellectual Property Journal*, 1994, p. 5).

De igual modo decorre do Acordo NAFTA que, embora a Convenção de Berna seja aplicável a todas as Partes Contratantes, o artigo 6 bis da Convenção de Berna, relativo aos direitos morais, não é aplicável nos Estados Unidos (apêndice 1701 (3) do Acordo NAFTA).

Notável é, pois, o facto de o Tratado OMPI sobre Direito de Autor obrigar as Partes Contratantes a cumprir todos os preceitos da Convenção de Berna, incluindo o artigo 6 bis dessa Convenção. Daí resulta que todas as Partes Contratantes do Tratado da OMPI sobre Direito de Autor são obrigadas a reconhecer os direitos à paternidade e à integridade da obra (artigo 1 (4) do Tratado da OMPI sobre Direito de Autor).

Em harmonia com as disposições internacionais acima referidas o artigo 56 (1) do CDADC de 1985, atribui ao autor direitos de natureza pessoal, denominados direitos morais, designadamente o direito de reivindicar a paternidade da obra e o direito de assegurar a sua genuinidade e integridade (artigo 9 (1) e (3) do CDADC de 1985).

Os direitos morais sobrevêm, automaticamente, com o acto de criação da obra, visando assegurar o respeito pela personalidade do autor, tal como expressa na obra.

Tais direitos permitem que o autor controle a utilização da obra independentemente da transmissão dos direitos de teor patrimonial, não podendo ser transmitidos *inter vivos*.

O direito de reivindicar a paternidade da obra encontra reflexos na lei (*vide*, por exemplo, artigos 76 (1), 97, 115 (4), 122 (1), 134 (1), 142, 154, 160 (3) e 161 (1) do CDADC de 1985), bem como o direito à integridade da obra (*vide*, por exemplo, artigos 15, 58, 101 (3) e 113 (1) do CDADC de 1985).

Note-se que os direitos de reivindicar a paternidade da obra e de assegurar a integridade da mesma não são direitos absolutos.

Em casos excepcionais, o nome do autor ser omitido (*vide*, por exemplo artigos 76 (1), 122 (1) e 154 do CDADC de 1985).

E no campo do direito à integridade o autor apenas se pode opor a actos que desvirtuem a obra e que possam afectar a sua honra e a sua reputação, prevendo a lei excepções ao direito à integridade em casos que não acarretam tais consequências derrogatórias para o autor (*vide*, por exemplo, os artigos 59 (2)- (3), 93, 95, 169 (4) e 172 (3) do CDADC de 1985).

II. A tutela dos direitos morais decorre do reconhecimento da natureza eminentemente pessoal da criação do espírito e do vínculo, imperecível, entre criador e obra.

Daí que os direitos morais sejam, de acordo com o artigo 56 (2) do CDADC de 1985, inalienáveis e imprescritíveis, não acompanhando a transmissão ou oneração dos direitos patrimoniais e subsistindo na esfera jurídica do autor mesmo quando haja alienação ou oneração destes últimos (*vide* artigo 42 do CDADC de 1985).

A obra pode, todavia, ser modificada com o consentimento do autor (*vide* anotações aos artigos 45 (2) e 115 (3) do CDADC de 1985). Ou seja, o autor não pode alienar ou renunciar ao direito à integridade da obra, podendo, contudo, determinar, casuisticamente, se certa modificação da obra a desvirtua, afectando a sua honra e reputação.

Como refere Sá e Mello, «ao consentir que terceiro modifique a obra, não transmite o autor o direito de autorizar modificações, nem renuncia ao direito de se opor a quaisquer outras alterações que se pretendam introduzir» (*vide* A. Sá e Mello, *O Direito Pessoal de Autor no Ordenamento Jurídico Português*, SPA, 1989, pp. 124-125).

Segundo o artigo 56 (2) do CDADC de 1985, os direitos à paternidade e à integridade da obra são ainda imprescritíveis e perpétuos. Apuremos, pois, os termos dessas imprescritibilidade e perpetuidade.

No que toca ao direito à paternidade, o autor tem toda a vida o direito de reivindicar a paternidade da obra ou de manter o anonimato e, por sua morte, o exercício deste direito compete aos seus sucessores (artigos 9 (3), 56 (2) e 57 (1) do CDADC de 1985).

Quando a obra cai no domínio público, ou seja, expirado que seja o prazo de protecção dos respectivos direitos patrimoniais, a sua defesa compete ao Estado e é exercida através do Ministério da Cultura (artigo 57 (2) do CDADC de 1985).

Em bom rigor, o artigo 57 (2) do CDADC de 1985 refere-se, apenas, à defesa da genuinidade e integridade das obras caídas no domínio público, não fazendo menção à defesa do direito à paternidade. Terá de entender-se, como afirma Rebello, que esta defesa é extensiva à reivindicação da paternidade (L. F. Rebello, *Código do Direito de Autor e dos Direitos Conexos*, 3ª ed., Âncora, 2002, p. 104). Caso contrário não faria nenhum sentido a referência feita, no artigo 56 (2) do CDADC de 1985, à imprescritibilidade dos direitos à paternidade e à integridade da obra.

Quanto ao direito à integridade, o autor tem, toda a vida, o direito de assegurar a genuinidade e integridade da obra, competindo por sua morte o exercício deste direito aos seus sucessores (artigos 9 (3), 56 (2) e 57 (1) do CDADC de 1985).

Falecido o autor, pode o Ministério da Cultura defender as obras ainda não caídas no domínio público que se encontrem ameaçadas na sua autenticidade ou dignidade cultural, quando os titulares de direitos relevantes, notificados para o exercer, se tiverem abstido sem motivo atendível (artigo 57 (3) do CDADC de 1985).

Expirado que seja o prazo de protecção dos respectivos direitos patrimoniais, a defesa da genuinidade e integridade das obras caídas no domínio público compete ao Estado e é exercida através do Ministério da Cultura (artigo 57 (2) do CDADC de 1985). Essa entidade não exercerá, então, um direito moral, executando, antes, uma acção de foro cultural ditada pelo interesse público.

Registe-se, ainda, que tendo o DL nº 254/94 de 20/10 transposto para a ordem jurídica interna a Directiva sobre os Programas de Computador, instituiu-se, como notou o Tribunal da Relação de Lisboa, um regime que diverge daquela directiva.

O artigo 2 (3) da Directiva sobre os Programas de Computador, no que respeita aos programas criados por um trabalhador por conta de outrem no exercício das suas funções ou por indicação do empregador, atribui ao empregador o exercício exclusivo dos «direitos de natureza económica relativos ao programa assim criado, salvo disposição contratual em contrário».

Já o artigo 3 (3) do DL nº 254/94 de 20/10 afirma «[q]uando um programa de computador for criado por um empregado no exercício das suas funções, ou segundo instruções emanadas do dador de trabalho, ou por encomenda, pertencem ao destinatário do programa os direitos a ele relativos, salvo estipulação em contrário ou se outra coisa resultar das finalidades do contrato».

Ou seja, ao contrário da norma comunitária, o preceito nacional não garante a permanência dos direitos morais na esfera jurídica do criador intelectual. Mas como bem disse o Tribunal da Relação de Lisboa, «face à natureza indisponível do conteúdo pessoal do direito de autor, proclamada nos artigos 42 e 56 do Código e à prevalência da ordem jurídica internacional, os direitos a que se refere o artigo 3 (3) DL 252/94 são, exclusivamente, os patrimoniais, subsistindo no criador a titularidade do direito moral» (Acórdão do Tribunal da Relação de Lisboa, Processo 4335/12.1TBFUN.L1-2, 14-11-2013).

Consagra-se, assim, «o princípio fundamental segundo o qual os direitos de autor são originariamente adquiridos pelo trabalhador-criador, sendo, depois, derivadamente, os direitos de natureza económica, na ausência de disposição contratual em contrário, transmitidos ao empregador» (*vide* Acórdão do Tribunal da Relação de Lisboa, Processo Nº 113/13.9YHLSB-A.L1-6, 01/16/2014 e A. Dias Pereira, *Informática, Direito de Autor e Propriedade Tecnodigital*, Coimbra Editora, 2001, p. 494).

Vide anotações aos artigos 11, 14 e 27 do CDADC de 1985.

Artigo 57º – Exercício

1 – Por morte do autor, enquanto a obra não cair no domínio público, o exercício destes direitos compete aos seus sucessores.

2 – A defesa da genuinidade e integridade das obras caídas no domínio público compete ao Estado e é exercida através do Ministério da Cultura.

3 – Falecido o autor, pode o Ministério da Cultura avocar a si, e assegurá-la pelos meios adequados, a defesa das obras ainda não caídas no domínio público que se encontrem ameaçadas na sua autenticidade ou dignidade cultural, quando os titulares do direito de autor, notificados para o exercer, se tiverem abstido sem motivo atendível.

ANOTAÇÃO

I & III. Falecido o autor, enquanto a obra não cair no domínio público, o exercício dos direitos morais à paternidade e à integridade compete aos seus sucessores, podendo, contudo, o Ministério da Cultura defender as obras ainda não caídas no domínio público que se encontrem ameaçadas na sua autenticidade ou dignidade cultural, quando os titulares de direitos, notificados para os exercerem, se tiverem abstido sem motivo atendível (artigo 57 (1) e (3) do CDADC de 1985).

II. Expirado que seja o prazo de protecção dos respectivos direitos patrimoniais, a defesa da genuinidade e integridade das obras caídas no domínio público compete ao Estado e é exercida através do Ministério da Cultura (artigo 57 (2) do CDADC de 1985).

Em bom rigor, o artigo 57 (2) do CDADC de 1985 refere-se, apenas, à defesa da genuinidade e integridade das obras caídas no domínio público, não fazendo menção à defesa do direito à paternidade.

Terá de entender-se, como afirma Rebello, que esta defesa é extensiva à reivindicação da paternidade (L. F. Rebello, *Código do Direito de Autor e dos Direitos Conexos*, 3ª ed., Âncora, 2002, p. 104). Caso contrário, não faria nenhum sentido a referência feita, no artigo 56 (2) do CDADC de 1985, à imprescritibilidade dos direitos à paternidade e à integridade da obra.

Vide anotação artigo 56 do CDADC de 1985.

Artigo 58º – Reprodução da obra «ne varietur»

Quando o autor tiver revisto toda a sua obra, ou parte dela, e efectuado ou autorizado a respectiva divulgação ou publicação *ne varietur*, não poderá a mesma ser reproduzida pelos seus sucessores ou por terceiros em qualquer das versões anteriores.

ANOTAÇÃO

O artigo 58 do CDADC de 1985 é um reflexo do direito à integridade da obra, vedando a divulgação ou publicação da obra, após a morte do seu autor, em versões anteriores à que este considerou final.

Visa-se assegurar o respeito pela personalidade do autor, tal como expressa na obra, permitindo que ele controle a utilização da mesma mesmo após a sua morte (*vide* artigos 9 (3) e 56 (2) do CDADC de 1985)

Artigo 59º – Modificações da obra

1 – Não são admitidas modificações da obra sem o consentimento do autor, mesmo naqueles casos em que, sem esse consentimento, a utilização da obra seja lícita.

2 – Tratando-se de colectâneas destinadas ao ensino, são permitidas as modificações que a finalidade reclama, sob condição de não se lhes opor o autor nos termos do número seguinte.

3 – Solicitado por carta registada com aviso de recepção o consentimento do autor, dispõe este, para manifestar a sua posição, do prazo de um mês a contar da data do registo.

ANOTAÇÃO

I. O direito à integridade da obra é inalienável e irrenunciável, de tal modo que não são admitidas modificações da obra sem o consentimento do autor, mesmo nos casos em que, sem esse consentimento, a utilização da obra é lícita (artigos 56 (2) e 59 (1) do CDADC de 1985).

II & III. Resulta do artigo 59 (2) e (3) do CDADC de 1985 que na situação específica aí prevista o consentimento do autor pode ser tácito.

Com efeito, o artigo 59 (2) do CDADC de 1985, torna lícita a modificação da obra para inclusão numa colectânea destinada ao ensino, desde que o autor não se oponha a tal, presumivelmente em nome do interesse público ligado à educação.

Por sua vez, o artigo 59 (3) do CDADC de 1985 dá oportunidade ao autor de se opor à modificação da obra, dentro do prazo aí referido, interpretando o seu silêncio como aceitação.

Vide anotação artigo 56 do CDADC de 1985.

Artigo 60º – Modificações do Projectos arquitectónico

1 – O autor de Projectos de arquitectura ou de obra plástica executada por outrem e incorporada em obra de arquitectura tem o direito de fiscalizar a sua construção ou execução em todas as fases e pormenores, de maneira a assegurar a exacta conformidade da obra com o Projectos de que é autor.

2 – Quando edificada segundo Projectos, não pode o dono da obra, durante a construção nem após a conclusão, introduzir nela alterações sem consulta prévia ao autor do Projectos, sob pena de indemnização por perdas e danos.

3 – Não havendo acordo, pode o autor repudiar a paternidade da obra modificada, ficando vedado ao proprietário invocar para o futuro, em proveito próprio, o nome do autor do Projectos inicial.

ANOTAÇÃO

I. O artigo 60 (1) do CDADC de 1985 atribui ao autor de Projectos de arquitectura (ou de obra plástica executada por outrem e incorporada em obra de arquitectura) o direito de fiscalizar a construção da obra de modo a assegurar a exacta conformidade da obra com o Projectos.

II. O artigo 60 (2) do CDADC de 1985 exige a consulta prévia ao autor do Projectos para introdução de alterações, sob pena de indemnização por perdas e danos.

Verificando-se a consulta prévia ao autor do Projectos, este poderá concordar com as alterações na obra sugeridas pelo dono da obra (concluindo, implicitamente, que essas alterações não desvirtuam a obra, nem afectam a sua honra e reputação) ou rejeitar as mesmas.

III. Em caso de rejeição, o autor do Projectos pode repudiar a paternidade da obra modificada, ficando vedado ao proprietário invocar para o futuro, em proveito próprio, o nome do autor do Projectos inicial (artigo 60 (3) do CDADC de 1985).

O autor não renuncia, por este processo, ao direito à paternidade da obra, direito esse inalienável e irrenunciável, somente repudiando a paternidade da obra modificada. Consequentemente, o autor pode sempre, em qualquer altura, reivindicar a sua autoria, na medida da sua contribuição para a obra final (*vide* artigo 56 do CDADC de 1985).

Constata-se aqui um desvio ao princípio contido no artigo 59 do CDADC de 1985, que proíbe a modificação da obra sem o consentimento do autor, pois, neste caso, a rejeição do autor do Projectos não afecta a decisão do dono da obra.

Artigo 61º – Direitos morais no caso de penhora

1 – Se o arrematante do direito de autor sobre obra penhorada e publicada promover a publicação desta, o direito de revisão das provas e correcção da obra e, em geral, os direitos morais não são afectados.

2 – Se, na hipótese prevista no número anterior, o autor retiver as provas sem justificação por prazo superior a 60 dias, a impressão poderá prosseguir sem a sua revisão.

ANOTAÇÃO

I. Os direitos morais permitem que o autor controle a utilização da obra independentemente da transmissão dos direitos de teor patrimonial, procurando assegurar o respeito pela personalidade do autor, tal como expressa na obra.

Nesse sentido, o artigo 61 (1) do CDADC de 1985 esclarece que o autor de obra penhorada mantém o direito de revisão das provas e correcção da obra e, em geral, os respectivos direitos morais.

Vide artigo 94 do CDADC de 1985, no que toca ao direito de revisão das provas e correcção da obra no âmbito do contrato de edição.

II. O artigo 61 (2) do CDADC de 1985 prescinde da revisão do autor caso o prazo aí estipulado seja ultrapassado sem justificação, prazo esse que é, por sinal, mais generoso que o previsto no artigo 94 do CDADC de 1985.

Artigo 62º – Direito de retirada

O autor de obra divulgada ou publicada poderá retirá-la a todo o tempo da circulação e fazer cessar a respectiva utilização, sejam quais forem as modalidades desta, contanto que tenha razões morais atendíveis, mas deverá indemnizar os interessados pelos prejuízos que a retirada lhes causar.

ANOTAÇÃO

O direito de retirada da obra encontra consagração em certos países de *droit d'auteuer*, como Portugal, embora não seja mencionado na Convenção de Berna.

Confere tal direito, ao autor da obra divulgada ou publicada, a faculdade de a retirar a todo o tempo da circulação e de fazer cessar a respectiva utilização, contanto que tenha razões morais atendíveis (artigo 62 do CDADC de 1985).

Este direito acentua o carácter pessoalíssimo da criação intelectual, permitindo que, não obstante a autorização concedida para a disseminação da obra, o autor possa suspender essa autorização uma vez que tenha uma mudança de opinião que deva ser considerada e indemnize os interessados dos prejuízos que assim lhes causar.

Ressalve-se que o autor não incorre em qualquer responsabilidade se, por decisão judicial, for imposta a supressão de algum passo da obra que comprometa ou desvirtue o sentido da mesma, podendo, então, retirá-la e resolver o contrato (artigo 114 do CDADC de 1985).

Após a morte do autor, à primeira vista, a lei parece permitir a transmissão *mortis causa* do direito de retirada e o seu exercício pelos sucessores do autor.

Com efeito, estipula o artigo 9 (3) do CDADC de 1985, que mesmo depois da extinção dos direitos patrimoniais, extinção essa que ocorre, em regra, setenta anos post mortem auctoris (artigo 30 do CDADC de 1985), o autor goza de direitos morais sobre a sua obra.

Na verdade, exigindo o exercício do direito de retirada a presença de «razões morais atendíveis», razões essas que emergem da convicção intelectual do autor, falecido este último, fica inviabilizada a invocação desse direito.

Já não será assim se se verificar uma violação do direito à integridade da obra, resultando, porventura, a retirada da mesma dessa violação – uma vez que, por morte do autor, o exercício do direito à integridade compete aos seus sucessores (artigos 9 (3), 56 (2) e 57 (1) do CDADC de 1985).

CAPÍTULO VII – Do regime internacional

Artigo 63º – Competência da ordem jurídica portuguesa

A ordem jurídica portuguesa é em exclusivo a competente para determinar a protecção a atribuir a uma obra, sem prejuízo das convenções internacionais ratificadas ou aprovadas.

ANOTAÇÃO

O artigo 63 do CDADC de 1985 determina a competência exclusiva da ordem jurídica portuguesa no que toca à protecção autoral, em conformidade com os princípios emanados das convenções internacionais ratificadas ou aprovadas, decorrendo do artigo 8 (2) da Constituição da República Portuguesa que «as normas constantes de convenções internacionais regularmente ratificadas ou aprovadas vigoram na ordem interna após a sua publicação oficial e enquanto vincularem internacionalmente o Estado Português».

Examinemos, pois, no que toca a esta matéria, os artigos 3 e 5 da Convenção de Berna, os quais têm aplicação geral, tanto por via da adesão à Convenção de Berna como por via da adesão ao Acordo TRIPS.

Atente-se no artigo 3 (1) da Convenção de Berna que tutela (i) os autores nacionais de um dos países da União pelas suas obras, publicadas ou inéditas e (ii) os autores que não são nacionais de um dos países da União, pelas obras que publiquem pela primeira vez num desses países ou, simultaneamente, num país estranho à União e num país da União.

Ou seja, a Convenção concede, aos autores, a possibilidade de obterem protecção com base na respectiva nacionalidade (quando o autor é nacional de um país da União) ou no local de publicação (quando esta ocorre pela primeira vez, ou em simultâneo, num país da União).

Segundo o artigo 3 (4) da Convenção de Berna, «[c]onsidera-se como publicada simultaneamente em vários países toda a obra que tenha aparecido em dois ou mais países nos trinta dias subsequentes à sua primeira publicação.»

Acrescenta a Convenção de Berna que, mesmo que as condições previstas no artigo 3 não se encontrem preenchidas, se verifica a tutela dos autores das obras cinematográficas cujo produtor tenha a sua sede ou residência habitual num dos países da União e dos autores de obras de arquitectura edificadas num país da União ou de obras de artes gráficas e plásticas que se integrem num imóvel situado num país da União (artigo 4 da Convenção de Berna).

Mais, os autores que não sejam nacionais de um dos países da União, mas que tenham residência habitual num deles são assimilados aos autores nacionais desse país (artigo 3 (2) da Convenção de Berna).

Assim, um autor que não seja nacional de um país da União de Berna, ou que aí não tenha a sua residência habitual, não tem direito à protecção da Convenção no que toca às obras não publicadas (ao contrário de um autor da União), embora possa reivindicar protecção num país da União quanto às obras publicadas, contanto que demonstre que a sua primeira publicação ocorreu num país da União (ou que a obra foi publicada, simultaneamente, num país estranho à União e num país da União).

Dado o conceito de «obras publicadas» contido no artigo 3 (3) da Convenção de Berna, quando um autor que não seja nacional de um país da União de Berna, ou que aí não tenha a sua residência habitual, exteriorize a sua obra unicamente por meio de execução pública, a obra assim executada (e não publicada) não receberá a protecção da Convenção de Berna.

Com efeito, o artigo 3 (3) da Convenção de Berna define «obras publicadas» como «as obras editadas com o consentimento dos seus autores, qualquer que seja o modo de fabrico dos exemplares, desde que a oferta destes últimos tenha sido tal que satisfaça as necessidades razoáveis do público, tendo em conta a natureza da obra», sendo excluídas «a representação de uma obra dramática, dramático-musical, ou cinematográfica, a execução de uma obra musical, a recitação pública de uma obra literária, a transmissão ou a radiodifusão de obras literárias ou artísticas, a exposição de uma obra de arte e a construção de uma obra de arquitectura.»

A Convenção de Berna estabelece ainda, no seu artigo 5 (4), as seguintes regras no que toca à determinação do «país de origem»:

- Para as obras publicadas pela primeira vez num dos países da União, o país de origem será este último país;
- Para as obras publicadas simultaneamente em vários países da União, admitindo prazos de protecção diferentes, o país de origem será aquele de entre eles cuja legislação conceder um prazo de protecção menos extenso (não indicando a Convenção qual é o país de origem quando os países em causa concedem o mesmo período de protecção);
- Para as obras publicadas simultaneamente num país estranho à União e num país da União, o país de origem será este último país;
- Para as obras não publicadas, o país de origem será o país da União de que o autor é nacional;
- Para as obras publicadas pela primeira vez num país estranho à União, o país de origem será o país da União de que o autor é nacional;
- Para as obras não publicadas e para as obras publicadas pela primeira vez num país estranho à União, tratando-se de obras cinematográficas cujo produtor tenha a sua sede ou residência habitual num país da União, o país de origem será este último país;
- Para as obras não publicadas e para as obras publicadas pela primeira vez num país estranho à União, tratando-se de obras de arquitectura edificadas num país da União ou de obras de artes gráficas e plásticas integradas num imóvel situado num país da União, o país de origem será este último país.

Note-se que a identificação do país de origem de uma obra é relevante, no âmbito da Convenção de Berna, nos seguintes contextos:

- No que toca às obras unicamente protegidas como desenhos e modelos no país de origem, só pode ser reclamada noutro país da União a protecção concedida nesse país aos desenhos e modelos; todavia, se essa protecção não for concedida em tal país, essas obras serão protegidas como obras artísticas (artigo 2 (7) da Convenção de Berna);
- No respeitante aos direitos atribuídos pela Convenção de Berna, os autores gozam, em relação às obras pelas quais são protegidos em virtude da Convenção de Berna, nos países da União que não sejam os países de origem da obra, dos direitos que as leis respectivas concedam actualmente ou venham a conceder posteriormente aos nacionais, bem como dos direitos especialmente concedidos pela presente Convenção (artigo 5 (1) da Convenção de Berna);

- O gozo e o exercício destes direitos são independentes da existência de protecção no país de origem da obra, regulando-se a extensão da protecção, bem como os meios de recurso garantidos ao autor para salvaguardar os seus direitos, exclusivamente pela legislação do país onde a protecção é reclamada (artigo 5 (2) da Convenção de Berna);
- A protecção no país de origem é regulada pela legislação nacional, mas o autor que não é nacional do país de origem da obra tem, nesse país, os mesmos direitos que os autores nacionais (artigo 5 (3) da Convenção de Berna);
- O prazo de protecção é regulado pela lei do país em que a protecção for reclamada, contudo, a menos que a legislação deste país não disponha em contrário, ela não excederá a duração fixada no país de origem da obra (artigo 7 (8) da Convenção de Berna); e
- A Convenção de Berna aplica-se a todas as obras que no momento da sua entrada em vigor não tenham caído no domínio público do seu país de origem por ter expirado o prazo de protecção (artigo 18 (1) da Convenção de Berna).

Artigo 64º – Protecção de obras estrangeiras

As obras de autores estrangeiros ou que tiverem como país de origem um país estrangeiro beneficiam de protecção conferida pela lei portuguesa, sob reserva de reciprocidade, salvo convenção internacional em contrário a que o Estado Português esteja vinculado.

ANOTAÇÃO

O artigo 64 do CDADC de 1985 institui, no que toca à protecção das obras estrangeiras, o princípio do tratamento nacional nos termos dos artigos 3 e 5 da Convenção de Berna. *Vide* anotação artigo 63 do CDADC de 1985.

Note-se que o artigo 37 do CDADC de 1985 invoca o princípio da reciprocidade no que toca ao prazo de protecção das obras estrangeiras.

Artigo 65º – País de origem de obra publicada

1 – A obra publicada tem como país de origem o país da primeira publicação.

2 – Se a obra tiver sido publicada simultaneamente em vários países que concedam duração diversa ao direito de autor, considera-se como país de origem, na falta de tratado ou acordo internacional aplicável, aquele que conceder menor duração de protecção.

3 – Considera-se publicada simultaneamente em vários países a obra publicada em dois ou mais países dentro de 30 dias a contar da primeira publicação, incluindo esta.

ANOTAÇÃO

I, II & III. O artigo 65 do CDADC de 1985 segue o artigo 5 da Convenção de Berna. *Vide* anotação artigo 63 do CDADC de 1985.

Artigo 66º – País de origem de obra não publicada

1 – Relativamente às obras não publicadas, considera-se país de origem aquele a que pertence o autor.

2 – Todavia, quanto às obras de arquitectura e de artes gráficas ou plásticas incorporadas num imóvel, considera-se país de origem aquele em que essas obras forem edificadas ou incorporadas numa construção.

ANOTAÇÃO

I & II. O artigo 66 do CDADC de 1985 segue o artigo 5 da Convenção de Berna. *Vide* anotação artigo 63 do CDADC de 1985.

TÍTULO II – Da utilização da obra

CAPÍTULO I – Disposições gerais

SECÇÃO I – Das modalidades de utilização

Artigo 67º – Fruição e utilização

1 – O autor tem o direito exclusivo de fruir e utilizar a obra, no todo ou em parte, no que se compreendem, nomeadamente, as faculdades de a divulgar, publicar e explorar economicamente por qualquer forma, directa ou indirectamente, nos limites da lei.

2 – A garantia das vantagens patrimoniais resultantes dessa exploração constitui, do ponto de vista económico, o objecto fundamental da protecção legal.

ANOTAÇÃO

I. O artigo 67 (1) do CDADC de 1985 reitera o princípio contido no artigo 9 (2) do mesmo diploma, segundo o qual, no exercício dos direitos patrimoniais, o autor tem o direito exclusivo de utilizar a sua obra, no todo ou em parte, ou de autorizar a sua utilização por terceiro. Ao autor cabe decidir, livremente, como é que a obra deverá ser utilizada, por si e/ou por terceiros.

O artigo 67 (1) do CDADC de 1985 elenca, a título exemplificativo, algumas faculdades patrimoniais, entre as quais o «direito à divulgação da obra», direito esse que consiste na faculdade de autorizar a divulgação ou publicação da obra e de determinar os métodos de disseminação da mesma.

Os conceitos relevantes resultam do artigo 6 do CDADC de 1985, segundo o qual o autor tem o direito patrimonial de autorizar (i) a publicação da obra, ou seja, a sua reprodução, qualquer que seja o modo de fabrico dos respectivos exemplares, desde que efectivamente postos à disposição do público e (ii) a sua divulgação, isto é, a sua apresentação ao público por quaisquer meios, como a representação de obra dramática ou dramático-musical, a execução de obra musical, a recitação de obra literária, a transmissão ou a radiodifusão, a construção de obra de arquitectura ou de obra plástica nela incorporada e a exposição de qualquer obra artística.

Como se vê, este direito patrimonial é bastante abrangente, não compreendendo, apenas, a disseminação de cópias tangíveis da obra.

Em Portugal, o direito à divulgação não é integrado no âmbito dos direitos morais, mas dos direitos patrimoniais (como afirma o artigo 67 (1) do CDADC de 1985), o que não contraria a Convenção de Berna, uma vez que o direito à divulgação da obra encontra consagração como direito moral em certos países de *droit d'auteuer*, como a França, mas não é mencionado no artigo 6 bis dessa Convenção (*vide* artigo L.121-2 do Código francês de 1992).

Após a morte do autor, cabe aos respectivos sucessores decidir sobre a utilização das obras que ainda não tenham sido divulgadas nem publicadas. Se os sucessores não utilizarem a obra dentro de vinte e cinco anos a contar da morte do autor, salvo em caso de impossibilidade ou de demora na divulgação ou publicação por ponderosos motivos de ordem moral, que poderão ser apreciados judicialmente, não podem opor-se à divulgação ou publicação da obra póstuma (artigo 70 do CDADC de 1985).

II. Os direitos patrimoniais consistem no elemento pecuniário do direito de autor, o que os distingue dos direitos morais. Decorre destes direitos que, dentro dos limites estabelecidos pela lei, o autor pode submeter as utilizações públicas da obra ao pagamento de uma remuneração (Organização Mundial da Propriedade Intelectual, *Glossary of Terms of the Law of Copyright and Neighbouring Rights*, OMPI, 1978, p. 95).

Confere-se, assim, ao autor, o direito de auferir uma renumeração sempre que a sua obra seja utilizada por outrem, como recompensa pelo trabalho de criação intelectual. Como tal, a garantia dessa remuneração é, segundo o artigo 67 (2) do CDADC de 1985, o objecto fundamental da protecção legal, sob o ponto de vista económico.

Artigo 68º – Formas de utilização

1 – A exploração e, em geral, a utilização da obra podem fazer-se, segundo a sua espécie e natureza, por qualquer dos modos actualmente conhecidos ou que de futuro o venham a ser.

2 – Assiste ao autor, entre outros, o direito exclusivo de fazer ou autorizar, por si ou pelos seus representantes:

a) A publicação pela imprensa ou por qualquer outro meio de reprodução gráfica;

b) A representação, recitação, execução, exibição ou exposição em público;

c) A reprodução, adaptação, representação, execução, distribuição e exibição cinematográficas;

d) A fixação ou adaptação a qualquer aparelho destinado à reprodução mecânica, eléctrica, electrónica ou química e a execução pública, transmissão ou retransmissão por esses meios;

e) A difusão pela fotografia, telefotografia, televisão, radiofonia ou por qualquer outro processo de reprodução de sinais, sons ou imagens e a comunicação pública por altifalantes ou instrumentos análogos, por fios ou sem fios, nomeadamente por ondas hertzianas, fibras ópticas, cabo ou satélite, quando essa comunicação for feita por outro organismo que não o de origem;

f) Qualquer forma de distribuição do original ou de cópias da obra, tal como venda, aluguer ou comodato;

g) A tradução, adaptação, arranjo, instrumentação ou qualquer outra transformação da obra;

h) Qualquer utilização em obra diferente;

i) A reprodução directa ou indirecta, temporária ou permanente, por quaisquer meios e sob qualquer forma, no todo ou em parte;

j) A colocação à disposição do público, por fio ou sem fio, da obra por forma a torná-la acessível a qualquer pessoa a partir do local e no momento por ela escolhido;

l) A construção de obra de arquitectura segundo o Projectos, quer haja ou não repetições.

3 – Pertence em exclusivo ao titular do direito de autor a faculdade de escolher livremente os processos e as condições de utilização e exploração da obra.

4 – As diversas formas de utilização da obra são independentes umas das outras e a adopção de qualquer delas pelo autor ou pessoa habilitada não prejudica a adopção das restantes pelo autor ou terceiros.

5 – Os actos de disposição lícitos, mediante a primeira venda ou por outro meio de transferência de propriedade, esgotam o direito de distribuição do original ou de cópias, enquanto exemplares tangíveis, de uma obra na União Europeia.

ANOTAÇÃO

I. Tendo o artigo 67 (2) do CDADC de 1985 esclarecido que a garantia das vantagens patrimoniais resultantes da exploração da obra constitui, do ponto de vista económico, o objecto fundamental da protecção legal, o artigo 68 (1) do CDADC de 1985 avança que essa exploração pode ser feita «por qualquer dos modos actualmente conhecidos ou que de futuro o venham a ser». Trata-se de uma fórmula aberta e flexível que permite o ajustamento, *inter alia,* em função da evolução tecnológica.

II. Dispõe o artigo 68 (2) do CDADC de 1985, exemplificativamente, sobre os diversos modos de exploração da obra, estatuindo que assiste ao autor, entre outros, o direito exclusivo de executar (ou autorizar a execução por terceiro) certos actos.

Note-se que a protecção advinda do artigo 68 (2) do CDADC de 1985 é complementada pelos seguintes diplomas:

- Lei 16/89, de 30 de Junho, que procedeu à transposição da Directiva sobre os Programas Semicondutores (direito de dispor da topografia);
- Decreto-Lei 252/94, de 20 de Outubro, alterado pelo Decreto-Lei 334/97, de 27 de Novembro, que procedeu à transposição da Directiva sobre os Programas de Computador (direito de dispor do programa de computador);
- Decreto-Lei 332/97 de 27 de Novembro, alterado pelas Leis 24/2006, de 30 de Junho, e 16/2008, de 1 de Abril, que procedeu à transposição da Directiva sobre o Aluguer e o Comodato (direitos de aluguer e de comodato);
- Decreto-Lei 333/97, de 27 de Novembro, que procedeu à transposição da Directiva sobre a Radiodifusão por Satélite e a Retransmissão por Cabo (direitos de transmissão por satélite e de retransmissão por cabo); e
- Decreto-Lei 122/2000, de 4 de Julho, que procedeu à transposição da Directiva sobre as Bases de Dados (direito de dispor da base de dados).

Registe-se, ainda, que o Capítulo III do CDADC de 1985 regulamenta utilizações muito específicas previstas no artigo 68 (2) do mesmo diploma: edição, representação cénica, recitação e execução, obra cinematográfica, fixação fonográfica e *video*gráfica, radiodifusão, criação de artes plásticas, gráficas e aplicadas, obra fotográfica, tradução e outras transformações e jornais e outras publicações periódicas (*vide* respectivas anotações).

Num plano mais geral, os direitos patrimoniais à reprodução, à distribuição e à comunicação ao público da obra são exemplos fundamentais desses direitos (vertidos no artigo 68 (2) (e), (i), (f) e (j) do CDADC de 1985). Só estes direitos encontram consagração expressa na Directiva sobre a Sociedade da Informação, tecendo-se, em seguida, breves considerações sobres os mesmos.

O direito à reprodução

Segundo a OMPI, a reprodução consiste na execução de uma ou mais cópias de uma obra ou de uma parte substancial da mesma, em qualquer formato, incluindo a gravação sonora ou visual, consistindo a publicação da obra na forma mais vulgar de reprodução e sendo o direito à reprodução um dos mais importantes componentes do direito de autor (Organização Mundial da Propriedade Intelectual, *Glossary of Terms of the Law of Copyright and Neighbouring Rights*, OMPI, 1978, p. 223).

O conceito de «reprodução» anda, pois, associado à noção de cópia, indicando uma multiplicação de exemplares, tangíveis ou intangíveis, de uma obra.

Por exemplo, a reprodução de uma obra literária pode consistir numa cópia do texto dessa obra ou do registo sonoro da mesma e a reprodução de uma obra artística pode traduzir-se numa fotografia da obra em causa ou, tratando-se de uma escultura, numa réplica em três dimensões da mesma.

A nível comunitário, o direito à reprodução tem assento no artigo 2 da Directiva sobre a Sociedade da Informação, cujo vigésimo primeiro considerando exige que os actos abrangidos pelo direito de reprodução sejam entendidos em sentido amplo.

Esta exigência de uma definição ampla dos referidos actos está também presente na redacção do artigo 2 dessa directiva, que emprega expressões como «directas ou indirectas», «temporárias ou permanentes», «por quaisquer meios» e «sob qualquer forma».

Tais termos foram extrapolados para o artigo 68 (2) (i) do CDADC de 1985, o qual concede ao autor o direito de executar (ou de autorizar outrem a executar) a reprodução directa ou indirecta, temporária ou permanente, por quaisquer meios e sob qualquer forma, no todo ou em parte, da sua obra.

Consequentemente, a protecção conferida pelo artigo 2 da Directiva sobre a Sociedade da Informação e, no do CDADC de 1985, pelo artigo 68 (2) (i), deve ter um alcance amplo (*vide*, nesse sentido, *Infopaq International A/S v. Danske Dagblades Forening*, Acórdão do TJUE, Processo C-5/08, 16 de Julho de 2009, 43).

O direito à distribuição

A distribuição corresponde à disponibilização de cópias tangíveis de uma obra, no todo ou em parte, ao público através, sobretudo, dos canais comerciais adequados (Organização Mundial da Propriedade Intelectual, *Glossary of Terms of the Law of Copyright and Neighbouring Rights*, OMPI, 1978, p. 83).

Enquanto o artigo 14 (1) (i) da Convenção de Berna apenas outorga esse direito aos autores de obras cinematográficas, o artigo 6 (1) do Tratado da OMPI sobre Direito de Autor estende-o a todos os autores.

Tal exemplo é seguido pelo artigo 4 (1) da Directiva sobre a Sociedade da Informação, o qual atribui aos autores, em geral, em relação ao original das suas obras ou respectivas cópias, o direito exclusivo de autorizar ou proibir qualquer forma de distribuição, ao público, através da sua venda ou de qualquer outro meio.

Refira-se aqui um processo comunitário que teve na origem um pedido de decisão prejudicial apresentado pelo *Bundesgerichtshof*, no âmbito de um litígio que opôs a *Dimensione Direct Sales srl* à *Michele Labianca à Knoll International Spa*, a propósito de uma alegada violação do direito exclusivo de distribuição da *Knoll* resultante de propostas de venda, feitas pela *Dimensione*, de reproduções de móveis protegidos ao abrigo do direito de autor na Alemanha, através de uma campanha de publicidade direccionada para esse Estado Membro (*Dimensione Direct Sales srl, Michele Labianca v. Knoll International Spa*, Acórdão do TJUE, Processo C-516/13, 13 de Maio de 2015).

No processo *Labianca*, o TJUE, alargou o escopo do conceito de «distribuição», ao afirmar que o artigo 4 (1) da Directiva sobre a Sociedade da Informação permite que o titular do direito à distribuição de certa obra se oponha a uma campanha de publicidade direccionada, respeitante ao original ou a uma cópia dessa obra, mesmo que não se prove que essa publicidade dê lugar a uma venda, desde que a referida publicidade incite os consumidores do Estado Membro no qual a obra em questão é tutelada a proceder à sua aquisição.

O direito à comunicação ao público, incluindo a disponibilização a pedido do utilizador

A interactividade digital é dominada, presentemente, pelo direito de comunicação ao público, no qual se integra a disponibilização de obras a pedido do utilizador.

O conceito tradicional de «comunicação ao público» cifra-se na transmissão de uma obra, para o público em geral, e não apenas para indivíduos pertencentes a núcleos restritos, tomando uma noção mais ampla do que a noção de publicação (Organização Mundial da Propriedade Intelectual, *Glossary of Terms of the Law of Copyright and Neighbouring Rights*, OMPI, 1978, p. 42).

Assim entendida, a comunicação ao público abrange formas de comunicação como a radiodifusão e a televisão por cabo, mas não a disseminação de obras na Internet.

Perante os problemas levantados pelo digital, coube ao artigo 8 do Tratado da OMPI sobre Direito de Autor a adopção, em 1996, de uma definição alargada do conceito de comunicação ao público, que incluísse os serviços interactivos utilizados em momento e local escolhidos pelos membros do público e, por essa via, a disseminação de obras na Internet.

Tal como configurado pelo Tratado da OMPI sobre Direito de Autor, o escopo do direito de comunicação ao público é muito amplo, incluindo a transmissão sem fios, por exemplo, por ondas hertzianas, a transmissão por fios, por exemplo, por fibra óptica e a transmissão por meio de serviços interactivos, utilizados a partir do local e no momento determinados pelos membros do público.

Saliente-se que o acto de disponibilização a pedido do utilizador não tem, necessariamente, que ser realizado na Internet. Essencial é que se trate de uma comunicação interactiva, sendo as obras colocadas à disposição do público e tornando-se acessíveis a partir do local e no momento escolhidos pelos membros do público.

Assim, por exemplo, o acto de disponibilização a pedido do utilizador pode ser executado através de intranets, bastando que os conteúdos em causa possam ser acedidos a partir de mais do que um terminal (J. Reinbothe e S. von Lewinski, *The WIPO Treaties 1996*, Butterworths, 2002, p. 111).

Esta visão alargada do direito à comunicação ao público, foi acolhida pelo artigo 3 da Directiva sobre a Sociedade da Informação, o qual atribui, ao autor, o direito de autorizar ou proibir qualquer comunicação ao público das suas obras, por fio ou sem fio, incluindo a sua colocação à disposição do público por forma a torná-las acessíveis a qualquer pessoa, a partir do local e no momento por ela escolhidos.

Em Portugal, o artigo 68 (2) (e) do CDADC de 1985 concede ao autor, dentro dos moldes tradicionais, o direito de executar (ou de autorizar outrem a executar) a «difusão pela fotografia, telefotografia, televisão, radiofonia ou por qualquer outro processo de reprodução de sinais, sons ou imagens e a comunicação pública por altifalantes ou instrumentos análogos, por fios ou sem fios, nomeadamente por ondas hertzianas, fibras ópticas, cabo ou satélite, quando essa comunicação for feita por outro organismo que não o de origem».

Acrescente-se que, segundo o artigo 149 (3) do CDADC de 1985, se entende por «lugar público» aquele em que o acesso pode ser dado ou negado, implícita ou explicitamente, mediante remuneração ou sem ela, decorrendo do artigo 108 (2) do mesmo diploma que a comunicação da obra, sem fim lucrativo e em privado, num meio familiar, poderá fazer-se independentemente de autorização do autor.

Nesta conexão, esclareceu o Supremo no âmbito de um processo judicial respeitante à transmissão de música ambiente previamente fixada em bobines, nas instalações de um estabelecimento bancário, que a comunicação de uma obra musical é feita em lugar público sempre que não seja realizada em privado, num meio familiar, explicando que um estabelecimento bancário é um lugar público e que a transmissão de música ambiente se encontra dependente de autorização dos respectivos autores (Acórdão do Supremo Tribunal de Justiça, Processo Nº 087833, 05/04/1995).

Coube ao artigo 68 (2) (j) do CDADC de 1985 proceder à implementação do direito à disponibilização a pedido do utilizador, concedendo ao autor o direito de colocar a obra à disposição do público, por fio ou sem fio, por forma a torná-la acessível a qualquer pessoa a partir do local e no momento por ela escolhidos.

Em sede de interpretação, resulta do vigésimo terceiro considerando da Directiva sobre a Sociedade da Informação que o conceito de comunicação ao público deve ser entendido em sentido amplo, entendimento esse que é essencial para cumprir o objectivo principal da referida directiva, que, de acordo com o seu nono considerando, é estabelecer um elevado nível de protecção autoral. Na prática, as fronteiras conceptuais relevantes têm-se se revelado controversas.

Na verdade, nos últimos anos, os tribunais nacionais têm repetidamente solicitado a orientação do TJUE no contexto da delimitação das fronteiras do direito de comunicação ao público, tendo o mesmo elaborado vários critérios para a determinação da ocorrência, ou não, de um ato de comunicação ao público, que a seguir elencaremos.

No que toca ao papel do utilizador, o operador de um estabelecimento hoteleiro e de um café/restaurante efectua um acto de comunicação, na acepção do artigo 3 (1) da Directiva sobre a Sociedade da Informação, ao permitir que os seus clientes tenham acesso a uma emissão radiodifundida, clientes esses que não teriam desfrutado da emissão radiodifundida sem a intervenção deliberada e consciente daquele operador (*vide*, nesse sentido, *Sociedad General de Autores y Editors de Espana (SGAE) v. Rafael Hoteles SA*, Acórdão do TJUE, Processo C-306/05, 7 de Dezembro de 2006, 42 e *Football Association Premier League Ltd, NetMed Hellas SA, Multichoice Hellas SA v. QC Leisure, David Richardson, AV Station plc, Malcolm Chamberlain, Michael Madden, SR Leisure Ltd, Philip George Charles Houghton and Derek Owen e Karen Murphy v. Media Protection*, Acórdão do TJUE, Processos apensos C-403/08 e C-429/08, 4 de Outubro de 2011, 194-195).

No respeitante aos elementos inerentes ao conceito de público, esse conceito, na acepção do artigo 3 (1) da Directiva sobre a Sociedade da Informação, visa um número indeterminado de destinatários potenciais e implica um número de pessoas bastante importante, tendo-se em conta, para determinar este último número, os efeitos cumulativos que resultam da disponibilização das obras aos potenciais destinatários (*vide*, nesse sentido, *Sociedad General de Autores y Editors de Espana (SGAE) v. Rafael Hoteles SA*, Acórdão do TJUE, Processo C-306/05, 7 de Dezembro de 2006, 37-39).

Para que exista comunicação ao público, é suficiente que a obra seja colocada à disposição do público por forma a que as pessoas que o compõem possam ter acesso a ela, independentemente de se verificar ou não o acesso efectivo à obra (*vide*, nesse sentido, *Sociedad General de Autores y Editors de Espana (SGAE) v. Rafael Hoteles SA*, Acórdão do TJUE, Processo C-306/05, 7 de Dezembro de 2006, 43).

É irrelevante saber se os destinatários potenciais acedem a obras comunicadas online, uma vez que tal metodologia não impede que um grande número de pessoas tenha acesso simultaneamente a tais obras (*vide*, nesse sentido, *ITV Broadcasting Ltd, ITV 2 Ltd, ITV Digital Channels Ltd, Channel 4 Television Corporation, 4 Ventures Ltd, Channel 5 Broadcasting Ltd, ITV Studios Ltd v. TVCatchup Ltd*, Acórdão do TJUE, Processo C-607/11, 7 de Março de 2013, 34).

Fundamental para que exista uma comunicação ao público é que a comunicação seja feita a um público diferente do público visado pelo acto de comunicação originário da obra, isto é, a um «público novo». Segundo o TJUE, quando uma transmissão é feita a um público diferente do público visado pelo acto de comunicação originário da obra, ou seja, a um público novo, tal dá lugar à operação do direito exclusivo do autor de a autorizar (*vide*, nesse sentido, *Sociedad General de Autores y Editors de Espana (SGAE) v. Rafael Hoteles SA*, Acórdão do TJUE, Processo C-306/05, 7 de Dezembro de 2006, 40-41).

Não é necessário, todavia, analisar a jusante a questão do público novo, quando se está perante actos executados em condições técnicas específicas, utilizando um modo diferente de transmissão e destinando-se a um público. Tais actos carecem, necessariamente, de autorizações, individuais e separadas, dadas pelos respectivos autores (*vide*, nesse sentido, *ITV Broadcasting Ltd, ITV 2 Ltd, ITV Digital Channels Ltd, Channel 4 Television Corporation, 4 Ventures Ltd, Channel 5 Broadcasting Ltd, ITV Studios Ltd v. TVCatchup Ltd*, Acórdão do TJUE, Processo C-607/11, 7 de Março de 2013, 37-39).

Com efeito, em princípio, cada transmissão ou retransmissão de uma obra que utilize um modo técnico específico deve ser individualmente autorizada pelo autor da obra em causa (*vide*, nesse sentido, *ITV Broadcasting Ltd, ITV 2 Ltd, ITV Digital Channels Ltd, Channel 4 Television Corporation, 4 Ventures Ltd, Channel 5 Broadcasting Ltd, ITV Studios Ltd v. TVCatchup Ltd*, Acórdão do TJUE, Processo C-607/11, 7 de Março de 2013, 24-26).

Neste contexto, a disseminação *online* apenas constitui um mero meio técnico para garantir ou melhorar a recepção da radiodifusão televisiva terrestre em certa zona de cobertura, se se limitar a manter ou a aumentar a qualidade da recepção de uma transmissão já existente, não podendo servir para transmissão diferente (*vide*, nesse sentido, *ITV Broadcasting Ltd, ITV 2 Ltd, ITV Digital Channels Ltd, Channel 4 Television Corporation, 4 Ventures Ltd, Channel 5 Broadcasting Ltd, ITV Studios Ltd v. TVCatchup Ltd*, Acórdão do TJUE, Processo C-607/11, 7 de Março de 2013, 28-29; *Football Association Premier League Ltd, NetMed Hellas SA, Multichoice Hellas SA v QC Leisure, David Richardson, AV Station plc, Malcolm Chamberlain, Michael Madden, SR Leisure Ltd, Philip George Charles Houghton and Derek Owen e Karen Murphy v Media Protection Services Ltd*, Acórdão do TJUE, Processos apensos C-403/08 e C-429/08, 4 de Outubro de 2011, 194; *Airfield NV, Canal Digitaal BV v. Belgische Vereniging van Auteurs, Componisten en Uitgevers CVBA (Sabam) e Airfield NV v. Agicoa Belgium BVBA*, Acórdão do TJUE, Processos apensos C-431/09 e C-432/09, 13 de Outubro de 2011, 74 e 79).

Mas para que exista uma comunicação ao público, a obra deve ser transmitida a um público não presente no local de onde provêm as comunicações na acepção do considerando vigésimo terceiro da Directiva sobre a Sociedade da Informação – sendo certo que esse elemento de contacto físico e directo se encontra ausente no caso da transmissão de obras radiodifundidas através de um ecrã de televisão e de altifalantes aos clientes que se encontrem presentes num *pub* (*vide*, nesse sentido, *Sociedad General de Autores y Editors de Espana (SGAE) v. Rafael Hoteles SA*, Acórdão do TJUE, Processo C-306/05, 7 de Dezembro de 2006, 40).

O carácter lucrativo de uma comunicação ao público não é irrelevante (*vide*, nesse sentido, *Sociedad General de Autores y Editors de Espana (SGAE) v. Rafael Hoteles SA*, Acórdão do TJUE, Processo C-306/05, 7 de Dezembro de 2006, 44; *Football Association Premier League Ltd, NetMed Hellas SA, Multichoice Hellas SA v. QC Leisure, David Richardson, AV Station plc, Malcolm Chamberlain, Michael Madden, SR Leisure Ltd, Philip George Charles Houghton and Derek Owen e Karen Murphy v. Media Protection Services Ltd*, Acórdão do TJUE, Processos apensos C-403/08 e C-429/08, 4 de Outubro de 201, 204-206) mas não se configura como condição indispensável para a determinação da existência de um acto de comunicação ao público (*vide*, nesse sentido, *Sociedad General de Autores y Editors de Espana (SGAE) v. Rafael Hoteles SA*, Acórdão do TJUE, Processo C-306/05, 7 de Dezembro de 2006, 44; *ITV Broadcasting Ltd, ITV 2 Ltd, ITV Digital Channels Ltd, Channel 4 Television Corporation, 4 Ventures Ltd, Channel 5 Broadcasting Ltd, ITV Studios Ltd v. TVCatchup Ltd*, Acórdão do TJUE, Processo C-607/11, 7 de Março de 2013, 41-44).

A existência de uma relação de concorrência entre as entidades que efectuam transmissões paralelas de obras protegidas pelo direito de autor ou retransmissões sucessivas destas, não é relevante para efeitos da qualificação de uma transmissão como sendo uma comunicação ao público, na acepção do artigo 3 (1) da Directiva sobre a Sociedade da Informação (*vide*, nesse sentido, *ITV Broadcasting Ltd, ITV 2 Ltd, ITV Digital Channels Ltd, Channel 4 Television Corporation, 4 Ventures Ltd, Channel 5 Broadcasting Ltd, ITV Studios Ltd v. TVCatchup Ltd*, Acórdão do TJUE, Processo C-607/11, 7 de Março de 2013, 45-47).

O TJUE prosseguiu a árdua tarefa de clarificar o conceito de comunicação ao público, à luz dos objectivos prosseguidos pela Directiva Sociedade da Informação, no processo Ziggo que incidiu sobre a responsabilidade dos prestadores de serviços de partilha de conteúdos em linha (*Stichting Brein v. Ziggo BV, XS4ALL Internet BV*, Acórdão do TJUE, Processo C-610/15, 14 de Junho de 2017). Tendo reiterado os conceitos *supra* referidos, concluiu esse tribunal que o conceito de comunicação ao público na acepção do artigo 3(1) da Directiva Sociedade da Informação abrange a colocação à disposição e a gestão, na Internet, de uma plataforma de partilha que, através da indexação de meta informação relativa a obras protegidas e da disponibilização de um motor de busca, permite aos utilizadores dessa plataforma localizar essas obras e partilhá-las no âmbito de uma rede descentralizada (P2P ou *peer to peer*).

Este processo vem de encontro ao espírito do recentemente aprovado artigo 17 da Directiva Direito de Autor no Mercado Único Digital, que incide, precisamente, sobre a responsabilidade dos prestadores de serviços de partilha de conteúdos em linha em face da utilização de conteúdos protegidos nos respectivos sistemas[19]. Lem-

[19] Artigo 17 da Directiva Direito de Autor no Mercado Único Digital:
1. Os Estados-Membros devem prever que os prestadores de serviços de partilha de conteúdos em linha realizam um acto de comunicação ao público ou de colocação à disponibilização do público para efeitos da presente directiva quando oferecem ao público o acesso a obras ou outro material protegido protegidos por direitos de autor carregados pelos seus utilizadores.
Os prestadores de serviços de partilha de conteúdos em linha devem, por conseguinte, obter uma autorização dos titulares de direitos a que se refere o artigo 3º, nºs 1 e 2, da Directiva 2001/29/CE, por exemplo, através da celebração de um acordo de concessão de licenças, a fim de comunicar ao público ou de colocar à disposição do público obras ou outro material protegido.
2. Os Estados-Membros devem prever que, caso um prestador de serviços de partilha de conteúdos em linha obtenha uma autorização, por exemplo, através da celebração de um acordo de concessão de licenças, essa autorização compreenda também os actos realizados pelos utilizadores dos serviços abrangidos pelo âmbito de aplicação do artigo 3º da Directiva 2001/29/CE se estes não agirem com carácter comercial ou se a sua actividade não gerar receitas significativas.
3. Quando os prestadores de serviços de partilha de conteúdos em linha realizam actos de comunicação ao público ou de colocação à disposição do público nas condições estabelecidas na presente directiva, a limitação da responsabilidade prevista no artigo 14º, nº 1, da Directiva 2000/31/CE não se aplica às situações abrangidas pelo presente artigo
O disposto no primeiro parágrafo do presente número, não prejudica a possível aplicação do artigo 14º, nº 1, da Directiva 2000/31/CE a esses prestadores de serviços para fins não abrangidos pelo âmbito de aplicação da presente directiva.
4. Caso não seja concedida nenhuma autorização, os prestadores de serviços de partilha de conteúdos em linha são responsáveis por actos não autorizados de comunicação ao público, incluindo a colocação à disposição do público, de obras protegidas por direitos de autor e de outro material protegido, salvo se os prestadores de serviços demonstrarem que:
a) Envidaram todos os esforços para obter uma autorização;
b) Efetuaram, de acordo com elevados padrões de diligência profissional do setor, os melhores esforços para assegurar a indisponibilidade de determinadas obras e outro material protegido relativamente às quais os titulares de direitos forneceram aos prestadores de serviços as informações pertinentes e necessárias e, em todo o caso;
c) Agiram com diligência, após recepção de um aviso suficientemente fundamentado pelos titulares dos direitos, no sentido de bloquear o acesso às obras ou outro material protegido objecto de notificação nos seus sítios Internet, ou de os retirar desses sítios e envidaram os melhores esforços para impedir o seu futuro carregamento, nos termos da alínea *b)*.

bremos que o artigo 17 tem por base a questão do «value gap», com base nas seguintes premissas: a possibilidade de aceder e partilhar obras protegidas pelo direito de

5. Para determinar se o prestador de serviço cumpriu as obrigações que lhe incumbem por força do nº 4, e à luz do princípio da proporcionalidade, devem ser tidos em conta, entre outros, os seguintes elementos:
a) O tipo, o público-alvo e a dimensão do serviço e o tipo de obras ou material protegido carregado pelos utilizadores do serviço; e
b) A disponibilidade de meios adequados e eficazes, bem como o respectivo custo para os prestadores de serviços.
6. Os Estados-Membros devem prever que, relativamente a novos prestadores de serviços de partilha de conteúdos em linha cujos serviços tenham sido disponibilizados ao público na União por um período inferior a três anos e cujo volume de negócios anual seja inferior a 10 milhões de EUR, calculado nos termos da Recomendação 2003/361/CE da Comissão (20), as condições por força do regime de responsabilidade previsto no nº 4 se limitem à observância do disposto no nº 4, alínea *a)*, e à actuação com diligência, após a recepção de um aviso suficientemente fundamentado, no sentido de bloquear o acesso às obras ou outro material protegido objecto de notificação ou de remover essas obras ou outro material protegido dos seus sítios Internet.
Caso o número médio mensal de visitantes individuais desses prestadores de serviços seja superior a 5 milhões, calculado com base no ano civil precedente, os referidos prestadores devem igualmente demonstrar que envidaram os melhores esforços para impedir outros carregamentos das obras e outro material protegido objecto de notificação sobre os quais os titulares tenham fornecido as informações pertinentes e necessárias.
7. A cooperação entre os prestadores de serviços de partilha de conteúdos em linha e os titulares de direitos não resulta na indisponibilidade de obras ou outro material protegido carregado por utilizadores que não violem os direitos de autor e direitos conexos, nomeadamente nos casos em que essas obras ou outro material protegido estejam abrangidos por uma excepção ou limitação.
Os Estados-Membros asseguram que os utilizadores em cada Estado-Membro possam invocar qualquer uma das seguintes excepções ou limitações existentes ao carregar e disponibilizar conteúdos gerados por utilizadores em serviços de partilha de conteúdos em linha:
a) Citações, crítica, análise.
b) Utilização para efeitos de caricatura, paródia ou pastiche.
8. A aplicação do presente artigo não implica qualquer obrigação geral de monitorização.
Os Estados-Membros devem prever que os prestadores de serviços de partilha de conteúdos em linha facultem aos titulares de direitos, a pedido destes, informações adequadas sobre o funcionamento das suas práticas no que respeita à cooperação referida no nº 4 e, caso sejam concluídos acordos de concessão de licenças entre prestadores de serviços e titulares de direitos, informações sobre a utilização dos conteúdos abrangidos pelos acordos.

autor através das grandes plataformas da Internet atrai e retém utilizadores dessas plataformas, verificando-se, pois, uma transferência de valor gerado pela presença

9. Os Estados-Membros devem prever que os prestadores de serviços de partilha de conteúdos em linha criem um mecanismo de reclamação e de recurso eficaz e rápido, disponível para os utilizadores dos respectivos serviços em caso de litígio sobre o bloqueio do acesso a obras ou outro material protegido por eles carregado, ou a respectiva remoção. Sempre que solicitem o bloqueio do acesso às suas obras ou outro material protegido específicos ou a remoção dessas obras ou desse material protegido, os titulares de direitos devem justificar devidamente os seus pedidos. As queixas apresentadas ao abrigo do mecanismo previsto no primeiro parágrafo são processadas sem demora injustificada e as decisões de bloqueio do acesso a conteúdos carregados ou de remoção dos mesmos são sujeitas a controlo humano. Os Estados-Membros asseguram também a disponibilidade de mecanismos de resolução extrajudicial de litígios. Esses mecanismos permitem a resolução de litígios de forma imparcial e não privam o utilizador da protecção jurídica conferida pelo direito nacional, sem prejuízo do direito dos utilizadores a recursos judiciais eficazes. Em especial, os Estados-Membros asseguram que os utilizadores tenham acesso a um tribunal ou a outro órgão jurisdicional pertinente para reivindicar a utilização de uma excepção ou limitação no que se refere às regras em matéria de direitos de autor e direitos conexos.

A presente directiva não prejudica de modo algum as utilizações legítimas, como as utilizações abrangidas pelas excepções ou limitações previstas no direito da União, nem conduz a qualquer identificação de utilizadores individuais nem ao tratamento de dados pessoais, excepto nos termos da Directiva 2002/58/CE e do Regulamento (UE) 2016/679.

Os prestadores de serviços de partilha de conteúdos em linha informam os seus utilizadores, nas suas condições gerais, da possibilidade de utilizarem obras e outro material protegido ao abrigo de excepções ou limitações aos direitos de autor e direitos conexos previstas no direito da União.

10. A partir de 6 de junho de 2019, a Comissão, em cooperação com os Estados-Membros, deve organizar diálogos entre as partes interessadas com vista a debater as melhores práticas para a cooperação entre os prestadores de serviços de partilha de conteúdos em linha e os titulares de direitos. A Comissão, em consulta com os prestadores de serviços de partilha de conteúdos em linha, os titulares de direitos, as organizações de utilizadores e outras partes interessadas pertinentes, e tendo em conta os resultados dos diálogos entre as partes interessadas, emite orientações sobre a aplicação do presente artigo, nomeadamente no que diz respeito à cooperação a que se refere o nº 4. Aquando do debate sobre melhores práticas, devem ser tidos em especial consideração, entre outros aspectos, os direitos fundamentais e a utilização de excepções e limitações. Para efeitos desse diálogo entre as partes interessadas, as organizações de utilizadores têm acesso a informações adequadas dos prestadores de serviços de partilha de conteúdos em linha sobre o funcionamento das suas práticas no que diz respeito ao nº 4.

de obras nas grandes plataformas da Internet, sendo justo que os autores e titulares de direitos recebam uma parte do valor gerado por essa utilização das suas obras.

Destaque-se, ainda, uma outra questão que se tem colocado, neste campo, questão essa atinente à legitimidade do fornecimento de hiperligações, perguntando-se se tal atividade é abrangida pelo escopo do direito exclusivo de comunicação ao público nos termos do artigo 3 (1) da Diretiva sobre a Sociedade da Informação.

Tal como articulada, na Directiva sobre a Sociedade da Informação, a violação do direito de comunicação ao público exige a presença cumulativa (i) de um acto de comunicação e (ii) de uma comunicação da obra a um público.

No acórdão *Svensson*, o TJUE clarificou que, em princípio, o fornecimento de uma hiperligação a obra alheia constitui um acto de comunicação ao público, independentemente da existência de acesso efectivo à obra pelo público (*Nils Svensson, Sten Sjögren, Madelaine Sahlman, Pia Gadd v. Retriever Sverige AB,* Acórdão do TJEU, Processo C-466/12, 13 de Fevereiro de 2014, 19).

Acrescentou aquele Tribunal, no despacho *BestWater*, que esta abordagem se aplica igualmente a outros métodos de hiperligação, tal como *framing* (*BestWater International GmbH v. Michael Mebes e Stefan Potsch,* Despacho do TJEU, Processo C-348/13, 21 de Outubro de 2014).

Uma vez estabelecido que a hiperligação pode provocar um acto de comunicação, há que demonstrar, ainda, como referido *supra*, que se verifica um acto de comunicação a um público novo.

No acórdão *Svensson*, o TJUE examinou, pela primeira vez, o conceito de público novo, na sequência de um acto inicial de comunicação ao público da obra sob a forma de disponibilização *online*, sem a utilização de medidas restritivas, pelo respectivo titular de direitos.

Constatou aquele Tribunal que a disponibilização de obras através de uma hiperligação não consubstanciava uma comunicação das mesmas a um público novo, uma vez que o público-alvo da comunicação inicial era constituído por todos os visitantes potenciais ao *website* em causa. Sabendo que o acesso às obras nesse *website* não estava sujeito a nenhuma medida restritiva, qualquer cibernauta podia ter acesso às mesmas livremente. Não se encontrava, pois, preenchido o critério de um público novo.

Concluiu o TJUE não constituir um acto de comunicação ao público o fornecimento, num *website*, de hiperligações para obras livremente disponíveis noutro *website*.

Esta abordagem tem o mérito de ter em conta que as hiperligações formam parte intrínseca da infraestrutura da Internet e de não colocar obstáculos à metodologia prevalente de disseminação de conteúdos *online*. O acórdão *Svensson* levanta, todavia, uma série de questões importantes que permanecem, na sua maior parte, sem resposta (*vide* P. Akester, *Hiperligações: Questões, respostas e mais questões*, in *Estudos de Direito Intelectual em homenagem ao Professor Doutor José de Oliveira Ascensão*, Almedina, 2015, 489).

No processo *GS Media BV*, o TJUE esclareceu algumas dessas questões, tomando como premissa os considerandos terceiro e trigésimo primeiro da Directiva sobre a Sociedade da Informação, ou seja, o imperativo de manter, sobretudo no ambiente digital, um justo equilíbrio entre, por um lado, os interesses dos titulares de direitos e, por outro, os interesses e os direitos fundamentais dos utilizadores, em especial a sua liberdade de expressão e de informação (*GS Media BV v. Sanoma Media Netherlands BV, Playboy Enterprises International Inc., Britt Geertruida Dekker*, Acórdão do TJUE, Processo C-160/15, 8 de Setembro de 2016, 31).

Declarou, aquele Tribunal, que não se pode deduzir do Acórdão *Svensson* nem do Despacho *BestWater* que o fornecimento de hiperligações a obras protegidas que foram livremente disponibilizadas online sem a autorização dos titulares de direito relevantes, está excluída, por princípio, do conceito de comunicação ao público, na acepção do artigo 3 (1) da Directiva sobre a Sociedade da Informação. Simultaneamente, reconheceu que se pode revelar difícil determinar se as obras em causa são protegidas e, sendo caso disso, se os titulares de direitos dessas obras autorizaram a sua disseminação na Internet.

Decidiu, pois, o TJUE, que para determinar se o fornecimento de hiperligações a obras protegidas que se encontram livremente disponíveis online, sem a autorização dos titulares de direitos, constitui uma comunicação ao público, há que ter em conta (i) se essas hiperligações são fornecidas sem fins lucrativos por uma pessoa que não sabe ou que não deve razoavelmente saber que a disseminação dessas obras online constitui um acto ilícito ou (ii) se, pelo contrário, as referidas hiperligações são fornecidas com fins lucrativos, caso em que o referido conhecimento deve ser presumido.

III. O artigo 68 (3) do CDADC de 1985 reitera os princípios contidos nos artigos 9 (2) e 67 (1) do CDADC de 1985. Ao autor cabe decidir, livremente, como é que a obra deverá ser utilizada, por si e/ou por terceiros, incluindo tal decisão a selecção dos processos de utilização da obra e a determinação das condições contratuais dessa utilização (por exemplo, no respeitante ao tempo, lugar e preço).

IV. Os diversos modos de exploração da obra são independentes, podendo subsistir, em paralelo, em relação à mesma obra, vários modos de utilização, pelo autor e/ou terceiros. Por exemplo, o autor de uma obra literária pode autorizar a sua reprodução e publicação por um editor, a sua adaptação para o cinema por um produtor cinematográfico e a sua transmissão sem fios por um organismo de radiodifusão, cabendo-lhe uma remuneração distinta em relação a cada uma dessas utilizações (artigo 68 (4) do CDADC de 1985).

V. O artigo 4 (2) da Directiva sobre a Sociedade da Informação invoca o conceito de «esgotamento de direitos», ou seja, a noção de que a primeira venda (ou outro meio lícito de transferência de propriedade) esgota o direito de distribuição do original ou de cópias, enquanto exemplares tangíveis, para restringir esse direito.

Conceptualmente, o esgotamento de direitos pode revestir natureza nacional, regional ou internacional, esgotando-se, então, o direito de distribuição, quando os actos de disposição lícitos tenham lugar, respectivamente, em determinado país (por exemplo, nos Estados Unidos, de acordo com a chamada *first sale doctrine),* em certa região (como a Comunidade Europeia) ou em qualquer local do mundo.

A Directiva sobre a Sociedade da Informação opta pelo conceito de esgotamento regional ao assentar que o direito de distribuição se esgota, na Comunidade, relativamente ao original ou às cópias de uma obra, quando a primeira venda ou qualquer outra forma de primeira transferência da propriedade desse objecto, na Comunidade, seja realizada pelo titular do direito ou com o seu consentimento.

Em harmonia com os preceitos comunitários *supra* referidos, o artigo 68 (2) (f) do CDADC de 1985 concede ao autor o direito de executar (ou de autorizar outrem a executar) qualquer forma de distribuição do original ou de cópias da obra, tal como a venda, o aluguer ou o comodato, enquanto o artigo 68 (5), do mesmo diploma, dispõe que os actos de disposição lícitos, mediante a primeira venda ou por outro meio de transferência de propriedade, esgotam o direito de distribuição do original ou de cópias, enquanto exemplares tangíveis, de uma obra na Comunidade.

Mencione-se, neste contexto, a questão das importações paralelas, as quais têm lugar quando o original ou as cópias de uma obra são alvo de actos de disposição lícitos, em certo país, sendo depois importados para outro país.

Pergunta-se, então, se o titular de direitos pode, não obstante ter autorizado a disposição dos exemplares no primeiro país, impedir a importação aludida, havendo que concluir que, vigorando na União Europeia o princípio de esgotamento de direitos nos moldes acima expostos, uma vez realizada ou autorizada pelo titular de direitos, a primeira venda ou qualquer outra forma de primeira transferência da propriedade do original ou das cópias de uma obra, na Comunidade, não pode esse titular de direitos impedir importações paralelas no seio da Comunidade, podendo apenas vedar a importação de exemplares licitamente colocados no mercado fora do espaço comunitário (W. Rothnie, *Parallel Imports,* Sweet and Maxwell, 1993).

Saliente-se, ainda, a propósito desta matéria, que se tem entendido que os direitos de comunicação ao público e de disponibilização na Internet a pedido dos utilizadores não se esgotam por qualquer acto de comunicação ao público ou de colocação à disposição do público, em conformidade com o princípio estabelecido no processo *Coditel No.1*, segundo o qual actos de comunicação ao público não esgotam o direito de comunicação ao público (*Coditel SA Compagnie générale pour la diffusion de la television v. Ciné Vog Films (No.1)*, Acórdão do TJUE, Processo 62/79, 18 de Março de 1980).

O princípio de esgotamento de direitos foi recentemente alvo de análise jurisprudencial num processo que teve na origem um pedido de decisão prejudicial apresentado pelo *Bundesgerichtshof*, no âmbito de um litígio que opôs a *UsedSoft* à *Oracle* a propósito da comercialização, pela primeira de licenças de software em segunda mão relativas a programas da *Oracle* e que se centrou na interpretação do artigo 4 (2) da Directiva sobre Programas de Computador (*UsedSoft GmbH v. Oracle International Corp*, Acórdão do TJUE, Processo C-128/11, 3 Julho 2012), tendo-se gerado alguma incerteza neste campo.

No seu acórdão, o TJUE começou por notar que a transferência, pelo titular de direitos, de uma cópia de um programa de computador para um cliente, acompanhada da celebração, entre as partes, de um contrato de licença de utilização, constitui uma primeira comercialização de uma cópia de um programa, na acepção do artigo 4 (2) da Directiva sobre os Programas de Computador.

Com efeito, uma interpretação restrita da expressão «comercialização», na acepção desse artigo 4 (2), comprometeria o seu efeito útil, pois bastaria que se qualificasse um contrato como sendo de licença e não de comercialização para evitar a aplicação do princípio do esgotamento de direitos.

Esclareceu ainda, aquele Tribunal, que o dito artigo 4 (2), referindo-se, sem mais, à comercialização de uma cópia de um programa, não procede a nenhuma distinção em função da forma material ou imaterial da cópia em causa, pelo que o esgotamento do direito de distribuição incide sobre as cópias de programas de computador, tanto tangíveis (tendo um suporte material, como um CD-ROM ou um DVD) como intangíveis (sendo descarregadas através da Internet).

Como tal, o TJUE declarou que o artigo 4 (2) da Directiva sobre os Programas de Computador deve ser interpretado no sentido de que o direito de distribuição se esgota quando o titular de direitos autoriza, ainda que a título gratuito, o descarregamento de uma cópia de um programa de computador através da Internet e atribui, através de uma remuneração correspondente ao valor económico da cópia em causa, um direito perpétuo de utilização da referida cópia.

Não podendo o titular de direitos opor-se à revenda de uma cópia de um programa de computador relativamente à qual o respectivo direito de distribuição se encontra esgotado, nos termos *supra* referidos, o segundo adquirente dessa cópia, bem como qualquer adquirente posterior, constitui um adquirente legítimo da mesma, na acepção do artigo 5 (1) da Directiva sobre os Programas de Computador.

Perguntou-se, então, com alguma hesitação, se as conclusões do TJUE, no processo *UsedSoft,* se aplicariam, em geral, ao meio digital e não apenas aos programas de computador.

Tal questão foi examinada, ainda que indirectamente, pelo TJUE num processo que teve na origem um pedido de decisão prejudicial apresentado pelo *Hoge Raad der Nederlanden,* no âmbito de um litígio que opôs a *Art & Allposters International BV* à *Stichting Pictoright,* a respeito de uma eventual violação, por parte da *Allposters,* de direitos da *Pictoright,* resultante da transferência de imagens de obras protegidas de um poster em papel para uma tela de pintura e da venda dessas imagens nesse novo suporte (*Art & Allposters International BV v. Stichting Pictoright,* Acórdão do TJUE, Processo C-419/13, 22 de Janeiro de 2015).

Realçou, aquele Tribunal, que o legislador da União, ao utilizar as expressões produto tangível e tal objecto, pretendeu conceder aos autores o controlo da primeira colocação no mercado da União de cada objecto tangível que incorpora a sua criação intelectual, conclusão essa corroborada pelo artigo 6 (1) do Tratado OMPI sobre Direito de Autor e pelo Declaração relativa aos artigos 6 e 7 do mesmo Tratado, segundo a qual «as expressões cópias e original e cópias utilizadas nestes artigos para designar o objecto do direito de distribuição e do direito de aluguer neles previstos referem-se exclusivamente a cópias fixadas que possam ser postas em circulação enquanto objectos materiais». Constatou, pois, o mesmo Tribunal, que o esgotamento do direito de distribuição se aplica ao objecto tangível em que uma obra protegida ou a sua cópia está incorporada se este tiver sido colocado no mercado com o consentimento do titular do direito de autor.

Afirmou, consequentemente, o TJUE, que o consentimento do titular do direito de autor não abrange a distribuição de um objecto que incorpora a sua obra se esse objecto tiver sido modificado após a sua primeira comercialização de modo a constituir uma nova reprodução dessa obra. Nesse caso, o direito de distribuição desse objecto só se esgota após a primeira venda ou a primeira transferência da propriedade desse novo objecto com o consentimento do titular desse direito. Declarou, aquele Tribunal, que o artigo 4 (2) da Directiva sobre a Sociedade da Informação deve ser interpretado no sentido de que a regra do esgotamento do direito de distribuição não se aplica numa situação em que uma reprodução de uma obra protegida, após ter sido comercializada na União com o consentimento do titular do direito de autor, sofreu uma substituição do seu suporte, como a transferência sobre uma tela dessa reprodução que consta de um poster em papel, e é novamente colocada no mercado sob a sua nova forma.

Em termos práticos, a decisão no processo *UsedSoft* tem de ser associada à natureza *lex specialis* da Directiva sobre os Programas de Computador e de ser afastada a possibilidade de existência de um princípio geral de esgotamento de direitos no âmbito digital.

Temos, pois, regimes de esgotamento de direitos distintos, por um lado, para o software protegido pela Directiva sobre os Programas de Computador e, por outro, para as obras tuteladas pela Directiva sobre a Sociedade de Informação.

Artigo 69º – Autor incapaz

O criador intelectual incapaz pode exercer os direitos morais desde que tenha para tanto entendimento natural.

ANOTAÇÃO

Decorre do artigo 69 do CDADC de 1985 que a incapacidade, por menoridade, interdição ou inabilitação (regulamentada nos artigos 122 a 156 do Código Civil), veda o exercício dos direitos patrimoniais, mas não dos direitos morais, desde que o criador tenha entendimento natural, ou seja, desde que os actos em causa, executados no campo dos seus direitos pessoais, estejam ao alcance da sua capacidade natural.

Artigo 70º – Obras póstumas

1 – Cabe aos sucessores do autor decidir sobre a utilização das obras deste ainda não divulgadas nem publicadas.

2 – Os sucessores que divulgarem ou publicarem uma obra póstuma terão em relação a ela os mesmos direitos que lhe caberiam se o autor a tivesse divulgado ou publicado em vida.

3 – Se os sucessores não utilizarem a obra dentro de 25 anos a contar da morte do autor, salvo em caso de impossibilidade ou de demora na divulgação ou publicação por ponderosos motivos de ordem moral, que poderão ser apreciados judicialmente, não podem aqueles opor-se à divulgação ou publicação da obra, sem prejuízo dos direitos previstos no número anterior.

ANOTAÇÃO

I. Por morte do autor, o exercício dos direitos patrimoniais bem como de certos direitos morais cabe aos seus sucessores (*vide* anotações aos artigos 40, 56, 57 e 62 do CDADC de 1985).

Por isso postula o artigo 70 (1) do CDADC de 1985, que cabe aos sucessores do autor decidir sobre a utilização das obras que ainda não tenham sido divulgadas nem publicadas.

II. Acrescenta o artigo 70 (2) do CDADC de 1985, que se a obra inédita for divulgada ou publicada pelos sucessores do autor, os sucessores têm, em relação a essa obra póstuma, os mesmos direitos que lhes caberiam se o autor a tivesse divulgado ou publicado em vida, de acordo com o prazo de setenta anos *post mortem auctoris* (artigo 31 do CDADC de 1985).

III. Em nome do interesse público no acesso à obra, o artigo 70 (3) do CDADC de 1985 estabelece uma licença obrigatória para o caso de os sucessores não utilizarem a obra dentro de vinte cinco anos a contar da morte do autor. Não podem, então, opor-se à divulgação ou publicação da obra, salvo em caso de impossibilidade ou de demora na divulgação ou publicação por ponderosos motivos de ordem moral, que poderão ser apreciados judicialmente.

Artigo 71º – Faculdade legal de tradução

A faculdade legal de utilização de uma obra sem prévio consentimento do autor implica a faculdade de a traduzir ou transformar por qualquer modo, na medida necessária para essa utilização.

ANOTAÇÃO

Os artigos 3 (2), 68 (2) (g) e 169 (1) do CDADC de 1985 atribuem ao autor a faculdade de traduzir a obra ou de autorizar outrem a fazê-lo.

O artigo 71 do CDADC de 1985 afasta esse poder sempre que a lei permite a utilização da obra sem o consentimento do autor. Tal sucede quando expirado o prazo de protecção a obra cai no domínio público (artigo 38 do CDADC de 1985), bem como quando o uso é livre em função da presença de uma excepção ou limitação ao direito de autor (artigo 75 do CDADC de 1985).

O artigo 71 do CDADC de 1985 não obsta ao pagamento de remuneração equitativa pela utilização aí referida quando o uso livre invocado para justificar a sua licitude o exija (nos termos de artigo 76 do CDADC de 1985).

SECÇÃO II – Da gestão do direito de autor

Artigo 72º – Poderes de gestão

Os poderes relativos à gestão do direito de autor podem ser exercidos pelo seu titular ou por intermédio de representante deste devidamente habilitado.

ANOTAÇÃO

O direito de autor pode ser gerido pelo próprio autor ou por representante, designadamente através de associações e organismos de gestão colectiva.

Nos séculos XVIII e XIX surgiram precisamente associações e organismos que tinham por missão representar os autores e defender os seus interesses, nomeadamente perante entidades governamentais, tendo a primeira dessas entidades sido a *Societé des Auteurs et Compositeurs Dramatiques*, criada por Beaumarchais, em 1777 (M. Freegard, «Collective administration of rights» in *International Copyright and Neighbouring Rights*, 2ª ed., Butterworths, 1989; M. Ficsor, *Collective management of copyright and related rights*, WIPO, 2002; A. Dietz, «Legal regulation of collective management of copyright (collecting societies law) in Western and Eastern Europe», *Journal of the Copyright Society*, 49, 2002, p. 897; D. Gervais (coordenador), *Collective Management of Copyright and Related Rights*, Kluwer, 2006; H. Rosenblatt, «Copyright arrangements: rights and wrongs. The collecting societies' perspective», *Intellectual Property Quarterly*, 2000, p. 187).

Com o tempo, reconheceu-se que seria útil expandir o escopo de actuação dessas associações e organismos de modo a que gerissem o direito de autor respeitante às obras dos seus sócios ou aderentes, tendo surgido, por exemplo, em 1851, a *Societé des Auteurs, Compositeurs et Editors de Musique* (SACEM), em 1882 a *Società Italiana degli Autori ed Editori* (SIAE), em 1903 a *Gesellschaft für Musikalische Aufführungs und Mechanische Vervielfältigungsrechte* (GEMA) e em 1914 a *Performing Right Society* (PRS) e a *American Society of Composers, Authors and Publishers* (ASCAP).

Cronologicamente, seguiu-se a realização de acordos bilaterais entre sociedades de gestão pertencentes a países diversos, de modo a permitir, quando necessário fosse, a representação recíproca de repertórios. Para tal contribuiu a criação, em 1926, da *Confédération Internationale des Sociétés des Auteurs et Compositeurs* (CISAC), com sede em Paris.

Nos anos trinta foi fundado, também em Paris, o *Bureau Internationale de l'Edition Mécanique* (BIEM), agregando sociedades de gestão colectiva congéneres, com o objectivo de facilitar a execução e a distribuição de fonogramas feitos a partir de obras pertencentes aos respectivos sócios ou aderentes, com base em cláusulas contratuais pré-determinadas.

A adopção da Convenção de Roma, em 1961, impulsionou a criação de entidades de gestão colectiva no âmbito dos direitos conexos, entidades essas incumbidas de colectarem, em prol dos produtores de fonogramas e dos artistas intérpretes ou executantes, a remuneração decorrente da radiodifusão e da execução pública de fonogramas.

Nos anos setenta, o aparecimento de novas tecnologias de reprodução das obras levou à emergência de novas entidades de gestão colectiva, tendo sido criada, *inter alia*, no contexto da reprografia, a *International Federation of Reprographic Reproduction Organizations* (IFRRO).

Hoje, pelo mundo fora, a gestão do direito de autor tende a ser executada por sociedades de gestão colectiva, as quais têm os recursos e a experiência requeridos para defender, de forma eficaz, os interesses dos autores e dos titulares de direitos conexos.

Em certos países, as sociedades de gestão colectiva representam a maior parte ou mesmo todos os direitos dos seus sócios ou aderentes, assistindo-se, noutros países, a uma divisão de tarefas entre diferentes sociedades de gestão colectiva – podendo por exemplo uma sociedade gerir os direitos de radiodifusão e de execução pública e uma outra sociedade cumprir tal tarefa em relação aos direitos de reprodução mecânica (gravação sonora).

A autorização para utilização das obras pode abranger todo o repertório da sociedade (*blanket licences*) ou pode limitar-se a usos específicos (*ad hoc licences*).

As tarifas exercidas pelas sociedades de gestão colectiva tendem a considerar o porte do usuário, não se cobrando, por exemplo, a um café ou restaurante o que se cobra a um organismo de radiodifusão.

Cobrados os montantes devidos, incluindo proventos oriundos do estrangeiro na sequência de relações contratuais recíprocas entre sociedades congéneres, as sociedades de gestão colectiva procedem à sua distribuição pelos respectivos sócios ou aderentes, com base em informação provinda dos usuários ou em técnicas de *sampling*.

Saliente-se que tais sociedades desempenham um papel fundamental em sede de defesa dos interesses legítimos dos respectivos sócios ou aderentes junto de entidades governamentais e da sociedade civil.

Artigo 73º – Representantes do autor

1 – As associações e organismos nacionais ou estrangeiros constituídos para gestão do direito de autor desempenham essa função como representantes dos respectivos titulares, resultando a representação da simples qualidade de sócio ou aderente ou da inscrição como beneficiário dos respectivos serviços.

2 – As associações ou organismos referidos no nº 1 têm capacidade judiciária para intervir civil e criminalmente em defesa dos interesses e direitos legítimos dos seus representados em matéria de direito de autor, sem prejuízo da intervenção de mandatário expressamente constituído pelos interessados.

ANOTAÇÃO

I. Decorre do artigo 73 (1) do CDADC de 1985, que a simples qualidade de sócio ou aderente ou a inscrição como beneficiário dos serviços de uma sociedade de gestão colectiva confere, a essa sociedade, legitimidade para autorizar a utilização das obras dos sócios, aderentes ou beneficiários, fixar as condições dessa utilização e cobrar os direitos correspondentes.

Destaque-se, aqui, a recente emanação, a nível comunitário, da Directiva sobre a Gestão Colectiva, que foi concebida para aperfeiçoar as normas de governo e de transparência das entidades de gestão colectiva, de modo a conferir aos titulares de direitos um controlo mais eficaz sobre essas sociedades e a facilitar a concessão de licenças multiterritoriais no respeitantes a obras musicais para a prestação de serviços em linha (Proposta de directiva relativa à gestão colectiva do direito de autor e dos direitos conexos e ao licenciamento multiterritorial de direitos sobre obras musicais para utilização em linha no mercado interno, COM(2012) 372, 1.1 Justificação e objectivos da proposta).

A Directiva sobre a Gestão Colectiva emergiu, em 2014, aplicando-se à gestão do direito de autor por sociedades de gestão colectiva, assim como ao licenciamento multiterritorial de direitos em linha sobre obras musicais por sociedades de gestão colectiva.

Em Portugal, a Lei 26/2015, de 14 de Abril, procedeu à transposição da directiva comunitária para o ordenamento jurídico nacional, regulando as entidades de gestão colectiva do direito de autor e dos direitos conexos, incluindo quanto ao estabelecimento em território nacional e à livre prestação de serviços das entidades previamente estabelecidas noutro Estado Membro da União Europeia ou do Espaço Económico Europeu (artigo 1 da Lei 26/2015, de 14 de Abril).

Nessa conformidade, a Lei 26/2015, de 14 de Abril estabelece, *inter alia*, regras quanto (i) ao estabelecimento e exercício de actividade das entidades de gestão colectiva, (ii) à organização e funcionamento das entidades de gestão colectiva constituídas em Portugal, (iii) às relações entre entidades de gestão colectiva, titulares de direitos e utilizadores, (iv) à fixação de tarifários, (v) à tutela inspectiva e fiscalização e (vi) às sanções.

II. O artigo 73 (2) do CDADC de 1985 reconhece, às entidades de gestão colectiva, capacidade judiciária para intervir civil e criminalmente em defesa dos seus autores, sem prejuízo da intervenção de mandatário expressamente constituído pelos interessados.

Afirmou, a este propósito, o Tribunal da Relação de Lisboa, que a «questão da legitimidade das associações constituídas para gestão do direito de autor e direitos conexos para intervirem em processos penais, quando estão em causa crimes que atentem contra aqueles direitos, vem sendo, desde há muito, discutida na jurisprudência, podendo dizer-se que, apesar de serem conhecidas algumas decisões em sentido contrário, há actualmente unanimidade nos tribunais superiores quanto a tal questão, reconhecendo-se às associações ou organismos nacionais ou estrangeiros, constituídos para gestão dos direitos de autor, aquela legitimidade, podendo mesmo constituir-se assistentes nos processos em que está em causa a violação daqueles direitos (...) Embora o Código do Direito de Autor e dos Direitos Conexos não refira expressamente que a recorrente se possa constituir assistente nos processos penais em que pretende defender os interesses e os direitos dos autores por ela representados (...), a verdade é que a SPA, tendo capacidade judiciária para intervir criminalmente em defesa dos interesses e direitos legítimos dos seus representados em matéria de direito de autor, só poderá realizar cabalmente tal função (...) exercendo os poderes que o CPP atribui aos assistentes (...) se se puder constituir com tal» (Acórdão do Tribunal da Relação de Lisboa, Processo Nº 72/2007-5, 05/15/2007).

Hoje, um importante desafio, decorre, neste campo, das chamadas *Licenças Creative Commons*. O conceito *Creative Commons* foi criado nos Estados Unidos em 2001, por Lawrence Lessig, com o objectivo de estabelecer um sistema de licenciamento que permitisse que os autores optassem por disponibilizar as suas obras ao público gratuitamente, impondo apenas o cumprimento de algumas restrições no que toca à utilização das mesmas (U. Suthersanen «Creative Commons. The other way?» *Learned Publishing*, 20, 2007, p. 59).

Segundo o respectivo *website*, as *Licenças Creative Commons* «situam-se entre o direito de autor (todos os direitos reservados) e o domínio público (nenhum direito reservado). Têm âmbito mundial, são perpétuas e gratuitas. Através das *Licenças Creative Commons*, o autor de uma obra define as condições sob as quais essa obra é partilhada, de forma proactiva e construtiva, com terceiros, sendo que todas as licenças requerem que seja dado crédito ao autor da obra, da forma por ele especificada» (www.creativecommons.pt).

Não se duvida que o sistema *Creative Commons* facilita o uso livre e legítimo de obras tuteladas pelo direito de autor, compatibilizando-se, pois, com as necessidades dos utilizadores finais, postuladas que são pela imprescindibilidade do acesso fácil e rápido (gratuito, se possível) à informação, à cultura e ao conhecimento, no ciberespaço.

Todavia, a entidade que foi criada em Massachusetts para gerir o referido sistema de licenciamento não tem capacidade judiciária para intervir, civil e criminalmente, em prol dos autores que optam por conceder *Licenças Creative Commons*, pelo que, verificando-se o incumprimento de uma dessas licenças, os autores não podem contar com essa entidade para a defesa dos seus interesses e direitos legítimos em juízo.

Frise-se, ainda, que os autores que sejam sócios ou aderentes de uma sociedade de gestão colectiva não podem conceder *Licenças Creative Commons* sem o acordo da sociedade de gestão colectiva em causa.

Registe-se, por último, que as *Licenças Creative Commons* não são revogáveis, pelo que se um autor se arrepender de a ter concedido nada pode fazer a esse respeito.

Artigo 74º – Registo de representação

1 – O exercício de representação a que se refere o artigo anterior, expressamente conferido ou resultante das qualidades nele mencionadas, depende de registo na Inspecção-Geral das Actividades Culturais.

2 – A inscrição no registo faz-se mediante requerimento do representante, acompanhado de documento comprovativo da representação, podendo ser exigida tradução, se estiver redigido em língua estrangeira.

3 – As taxas devidas pelos registos a que este artigo se refere e respectivos certificados são as que constam da tabela anexa a este Código e que dele faz parte integrante.

ANOTAÇÃO

I. O artigo 74 (1) do CDADC de 1985 sujeita, a registo, o mandato em sede de gestão do direito de autor. Tal exigência é reiterada pelo artigo 215 (1) (e) do mesmo diploma.

II & III. O artigo 74 (2) do CDADC de 1985 indica qual a documentação necessária para a inscrição no registo e o artigo 74 (3) do CDADC de 1985 do mesmo diploma remete para a tabela anexa ao Código.

Vide artigos 11, 12 e 15 da Lei 26/2015, de 14 de Abril.

CAPÍTULO II – Da utilização livre e permitida

SECÇÃO I – Da utilização livre

Artigo 75º – Âmbito

1 – São excluídos do direito de reprodução os actos de reprodução temporária que sejam transitórios, episódicos ou acessórios, que constituam parte integrante e essencial de um processo tecnológico e cujo único objectivo seja permitir uma transmissão numa rede entre terceiros por parte de um intermediário, ou uma utilização legítima de uma obra protegida e que não tenham, em si, significado económico, incluindo, na medida em que cumpram as condições expostas, os actos que possibilitam a navegação em redes e a armazenagem temporária, bem como os que permitem o funcionamento eficaz dos sistemas de transmissão, desde que o intermediário não altere o conteúdo da transmissão e não interfira com a legítima utilização da tecnologia conforme os bons usos reconhecidos pelo mercado, para obter dados sobre a utilização da informação, e em geral os processos meramente tecnológicos de transmissão.

2 – São lícitas, sem o consentimento do autor, as seguintes utilizações da obra:

a) A reprodução de obra, para fins exclusivamente privados, em papel ou suporte similar, realizada através de qualquer tipo de técnica fotográfica ou processo com resultados semelhantes, com excepção das partituras, bem como a reprodução em qualquer meio realizada por pessoa singular para uso privado e sem fins comerciais directos ou indirectos;

b) A reprodução e a colocação à disposição do público, pelos meios de comunicação social, para fins de informação, de discursos, alocuções e conferências pronunciadas em público que não entrem nas categorias previstas no artigo 7º, por extracto ou em forma de resumo;

c) A selecção regular de artigos de imprensa periódica, sob forma de revista de imprensa;

d) A fixação, reprodução e comunicação pública, por quaisquer meios, de fragmentos de obras literárias ou artísticas, quando a sua inclusão em relatos de acontecimentos de actualidade for justificada pelo fim de informação prosseguido;

e) A reprodução, no todo ou em parte, de uma obra que tenha sido previamente tornada acessível ao público, desde que tal reprodução seja realizada por uma biblioteca pública, um arquivo público, um museu público, um centro de documentação não comercial ou uma instituição científica ou de ensino, e que essa reprodução e o respectivo número de exemplares se não destinem ao público, se limitem às necessidades das actividades próprias dessas instituições e não tenham por objectivo a obtenção de uma vantagem económica ou comercial, directa ou indirecta, incluindo os actos de reprodução necessários à preservação e arquivo de quaisquer obras;

f) A reprodução, distribuição e disponibilização pública para fins de ensino e educação, de partes de uma obra publicada, contando que se destinem exclusivamente aos objectivos do ensino nesses estabelecimentos e não tenham por objectivo a obtenção de uma vantagem económica ou comercial, directa ou indirecta;

g) A inserção de citações ou resumos de obras alheias, quaisquer que sejam o seu género e natureza, em apoio das próprias doutrinas ou com fins de crítica, discussão ou ensino, e na medida justificada pelo objectivo a atingir;

h) A inclusão de peças curtas ou fragmentos de obras alheias em obras próprias destinadas ao ensino;

i) A reprodução, a comunicação pública e a colocação à disposição do público a favor de pessoas com deficiência de obra que esteja directamente relacionada e na medida estritamente exigida por essas específicas deficiências e desde que não tenham, directa ou indirectamente, fins lucrativos, sem prejuízo do disposto nos artigos 82º-A, 82º-B e 82º-C;

j) A execução e comunicação públicas de hinos ou de cantos patrióticos oficialmente adoptados e de obras de carácter exclusivamente religioso durante os actos de culto ou as práticas religiosas;

l) A utilização de obra para efeitos de publicidade relacionada com a exibição pública ou venda de obras artísticas, na medida em que tal seja necessário para promover o acontecimento, com exclusão de qualquer outra utilização comercial;

m) A reprodução, comunicação ao público ou colocação à disposição do público, de artigos de actualidade, de discussão económica, política ou religiosa, de obras radiodifundidas ou de outros materiais da mesma natureza, se não tiver sido expressamente reservada;

n) A utilização de obra para efeitos de segurança pública ou para assegurar o bom desenrolar ou o relato de processos administrativos, parlamentares ou judiciais;

o) A comunicação ou colocação à disposição de público, para efeitos de investigação ou estudos pessoais, a membros individuais do público por terminais destinados para o efeito nas instalações de bibliotecas, museus, arquivos públicos e escolas, de obras protegidas não sujeitas a condições de compra ou licenciamento, e que integrem as suas colecções ou acervos de bens;

p) A reprodução de obra, efectuada por instituições sociais sem fins lucrativos, tais como hospitais e prisões, quando a mesma seja transmitida por radiodifusão;

q) A utilização de obras, como, por exemplo, obras de arquitectura ou escultura, feitas para serem mantidas permanentemente em locais públicos;

r) A inclusão episódica de uma obra ou outro material protegido noutro material;

s) A utilização de obra relacionada com a demonstração ou reparação de equipamentos;

t) A utilização de uma obra artística sob a forma de um edifício, de um desenho ou planta de um edifício para efeitos da sua reconstrução ou reparação.

u) A reprodução e a colocação à disposição do público de obras órfãs, para fins de digitalização, indexação, catalogação, preservação ou restauro e ainda os actos funcionalmente conexos com as referidas faculdades, por parte de bibliotecas, estabelecimentos de ensino, museus, arquivos, instituições responsáveis pelo património cinematográfico ou sonoro e organismos de radiodifusão de serviço público, no âmbito dos seus objectivos de interesse público, nomeadamente o direito de acesso à informação, à educação e à cultura, incluindo a fruição de bens intelectuais.

3 – É também lícita a distribuição dos exemplares licitamente reproduzidos, na medida justificada pelo objectivo do acto de reprodução.

4 – Os modos de exercício das utilizações previstas nos números anteriores não devem atingir a exploração normal da obra, nem causar prejuízo injustificado dos interesses legítimos do autor.

5 – É nula toda e qualquer cláusula contratual que vise eliminar ou impedir o exercício normal pelos beneficiários das utilizações enunciadas nos números 1, 2 e 3 deste artigo, sem prejuízo da possibilidade de as partes acordarem livremente nas respectivas formas de exercício, designadamente no respeitante aos montantes das remunerações equitativas.

ANOTAÇÃO

I. A outorga do direito de autor é acompanhada de excepções e limitações a esse direito, as quais consistem em preceitos integrados, nas leis de direito de autor, que restringem o direito de explorar a obra.

Tais restrições têm como premissa o papel fundamental das obras literárias e artísticas no plano do estudo, da instrução e do saber.

É dessa função de foro cultural e social, desempenhada pelas obras literárias e artísticas, que deriva a colocação de restrições aos direitos exclusivos dos autores, com vista a facilitar o acesso à educação, à cultura e ao conhecimento.

As utilizações livres e as licenças de natureza compulsória configuram-se como as restrições mais significativas.

As utilizações livres das obras, nos termos estabelecidos pela lei, são, em regra, gratuitas, embora possam estar sujeitas a uma remuneração equitativa, enquanto das licenças compulsórias advém, por norma, para o autor, o direito de obter essa remuneração equitativa que é fixada, na falta de acordo entre as partes, pela autoridade competente (Organização Mundial da Propriedade Intelectual, *Glossary of Terms of the Law of Copyright and Neighbouring Rights*, OMPI, 1978, p. 144).

Grosso modo, existem três categorias de excepções e limitações: (i) as que salvaguardam, fundamentalmente, os direitos do indivíduo (autorizando, por exemplo, a reprodução para uso privado e não comercial), (ii) as que tutelam interesses de cariz comercial (tolerando, por exemplo, a descompilação de programas de computador para efeitos de interoperabilidade) e (iii) as que se destinam a promover a disseminação da informação e do conhecimento para o bem comum (permitindo, por exemplo, que certas entidades, como bibliotecas, arquivos, museus e estabelecimentos de ensino executem certos actos).

A nível internacional, a Convenção de Berna estabelece excepções atinentes a discursos políticos e discursos pronunciados em debates judiciários, a conferências, alocuções e outras obras da mesma natureza pronunciadas em público, à reprodução para fins privados, a citações, à ilustração do ensino, a artigos de actualidade e obras radiodifundidas que tenham a mesma natureza, a obras vistas ou ouvidas no decurso dos relatos de acontecimentos da actualidade e a gravações efémeras efectuadas por organismos de radiodifusão (artigos 2 bis (1)- (2), 9 (2), 10, 10 bis e 11 bis (3) da Convenção de Berna). A Convenção de Berna prevê, ainda, limitações nos campos da radiodifusão e da transmissão por cabo e da gravação de obras musicais (artigos 11 bis (2) e 13 (1) da Convenção de Berna).

O quadro nacional relativo às excepções e limitações foi alvo de extensa revisão aquando da implementação da Directiva sobre a Sociedade da Informação no ordenamento jurídico nacional, operada através da Lei 50/2004, de 24 de Agosto.

Nessa sequência, o artigo 75 (1) do CDADC de 1985 implementa o artigo 5 (1) da Directiva da Sociedade da Informação, excluindo do escopo do direito de reprodução os actos de reprodução temporária (i) que sejam transitórios ou acessórios, (ii) que constituam parte integrante e essencial de um processo tecnológico, (iii) cujo único objectivo seja permitir uma transmissão numa rede entre terceiros por parte de um intermediário ou uma utilização legítima de uma obra protegida e (iv) que não tenham, em si, significado económico.

O preceito português vai para além da única excepção imperativa daquela directiva, ao incluir, na medida em que cumpram as condições expostas, os actos que possibilitam a navegação em redes e a armazenagem temporária, assim como os que permitem o funcionamento eficaz dos sistemas de transmissão, contanto que o intermediário não altere o conteúdo da transmissão e não interfira com a legítima utilização da tecnologia, conforme os bons usos reconhecidos pelo mercado, para obter dados sobre a utilização da informação e, em geral, os processos meramente tecnológicos de transmissão.

Operou-se assim, curiosamente, uma segunda implementação do artigo 13 da Directiva sobre o Comércio Electrónico – vertido para o ordenamento jurídico nacional pelo Decreto-Lei 7/2004, de 7 de Janeiro.

Conforme salientado pela AFP e pela AUDIOGEST, o artigo 75 (1) do CDADC de 1985 encontra-se redigido como uma exclusão ao direito de reprodução e não como uma excepção ao mesmo, metodologia essa que poderá influenciar a interpretação desse preceito e, dessa forma, acarretar repercussões práticas (AFP e AUDIOGEST, «Posição da Associação Fonográfica Portuguesa (AFP) e da Associação para a Gestão e Distribuição de Direitos (AUDIOGEST) sobre a Proposta de Lei 108/IX que transpõe para a ordem jurídica portuguesa a Directiva 2001/29/CE», 22 de Maio de 2001).

O TJUE teve oportunidade de se debruçar sobre este tema num processo que teve na origem um pedido de decisão prejudicial apresentado pelo *Supreme Court of the United Kingdom*, no âmbito de um litígio que opôs a *Public Relations Consultants Association Ltd* à *Newspaper Licensing Agency Ltd e o.*, a propósito da obrigação de obter autorização dos titulares de direitos para a consulta de websites que impliquem a execução de cópias dos mesmos no ecrã e na memória de armazenamento temporário do disco rígido do computador do utilizador (*Public Relations Consultants Association Ltd v. Newspaper Licensing Agency Ltd e o.*, Acórdão do TJUE, Processo C-360/13, de 5 de Junho de 2014).

Começou aquele Tribunal por salientar que, por um lado, o artigo 5 (1) da Directiva sobre a Sociedade da Informação deve ser objecto de uma interpretação restritiva, uma vez que constitui uma derrogação à regra geral, que exige a obtenção da autorização do titular de direitos para qualquer reprodução da sua obra e que, por outro lado, a excepção em causa deve assegurar o desenvolvimento e o funcionamento das novas tecnologias, bem como manter um justo equilíbrio entre os interesses dos titulares de direitos e os interesses dos utilizadores que desejem beneficiar dessas tecnologias.

Concluiu o TJUE que as cópias no ecrã e na memória de armazenamento temporário do disco rígido do computador do utilizador, efectuadas por esse utilizador durante a consulta de um *website,* preenchem os requisitos segundo os quais essas cópias devem ser temporárias, transitórias ou episódicas e constituir parte integrante e essencial de um processo tecnológico, bem como as regra dos três passos (*vide* anotação ao artigo 75 (4) do CDADC de 1985) e podem, por conseguinte, ser executadas sem autorização dos titulares de direitos.

II.

Artigo 75 (2) (a) do CDADC de 1985

No que toca às excepções e limitações que incidem apenas sobre o direito à reprodução, o artigo 5 (2) (a)-(b) da Directiva sobre a Sociedade da Informação foi implementado pelo artigo 75 (2) (a) do CDADC de 1985, que autoriza:

- A reprografia, isto é, a reprodução de obra, para fins exclusivamente privados, em papel (ou suporte similar), realizada através de qualquer tipo de técnica fotográfica (ou processo com resultados semelhantes), com excepção das partituras; e
- A cópia privada, ou seja, a reprodução em qualquer meio, analógico ou digital, realizada por pessoa singular para uso privado e sem fins comerciais (quer directos, quer indirectos).

A cópia privada é aplicável tanto ao campo do analógico como do digital.

Mais, dado que a única referência ao conceito de «licitude de origem» se circunscreve ao artigo 75 (3) do CDADC de 1985, não sendo essa licitude exigida no âmbito da cópia privada, legitima-se a execução de cópias a partir de cópias ilícitas, isto é, a partir de cópias que não tenham sido, por sua vez, reproduzidas licitamente – como frequentemente sucede quando são feitos *downloads* através dos sistemas *Peer to Peer* ou *P2P.*

Tal conclusão apenas pode ser afastada, casuisticamente, mediante o recurso à regra dos três passos, constante do artigo 75 (4) do CDADC de 1985, em casos em que a aplicação da excepção atinja a exploração normal da obra ou cause um prejuízo injustificado dos interesses legítimos do autor.

Mas segundo o TJUE este tipo de regime da cópia privada não pode ser considerado conforme ao Direito da União Europeia, devendo o artigo 5 (2) (b) da Directiva sobre a Sociedade da Informação ser interpretado no sentido de que não abrange a cópia privada efectuada a partir de uma fonte ilícita (*ACI Adam BV e outros v. Stichting de Thuiskopie, Stichting Onderhandelingen Thuiskopie vergoeding*, Acórdão do TJUE, Processo C-435/12, 10 de Abril de 2014).

Declarou aquele Tribunal que o artigo 5 (2) (b) da Directiva sobre a Sociedade da Informação proíbe os titulares de direitos de invocarem os seus direitos no âmbito da feitura de cópias privadas das suas obras, mas não os manda tolerar violações dos seus direitos quando tais violações acompanham a realização dessas cópias.

Salientou, o TJUE, que as legislações dos Estados Membros devem distinguir em função da natureza lícita ou ilícita da fonte a partir da qual é efectuada uma reprodução para uso privado, sob pena de violarem certos requisitos estabelecidos no artigo 5 (5) da Directiva sobre a Sociedade da Informação.

Segundo aquele Tribunal, «admitir que essas reproduções possam ser efectuadas a partir de uma fonte ilícita fomentaria a circulação de obras contrafeitas ou pirateadas, diminuindo assim necessariamente o volume das vendas ou de outras transacções legais relativas às obras protegidas, pelo que prejudicaria a sua exploração normal», sendo que «tal seria susceptível de provocar (...) um prejuízo injustificado aos titulares do direito de autor» (*ACI Adam BV e outros v. Stichting de Thuiskopie, Stichting Onderhandelingen Thuiskopie vergoeding*, Acórdão do TJUE, Processo C-435/12, 10 de Abril de 2014, 39-40).

Admitindo-se, precisamente, que a noção de cópia privada [tecida em nome da privacidade dos membros do público e da consequente inadmissibilidade de se controlar a utilização das obras no âmbito da sua esfera privada] produz efeitos negativos para os autores, faz-se acompanhar a sua previsão, no artigo 76 (1) (b) do CDADC de 1985, de uma remuneração equitativa a ser atribuída ao autor e, no contexto analógico, ao editor, pela entidade que tiver procedido à reprodução. O artigo 82 do CDADC de 1985, na anterior redacção, já previa uma remuneração equitativa no que toca à reprodução analógica, preceito esse que não foi revogado.

Em termos de técnica legislativa, assinale-se uma duplicação legal dos conceitos de cópia privada e respectiva remuneração equitativa nos artigos 75 (2) (a), 76 (1) (b), 81 (b) e 82 do CDADC de 1985, duplicação esta potencialmente geradora de incerteza e seguramente causadora de perplexidade.

Artigo 75 (2) (b) do CDADC de 1985

O artigo 5 (3) (f) da Directiva sobre a Sociedade da Informação encontra eco no artigo 75 (a) do CDADC de 1985, na anterior redacção, que consagrava como uso livre a reprodução pelos meios de comunicação social, para fins de informação, de certos discursos, alocuções e conferências pronunciadas em público, por extracto ou em forma de resumo. O artigo 75 (2) (b) do CDADC de 1985, na actual redacção, mantém-se fiel àquela disposição, alargando, todavia, a sua abrangência aos actos de colocação à disposição do público.

Artigo 75 (2) (c) do CDADC de 1985

Mantém-se, no artigo 75 (2) (c) do CDADC de 1985 (correspondente ao artigo 75 (b) do CDADC de 1985 na anterior redacção, sem alteração), a selecção regular de artigos de imprensa periódica, sob forma de revista de imprensa.

Artigo 75 (2) (d) do CDADC de 1985

Mantém-se, no artigo 75 (2) (d) do CDADC de 1985 (correspondente ao artigo 75 (c) do CDADC de 1985 na anterior redacção, sem alteração), a autorização para a fixação, reprodução e comunicação pública, por quaisquer meios, de fragmentos de obras literárias ou artísticas, quando a sua inclusão em relatos de acontecimentos de actualidade for justificada pelo fim de informação prosseguido.

Artigo 75 (2) (e)-(f) do CDADC de 1985

O artigo 5 (2) (c) da Directiva sobre a Sociedade da Informação, que beneficia certas instituições sem fins lucrativos, foi implementado pelo artigo 75 (2) (e) do CDADC de 1985, que permite certos actos de reprodução, desde que (i) sejam realizados por uma biblioteca pública, um arquivo público, um museu público, um centro de documentação não comercial ou uma instituição científica ou de ensino, (ii) incidam sobre obras que tenham sido previamente tornadas acessíveis ao público, podendo as obras em causa ser reproduzidas, no todo ou em parte e (iii) a reprodução não se destine ao público, se limite às necessidades das actividades próprias dessas instituições e não tenha por objectivo a obtenção de uma vantagem económica ou comercial (quer directa, quer indirecta).

Antes da implementação da Directiva sobre a Sociedade da Informação, a lei acolhia uma excepção no artigo 75 (d) do CDADC de 1985, na anterior redacção, para fins semelhantes, mas de escopo mais restrito, limitada que estava aos casos em que a reprodução tivesse lugar pela fotografia ou processo análogo e não sendo extensiva aos estabelecimentos de ensino. Estes estabelecimentos tinham à sua disposição uma outra excepção, contida no artigo 75 (e) do CDADC de 1985, na anterior redacção, que permitia a reprodução parcial pelos mesmos processos, desde que destinada aos fins do ensino nesses estabelecimentos e destituída de fins lucrativos.

A implementação do artigo 5 (2) (c) da Directiva sobre a Sociedade da Informação pelo artigo 75 (2) (e) do CDADC de 1985 eliminou as referidas restrições, tendo aditado os estabelecimentos de ensino ao elenco das entidades beneficiárias da excepção e estendido os processos de reprodução ao digital.

Como tal, presentemente os estabelecimentos de ensino podem reproduzir uma obra, no todo ou em parte (ao abrigo do artigo 75 (2) (e) do CDADC de 1985), bem como partes de uma obra (sob a égide do artigo 75 (2) (f) do mesmo diploma, que corresponde ao artigo 75 (e) do CDADC de 1985, na anterior redacção).

Em termos de técnica legislativa, assiste-se a uma duplicação de conceitos legais que poderá causar dúvidas interpretativas, tanto mais que só o artigo 75 (2) (e) do CDADC de 1985 é acompanhado da previsão, no artigo 76 (1) (b) do CDADC de 1985, de uma remuneração equitativa a ser atribuída ao autor e, no âmbito analógico, ao editor, pela entidade que tiver procedido à reprodução.

Artigo 75 (2) (g)-(h) do CDADC de 1985

O teor do artigo 5 (3) (a) da Directiva sobre a Sociedade da Informação, que versa sobre a utilização com fins de ilustração para efeitos de ensino ou investigação científica, já se encontrava de certo modo consagrado no ordenamento nacional, através dos artigos 75 (f) e (g) do CDADC de 1985, na sua anterior redacção – normas essas que autorizavam, respectivamente, a inserção de citações ou resumos de obras alheias com fins de ensino, bem como a inclusão de peças curtas ou fragmentos de obras alheias em obras próprias destinadas ao ensino.

Mantiveram-se as duas excepções. Na redacção actual, as excepções albergadas pelo artigo 75 (2) (g) e (h) do CDADC de 1985 correspondem às excepções contidas no artigo 75 (f) e (g) do CDADC de 1985 na anterior redacção. A única alteração aqui introduzida pelo processo de implementação da Directiva sobre a Sociedade da Informação traduz-se na exigência, vertida no artigo 75 (2) (g) do CDADC de 1985, de que a utilização ocorra apenas na medida justificada pelo objectivo a atingir.

Refira-se que a inclusão de peças curtas ou fragmentos de obras alheias em obras próprias destinadas ao ensino é acompanhada, no artigo 76 (1) (c) do CDADC de 1985, de uma remuneração equitativa a ser atribuída ao autor e ao editor.

O artigo 5 (3) (d) da Directiva sobre a Sociedade da Informação foi acolhido pelo artigo 75 (2) (g) do CDADC de 1985, o qual permite a inserção de citações ou resumos de obras alheias, em apoio das próprias doutrinas ou com fins de crítica ou discussão e na medida justificada pelo objectivo a atingir. O artigo 75 (f) do CDADC de 1985, na anterior redacção, já permitia a citação, tendo a nova redacção esclarecido, como já se disse, que a utilização tem de ser limitada à medida justificada pelo objectivo a atingir.

Destaque-se, aqui, um processo em que, tendo-se provado que o apelante havia utilizado, em certo livro, não apenas algumas imagens elucidativas pertencentes a terceiros, mas uma quantidade significativa de tais imagens, o Tribunal da Relação de Lisboa concluiu que não estava em causa uma utilização lícita ao abrigo do artigo 75 (2) (g) do CDACD, um vez que a situação não se subsumia «a uma utilização pontual, meramente ilustrativa e de apoio ao texto que aborda uma determinada temática» (*vide* Acórdão do Tribunal da Relação de Lisboa, Processo Nº 1329/11.8TVLSB.L1, 11/18/2014).

Recentemente, a nível comunitário, no processo *Spiegel Online*, o TJUE debruçou-se sobre o alcance do artigo 5 (3) (c) e (d) da Directiva sobre a Sociedade da Informação, no âmbito de um litígio que opôs uma entidade que que explorava um portal de notícias na Internet e um ex deputado alemão, a respeito da publicação pela referida entidade de um manuscrito do dito deputado (*Spiegel Online GmbH v. Volker Beck*, Acórdão do TJUE, Processo C-516/17, 29 de Julho de 2019).

O TJUE começou por esclarecer o que artigo 5 (3) (c) segunda hipótese e (d) da Directiva sobre a Sociedade da Informação deve ser interpretado no sentido de que não constitui medida de harmonização absoluta do âmbito das excepções ou limitações que comportam, tendo, pois, os Estados Membros alguma margem de manobra.

Não permite, todavia, notou, uma regra nacional que restrinja a aplicação da excepção ou limitação prevista no artigo 5 (3) (c) segunda hipótese, aos casos em que não seja razoavelmente possível efectuar um pedido de autorização prévia para utilizar uma obra protegida para relatar acontecimentos de actualidade.

Determinou, ainda, o mesmo tribunal, que o conceito de «citações», visado no artigo 5 (3) (d) da Directiva sobre a Sociedade da Informação abrange o reenvio, através de uma hiperligação, para um ficheiro consultável de forma autónoma.

Por último, o TJUE abordou o tema dos direitos fundamentais, concluindo que a liberdade de informação e a liberdade de imprensa, consagradas no artigo 11 da Carta dos Direitos Fundamentais da União Europeia, não podem ir além das excepções e limitações previstas no artigo 5 (2) e (3) da dita directiva, isto é, qualquer derrogação aos direitos exclusivos de reprodução e de comunicação ao público do autor, visados, respectivamente, no artigo 2 (a) e no artigo 3 (1) da Directiva sobre a Sociedade da Informação tem de ter assento nas referidas excepções e não na Carta dos Direitos Fundamentais da União Europeia *per se*, embora esta tenha de ser respeitada aquando da ponderação efectuada pelo juiz nacional, à luz de todas as circunstâncias do caso concreto.

O TJEU abordou questões similares no processo *Funke Medien*, no contexto de um litígio que opôs uma entidade que explorava, na Internet, o jornal diário alemão *Westdeutsche Allgemeine Zeitung*, à República Federal da Alemanha, a respeito da publicação, pela referida entidade de certos documentos redigidos pelo Governo alemão, cuja divulgação havia sido classificada como «reservada» (*Funke Medien NRW GmbH v. Bundesrepublik Deutschland*, Acórdão do TJUE, Processo C-469/17, 29 de Julho de 2019).

O TJUE começou por esclarecer que enquanto o artigo 2 (a) e o artigo 3 (1) da Directiva sobre a Sociedade da Informação se traduzem em medidas de harmonização completa dos direitos neles visados, já o artigo 5 (3) (c) segunda hipótese e (d) da Directiva sobre a Sociedade da Informação deve ser interpretado no sentido de que não constitui medida de harmonização absoluta do âmbito das excepções ou limitações que comportam, tendo pois os Estados Membros alguma margem de manobra neste campo.

No que toca à questão dos direitos fundamentais, que também aqui emergiu, reiterou aquele tribunal que a liberdade de informação e a liberdade de imprensa, consagradas no artigo 11 da Carta dos Direitos Fundamentais da União Europeia, não podem ir além das excepções e limitações previstas no artigo 5 (2) e (3) da dita directiva, isto é, qualquer derrogação aos direitos exclusivos de reprodução e de comunicação ao público do autor, visados, respectivamente, no artigo 2 (a) e no artigo 3 (1) da Directiva sobre a Sociedade da Informação tem ser alicerçadas nas referidas excepções e não na Carta dos Direitos Fundamentais da União Europeia *per se*.

Por último, no processo *Pelham* o TJEU incidiu a sua análise sobre a interpretação do artigo 2 (c) e do artigo 5 (3) (d) da Directiva sobre a Sociedade da Informação, bem como do artigo 9 (1) (b) e do artigo 10 (2), primeiro parágrafo, da Directiva sobre o aluguer e o comodato. O pedido de decisão prejudicial em causa foi apresentado no âmbito de um litígio que opôs várias entidades a respeito da utilização, no âmbito da gravação da canção *Nur mir,* composta por M. Pelham e M. Haas e produzida pela sociedade *Pelham,* de uma sequência rítmica de cerca de dois segundos retirada de um fonograma da banda *Kraftwerk* (*Pelham GmbH, Moses Pelham, Martin Haas v. Ralf Hütter, Florian Schneider-Esleben*, Acórdão do TJUE, Processo C-476/17, 29 de Julho de 2019).

Segundo o TJEU, decorre do artigo 9 (1) (b) da Directiva sobre o aluguer e o comodato, que um fonograma que comporte amostras musicais transferidas de outro fonograma não constitui uma «cópia» desse fonograma, na acepção de tal preceito, porquanto não contém a totalidade ou uma parte substancial deste mesmo fonograma (análise quantitativa).

Já o artigo 2 (c) da Directiva sobre a Sociedade da Informação, deve, à luz da Carta dos Direitos Fundamentais da União Europeia, ser interpretado no sentido de que o direito exclusivo conferido por tal disposição ao produtor de fonogramas, de autorizar ou proibir a reprodução do seu fonograma, lhe permite impedir a utilização não autorizada de uma amostra sonora do seu fonograma, ainda que com uma duração muito reduzida, para efeitos da inclusão dessa amostra noutro fonograma, excepto se essa amostra neste tiver sido incluída sob forma alterada e não reconhecível na audição (análise qualitativa).

Afirmou, todavia, o TJEU que o artigo 2 (c) da Directiva sobre a Sociedade da Informação constitui uma medida de harmonização completa do conteúdo material do direito nele visado, não podendo um Estado Membro prever, no seu direito nacional, uma excepção ou limitação ao direito do produtor de fonogramas previsto naquele preceito além das previstas no artigo 5 da dita directiva.

Quanto à possibilidade de se invocar o artigo 5 (3) (d) da Directiva sobre a Sociedade da Informação, neste contexto, afirmou o mesmo tribunal que e o conceito de «citações», visado nesta disposição, não abrange uma situação em que não seja possível identificar a obra em questão através da citação em causa, devido à transformação efectuada (análise qualitativa).

Artigo 75 (2) (i) do CDADC de 1985

O artigo 5 (3) (b) da Directiva sobre a Sociedade da Informação foi implementado pelo artigo 75 (2) (i), o qual autoriza a reprodução, a comunicação pública e a colocação à disposição do público, a favor das pessoas portadoras de deficiências, desde que (i) a utilização esteja directamente relacionada, (ii) seja na medida estritamente exigida pela deficiência em causa e (iii) não tenha fins lucrativos, directos ou indirectos.

Subsistia ainda, até à implementação da Lei 92/2019, o artigo 80 do CDADC de 1985, que contemplava uma excepção em benefício de pessoas com deficiências de foro visual, permitindo produções em Braille ou através de outros processos (por exemplo, a ampliação de caracteres ou a conversão de texto para áudio) desde que sem fins lucrativos.

A necessidade reflectida nestes preceitos foi, entretanto, tratada na arena internacional através do Tratado OMPI sobre Excepções e Limitações para Pessoas com Incapacidade Visual ou com Dificuldades em Aceder à Palavra Escrita, assinado em Marraquexe em Julho de 2013, visando facilitar às pessoas com incapacidade visual ou com outras dificuldades em aceder ao texto impresso o acesso a obras publicadas.

O grupo alvo deste novo Tratado é, assim, alargado, contemplando não apenas as pessoas cegas ou com deficiência visual, mas também com outras dificuldades para aceder ao texto impresso.

Em termos substantivos, o Tratado versa, *inter alia*, sobre excepções e limitações, intercâmbio transfronteiriço e importação de cópias em formato acessível, tendo as Partes Contratantes que adoptar excepções que permitam a reprodução, a distribuição e a disponibilização de obras em formatos acessíveis e que autorizar o intercâmbio transfronteiriço de obras em formatos acessíveis.

Ou seja, permite o Tratado não apenas a execução de cópias de obras em formato acessível, mas também o intercâmbio transfronteiriço e a importação dessas cópias (artigos 3-6 do Tratado de Marraquexe).

Tais excepções e limitações encontram-se, todavia, sujeitas à regra dos três passos (artigo 11 do Tratado de Marraquexe), sendo as práticas relevantes estabelecidas por uma entidade autorizada nos termos do artigo 2 desse Tratado. *Vide* no que toca à regra dos três passos, a anotação ao artigo 75 (4) do CDADC de 1985.

Em território nacional, a Lei 92/2019, procedeu à transposição, para a ordem jurídica interna, da Directiva sobre Utilizações Permitidas em Benefício de Pessoas com Deficiência Visual, directiva essa que na sequência do Tratado dc Marraquexe e nos termos da Carta dos Direitos Fundamentais da União Europeia, pretendeu eliminar todas as formas de discriminação com base em deficiências de natureza visual.

Implementada a Directiva sobre Utilizações Permitidas em Benefício de Pessoas com Deficiência Visual, a lei doméstica prevê certas excepções obrigatórias que beneficiam os utilizadores abrangidos pelo Tratado de Marraquexe, excepções essas que visam, assim, eliminar certos obstáculos enfrentados pelas pessoas cegas, com deficiência visual ou com outras dificuldades de acesso a textos impressos.

O artigo 75 (2) (i) do CDADC de 1985 invoca, pois, preceitos introduzidos pela Lei 92/2019, designadamente os artigos 82-A, 82-B e 82-C, os quais estabelecem, respectivamente, definições relevantes, utilizações permitidas e entidades autorizadas. *Vide* anotações aos artigos 82-A, 82-B e 82-C do CDADC de 1985.

Artigo 75 (2) (j) do CDADC de 1985

No que toca ao artigo 5 (3) (g) da Directiva sobre a Sociedade da Informação, a execução de hinos ou de cantos patrióticos oficialmente adoptados e de obras de carácter exclusivamente religioso durante os actos de culto ou as práticas religiosas já era autorizada, pelo artigo 75 (h) do CDADC de 1985, na anterior redacção. Na actual redacção, o artigo 75 (2) (j) do CDADC de 1985 aplica a regra referida, não apenas à execução pública, mas também à comunicação pública de tais obras.

Artigo 75 (2) (l) do CDADC de 1985

Os artigos 5 (3) (h)-(j) da Directiva sobre a Sociedade da Informação foram introduzidos na lei doméstica, na sequência dos debates parlamentares sobre o tema, através do artigo 75 (2) (q), (r) e (l), autorizando, respectivamente:

- A utilização de obras, tais como as obras de arquitectura ou escultura, que se destinam a serem mantidas, permanentemente, em locais públicos;
- A inclusão episódica de uma obra ou outra produção protegida pelo direito de autor, noutra produção; e
- A utilização em sede de publicidade relacionada com a exibição pública ou a venda de obras artísticas, com exclusão de qualquer outra utilização comercial (por exemplo, através de reproduções da obra em catálogos e anúncios nos media).

Artigo 75 (2) (m) do CDADC de 1985

A norma contida no artigo 5 (3) (c) da Directiva sobre a Sociedade da Informação já era alvo de consagração parcial através do artigo 75 (i) do CDADC de 1985, na sua anterior redacção, o qual autorizava a reprodução de artigos de actualidade, de discussão económica, política ou religiosa, se não tivesse sido expressamente reservada. O escopo do preceito, isto é, do artigo 75 (2) (m) do CDADC de 1985, na nova redacção, foi alargado, legitimando-se, na ausência de reserva expressa, a reprodução, a comunicação ao público e a colocação à disposição do público de artigos de actualidade, de discussão económica, política ou religiosa e de obras radiodifundidas, assim como de outros materiais da mesma natureza. *Vide* referência ao processo *Funke Medien NRW GmbH v. Bundesrepublik Deutschland*, Acórdão do TJUE, Processo C-469/17, 29 de Julho de 2019 e *Spiegel Online GmbH v. Volker Beck*, Acórdão do TJUE, Processo C-516/17, 29 de Julho de 2019), contida na anotação ao artigo 75 (2) (g)-(h) do CDADC de 1985.

Artigo 75 (2) (n) do CDADC de 1985

O artigo 5 (3) (e) da Directiva sobre a Sociedade da Informação surgiu sob a forma do artigo 75 (2) (n) do CDADC de 1985, o qual admite a utilização de uma obra para efeitos de segurança pública ou para assegurar o bom desenrolar ou o relato de processos administrativos, parlamentares ou judiciais. Utilização semelhante já havia sido autorizada, no que toca às bases de dados, pelo artigo 10 (1) (c) do Decreto-Lei 122/2000 que implementou a Directiva sobre as Bases de Dados no ordenamento jurídico português, tendo sido alargada, aquando da implementação da Directiva sobre a Sociedade da Informação, às obras em geral.

Artigo 75 (2) (o) do CDADC de 1985

O artigo 5 (3) (n) da Directiva sobre a Sociedade da Informação foi implementado pelo artigo 75 (2) (o) que consagra, como uso livre, a comunicação ou colocação à disposição de público, para efeitos de investigação ou estudos pessoais, a membros individuais do público, por terminais destinados para o efeito nas instalações de bibliotecas, museus, arquivos públicos e escolas, de obras protegidas, contanto que não se encontrem sujeitas a condições de compra ou licenciamento e que integrem as suas colecções ou acervos de bens.

A formalização na lei da possibilidade de se proceder à visualização e leitura de obras nos terminais de computador instalados nas bibliotecas, por parte dos utentes, consistiu numa adaptação de uma situação já existente e reconhecida como legítima ao ambiente digital (Gabinete do Direito de Autor, «Nota Justificativa», ponto 8).

Recentemente, o TJUE debruçou-se sobre o artigo 5 (3) (n) da Directiva sobre a Sociedade da Informação, num processo que teve na origem um pedido de decisão prejudicial apresentado pelo *Bundesgerichtshof*, no âmbito de um litígio que opôs a *Technische Universität Darmstadt* a *Eugen Ulmer KG*, propósito da colocação à disposição do público, pela *TU Darmstadt*, através de terminais colocados nas instalações de uma biblioteca, de um livro que fazia parte da colecção desta última e cujos direitos de exploração eram detidos pela *Ulmer* (*Technische Universität Darmstadt v. Eugen Ulmer KG*, Acórdão do TJUE, Processo C-117/13, de 11 de Setembro de 2014).

Começou aquele Tribunal por esclarecer que a referência feira no preceito *supra* referido a «condições de compra ou licenciamento» implica que o titular de direitos e o estabelecimento relevante, tal como uma biblioteca acessível ao público, devem ter celebrado um contrato de licenciamento da obra que especifique os termos e condições de utilização.

Subsequentemente, o TJUE deduziu da leitura conjunta do artigo 5 (3) (n) e (c) da Directiva sobre a Sociedade da Informação que se a legislação nacional assim o permitir, as bibliotecas acessíveis ao público podem digitalizar as obras que fazem parte das suas colecções, desde que tal digitalização seja necessária para a colocação dessas obras à disposição dos utilizadores, através de terminais destinados a esse efeito situados nas instalações desses estabelecimentos.

Note-se que o TJEU faz referência expressa a um «direito acessório de digitalização», cujo alcance diz ser limitado pela regra dos três passos (*vide* anotação ao artigo 75 (4) do CDADC de 1985), não podendo, pois, os ditos estabelecimentos, em princípio, proceder a uma digitalização das suas colecções no seu todo para o propósito em causa.

Artigo 75 (2) (p) do CDADC de 1985

O artigo 5 (2) (e) da Directiva sobre a Sociedade da Informação foi implementado pelo artigo 75 (2) (p) do CDADC de 1985, que autoriza a reprodução de obra, efectuada por instituições sociais sem fins lucrativos, tais como hospitais e prisões, quando a mesma seja transmitida por radiodifusão. Tratou-se, aqui, de formalizar uma prática corrente e generalizada, que não merecia «qualquer especial oposição ou litígio por parte dos titulares de direitos» (Gabinete do Direito de Autor, «Nota Justificativa», ponto 8).

Esta utilização livre é acompanhada, no artigo 76 (1) (d) do CDADC de 1985, de uma remuneração equitativa a ser atribuída aos titulares de direitos.

Artigo 75 (2) (q)-(r) do CDADC de 1985

Vide anotação ao artigo 75 (2) (l) do CDADC de 1985.

Artigo 75 (2) (s)-(t) do CDADC de 1985

Os artigos 5 (3) (l)-(m) da Directiva sobre a Sociedade da Informação foram incluídos no texto legal, através do artigo 75 (2) (s) e (t), permitindo, respectivamente:

- A utilização de uma obra no contexto da demonstração ou reparação de equipamentos; e
- A utilização de uma obra artística sob a forma de um edifício, de um desenho ou planta de um edifício, para efeitos da sua reconstrução ou reparação.

Artigo 75 (2) (u) do CDADC de 1985

Este preceito resulta da implementação da Directiva sobre as Obras Órfãs, permitindo que as bibliotecas, os estabelecimentos de ensino, os museus, os arquivos, as instituições responsáveis pelo património cinematográfico ou sonoro e os organismos de radiodifusão de serviço público, reproduzam e coloquem à disposição do público, na acepção da Directiva da Sociedade da Informação, obras órfãs desde que essa utilização decorra no cumprimento dos seus objectivos de interesse público (particularmente, o direito de acesso à informação, à educação e à cultura, incluindo a fruição de bens intelectuais) e designadamente para fins de digitalização, indexação, catalogação, preservação ou restauro (*vide* artigo 6 e considerando vigésimo da Directiva sobre as Obras Órfãs).

A norma nacional é mais detalhada que a da directiva, fornecendo um elenco de actos preliminares que podem ser executados de forma a facilitar a operação da excepção em causa, bem como exemplos de objectivos que são considerados de interesse público, «nomeadamente o direito de acesso à informação, à educação e à cultura, incluindo a fruição de bens intelectuais».

Vide anotações aos artigos 26 – A e 26 – B do CDADC de 1985.

Excepções da Directiva sobre a Sociedade da Informação que não foram implementadas no ordenamento jurídico nacional

O artigo 5 (2) (d) da Directiva sobre a Sociedade da Informação, que visa a fixação efémera pelos organismos de radiodifusão, não foi implementado, uma vez que tal era já permitido pelo artigo 189 (1) do CDADC de 1985 (que permaneceu inalterado).

O artigo 5 (3) (k) da Directiva sobre a Sociedade da Informação, relativo à caricatura, paródia ou pastiche, não foi implementado. Aproximando-se a lei portuguesa, neste campo, do modelo alemão e não consagrando, pois, tais utilizações como excepção ao direito de autor, mas como criações intelectuais, optou-se pela não inclusão da excepção contida no artigo 5 (3) (k) da Directiva sobre a Sociedade da Informação, «sob pena de contradição ou confusão insanável» (Gabinete do Direito de Autor, «Nota Justificativa», ponto 15). Refira-se, todavia, que a implementação da solução prevista no artigo 5 (3) (k) da Directiva sobre a Sociedade da Informação teria eliminado a incerteza jurídica no que toca à licitude de tais utilizações.

Vide, no que toca à licitude da paródia, a anotação ao artigo 2 (1) do CDADC de 1985.

Foi proposto, sem sucesso, o acolhimento do artigo 5 (3) (o) da Directiva sobre a Sociedade da Informação, concernente à utilização em certos casos de menor importância para os quais já existam excepções ou limitações, na legislação nacional, desde que limitada, na sua aplicação, ao mundo analógico.

Pretendia-se «obviar a eventuais e futuras dificuldades do intérprete da lei» perante a determinação da integração, no âmbito da lei, das utilizações de menor importância vigentes (Gabinete do Direito de Autor, «Nota Justificativa», ponto 8).

A Sociedade Portuguesa de Autores (SPA) defendeu que este conceito não fosse, dada a sua imprecisão, incluído no texto legal, aduzindo que o artigo 5 (3) (o) daquela directiva não requeria a introdução autónoma de uma nova excepção, mas era apenas aplicável às utilizações livres de menor importância já previstas na legislação então vigente (Sociedade Portuguesa de Autores, «Apêndice I», in «Relatório, conclusões e parecer da Comissão de Assuntos Constitucionais, Direitos, Liberdades e Garantias»).

III. Na sequência da implementação da Directiva sobre a Sociedade da Informação no ordenamento jurídico nacional, o conceito de licitude de origem foi introduzido no artigo 75 (3) do CDADC de 1985, preceito esse que autoriza, na medida justificada pelo objectivo do acto de reprodução, a distribuição de exemplares desde que licitamente reproduzidos.

A Associação Fonográfica Portuguesa (AFP) e a Associação para a Gestão e Distribuição de Direitos (AUDIOGEST) temiam que esta disposição abrisse caminho às mais diversas formas de utilizações abusivas, tendo sugerido que, caso não se optasse pela sua supressão, ela fosse pelo menos alterada, por forma a impedir que as reproduções aí referidas pudessem ser efectuadas a partir de cópias de obras (AFP e AUDIOGEST, «Posição da Associação Fonográfica Portuguesa (AFP) e da Associação para a Gestão e Distribuição de Direitos (AUDIOGEST) sobre a Proposta de Lei 108/IX que transpõe para a ordem jurídica portuguesa a Directiva 2001/29/CE», 22 de Maio de 2001).

Isto posto, fez-se depender a legalidade da distribuição dos exemplares da licitude da sua reprodução.

Visto que o artigo 68 do CDADC de 1985 circunscreve o direito de distribuição ao âmbito dos exemplares tangíveis, deve concluir-se que o requisito da licitude de origem não se aplica ao digital.

Vide anotação ao artigo 75 (2) (a) do CDADC de 1985.

IV. Entre os rudimentos que norteiam a matéria das excepções e limitações no do CDADC de 1985, há que salientar, antes de mais, o artigo 75 (4) do mesmo diploma, o qual invoca a regra dos três passos.

Subordina-se, assim, a aplicação do catálogo nacional de excepções e limitações a duas condições, ao estipular-se que tais excepções e limitações não devem atingir a exploração normal da obra, nem causar prejuízo injustificado dos interesses legítimos do autor. Não é feita referência a «certos casos especiais», por se ter assimilado esses casos especiais ao elenco de excepções e limitações contido no artigo 75 do CDADC de 1985 (Gabinete do Direito de Autor, «Nota Justificativa», ponto 8).

Marco fundamental, neste campo, teve lugar aquando da Revisão de Estocolmo, em 1967. Foi então introduzido, no texto da Convenção de Berna, não apenas o direito exclusivo de reprodução, no artigo 9 (1), mas também, no artigo 9 (2), a possibilidade de os países da União preverem restrições a esse direito, desde que estas não afectassem o exercício do direito de reprodução de forma inaceitável (C. Masouyé, *Guide to the Berne Convention*, OMPI, 1978, parágrafos 9.6–9.13; M. Senftleben, *Copyright, limitations and the three-step test: an analysis of the three-step test in international and EC copyright law*, Kluwer Law International, 2004; S. Ricketson e J. C. Ginsburg, *International Copyright and Neighbouring Rights: The Berne Convention and Beyond*, 2ª ed., Oxford University Press, 2006, parágrafos 13.03–13.37).

Consequentemente, decorre da Convenção de Berna que «[o]s autores de obras literárias e artísticas protegidas pela presente Convenção gozam do direito exclusivo de autorizar a reprodução das suas obras, de qualquer maneira e sob qualquer forma» e que «[f]ica reservada às legislações dos países da União a faculdade de permitir a reprodução das referidas obras, em certos casos especiais, desde que, tal reprodução não prejudique a exploração normal da obra nem cause um prejuízo injustificado aos legítimos interesses do autor.»

As restrições ao direito à reprodução ficaram, assim, sujeitas à regra dos três passos, apenas sendo permitidas (1) em certos casos especiais e (2) não devendo prejudicar a exploração normal da obra, (3) nem causar um prejuízo injustificado aos legítimos interesses do autor.

A referência a «certos casos especiais» veda restrições de carácter geral que permitam, por exemplo, a reprodução de qualquer obra, para quaisquer fins. A alusão à «exploração normal da obra» invoca os actos de reprodução que são usualmente exercidos pelo autor, no âmbito da utilização da obra. E a menção de um «prejuízo injustificado aos legítimos interesses do autor» impede qualquer restrição que impeça o autor de fruir dos benefícios económicos decorrentes da utilização da obra.

Tal como adoptada, aquando da Conferência de Estocolmo de 1967, a regra dos três passos só se aplica ao direito à reprodução.

Enquanto a Convenção de Berna adopta este teste apenas em conexão com o direito à reprodução, o Acordo TRIPS, de 1994, emprega-o relativamente a todos os direitos outorgados aos autores. Dita o artigo 13 do Acordo TRIPS que os respectivos signatários podem introduzir, na sua legislação nacional, excepções e limitações à protecção decorrente do acordo «em determinados casos especiais que não obstem à exploração normal da obra e não prejudiquem de forma injustificável os legítimos interesses do titular do direito».

Há não muito tempo, este teste foi alvo de análise minuciosa no âmbito de uma disputa que opôs à União Europeia aos Estados Unidos, disputa essa que foi dirimida pela Organização Mundial do Comércio (Organização Mundial do Comércio, *Report of the Panel established under Article 6 of the Dispute Settlement Understanding and Article 64 (1) of the TRIPS Agreement: United States. Section 110 (5) of the US Copyright Act*, in *Dispute Settlement Reports*, Cambridge University Press, 2008).

Sumariamente, segundo a Comissão Europeia, determinada excepção constante da lei norte-americana era incompatível com os artigos 11 e 11 bis da Convenção de Berna e, consequentemente, com o artigo 9 (1) do Acordo TRIPS, violando as obrigações advindas desse acordo. De acordo com os Estados Unidos, a excepção em causa era permitida pelo artigo 13 do Acordo TRIPS (Secção 110 (5) (A)- (B) da Lei norte-americana de 1976).

Perante tais alegações, o Painel da Organização Mundial do Comércio procedeu à análise da regra dos três passos, tendo concluído que (Organização Mundial do Comércio, *Report of the Panel established under Article 6 of the Dispute Settlement Understanding and Article 64 (1) of the TRIPS Agreement: United States. Section 110 (5) of the US Copyright Act*, in *Dispute Settlement Reports*, Cambridge University Press, 2008, parágrafos 6.97, 6.112, 6.179-6.181, 6.183, 6.222 e 6.229):

- Os três passos consistem em requisitos independentes, que devem ser satisfeitos cumulativamente;
- O primeiro passo («determinados casos especiais») exige que as excepções e limitações sejam claramente definidas e tenham um escopo e alcance restritos;
- O segundo passo («que não obstem à exploração normal da obra»), dá azo a que uma excepção ou limitação entre em conflito com a exploração normal da obra, quando o uso da obra que é admitido por essa restrição toca na exploração da obra pelo seu autor, privando-o, assim, de proventos económicos significativos ou tangíveis;
- O terceiro passo («não prejudiquem de forma injustificável os legítimos interesses do titular do direito»), assenta, crucialmente, no conceito de grau ou nível de prejuízo injustificável, decretando a sua inadmissibilidade quando uma excepção ou limitação cause, ou possa causar, uma perda indefensável de proventos para o autor.

V. Um outro princípio encontra-se lavrado no artigo 75 (5) do CDADC de 1985. Sabendo-se que a liberdade contratual pode ser cerceada através da fixação unilateral de cláusulas e condições contratuais, e para obstar a que na prática se esvaziem de conteúdo as excepções e limitações previstas na lei, o artigo 75 (5) do CDADC de 1985 ordena a nulidade das cláusulas contratuais que impliquem a renúncia ou impeçam, na totalidade, a existência das utilizações livres tipificadas na lei (Gabinete do Direito de Autor, «Nota Justificativa», ponto 8).

Contra tal solução pronunciaram-se a AFP e a AUDIOGEST, alegando que ao estatuir-se que as excepções não podiam ser afastadas ou o seu exercício limitado por disposição contratual, se estava a contrariar o disposto no artigo 6 (4) da Directiva da Sociedade da Informação, que previa expressamente essa possibilidade no âmbito dos serviços disponibilizados a pedido, bem como a impossibilitar a exploração de oportunidades proporcionadas pela disseminação *online* (AFP e AUDIOGEST, «Posição da Associação Fonográfica Portuguesa (AFP) e da Associação para a Gestão e Distribuição de Direitos (AUDIOGEST) sobre a Proposta de Lei 108/IX que transpõe para a ordem jurídica portuguesa a Directiva 2001/29/CE», 22 de Maio de 2001).

A verdade é que, apesar das preocupações manifestadas pela AFP e pela AUDIOGEST, o artigo 75 (5) do CDADC de 1985 é afastado pelo artigo 222 do mesmo diploma, o qual, implementando o quarto parágrafo do artigo 6 (4) da Directiva da Sociedade da Informação, prevê expressamente a possibilidade de afastamento de quaisquer excepções e limitações no âmbito dos serviços disponibilizados a pedido.

Artigo 76º – Requisitos

1 – A utilização livre a que se refere o artigo anterior deve ser acompanhada:

a) Da indicação, sempre que possível, do nome do autor e do editor, do título da obra e demais circunstâncias que os identifiquem;

b) Nos casos das alíneas *a)* e *e)* do nº 2 do artigo anterior, de uma remuneração equitativa a atribuir ao autor e, no âmbito analógico, ao editor pela entidade que tiver procedido à reprodução;

c) No caso da alínea *h)* do nº 2 do artigo anterior, de uma remuneração equitativa a atribuir ao autor e ao editor;

d) No caso da alínea *p)* do nº 2 do artigo anterior, de uma remuneração equitativa a atribuir aos titulares de direitos.

2 – As obras reproduzidas ou citadas, nos casos das alíneas *b)*, *d)*, *e)*, *f)*, *g)* e *h)* do nº 2 do artigo anterior, não se devem confundir com a obra de quem as utilize, nem a reprodução ou citação podem ser tão extensas que prejudiquem o interesse por aquelas obras.

3 – Só o autor tem o direito de reunir em volume as obras a que se refere a alínea *b)* do nº 2 do artigo anterior.

ANOTAÇÃO

I. Postula o artigo 76 (1) (a) do CDADC de 1985, em sede de princípios, que o recurso às excepções e limitações permitidas deve ser acompanhado da indicação, sempre que possível, do nome do autor e do editor, do título da obra e demais circunstâncias que os identifiquem. Tal preceito é um reflexo do direito à paternidade da obra, permitindo, todavia, excepcionalmente a omissão do nome do autor.

O artigo 76 (1) (b)-(d) do CDADC de 1985 exige o pagamento de uma remuneração equitativa nos casos aí previstos (*vide* anotação ao artigo 82 do CDADC de 1985 que incide sobre a compensação devida pela reprodução de obras).

II. O artigo 76 (2) do CDADC de 1985 segue o princípio contido no artigo 10 (1) da Convenção de Berna, que permite «citações tiradas de uma obra, já licitamente tornada acessível ao público, na condição de serem conformes aos bons costumes e na medida justificada pelo fim a atingir».

III. Sendo os discursos, alocuções e conferências pronunciadas em público protegidos nos termos do artigo 2 (1) (b) do CDADC de 1985, o artigo 76 (3) do CDADC de 1985 reserva ao autor a faculdade de os reunir em volume – desde que a sua protecção não seja excluída pelo artigo 7 do mesmo diploma. Estabelece-se, assim, uma ressalva semelhante à do artigo 7 (2) do CDADC de 1985.

Artigo 77º – Comentários, anotações e polémicas

1 – Não é permitida a reprodução de obra alheia sem autorização do autor sob pretexto de a comentar ou anotar, sendo, porém lícito publicar em separata comentários ou anotações próprias com simples referências a capítulos, parágrafos ou páginas de obra alheia.

2 – O autor que reproduzir em livro ou opúsculo os seus artigos, cartas ou outros textos de polémica publicados em jornais ou revistas poderá reproduzir também os textos adversos, assistindo ao adversário ou adversários igual direito, mesmo após a publicação feita por aquele.

ANOTAÇÃO

I. O artigo 77 do CDADC de 1985 clarifica as fronteiras da excepção contida no artigo 75 (2) (g) do CDADC de 1985, a qual autorização a inserção de citações ou resumos de obras alheias, em apoio das próprias doutrinas ou com fins de crítica ou discussão e na medida justificada pelo objectivo a atingir.

O artigo 75 (2) (g) do CDADC de 1985 estipula que essa utilização tem de ser limitada à medida justificada pelo objectivo a atingir, acrescentando o artigo 77 (1) do CDADC de 1985 que a excepção em causa não permite a reprodução de obra alheia. Com efeito, tal reprodução poderia atingir a exploração normal da obra ou causar um prejuízo injustificado dos interesses legítimos do autor, consubstanciando, pois, uma violação da regra dos três passos, constante do artigo 75 (4) do CDADC de 1985 (*vide* anotação ao artigo 75 (4) do CDADC de 1985).

II. Enquanto o artigo 77 (1) do CDADC de 1985 restringe o escopo de aplicação do artigo 75 (2) (g) do CDADC de 1985, o artigo 77 (2) do CDADC de 1985 procede ao seu alargamento para um propósito muito definido, ao legitimar a reprodução e publicação de textos adversos com base num princípio de reciprocidade.

Artigo 78º – Publicação de obra não protegida

1 – Aqueles que publicarem manuscritos existentes em bibliotecas ou arquivos, públicos ou particulares, não podem opor-se a que os mesmos sejam novamente publicados por outrem, salvo se essa publicação for reprodução de lição anterior.

2 – Podem igualmente opor-se a que seja reproduzida a sua lição divulgada de obra não protegida aqueles que tiverem procedido a uma fixação ou a um estabelecimento ou restabelecimento do texto susceptíveis de alterar substancialmente a respectiva tradição corrente.

ANOTAÇÃO

I. O artigo 39 do CDADC de 1985 estabelece um regime específico para as obras inéditas caídas no domínio e para as publicações críticas e científicas de obras caídas no domínio público, segundo o qual a publicação ou divulgação lícita de obra inédita por terceiro leva à atribuição, a quem dá a conhecer a obra, de um exclusivo de exploração com a duração de vinte cinco anos e a publicação crítica e científica de obra caída no domínio público beneficia de um prazo de protecção de vinte e cinco anos a contar da primeira publicação lícita (*vide* anotação ao artigo 39 do CDADC de 1985).

O artigo 78 (1) do CDADC de 1985 restringe tal faculdade quando essa publicação consista em reprodução de lição anterior. Nesse caso a licitude da publicação fica dependente da autorização do autor da lição relevante.

II. O artigo 78 (2) do CDADC de 1985 acentua a restrição constante do artigo 78 (1) quando a fixação, estabelecimento ou restabelecimento do texto, em virtude da interpretação de que é alvo, seja susceptível de alterar substancialmente a respectiva tradição corrente. Tal como decorre do artigo 78 (1) do CDADC de 1985, a licitude da publicação fica dependente da autorização do autor da inovadora lição em causa.

O artigo 78 (1) do CDADC de 1985 parece exigir a originalidade da lição relevante (postulado natural do direito de autor) enquanto o artigo 78 (2) do CDADC de 1985 requer a novidade da obra em causa (*vide* anotação ao artigo 2 do CDADC de 1985). Em termos práticos, todavia, a licitude da publicação fica dependente da autorização do autor da lição relevante, seja ela meramente original ou altamente inovadora.

Artigo 79º – Prelecções

1 – As prelecções dos professores só podem ser publicadas por terceiros com autorização dos autores, mesmo que se apresentem como relato da responsabilidade pessoal de quem as publica.

2 – Não havendo especificação, considera-se que a publicação só se pode destinar ao uso dos alunos.

ANOTAÇÃO

I. O artigo 79 (1) do CDADC de 1985 veda a publicação de discursos didácticos, exposições de matéria perante auditórios, lições ou conferências de professores, ainda que colhidos por terceiros, sem autorização dos respectivos autores.

II. O artigo 79 (2) do CDADC de 1985 presume que na ausência de especificação, que pode resultar de estipulação contratual ou do próprio regulamento do estabelecimento de ensino, é permitida a publicação, em nome do acesso à informação, à cultura e ao conhecimento e, como tal, apenas para uso dos alunos.

Artigo 80º – Processo Braille

(Revogado)

Artigo 81º – Outras utilizações

É consentida a reprodução:

a) Em exemplar único, para fins de interesse exclusivamente científico ou humanitário, de obras ainda não disponíveis no comércio ou de obtenção impossível, pelo tempo necessário à sua utilização;

b) Para uso exclusivamente privado, desde que não atinja a exploração normal da obra e não cause prejuízo injustificado dos interesses legítimos do autor, não podendo ser utilizada para quaisquer fins de comunicação pública ou comercialização.

ANOTAÇÃO

O quadro nacional relativo às excepções e limitações foi alvo de extensa revisão aquando da implementação da Directiva sobre a Sociedade da Informação no ordenamento jurídico nacional, operada através da Lei 50/2004, de 24 de Agosto.

O artigo 5 (2) (a)-(b) da Directiva sobre a Sociedade da Informação foi implementado pelo artigo 75 (2) (a) do CDADC, que autoriza a reprografia, isto é, a reprodução de obra, para fins exclusivamente privados, em papel (ou suporte similar), realizada através de qualquer tipo de técnica fotográfica (ou processo com resultados semelhantes), com excepção das partituras, e a cópia privada, ou seja, a reprodução em qualquer meio, analógico ou digital, realizada por pessoa singular para uso privado e sem fins comerciais (quer directos, quer indirectos).

Subsiste o artigo 81 (b) do CDADC, inalterado, que previamente autorizava a cópia privada, em geral, e continua a fazê-lo, desde que os actos de reprodução em causa não atinjam a exploração normal da obra, nem causem prejuízo injustificado dos interesses legítimos do autor e as cópias assim feitas não sejam utilizadas para fins de comunicação pública ou comercialização.

Em termos de técnica legislativa, assinale-se uma duplicação legal dos conceitos de cópia privada e respectiva remuneração equitativa nos artigos 75 (2) (a), 76 (1) (b), 81 (b) e 82 do CDADC de 1985.

O artigo 81 (b) do CDADC também não foi alvo de alteração legislativa, mantendo-se, pois, a possibilidade de reproduzir, no todo ou em parte, obras que ainda não se encontrem disponíveis no comércio ou cuja obtenção seja impossível, desde que para fins unicamente científicos ou humanitários (excluindo-se, consequentemente, objectivos de foro comercial), em exemplar único e apenas durante o prazo necessário à sua utilização (o que implica, presumivelmente, a destruição do «exemplar único» findo esse prazo).

Artigo 82º – Compensação devida pela reprodução ou gravação de obras

1 – No preço de venda ao público de todos e quaisquer aparelhos mecânicos, químicos, eléctricos, electrónicos ou outros que permitam a fixação e reprodução de obras e, bem assim, de todos e quaisquer suportes materiais das fixações e reproduções que por qualquer desses meios possam obter-se, incluir-se-á uma quantia destinada a beneficiar os autores, os artistas, intérpretes ou executantes, os editores e os produtores fonográficos e *video*gráficos.

2 – (Revogado)

3 – O disposto no nº 1 deste artigo não se aplica quando os aparelhos e suportes ali mencionados sejam adquiridos por organismos de comunicação audiovisual ou produtores de fonogramas e videogramas exclusivamente para as suas próprias produções ou por organismos que os utilizem para fins exclusivos de auxílio a diminuídos físicos visuais ou auditivos.

ANOTAÇÃO

I. Admitindo-se que a noção de «cópia privada» produz efeitos negativos para os autores, faz-se acompanhar a sua previsão, no artigo 76 (1) (b) do CDADC de 1985, de uma remuneração equitativa a ser atribuída ao autor e, no contexto analógico, ao editor, pela entidade que tiver procedido à reprodução.

O artigo 82 do CDADC de 1985, que precede a implementação da Directiva sobre a Sociedade da Informação, já previa uma remuneração equitativa no que toca à reprodução analógica, preceito esse que não foi revogado.

Em termos de técnica legislativa, verifica-se uma duplicação legal dos conceitos de cópia privada e respectiva remuneração equitativa nos artigos 75 (2) (a), 76 (1) (b), 81 (b) e 82 do CDADC de 1985.

II. Decorria do artigo 82 (2) que o regime de remuneração equitativa era definido por decreto-lei.

Como tal, a remuneração equitativa foi regulada, no campo do analógico, pela chamada lei da cópia privada, Lei 62/98, de 1 de Setembro, cujo artigo 3 (2) estabelecia que «[s]empre que a utilização seja habitual e para servir o público, o preço de venda ao público das fotocópias, electrocópias e demais suportes inclui uma remuneração cujo montante é fixado por acordo entre a pessoa colectiva prevista no artigo 6 e as entidades públicas e privadas, com ou sem fins lucrativos, que utilizem aparelhos que permitam a fixação e a reprodução de obras e prestações».

Surpreendentemente, esta norma não chegou a ter aplicação prática. Segundo a Associação para a Gestão da Cópia Privada (AGECOP), a Lei 62/98 foi alvo de incumprimento generalizado, carecendo de acções de fiscalização para garantir o seu cumprimento (AGECOP, «Breve Análise do Estado da Cópia Privada em Portugal», 12 de Fevereiro de 2004).

Além disso, o Tribunal Constitucional concluiu, a este respeito, que a quantia ou remuneração prevista no mencionado diploma sobre cópia privada («quer deva ou não ser rigorosamente caracterizada como imposto ou antes como receita coactiva parafiscal, dele próxima») devia ser tratada no quadro da norma do artigo 103 (2) da Constituição da República, só podendo por isso ser fixada por lei, e tendo declarado inconstitucionais, com força obrigatória geral, as normas do artigo 3 (1)- (2) (Acórdão 616/2003, Tribunal Constitucional, Dezembro de 2003).

Tal como revistos aquando da implementação da Directiva sobre a Sociedade da Informação, os artigos 2-3 da Lei 62/98 incluíam a quantia de três por cento do preço de venda, antes da aplicação do IVA, no preço de venda ao público de todos e quaisquer aparelhos que permitam a fixação e reprodução de obras como finalidade única ou principal (com excepção dos equipamentos digitais) e dos suportes materiais virgens, digitais ou analógicos (com excepção do papel), bem como das fixações e reproduções que por qualquer desses meios possam obter-se.

A Lei 62/98 não se aplicava, pois, aos equipamentos digitais, incluindo os computadores, tendo a AGECOP considerado esta exclusão contrária ao espírito da directiva e tendo chamado a atenção para o facto de que dada evolução tecnológica dos últimos anos era de prever que os aparelhos analógicos desaparecessem brevemente do mercado e que os únicos instrumentos efectivamente usados para reprodução de obras permanecessem isentos de qualquer remuneração. Acrescentou a AGECOP que a referência à duração ou capacidade de armazenagem do suporte possibilitaria uma maior justiça material na cobrança (AGECOP, «Breve Análise do Estado da Cópia Privada em Portugal», 12 de Fevereiro de 2004).

O artigo 82 (2) do CDADC de 1985 foi revogado pela Lei 49/2015, de 05/06, na qual o Governo tentou alinhar o regime de compensação com a evolução tecnológica, sem o qual o regime da cópia privada carecia de sentido prático e impacto efectivo.

A Lei 49/2015, de 5 de Junho, a segunda alteração à Lei 62/98, de 1 de Setembro, que regula o disposto no artigo 82 do CDADC de 1985 sobre a compensação equitativa relativa à cópia privada, contempla uma taxa a incidir sobre os suportes que armazenam conteúdos digitais. Inclui-se uma quantia no preço de venda ou disponibilização de todos e quaisquer aparelhos que permitam a fixação de obras, excluindo-se, todavia, os programas de computador e as bases de dados constituídas por meios informáticos.

Em termos práticos as taxas da cópia privada abrangem hoje qualquer equipamento electrónico que tenha capacidade para reproduzir, armazenar ou replicar, *inter alia*, músicas, filmes, fotos, jogos ou programas de computador, variando consoante a capacidade de armazenamento dos dispositivos, mas têm tectos máximos que devem ser revistos com alguma frequência.

Em termos jurisprudenciais, assinale-se aqui um processo que teve por objecto um pedido de decisão prejudicial apresentado pela *Audiencia Provincial de Barcelona*, a propósito da compatibilidade da aplicação de uma taxa, a título de compensação equitativa, a todos os suportes digitais, com a Directiva sobre a Sociedade da Informação (*Padawan SL v. Sociedad General de Autores y Editores de España (SGAE)*, Acórdão do TJUE, Processo C-467/08, 21 de Outubro de 2010).

No seu acórdão, o TJUE sublinhou que o conceito de compensação equitativa, na acepção do artigo 5 (2) (b) da Directiva sobre a Sociedade da Informação, é um conceito autónomo de direito da União, que deve ser interpretado de maneira uniforme em todos os Estados Membros que tenham introduzido a excepção da cópia privada.

Avançou o mesmo Tribunal que em nome do justo equilíbrio a encontrar entre as pessoas visadas, a compensação equitativa deve ser calculada com base no prejuízo causado aos autores na sequência da introdução da excepção da cópia privada. É conforme com as exigências deste justo equilíbrio prever que as pessoas que dispõem de equipamentos, aparelhos e suportes de reprodução digital e que disponibilizam esses equipamentos a utilizadores privados, ou prestam a estes últimos um serviço de reprodução, são os devedores da compensação equitativa – na medida em que essas pessoas têm a possibilidade de repercutir esse encargo sobre os utilizadores privados, os quais surgem como os «devedores indirectos» da compensação equitativa.

Frisou o TJUE que este sistema de financiamento da compensação equitativa só é compatível com as exigências do justo equilíbrio se os equipamentos, aparelhos e suportes de reprodução em causa, puderem ser utilizados para fins de cópia privada e, como tal, causar um prejuízo aos autores.

Em termos probatórios, a partir do momento em que os equipamentos em causa são disponibilizados a pessoas singulares para fins privados, não é necessário demonstrar que estas realizaram cópias privadas com recurso a esses equipamentos, causando um prejuízo aos autores das obras reproduzidas.

Concluiu, assim, o TJUE que, o artigo 5 (2) (b) da Directiva sobre a Sociedade da Informação deve ser interpretado no sentido de que é necessária uma ligação entre a aplicação da taxa destinada a financiar a referida compensação equitativa e o uso presumido destes últimos para fins de reprodução privada. Por conseguinte, a aplicação da taxa da cópia privada a equipamentos, aparelhos e suportes de reprodução digital não disponibilizados a utilizadores privados e claramente reservados a usos que não o da cópia privada, não é conforme com a Directiva sobre a Sociedade da Informação.

Destaque-se, ainda, um processo que teve por objecto um pedido de decisão prejudicial apresentado pelo *Cour d'appel de Bruxelles*, no âmbito de um litígio respeitante a montantes reclamados a título de compensação equitativa (*Hewlett-Packard Belgium SPRL v. Reprobel SCRL*, Acórdão do TJUE, Processo C-572/13, 12 de Novembro de 2015).

Invocou o TJUE o Acórdão *Padawan*, no sentido de que a compensação equitativa deve ser vista como a contrapartida do prejuízo efectivamente sofrido pelo autor, notando que a interpretação aí feita desse conceito havia recorrido, nomeadamente, à interpretação do considerando trigésimo quinto dessa directiva, sendo, pois, válida para todas as excepções previstas no artigo 5 para as quais é exigida uma compensação equitativa (*Padawan SL v. Sociedad General de Autores y Editores de España (SGAE)*, Acórdão do TJUE, Processo C-467/08, 21 de Outubro de 2010).

Em função de tal critério, concluiu, aquele Tribunal, que a delimitação da «compensação equitativa» referida no artigo 5 (2) (a)-(b) da Directiva sobre a Sociedade da Informação, tem de distinguir o acto de reprodução consoante seja realizado por qualquer utilizador da reprodução ou por uma pessoa singular, para uso privado e sem fins comerciais directos ou indirectos.

No que toca aos beneficiários dessa compensação, esclareceu o TJUE, que os editores não figuram na lista de titulares do direito de reprodução constante do artigo 2 da Directiva sobre a Sociedade da Informação, pelo que não sofrem nenhum prejuízo na acepção acima referida, não fazendo sentido, em princípio, que beneficiem da compensação em causa.

No concernente às reproduções ilícitas, reiterou, aquele Tribunal, o entendimento de que o artigo 5 (2) (b) da Directiva sobre a Sociedade da Informação não abrange a execução de cópias privadas a partir de fontes ilícitas (nesse sentido *ACI Adam BV e outros v. Stichting de Thuiskopie, Stichting Onderhandelingen Thuiskopie vergoeding*, Acórdão do TJUE, Processo C-435/12, 10 de Abril de 2014, para. 41), opondo-se a um sistema de cobrança da compensação equitativa que abranja as reproduções feitas a partir dessas fontes.

Por último, em sede de fixação da compensação equitativa, o TJUE chamou a atenção para o facto de que um sistema que gere um excesso de compensação não é compatível com o considerando trigésimo primeiro da Directiva sobre a Sociedade da Informação, que manda salvaguardar um justo equilíbrio entre os titulares de direito e os utilizadores, pelo que «um sistema combinado de remunerações deve incluir mecanismos, nomeadamente de reembolso, que permitam a aplicação complementar dos critérios do prejuízo efectivo e do prejuízo estabelecido de forma fixa» (*Hewlett-Packard Belgium SPRL v. Reprobel SCRL*, Acórdão do TJUE, Processo C-572/13, 12 de Novembro de 2015, para. 87).

Pouco depois, o mesmo Tribunal debruçou-se de novo sobre a questão da compensação equitativa num processo que teve na origem um pedido de decisão prejudicial apresentado pelo Tribunal Supremo de Espanha, no âmbito de um litígio que opôs a *Entidad de Gestión de Derechos de los Productores Audiovisuales* (EGEDA), a *Derechos de Autor de Medios Audiovisuales* (DAMA) e a *Visual Entidad de Gestión de Artistas Plásticos* (VEGAP) à *Administración del Estado e à Asociación Multisectorial de Empresas de la Electrónica, las Tecnologías de la Información y la Comunicación, de las Telecomunicaciones y de los contenidos Digitales* (Ametic) a respeito da regulamentação nacional relativa ao sistema de compensação equitativa por cópia privada financiada pelo Orçamento Geral do Estado (*EGEDA, DAMA e VEGAP v. Administración del Estado e AMETIC*, Acórdão do TJUE, Processo C-470/14, de 9 de Junho de 2016).

Tal como no Processo *Reprobel*, o TJUE estabeleceu balizas neste campo, começando por notar que são os beneficiários da excepção em causa que causam prejuízo aos titulares de direitos, pelo que lhes cabe a eles e não ao contribuinte reparar esse prejuízo. Concluiu, aquele Tribunal, que o artigo 5 (2) (b) da Directiva sobre a Sociedade da Informação se opõe a um sistema de compensação equitativa que seja financiado pelo Orçamento Geral do Estado e não pelos beneficiários da cópia privada.

III. O artigo 82 (3) do CDADC de 1985 estabelece duas excepções ao regime de compensação equitativa, regime esse que é afastado quando os aparelhos e suportes relevantes sejam adquiridos (i) por organismos de comunicação audiovisual ou produtores de fonogramas e videogramas exclusivamente para as suas próprias produções ou (ii) por organismos que os utilizem para fins exclusivos de auxílio a diminuídos físicos visuais ou auditivos.

A primeira excepção tem em conta que a fixação da obra depende de autorização do autor da obra fixada (*vide* anotação ao artigo 141 (1) do CDADC dc 1985 1985) e a segunda excepção é claramente de interesse público.

SECÇÃO II – Da utilização permitida

Artigo 82º-A – Definições

Para efeitos da presente secção, entende-se por:

a) «Obra ou outro material» uma obra protegida nos termos do presente Código, publicada ou licitamente disponibilizada ao público, sob a forma de um livro, uma publicação periódica, um jornal, uma revista ou outros tipos de escritos ou notações, incluindo partituras, bem como ilustrações conexas, independentemente do respectivo suporte, incluindo sob formato sonoro, como audiolivros, e sob a forma digital;

b) «Pessoa beneficiária» independentemente de qualquer outra deficiência, uma pessoa cega ou uma pessoa com deficiência visual que não possa ser minorada de modo a proporcionar uma função visual substancialmente equivalente à de uma pessoa não afectada por essa deficiência, e que, nessa medida, seja incapaz de ler obras impressas na mesma medida que uma pessoa não afectada por essa deficiência; ou uma pessoa que tenha uma dificuldade em termos de percepção ou leitura e que, consequentemente, seja incapaz de ler obras impressas na mesma medida que uma pessoa não afectada por tal dificuldade; ou uma pessoa que seja incapaz, devido a uma deficiência física, de segurar ou manusear um livro ou de fixar ou deslocar os olhos de uma forma que permita a leitura;

c) «Cópia em formato acessível» uma cópia de uma obra ou outro material, num suporte ou formato alternativo que permita à pessoa beneficiária o acesso à obra ou outro material, nomeadamente que lhe permita dispor de um acesso tão fácil e confortável quanto uma pessoa não afectada pelas deficiências ou pelas dificuldades referidas na alínea anterior. Os formatos acessíveis incluem, designadamente, braille, letras grandes, livros digitais adaptados, audiolivros e radiodifusão;

d) «Entidade autorizada» uma entidade autorizada ou reconhecida por um Estado-Membro para prestar, às pessoas beneficiárias, serviços sem fins lucrativos em matéria de educação, formação pedagógica, leitura adaptada ou acesso à informação. Aqui se incluem as instituições públicas ou organizações sem fins lucrativos que proporcionem os mesmos serviços aos beneficiários no quadro de uma das suas actividades principais, obrigações institucionais ou enquanto parte das suas missões de interesse público.

ANOTAÇÃO

O artigo 82-A do CDADC 1985 foi introduzido pela Lei 92/2019, que procedeu à transposição, para a ordem jurídica interna, da Directiva sobre Utilizações Permitidas em Benefício de Pessoas com Deficiência Visual. *Vide* anotação ao artigo 75 (2) (i) do CDADC de 1985.

O artigo 82-A do CDADC de 1985 define, neste contexto, os que se deve entender por «obra ou outro material», por «pessoa beneficiária» beneficiária», por «cópia em formato acessível» e por «entidade autorizada». Realce-se que:

- «Obra ou outro material» pode ter qualquer suporte, podendo tratar-se de um registo de natureza sonora (por exemplo, audiolivros) e ter formato digital;
- «Pessoa beneficiária» não é apenas a pessoa cega, mas também a que tem deficiência visual ou outras dificuldades de acesso a textos impressos;
- «Cópia em formato acessível» consiste numa cópia em suporte ou formato alternativo, incluindo braille, letras grandes, livros digitais adaptados, audiolivros e radiodifusão; e
- «Entidade autorizada» monta a uma entidade autorizada ou reconhecida por um Estado Membro, entidade essa que presta certos serviços, às referidas pessoas beneficiárias, sem fins lucrativos.

Artigo 82º-B – Utilizações permitidas

1 – São lícitas, sem o consentimento do titular do direito de autor e direito conexo, as utilizações de uma obra ou outro material, sem intuito lucrativo, em benefício de pessoas beneficiárias nos termos do presente artigo.

2 – As utilizações previstas no número anterior referem-se ao actos de reprodução, radiodifusão, comunicação ao público, incluindo a sua colocação à disposição do público, distribuição, comodato, bem como os actos previstos nos artigos 7º e 12º do Decreto-Lei 122/2000, de 4 de Julho, e os previstos nos artigos 5º e 8º do Decreto-Lei 252/94, de 20 de Outubro, na sua redacção actual, desde que sejam necessários para que:

a) Uma pessoa beneficiária ou uma pessoa que actue em seu nome faça uma cópia em formato acessível de uma obra ou de outro material a que tenha acesso legal para a utilização exclusiva da mesma;

b) Uma entidade autorizada faça uma cópia em formato acessível de uma obra ou outro material a que tenha um acesso legal ou que comunique, coloque à disposição, distribua ou disponibilize em comodato, sem fins lucrativos, uma cópia em formato acessível à pessoa beneficiária ou outra entidade autorizada para efeitos de utilização exclusiva daquela.

3 – Cada cópia em formato acessível deverá respeitar a integridade da obra ou outro material, tendo em consideração as alterações necessárias para disponibilizar a obra ou outro material em formato alternativo.

4 – A excepção e os modos de exercício das utilizações previstos no presente artigo não devem atingir a exploração normal da obra ou outro material, nem causar prejuízo injustificado aos interesses legítimos do titular do direito.

5 – É nula a cláusula contratual que vise eliminar ou impedir o exercício normal, pela pessoa beneficiária, das utilizações previstas no presente artigo.

ANOTAÇÃO

I. O artigo 82-B do CDADC 1985 foi introduzido pela Lei 92/2019 que procedeu à transposição, para a ordem jurídica interna, da Directiva sobre Utilizações Permitidas em Benefício de Pessoas com Deficiência Visual, estabelecendo as fronteiras das «utilizações permitidas» na sequência de tal transposição. *Vide* anotação ao artigo 75 (2) (i) do CDADC de 1985.

O artigo 82-B (1) do CDADC torna lícitos, sem autorização dos titulares de direitos relevantes, certos usos de obras e prestações protegidas, desde que esses usos não tenham intuito lucrativo e sejam executados em benefício de «pessoas beneficiárias». *Vide* anotação ao artigo 82-A do CDADC de 1985.

II. O artigo 82-B (2) do CDADC 1985 elenca os usos permitidos em benefício de pessoas com deficiências de foro visual:

- Em relação a obras e prestações protegidas, em geral: actos de reprodução, radiodifusão, comunicação ao público, incluindo a sua colocação à disposição do público, distribuição e comodato;
- Em relação a bases de dados originais (incluindo bases derivadas destas): actos de reprodução, transformação, distribuição, comunicação, exposição ou representação pública;
- Em relação a bases de dados não originais: actos de extracção e de reutilização; e
- Em relação a programas de computador: actos de reprodução, transformação, pôr em circulação e locação.

Acrescenta o artigo 82-B (2) do CDADC 1985 que tais actos apenas são lícitos se forem necessários para que:

- Uma «pessoa beneficiária» (ou outrem em seu nome), que tenha acesso legítimo a certa obra ou prestação protegida, faça uma cópia da mesma, para seu uso exclusivo, em formato acessível; ou
- Uma «entidade autorizada», que tenha acesso legítimo a certa obra ou prestação protegida, faça uma cópia da mesma, em formato acessível ou disponibilize tal cópia, sem fins lucrativos, a uma «pessoa beneficiária» ou a outra «entidade autorizada» para uso exclusiva daquela.

Ou seja: a utilização de uma obra ou prestação protegida só é permitida pela lei, se a pessoa ou entidade que executa cópia da mesma em formato acessível tiver acesso legítimo a tal obra ou prestação. O acesso ilícito veda a aplicação desta excepção.

Vide anotação ao artigo 82-A do CDADC de 1985.

III. O artigo 82-B (3) do CDADC 1985 relembra, em sede de direitos morais, a necessidade de respeitar a integridade da obra ou prestação em causa, permitindo, todavia, as alterações necessárias para garantir a disponibilização em formato acessível. *Vide* anotações aos artigos 56 e 59 do CDADC de 1985.

IV. O artigo 82-B (4) do CDADC 1985, invoca o célebre teste dos três passos, em harmonia com o artigo 3 (3) da Directiva sobre Utilizações Permitidas em Benefício de Pessoas com Deficiência Visual, notando que os usos permitidos por este preceito não devem atingir a exploração normal da obra ou prestação, nem causar prejuízo injustificado aos interesses legítimos dos titulares de direitos relevantes. *Vide* sobre o teste dos três passos a anotação ao artigo 75 (4) do CDADC de 1985.

V. O artigo 82-B (5) do CDADC 1985 implementa um princípio constante do artigo 3 (4) da Directiva sobre Utilizações Permitidas em Benefício de Pessoas com Deficiência Visual, afastando qualquer cláusula contratual que elimine ou impeça os usos permitidos pelo artigo 82-B do CDADC 1985. *Vide* anotação ao artigo 75 (5) do CDADC de 1985.

Artigo 82º-C – Entidades autorizadas

1 – As entidades autorizadas estabelecidas no território nacional que realizem as actividades previstas na alínea *b*) do nº 2 do artigo anterior devem garantir, nas suas práticas:

a) Que a distribuição, comunicação e colocação à disposição de cópias em formato acessível se faça unicamente a favor de pessoas beneficiárias ou de outras entidades autorizadas;

b) A adopção de medidas adequadas para desincentivar a reprodução, distribuição, comunicação ou disponibilização ao público de cópias não autorizadas em formato acessível;

c) A adopção das devidas diligências para assegurar o registo adequado e a utilização correcta das obras ou de outro material, bem como das respectivas cópias em formato acessível;

d) A publicação e actualização, no seu sítio na *Internet* se for caso disso, ou através de outros canais, *online* ou *offline*, de informações sobre a forma como dá cumprimento às obrigações previstas nas alíneas anteriores.

2 – As práticas referidas no número anterior devem ser estabelecidas e seguidas com respeito pelas regras aplicáveis ao tratamento dos dados pessoais das pessoas beneficiárias.

3 – As entidades autorizadas estabelecidas no território nacional podem realizar os actos previstos na alínea *b)* do nº 2 do artigo anterior a favor de uma pessoa beneficiária ou outra entidade autorizada estabelecida em qualquer outro Estado-Membro.

4 – Uma pessoa beneficiária ou entidade autorizada no seu território pode obter ou ter acesso a uma cópia em formato acessível junto de uma entidade autorizada estabelecida em qualquer Estado-Membro.

5 – As entidades autorizadas estabelecidas no território nacional, que levem a cabo as actividades referidas na alínea *b)* do nº 2 do artigo anterior, devem fornecer as seguintes informações, mediante pedido e de forma acessível, a qualquer pessoa beneficiária, entidade autorizada ou titular do direito:

a) A lista das obras ou de outro material das quais detenham cópias em formato acessível e os formatos disponíveis; e

b) A denominação e os dados de contacto das entidades autorizadas com as quais tenham efectuado o intercâmbio de cópias em formato acessível nos termos da alínea *b)* do nº 2 do artigo anterior.

6 – As entidades autorizadas que levem a cabo as actividades referidas na alínea *b)* do nº 2 do artigo anterior, nos termos dos nºs 3 e 4, devem comunicar ao Instituto Nacional para a Reabilitação, I.P., os nomes e contactos das demais entidades.

ANOTAÇÃO

I. O artigo 82-C do CDADC 1985 foi introduzido pela Lei 92/2019 que procedeu à transposição, para a ordem jurídica interna, da Directiva sobre Utilizações Permitidas em Benefício de Pessoas com Deficiência Visual, estabelecendo as fronteiras das «utilizações permitidas» na sequência de tal transposição. *Vide* anotação ao artigo 75 (2) (i) do CDADC de 1985.

O artigo 82-C (1) do CDADC 1985 estabelece obrigações a serem cumpridas pelas entidades autorizadas, no âmbito da execução dos actos permitidos pelo artigo 82-B do CDADC 1985 (*vide* respectiva anotação), como por exemplo a adopção de «medidas adequadas» para desincentivar o uso ilícito de cópias em formato acessível (sem que seja esclarecido, todavia, em que consistem tais medidas adequadas).

II. O artigo 82-C (2) do CDADC 1985 recorda a necessidade de respeitar as regras aplicáveis ao tratamento de dados pessoais das pessoas beneficiárias no que toca aos actos realizados ao abrigo do artigo 82-C (1) do CDADC 1985.

III. O artigo 82-C (3) do CDADC 1985 permite que uma entidade autorizada, estabelecida no território nacional, que tenha acesso legítimo a certa obra ou prestação protegida, faça uma cópia da mesma, em formato acessível ou disponibilize tal cópia, sem fins lucrativos, a favor de uma pessoa beneficiária ou de uma entidade autorizada estabelecida em qualquer outro Estado Membro.

IV. O artigo 82-C (4) do CDADC 1985 confirma o princípio contido no artigo 82-C (3) do CDADC 1985, ao afirmar que uma pessoa beneficiária ou uma entidade autorizada no território de um Estado Membro, pode obter ou ter acesso a uma cópia em formato acessível junto de uma entidade autorizada estabelecida noutro Estado Membro.

V. O artigo 82-C (5) do CDADC 1985 determina, em conformidade com o princípio da transparência, que uma entidade autorizada, estabelecida no território nacional, que tenha acesso legítimo a certa obra ou prestação protegida, faça uma cópia da mesma, em formato acessível ou disponibilize tal cópia, sem fins lucrativos, a uma pessoa beneficiária ou a outra entidade autorizada para uso exclusiva daquela, deve fornecer certas informações, mediante pedido, de forma inteligível, a qualquer pessoa beneficiária, entidade autorizada ou titular do direitos.

VI. Decorre do artigo 82-C (6) do CDADC 1985, na sequência do artigo 82-C (3)-(4) do CDADC 1985, que as entidades autorizadas têm de fornecer ao Instituto Nacional para a Reabilitação, I.P., os nomes e contactos das demais entidades.

CAPÍTULO III – Das utilizações em especial

ANOTAÇÃO

Preliminarmente, há que distinguir, no contexto desta matéria, entre o contrato mediante o qual o titular de um direito de propriedade intelectual concede, à outra parte, a faculdade de explorar tal direito em contrapartida do pagamento de uma remuneração, do contrato em que uma parte se obriga a prestar um serviço em contrapartida de uma remuneração.

Esta distinção foi examinada num processo que teve por objecto um pedido de decisão prejudicial apresentado pelo *Oberster Gerichtshof*, Tribunal esse que perguntou, *inter alia*, ao TJUE, se um contrato mediante o qual o titular de um direito de propriedade intelectual concede ao seu co-contratante a faculdade de explorar esse direito em função do pagamento de uma remuneração era um contrato de prestação de serviços (na acepção do artigo 5 (1) (b) do Regulamento 44/2001, *vide Falco Privatstiftung e T. Rabitsch v. Gisela Weller-Lindhorst*, Acórdão do TJUE, Processo C-533/07, 23 de Abril de 2009).

No seu acórdão, o TJUE frisou que o conceito de serviços implica, pelo menos, que a parte que os presta execute uma actividade determinada em contrapartida de uma remuneração, sendo que o contrato mediante o qual o titular de um direito de propriedade intelectual concede, à outra parte, a faculdade de explorar esse direito mediante o pagamento de uma remuneração não implica tal actividade. O titular de um direito de propriedade intelectual não efectua nenhuma prestação de serviços ao conceder a exploração desse direito, obrigando-se unicamente a permitir que o seu co-contratante explore livremente tal direito e a não contestar essa exploração. Dessarte, um contrato mediante o qual o titular de um direito de propriedade intelectual concede à outra parte a faculdade de explorar tal direito em contrapartida do pagamento de uma remuneração, não é um contrato de prestação de serviços.

Já no contexto da obra encomendada faz sentido o recurso às regras do contrato de prestação de serviços. Como se referiu *supra*, a encomenda é o contrato em que alguém se obriga a produzir uma obra literária ou artística para outra parte, fora do âmbito de um contrato de trabalho ou do cumprimento de um dever funcional – definição esta que se compagina com o raciocínio do TJUE no que toca à natureza do contrato de prestação de serviços.

Quando as partes não celebram um contrato inominado ou atípico de prestação de serviços, mas um contrato nominado e dotado de regras próprias, com assento no do CDADC de 1985, estas têm primazia.

SECÇÃO I – Da edição

Artigo 83º – Contrato de edição

Considera-se de edição o contrato pelo qual o autor concede a outrem, nas condições nele estipuladas ou previstas na lei, autorização para produzir por conta própria um número determinado de exemplares de uma obra ou conjunto de obras, assumindo a outra parte a obrigação de os distribuir e vender.

ANOTAÇÃO

No contrato de edição, o autor autoriza o editor a reproduzir, distribuir e vender exemplares da sua obra. O número de exemplares pode ser estipulado contratualmente ou pela lei (*vide* anotação ao artigo 86 (3) do CDADC de 1985), montando, então, pelo menos, a dois mil exemplares.

O editor assume a obrigação de editar por sua conta e risco, o que significa que acarreta os prejuízos ou beneficia dos lucros que daí advenham, sem prejuízo de remuneração ao autor nos termos contratados.

Note-se que da autorização para edição não decorre uma transmissão de direitos (*vide* anotações aos artigos 41 e 88 (1) do CDADC de 1985).

Artigo 84º – Outros contratos

1 – Não se considera contrato de edição o acordo pelo qual o autor encarrega outrem de:

a) Produzir por conta própria um determinado número de exemplares de uma obra e assegurar o seu depósito, distribuição e venda, convencionando as partes dividir entre si os lucros ou os prejuízos da respectiva exploração;

b) Produzir um determinado número de exemplares da obra e assegurar o seu depósito, distribuição e venda por conta e risco do titular do direito, contra o pagamento de certa quantia fixa ou proporcional;

c) Assegurar o depósito, distribuição e venda de exemplares da obra por ele mesmo produzidos, mediante pagamento de comissão ou qualquer outra forma de retribuição.

2 – O contrato correspondente às situações caracterizadas no número anterior rege-se pelo que estipula o seu teor, subsidiariamente pelas disposições legais relativas à associação em participação, no caso da alínea *a)*, e ao contrato de prestação de serviços nos casos das alíneas *b)* e *c)*, e supletivamente pelos usos correntes.

ANOTAÇÃO

I. No contrato de edição o editor assume uma obrigação por sua conta e risco (*vide* anotação ao artigo 83 do CDADC de 1985). Consequentemente, o artigo 84 (1) do CDADC de 1985 não qualifica como contrato de edição os casos em que (i) o autor e o editor partilham os lucros ou prejuízos advenientes da exploração, (ii) o autor procede ao pagamento de certa quantia fixa ou proporcional ao editor, (iii) o autor produz os exemplares e encarrega outra entidade de proceder à sua distribuição mediante pagamento de comissão ou outra retribuição.

II. Decorre do artigo 84 (2) do CDADC de 1985 que nos deparamos, no primeiro caso, com um contrato de associação em participação e, nos segundo e terceiro casos, com um contrato de prestação de serviços.

Em tais situações há que ter em conta, subsidiariamente, as disposições legais relativas à associação em participação, o regime legal do contrato de prestação de serviços e, supletivamente, os usos correntes.

Artigo 85º – Objecto

O contrato de edição pode ter por objecto uma ou mais obras, existentes ou futuras, inéditas ou publicadas.

ANOTAÇÃO

Permite a lei que o contrato de edição incida sobre obra futura, mas com os limites resultantes dos artigos 48 e 104 do CDADC de 1985.

O artigo 48 do CDADC de 1985 estabelece um prazo máximo de dez anos para a disposição antecipada do direito de autor, daí resultando redução legal desse prazo se exceder o referido prazo máximo e a nulidade do contrato sem prazo limitado (*vide* anotação ao artigo 48 do CDADC de 1985).

O artigo 104 permite, entre outras coisas, a fixação judicial do prazo de entrega de obra futura, na ausência de fixação contratual (*vide* anotação ao artigo 104 do CDADC de 1985).

Artigo 86º – Conteúdo

1 – O contrato de edição deve mencionar o número de edições que abrange, o número de exemplares que cada edição compreende e o preço de venda ao público de cada exemplar.

2 – Se o número de edições não tiver sido contratualmente fixado, o editor só está autorizado a fazer uma.

3 – Se o contrato de edição for omisso quanto ao número de exemplares a tirar, o editor fica obrigado a produzir, pelo menos, 2.000 exemplares da obra.

4 – O editor que produzir exemplares em número inferior ao convencionado pode ser coagido a completar a edição e, se não o fizer, poderá o titular do direito de autor contratar com outrem, a expensas do editor, a produção do número de exemplares em falta, sem prejuízo do direito a exigir deste indemnização por perdas e danos.

5 – Se o editor produzir exemplares em número superior ao convencionado, poderá o titular do direito de autor requerer a apreensão judicial dos exemplares a mais e apropriar-se deles, perdendo o editor o custo desses exemplares.

6 – Nos casos de o editor já ter vendido, total ou parcialmente, os exemplares a mais ou de o titular do direito de autor não ter requerido a apreensão, o editor indemnizará este último por perdas e danos.

7 – O autor tem o direito de fiscalizar, por si ou seu representante, o número de exemplares da edição, podendo, para esse efeito e nos termos da lei, exigir exame à escrituração comercial do editor ou da empresa que produziu os exemplares, se esta não pertencer ao editor, ou recorrer a outro meio que não interfira com o fabrico da obra, como seja a aplicação da sua assinatura ou chancela em cada exemplar.

ANOTAÇÃO

I. O artigo 86 (1) do CDADC de 1985 exige, para defesa do autor, que o contrato de edição contenha certa informação de foro básico: o número de edições, o número de exemplares por edição e o preço de venda ao público.

II. O artigo 86 (2) do CDADC de 1985 contém uma presunção *iuris et de iure*: se o contrato de edição não mencionar o número de edições o editor só está autorizado a fazer uma. Uma edição subsequente requer, pois, a celebração de novo contrato de edição.

III. O artigo 86 (3) do CDADC de 1985 estabelece uma outra presunção *iuris et de iure*: se o contrato de edição não mencionar o número de exemplares o editor fica obrigado a produzir, pelo menos, dois mil exemplares da obra, obstando-se, assim, à produção de um número insuficiente de exemplares e possibilitando, minimamente, a divulgação da obra.

IV & V. O artigo 86 (4)-(5) do CDADC de 1985 trata das consequências da violação do preceito anterior. Se o editor produzir exemplares em número inferior ao convencionado (ou estipulado supletivamente pela lei) o autor pode recorrer à via judicial e exigir a produção dos exemplares em falta pelo editor ou por terceiro por conta do editor, sem prejuízo do direito a exigir uma indemnização por perdas e danos. Se o editor produzir exemplares em número superior ao convencionado (ou estipulado supletivamente pela lei), o autor pode requerer a apreensão judicial dos exemplares a mais.

VI. Não sendo viável a apreensão judicial dos exemplares a mais por já terem sido vendidos, o autor pode requer uma indemnização por perdas e danos (artigo 86 (6) do CDADC de 1985).

VII. Para garantir o cumprimento contratual, neste contexto, o artigo 86 (7) do CDADC de 1985 concede ao autor o direito de fiscalizar o número de exemplares da edição.

Vide anotação artigo 106 do CDADC de 1985 no que toca à resolução do contrato de edição por incumprimento contratual.

Artigo 87º – Forma

1 – O contrato de edição só tem validade quando celebrado por escrito.

2 – A nulidade resultante da falta de redução do contrato a escrito presume-se imputável ao editor e só pode ser invocada pelo autor.

ANOTAÇÃO

I. Em harmonia com o artigo 41 (2) do CDADC de 1985 (*vide* respectiva anotação), determina o artigo 87 (1) do CDADC de 1985 que o contrato de edição só tem validade quando celebrado por escrito.

II. Presume o artigo 87 (2) do CDADC de 1985 que a nulidade resultante da falta de redução do contrato a escrito é imputável ao editor, nulidade essa que não pode, consequentemente, ser invocada pelo editor, mas apenas pelo autor, para protecção deste.

Artigo 88º – Efeitos

1 – O contrato de edição não implica a transmissão, permanente ou temporária, para o editor do direito de publicar a obra, mas apenas a concessão de autorização para reproduzir e comercializar nos precisos termos do contrato.

2 – A autorização para a edição não confere ao editor o direito de traduzir a obra, de a transformar ou adaptar a outros géneros ou formas de utilização, direito esse que fica sempre reservado ao autor.

3 – O contrato de edição, salvo o disposto no nº 1 do artigo 103º ou estipulação em contrário, inibe o autor de fazer ou autorizar nova edição da mesma obra na mesma língua, no País ou no estrangeiro, enquanto não estiver esgo-

tada a edição anterior ou não tiver decorrido o prazo estipulado, excepto se sobrevierem circunstâncias tais que prejudiquem o interesse da edição e tornem necessária a remodelação ou actualização da obra.

ANOTAÇÃO

I & II. O artigo 88 (1)-(2) do CDADC de 1985 restringe os efeitos do contrato de edição, tornando claro que a concessão de autorização para reproduzir e comercializar não implica a transmissão, permanente ou temporária, do direito de publicar a obra (artigo 88 (1) do CDADC de 1985, na esteira do artigo 41 (2) do CDADC de 1985), nem confere ao editor o direito de traduzir, transformar ou adaptar a obra a outros géneros ou formas de utilização (artigo 88 (2) do CDADC de 1985).

Do contrato de edição decorre uma autorização para reproduzir e comercializar a obra nos precisos termos do contrato e não uma atribuição ao editor de qualquer direito de autor.

III. Por sua vez, o artigo 88 (3) do CDADC de 1985 impede o autor de fazer ou autorizar nova edição da mesma obra, enquanto não estiver esgotada a edição anterior ou não tiver decorrido o prazo estipulado, salvo convenção em contrário. Desvia-se, assim, a lei do princípio de não exclusividade, consignado no artigo 41 (2) do CDADC de 1985, para protecção do investimento do editor.

O artigo 88 (3) do CDADC de 1985 pode, todavia, ser afastado se emergirem circunstâncias que tornem necessária a remodelação ou actualização da obra (artigo 88 (3) do CDADC de 1985 *in fine*).

Mais, o autor pode celebrar com outro editor um contrato de edição das suas obras completas, desde que tal não afecte as vantagens asseguradas ao editor em contrato anterior (artigo 103 (1) e (3) do CDADC de 1985).

Artigo 89º – Obrigações do autor

1 – O autor obriga-se a proporcionar ao editor os meios necessários para cumprimento do contrato, devendo, nomeadamente, entregar, nos prazos convencionados, o original da obra objecto da edição em condições de poder fazer-se a reprodução.

2 – O original referido no número anterior pertence ao autor, que tem o direito de exigir a sua restituição logo que esteja concluída a edição.

3 – Se o autor demorar injustificadamente a entrega do original, de modo a comprometer a expectativa do editor, pode este resolver o contrato, sem embargo do pedido de indemnização por perdas e danos.

4 – O autor é obrigado a assegurar ao editor o exercício dos direitos emergentes do contrato de edição contra os embargos e turbações provenientes

de direitos de terceiros em relação à obra a que respeita o contrato, mas não contra embaraços e turbações provocados por mero facto de terceiros.

ANOTAÇÃO

I. O autor tem como obrigação primordial entregar o original dentro do prazo convencionado (artigo 89 (1) do CDADC de 1985).

Abrangendo o contrato de edição obra futura, na ausência de fixação contratual do prazo de entrega do original pode verificar-se a fixação judicial do prazo de entrega (*vide* anotação ao artigo 104 do CDADC de 1985).

II. O artigo 89 (2) do CDADC de 1985 harmoniza-se com o artigo 88 (1)-(2) do CDADC de 1985 que, na esteira do artigo 41 (2) do CDADC de 1985, restringe os efeitos do contrato de edição. Trata-se de uma disposição criada para o meio analógico e dotada de menos importância na era digital.

III. O contrato de edição pode ser resolvido face a uma demora injustificada que comprometa a expectativa do editor (artigo 89 (3) do CDADC de 1985, *vide* anotação ao artigo 106 (1) (c) do CDADC de 1985).

IV. O artigo 89 (4) do CDADC de 1985 versa sobre os casos em que os direitos que o autor concedeu ao editor em relação a certa obra são alvo de «embaraços e turbulências» em virtude de direitos que o autor concedeu a terceiros no que toca à mesma obra. O artigo 89 (4) do CDADC de 1985 não abrange, note-se, o exercício turbulento de direitos de edição quando causado por terceiros a quem não foram cedidos direitos sobre a mesma obra.

Artigo 90º – Obrigações do editor

1 – O editor é obrigado a consagrar à execução da edição os cuidados necessários à reprodução da obra nas condições convencionadas e a fomentar, com zelo e diligência, a sua promoção e a colocação no mercado dos exemplares produzidos, devendo, em caso de incumprimento, indemnização ao autor por perdas e danos.

2 – Não havendo convenção em contrário, o editor deve iniciar a reprodução da obra no prazo de seis meses a contar da entrega do original e concluí-la no prazo de 12 meses a contar da mesma data, salvo caso de força maior devidamente comprovado, em que o editor deve concluir a reprodução no semestre seguinte à expiração deste último prazo.

3 – Não se consideram casos de força maior a falta de meios financeiros para custear a edição nem o agravamento dos respectivos custos.

4 – Se a obra versar assunto de grande actualidade ou de natureza tal que perca o interesse ou a oportunidade em caso de demora na publicação, o editor será obrigado a dar início imediato à reprodução e a tê-la concluída em prazo susceptível de evitar os prejuízos da perda referida.

ANOTAÇÃO

I. O editor tem a obrigação de reproduzir a obra de acordo com as condições acordadas e a fomentar, com zelo e diligência, a sua promoção e colocação no mercado. Em caso de incumprimento deve ao autor indemnização por perdas e danos (artigo 90 (1) do CDADC de 1985).

II. De acordo com o artigo 90 (2) do CDADC de 1985, não havendo convenção em contrário, a obra deve ser editada no prazo de 12 meses a contar da entrega ou, havendo motivo de força maior, de dezoito meses.

Salvo caso de força maior devidamente comprovado o incumprimento do prazo para edição da obra, acordado entre as partes ou previsto supletivamente no artigo 90 (2) do CDADC de 1985, pode ser invocado para resolução do contrato de edição (*vide* anotação ao artigo 106 (c) do CDADC de 1985).

III. O artigo 90 (3) do CDADC de 1985 não considera casos de força maior a falta de meios financeiros para custear a edição nem o agravamento dos respectivos custos, raciocínio esse que também é seguido no contexto, da reedição de obra esgotada e das reedições e edições sucessivas (*vide* anotações aos artigos 52 (2) e 105 (5) do CDADC de 1985).

IV. O artigo 90 (4) do CDADC de 1985 altera o prazo supletivamente definido no artigo 90 (1) do CDADC de 1985, quando a obra se dedica a tema de grande actualidade ou de natureza tal que perca o interesse ou a oportunidade em caso de demora na publicação. Nesse caso, o editor dever iniciar de imediato a reprodução e concluí-la em tempo útil.

Artigo 91º – Retribuição

1 – O contrato de edição presume-se oneroso.

2 – A retribuição do autor é a estipulada no contrato de edição e pode consistir numa quantia fixa, a pagar pela totalidade da edição, numa percentagem sobre o preço de capa de cada exemplar, na atribuição de certo número de exemplares, ou em prestação estabelecida em qualquer outra base, segundo a natureza da obra, podendo sempre recorrer-se à combinação das modalidades.

3 – Na falta de estipulação quanto à retribuição do autor, tem este direito a 25 % sobre o preço de capa de cada exemplar vendido.

4 – Se a retribuição consistir numa percentagem sobre o preço de capa, incidirão no seu cálculo os aumentos ou reduções do respectivo preço.

5 – Exceptuando o caso do artigo 99º, o editor só pode determinar reduções do preço com o acordo do autor, a menos que lhe pague a retribuição correspondente ao preço anterior.

ANOTAÇÃO

I. O artigo 91 (1) do CDADC de 1985 presume que o contrato de edição consiste num contrato oneroso (*vide* anotação ao artigo 41 (2) do CDADC de 1985). Trata-se de uma presunção *iuris tantum,* e como tal ilidível por prova em contrário.

II. A retribuição do autor pode consistir numa quantia fixa, numa percentagem sobre o preço de capa de cada exemplar, na atribuição de certo número de exemplares, em prestação estabelecida em qualquer outra base, ou numa combinação de modalidades (artigo 91 (2) do CDADC de 1985).

Em regra, o autor recebe uma percentagem sobre o preço de capa de cada exemplar, daí a necessidade de prestação de contas pelo editor e o direito de fiscalização das mesmas pelo autor (*vide* anotação ao artigo 96 do CDADC de 1985).

III. Na falta de estipulação quanto à retribuição do autor, estipula o artigo 91 (3) do CDADC de 1985, que este tem direito a vinte e cinco por cento sobre o preço de capa de cada exemplar vendido. Trata-se de uma presunção *iuris et de iure.*

IV. No que toca ao cálculo da retribuição, quando esta consista numa percentagem sobre o preço de capa, há que ter em conta, para efeitos de cálculo, os aumentos ou reduções do respectivo preço (artigo 91 (4) do CDADC de 1985).

V. O artigo 86 (1) do CDADC de 1985 exige que o contrato de edição determine o preço de venda ao público. Trata-se de um elemento sujeito a convenção entre as partes. Como tal, só por acordo entre as partes pode o preço em causa ser reduzido (artigo 91 (5) do CDADC de 1985) a não ser que o editor pague ao autor o preço previamente acordado (uma vez que a edição corre por sua conta e risco) ou que se justifique a venda de exemplares em saldo ou a peso (*vide* anotações aos artigos 52 (2) e 105 (5) do CDADC de 1985).

Artigo 92º – Exigibilidade do pagamento

O preço da edição considera-se exigível logo após a conclusão da edição, nos prazos e condições que define o artigo 90º, salvo se a forma de retribuição adoptada fizer depender o pagamento de circunstâncias ulteriores, nomeadamente da colocação total ou parcial dos exemplares produzidos.

ANOTAÇÃO

De acordo com o artigo 90 (2) do CDADC de 1985, não havendo convenção em contrário, a obra dever ser editada no prazo de 12 meses a contar da entrega ou de dezoito meses em caso de força maior.

O preço da edição torna-se exigível uma vez concluída a edição, a não ser que a modalidade de retribuição adoptada fizer depender o pagamento de circunstâncias ulteriores (artigo 92 do CDADC de 1985).

Tal sucederá, por exemplo, se a retribuição consistir numa percentagem sobre o preço de capa, tal como permitido pelo artigo 91 (2) do CDADC de 1985.

Artigo 93º – Actualização ortográfica

Salvo por opção ortográfica de carácter estético do autor, não se considera modificação a actualização ortográfica do texto em harmonia com as regras oficiais vigentes.

ANOTAÇÃO

Decorre do artigo 56 (1) do CDADC de 1985, que o autor apenas se pode opor a actos que desvirtuem a obra e que possam afectar a sua honra e a sua reputação, prevendo, pois, a lei excepções ao direito à integridade em casos que não acarretam tais consequências derrogatórias para o autor.

Assim, no contexto do contrato de edição, salvo por opção ortográfica de carácter estético do autor, o artigo 93 do CDADC de 1985 não considera modificação a actualização ortográfica do texto em harmonia com as regras oficiais vigentes.

Artigo 94º – Provas

1 – O editor é obrigado a facultar ao autor um jogo de provas de granel, um jogo de provas de página e o Projectos gráfico da capa, devendo o autor corrigir a composição daquelas páginas e ser ouvido quanto a este Projectos e obrigando-se, em condições normais, a restituir as provas no prazo de 20 dias e o Projectos de capa no prazo de cinco dias.

2 – Se o editor ou o autor demorarem a remessa das provas ou a sua restituição, poderá qualquer deles notificar o outro, por carta registada com aviso de recepção, para que o editor forneça ou o autor restitua as provas dentro de novo e improrrogável prazo.

3 – A notificação referida no número anterior é condição do pedido de indemnização de perdas e danos por demora na publicação.

4 – O autor tem o direito de introduzir correcções de tipografia, cujos custos serão suportados pelo editor, tanto nos granéis, como nas provas de página.

5 – Quanto a correcções, modificações ou aditamentos de texto que não se justifiquem por circunstâncias novas, o seu custo é suportado, salvo convenção em contrário, inteiramente pelo editor, se não exceder 5 % do preço da composição, e, acima desta percentagem, pelo autor.

ANOTAÇÃO

I. Em nome do direito à integridade da obra (*vide* anotação ao artigo 56 (1) do CDADC de 1985), o artigo 94 (1) do CDADC de 1985 obriga o editor a facultar ao autor provas para revisão (*vide* anotação ao artigo 98 (2) do CDADC de 1985).

Da restituição das provas, quando não acompanhada de declaração em contrário, decorre automaticamente autorização para impressão da obra (*vide* anotação ao artigo 98 (2) do CDADC de 1985).

Em termos de prazos, o autor tem, vinte dias para devolver as provas e cinco dias para devolver o Projectos gráfico da capa (artigo 94 (1) do CDADC de 1985), sendo o prazo para restituição das provas mais elevado no caso de penhora (*vide* anotação ao artigo 61 (2) do CDADC de 1985).

Não fixa a lei prazo para remessa de provas pelo editor, mas não havendo convenção em contrário, a obra deve ser editada no prazo de 12 meses a contar da entrega ou, havendo motivo de força maior, de dezoito meses (*vide* anotação ao artigo 90 (2) do CDADC de 1985).

II. O artigo 94 (2) do CDADC de 1985 versa sobre a demora do editor ou do autor em sede de remessa das provas ou sua restituição, permitindo, mediante notificação, o estabelecimento de novo e improrrogável prazo.

III. Note-se que tal notificação é condição do pedido de indemnização de perdas e danos por demora na publicação (artigo 94 (3) do CDADC de 1985).

Mais, salvo caso de força maior devidamente comprovado o incumprimento do prazo para edição da obra, acordado entre as partes ou previsto supletivamente no artigo 90 (2) do CDADC de 1985, pode ser invocado para resolução do contrato de edição (*vide* anotação ao artigo 106 (c) do CDADC de 1985).

IV & V. O artigo 94 (4)-(5) do CDADC de 1985 trata das expensas incorridas com correcções. Os custos advenientes de correcções de tipografia são inteiramente suportados pelo editor (artigo 94 (4) do CDADC de 1985), enquanto as correcções de texto são, na ausência de novas circunstâncias que justifiquem tais alterações e salvo convenção em contrário, suportadas pelo editor até cinco por cento do preço da composição e, acima dessa percentagem, pelo autor (artigo 94 (5) do CDADC de 1985).

Artigo 95º – Modificações

1 – Sem embargo do estabelecido nas disposições anteriores, o editor de dicionários, enciclopédias ou obras didácticas, depois da morte do autor, pode actualizá-las ou completá-las mediante notas, adendas, notas de pé de página ou pequenas alterações de texto.

2 – As actualizações e alterações previstas no número anterior devem ser devidamente assinaladas sempre que os textos respectivos sejam assinados ou contenham matéria doutrinal.

ANOTAÇÃO

I. O artigo 95 (1) do CDADC de 1985 afasta o artigo 59 do CDADC de 1985 (*vide* anotações aos artigos 56 (1) e 59 do CDADC de 1985) ao permitir que o editor de certas obras as actualize ou complete depois da morte do autor.

II. Parte a lei do princípio de que os actos previstos no artigo 95 (1) do CDADC de 1985 não desvirtuam a obra nem afectam a honra e a reputação do autor. À cautela, o artigo 95 (2) do CDADC de 1985 introduz um princípio de identificação das actualizações e alterações previstas no número anterior para que tais modificações não possam ser imputadas ao autor originário.

Artigo 96º – Prestação de contas

1 – Se a retribuição devida ao autor depender dos resultados da venda ou se o seu pagamento for subordinado à evolução desta, o editor é obrigado a apresentar contas ao autor no prazo convencionado ou, na falta deste, semestralmente, com referência a 30 de Junho e 31 de Dezembro de cada ano.

2 – Para o efeito do disposto no número anterior, o editor remeterá ao autor, por carta registada, nos 30 dias imediatos ao termo do prazo, o mapa da situação das vendas e devoluções ocorridas nesse período, acompanhado do pagamento do respectivo saldo.

3 – O editor facultará sempre ao autor ou ao representante deste os elementos da sua escrita, indispensáveis à boa verificação das contas, a que se refere o número anterior.

ANOTAÇÃO

I. Em regra, o autor recebe uma percentagem sobre o preço de capa de cada exemplar, daí a necessidade de prestação de contas pelo editor (artigo 96 (1) do CDADC de 1985, *vide* anotação ao artigo 91 do CDADC de 1985).

II & III. Para efeitos de fiscalização das contas pelo autor, o editor tem determinado prazo para fornecer ao autor o mapa da situação das vendas e devoluções ocorridas durante o período relevante, bem como o pagamento do respectivo saldo (artigo 96 (2) do CDADC de 1985), tendo o autor o direito a requerer ao editor os elementos da sua escrita (artigo 96 (3) do CDADC de 1985, *vide* artigo 86 (7) do CDADC de 1985).

Tanto o autor como o editor podem intentar uma acção judicial para prestação de contas (artigo 941 do Código de Processo Civil) para «apuramento e aprovação das receitas obtidas e das despesas realizadas por quem administra bens alheios e a eventual condenação no pagamento do saldo que venha a apurar-se.»

Artigo 97º – Identificação do autor

O editor deve mencionar em cada exemplar o nome ou pseudónimo do autor ou qualquer outra designação que o identifique.

ANOTAÇÃO

O artigo 97 é um reflexo do direito à paternidade da obra (*vide* anotação ao artigo 56 (1) do CDADC de 1985). O incumprimento deste preceito constitui contraordenação punível nos termos da lei (*vide* anotação ao artigo 205 (2) do CDADC de 1985).

Artigo 98º – Impressão

1 – A impressão não pode ser feita sem que o autor a autorize.

2 – A restituição das provas de página e do Projectos gráfico da capa, quando não acompanhada de declaração em contrário, significa autorização para impressão.

ANOTAÇÃO

I. Em nome do direito à integridade da obra (*vide* anotação ao artigo 56 (1) do CDADC de 1985), o artigo 98 (1) do CDADC de 1985 não permite a impressão sem autorização do autor.

II. Todavia, prevê a lei a possibilidade de que essa autorização seja tácita, ao estabelecer que da restituição das provas, quando não acompanhada de declaração em contrário, decorre autorização para impressão da obra (artigo 98 (2) do CDADC de 1985). Assim se elimina qualquer incerteza que o editor possa ter a esse respeito.

Artigo 99º – Venda de exemplares em saldo ou a peso

1 – Se a edição da obra se não mostrar esgotada dentro do prazo convencionado ou, na falta de convenção, em cinco anos a contar da data da sua publicação, o editor tem a faculdade de vender em saldo ou a peso os exemplares existentes ou de os destruir.

2 – O editor deve prevenir o autor para este exercer o direito de preferência na aquisição do remanescente da edição por preço fixado na base do que produziria a venda em saldo ou a peso.

ANOTAÇÃO

I. O editor tem a obrigação de reproduzir a obra, de acordo com as condições acordadas, e a fomentar, com zelo e diligência, a sua promoção e colocação no mercado. Em caso de incumprimento deve ao autor indemnização por perdas e danos (artigo 90 (1) do CDADC de 1985).

Tendo o editor fomentado, com zelo e diligência, a promoção e colocação da obra no mercado e não se mostrando esgotada a edição da obra dentro de certo prazo (convencionado ou supletivamente previsto pela lei), o editor tem a faculdade de vender em saldo ou a peso os exemplares existentes ou de os destruir (artigo 99 (1) do CDADC de 1985).

II. É certo que o artigo 99 (2) do CDADC de 1985 concede ao autor um direito de preferência na aquisição do remanescente da edição, mediante notificação do editor, mas o autor pode não ter meios para proceder a tal aquisição.

Consequentemente, em bom rigor, o artigo 99 do CDADC de 1985 não vela pelo cumprimento do artigo 56 (1) do CDADC de 1985 (*vide* respectiva anotação), que confere ao autor o direito de assegurar a genuinidade e integridade da obra opondo-se, *inter alia*, à sua destruição.

Artigo 100º – Transmissão dos direitos do editor

1 – O editor não pode, sem consentimento do autor, transferir para terceiros, a título gratuito ou oneroso, direitos seus emergentes do contrato de edição, salvo se a transferência resultar de trespasse do seu estabelecimento.

2 – No caso de o trespasse causar ou vir a causar prejuízos morais ao outro contratante, este tem direito de resolver o contrato no prazo de seis meses a contar do conhecimento do mesmo trespasse, assistindo ao editor direito à indemnização por perdas e danos.

3 – Considera-se transmissão dos direitos emergentes de contrato de edição, nos termos deste artigo, ficando, portanto, dependente do consentimento do autor, a inclusão desses direitos da participação do editor no capital de qualquer sociedade comercial.

4 – Não se considera como transmissão dos direitos emergentes do contrato de edição a adjudicação destes a algum dos sócios da sociedade editora por efeito de liquidação judicial ou extrajudicial desta.

ANOTAÇÃO

I. O contrato de edição concede uma autorização para reproduzir e comercializar a obra, não transmitindo o direito de publicar a mesma (*vide* anotações aos artigos 41 (2) e 88 (1) do CDADC de 1985).

Como tal, o artigo 100 (1) do CDADC de 1985 estipula a intransmissibilidade dos direitos emergentes do contrato de edição, a não ser que o autor autorize essa transmissão ou se verifique trespasse do estabelecimento.

II. Mas se o trespasse causar ou vier a causar prejuízos morais ao autor, este tem o direito de resolver o contrato, dentro de certo prazo, tendo o editor direito a ser ressarcido pelo autor por perdas e danos advenientes da resolução (artigo 100 (2) do CDADC de 1985). Assim se equilibram os interesses em jogo.

III. O artigo 100 (3) do CDADC de 1985 exige o consentimento do autor, para protecção dos seus interesses, para a transmissão dos direitos emergentes do contrato de edição, no caso de trespasse do estabelecimento, quando a participação do editor no capital da sociedade comercial inclua os direitos emergentes de contrato de edição.

IV. Por último, a adjudicação dos direitos emergentes do contrato de edição a algum dos sócios da sociedade editora (por efeito de liquidação judicial ou extrajudicial desta) não constitui uma transmissão de direitos, dispensando-se, consequentemente, neste contexto, a autorização do autor (artigo 100 (4) do CDADC de 1985).

Artigo 101º – Morte ou incapacidade do autor

1 – Se o autor morrer ou ficar impossibilitado de terminar a obra depois de entregar parte apreciável desta, os sucessores do autor poderão resolver o contrato, indemnizando o editor por perdas e danos, mas, se o não fizerem no prazo de três meses, poderá o editor resolver o contrato ou dá-lo por cumprido quanto à parte entregue, contanto que pague ao sucessor ou representante a retribuição correspondente.

2 – Se o autor tiver manifestado vontade de que a obra não seja publicada se não completa, o contrato será resolvido e não poderá a obra incompleta ser editada em caso algum, mas deverá o editor ser reembolsado dos pagamentos que tiver eventualmente efectuado a título de direito de autor.

3 – Uma obra incompleta só pode ser completada por outrem que não o autor com o consentimento escrito deste.

4 – Sem embargo do consentimento previsto no número anterior, a publicação da obra completada só pode fazer-se com clara identificação da parte primitiva e do acrescento e indicação da autoria deste.

ANOTAÇÃO

I. O artigo 101 (1) do CDADC de 1985 prevê três hipóteses para o caso de o autor morrer ou ficar impossibilitado de terminar a obra, tendo já entregue parte considerável desta: (i) os sucessores do autor podem resolver o contrato desde que indemnizem o editor por perdas e danos, (ii) o editor pode optar pela resolução do contrato se os sucessores o não fizerem dentro de certo prazo, (iii) o editor pode dar o contrato por cumprido quanto à parte entregue contanto que pague ao sucessor a retribuição correspondente.

II & III. O artigo 101 (2)-(3) do CDADC de 1985 é, claramente, um reflexo do direito à integridade da obra (*vide* anotação ao artigo 56 (1) do CDADC de 1985).

O artigo 101 (2) do CDADC de 1985 proíbe a publicação da obra incompleta, se o autor tiver manifestado essa vontade, prevendo a resolução do contrato e o reembolso ao editor dos pagamentos que tenha efectuado a título de direito de autor.

Por sua vez, o artigo 101 (3) do CDADC de 1985 proíbe que outrem complete uma obra incompleta sem o consentimento escrito do autor. A referência que a lei faz ao «autor» abrange o autor originário antes do seu falecimento ou declaração de incapacidade, bem como o sucessor e o transmissário de direitos (*vide* anotação ao artigo 27 (3) do CDADC de 1985).

IV. Havendo concessão de autorização para completar a obra, o artigo 101 (4) do CDADC de 1985 introduz um princípio de identificação da parte primitiva e do acrescento e indicação da autoria deste. Assim, o acrescento não pode ser imputado ao autor originário, salvaguardando-se o direito à integridade do autor originário e o direito à paternidade do autor secundário (*vide* anotação ao artigo 95 (2) do CDADC de 1985 que segue raciocínio semelhante).

Artigo 102º – Falência do editor

1 – Se para a realização do activo no processo de falência do editor, houver que proceder à venda por baixo preço, na totalidade ou por grandes lotes, dos exemplares da obra editada existentes nos depósitos do editor, deverá o administrador da massa falida prevenir o autor, com a antecipação de 20 dias, pelo

menos, a fim de o habilitar a tomar as providências que julgue convenientes para a defesa dos seus interesses materiais e morais.

2 – Ao autor é ainda reconhecido o direito de preferência para a aquisição pelo maior preço alcançado dos exemplares postos em arrematação.

ANOTAÇÃO

I. Em caso de falência do editor, prevendo-se a venda de exemplares da obra por baixo preço, o autor dever ser notificado, dentro de certo prazo, para tomar as providências adequadas à defesa dos seus interesses materiais e morais (artigo 102 (1) do CDADC de 1985).

II. O artigo 102 (2) do CDADC de 1985 atribui ao autor um direito de preferência no que toca à aquisição de exemplares da sua obra (*vide* anotação ao artigo 99 (2) do CDADC de 1985).

Artigo 103º – Obras completas

1 – O autor que contratou com um ou mais editores a edição separada de cada uma das suas obras mantém a faculdade de contratar a edição completa ou conjunta das mesmas.

2 – O contrato para a edição completa não autoriza o editor a editar em separado qualquer das obras compreendidas nessa edição nem prejudica o direito de autor a contratar a edição em separado de qualquer destas, salvo convenção em contrário.

3 – O autor que exercer qualquer dos direitos referidos nos números anteriores deve fazê-lo sem afectar com o novo contrato as vantagens asseguradas ao editor em contrato anterior.

ANOTAÇÃO

I. Salvo estipulação em contrário, o autor não pode fazer ou autorizar nova edição da mesma obra, enquanto não estiver esgotada a edição anterior ou não tiver decorrido o prazo estipulado (*vide* anotação ao artigo 88 (3) do CDADC de 1985).

Esta norma pode ser afastada se emergirem circunstâncias que tornam necessária a remodelação ou actualização da obra (artigo 88 (3) do CDADC de 1985 *in fine*) ou se o autor celebrar com outro editor um contrato de edição das suas obras completas (artigo 103 (1) do CDADC de 1985).

II. Se o autor celebrar com outro editor um contrato de edição das suas obras completas (prevalecendo-se da faculdade prevista no artigo 103 (1) do CDADC de 1985), salvo convenção em contrário, esse contrato não confere ao editor o direito a editar em separado qualquer das obras compreendidas nessa edição, nem impede o autor de contratar a edição em separado das mesmas (artigo 103 (2) do CDADC de 1985).

III. Cautelosamente, o artigo 103 (3) do CDADC de 1985 estipula que o autor apenas pode conceder autorização para a inclusão numa edição completa de uma obra em relação à qual autorizou previamente a edição separada ou para a edição separada de uma obra em relação à qual autorizou a inserção numa edição completa, desde que tal não afecte as vantagens asseguradas ao editor relevante em contrato anterior (artigo 103 (3) do CDADC de 1985).

Artigo 104º – Obras futuras

1 – Ao contrato de edição que tenha em vista obras futuras aplica-se o disposto no artigo 48º

2 – Se a edição de obra futura tiver sido convencionada sem que no contrato se haja fixado prazo para a sua entrega ao editor, terá este o direito de requerer a fixação judicial de prazo para essa entrega.

3 – O prazo fixado em contrato pode ser judicialmente prorrogado, com motivos suficientes, a requerimento do autor.

4 – Se a obra objecto do contrato dever ser escrita à medida que for sendo publicada, em volumes ou fascículos, deverão fixar-se no contrato o número e a extensão, ao menos aproximados, dos volumes ou fascículos, adoptando-se, quanto à extensão, uma tolerância de 10 %, salvo convenção que disponha diversamente.

5 – Se o autor exceder, sem prévio acordo do editor, as referidas proporções, não terá direito a qualquer remuneração suplementar e o editor poderá recusar-se a publicar os volumes, fascículos ou páginas em excesso, assistindo, todavia, ao autor o direito de resolver o contrato, indemnizando o editor das despesas feitas e dos lucros esperados da edição, atendendo-se aos resultados já obtidos para o cálculo da indemnização se tiver começado a venda de parte da obra.

ANOTAÇÃO

I. Permite a lei que o contrato de edição incida sobre obra futura, mas com os limites resultantes do artigo 48 (artigo 104 (1) do CDADC de 1985). O artigo 48 do CDADC de 1985 estabelece um prazo máximo de dez anos para a disposição antecipada do direito de autor, reduzindo a esse limite um prazo mais dilatado e decretando a nulidade do contrato de edição de obra futura sem prazo limitado (*vide* anotação ao artigo 48 do CDADC de 1985).

II & III. Na ausência de fixação contratual do prazo de entrega de obra futura, o editor pode requerer a sua fixação judicial (artigo 104 (2) do CDADC de 1985), podendo, por sua vez, o autor requerer a prorrogação judicial desse prazo se para tal apresentar motivos suficientes (artigo 104 (3) do CDADC de 1985).

IV. Tratando-se de obra publicada em volumes ou fascículos, o contrato deve fixar o número e a extensão, ainda que aproximados, dos volumes ou fascículos, com uma tolerância de dez por cento no que toca à extensão, salvo convenção em contrário (artigo 104 (4) do CDADC de 1985).

V. Se o autor exceder os parâmetros assim fixados, sem prévio acordo do editor, o editor não é obrigado a conceder ao autor uma remuneração suplementar nem a publicar o material em excesso, mas o autor tem o direito de resolver o contrato desde que indemnize o editor em sede de despesas e lucros esperados (artigo 104 (5) do CDADC de 1985).

Artigo 105º – Reedições e edições sucessivas

1 – Se o editor tiver sido autorizado a fazer várias edições, as condições estipuladas para a edição originária deverão, em caso de dúvida, aplicar-se às edições subsequentes.

2 – Antes de empreender nova edição, o editor deve facultar ao autor a possibilidade de intervir no texto, para pequenas correcções ou apuramentos que não impliquem modificação substancial da obra.

3 – Mesmo que o preço tenha sido globalmente fixado, o autor tem ainda direito a remuneração suplementar se acordar com o editor modificação substancial da obra, tal como refundição ou ampliação.

4 – O editor que se tiver obrigado a efectuar edições sucessivas de certa obra deve, sob pena de responder por perdas e danos, executá-las sem interrupção, de forma que nunca venham a faltar exemplares no mercado.

5 – Exceptua-se, em relação ao princípio estabelecido no número anterior, o caso de força maior, não se considerando, porém, como tal a falta de meios financeiros para custear a nova edição nem o agravamento dos respectivos custos.

ANOTAÇÃO

I. Presume a lei que se o contrato de edição não mencionar o número de edições o editor só está autorizado a fazer uma (*vide* anotação ao artigo 86 (2) do CDADC de 1985). Se o contrato de edição permitir a feitura de várias edições, as condições fixadas para a edição originária deverão aplicar-se às edições subsequentes (artigo 105 (1) do CDADC de 1985).

II. O autor tem o direito de inserir pequenas correcções ou apuramentos no texto da nova edição, desde que não modifiquem substancialmente a obra (artigo 105 (2) do CDADC de 1985).

III. Se, todavia, o autor e o editor optarem pela modificação substancial da obra, o autor tem direito a remuneração suplementar ainda que o preço tenha sido globalmente fixado (artigo 105 (3) do CDADC de 1985, *vide* anotações aos artigos 14 (4), 49 e 170, que reflectem o mesmo princípio em sede de compensação suplementar).

IV. O editor tem a obrigação de reproduzir a obra de acordo com as condições acordadas e a fomentar, com zelo e diligência, a sua promoção e colocação no mercado (*vide* anotação ao artigo 90 (1) do CDADC de 1985). Se as condições acordadas incluírem a feitura de edições sucessivas, tais edições devem ser executadas sem interrupção, para que nunca venham a faltar exemplares no mercado e em caso de incumprimento o autor tem direito a uma indemnização por perdas e danos (artigo 105 (4) do CDADC de 1985).

V. A regra contida no artigo 105 (4) do CDADC de 1985 é afastada em casos de força maior, o que não inclui a falta de meios financeiros para custear a edição nem o agravamento dos respectivos custos (artigo 105 (5) do CDADC de 1985, *vide* anotações aos artigos 52 (2) e 90 (3) do CDADC de 1985 onde é seguido o mesmo raciocínio).

Artigo 106º – Resolução do contrato

1 – O contrato de edição pode ser resolvido:

a) Se for declarada a interdição do editor;

b) Por morte do editor em nome individual, se o seu estabelecimento não continuar com algum ou alguns dos seus sucessores;

c) Se o autor não entregar o original dentro do prazo convencionado ou se o editor não concluir a edição no prazo estabelecido no nº 2 do artigo 90º, salvo caso de força maior devidamente comprovado;

d) Em todos os demais casos especialmente previstos e, de um modo geral, sempre que se verificar o incumprimento de qualquer das cláusulas ou das disposições legais directa ou supletivamente aplicáveis.

2 – A resolução do contrato entende-se sempre sem prejuízo da responsabilidade por perdas e danos da parte a quem for imputável.

ANOTAÇÃO

I. O artigo 106 (1) do CDADC de 1985 permite a resolução do contrato de edição nos seguintes casos:

a) Interdição do editor;

b) Morte do editor em nome individual, se ao seu estabelecimento não for dada continuidade por um ou mais sucessores;

c) Incumprimento do prazo de entrega do original ou do prazo de conclusão da edição, respectivamente, pelo autor e pelo editor, salvo caso de força maior devidamente comprovado (*vide* anotações aos artigos 89 (1) e (3), 90 (2) e (3), 104 (2) e (3) e 105 (5) do CDADC de 1985);

d) Incumprimento de cláusulas contratuais ou de preceitos legais directa ou supletivamente aplicáveis (*vide* anotações aos artigos 100 (2), 101 (1) e (2) e 104 (5) do CDADC de 1985).

II. A resolução do contrato não obsta à responsabilidade por perdas e danos da parte a quem for imputável (artigo 106 (2) do CDADC de 1985, *vide* anotações aos artigos 86 (4) e (6), 89 (3), 90 (1), 94 (3), 100 (2), 101 (1) e (2), 104 (5) e 105 (4) do CDADC de 1985).

SECÇÃO II – Da representação cénica

Artigo 107º – Noção

Representação é a exibição perante espectadores de uma obra dramática, dramático-musical, coreográfica, pantomímica ou outra de natureza análoga, por meio de ficção dramática, canto, dança, música ou outros processos adequados, separadamente ou combinados entre si.

ANOTAÇÃO

A representação cénica requer, segundo o artigo 107 do CDADC de 1985, a presença de certos elementos: (i) a existência de uma execução pública, isto é, de uma actuação perante membros do público, (ii) de obras de natureza cénica, tais como as obras dramáticas, as obras dramático-musicais, as obras coreográficas e as pantomimas, (iii) por meio de certos processos, tais como, a ficção dramática, o canto, a dança e a música, em separado ou combinados.

Artigo 108º – Autorização

1 – A utilização da obra por representação depende de autorização do autor, quer a representação se realize em lugar público, quer em lugar privado, com ou sem entradas pagas, com ou sem fim lucrativo.

2 – Se a obra tiver sido divulgada por qualquer forma, e desde que se realize sem fim lucrativo e em privado, num meio familiar, a representação poderá

fazer-se independentemente de autorização do autor, princípio que se aplica, aliás, a toda a comunicação.

3 – A concessão do direito de representar presume-se onerosa, excepto quando feita a favor de amadores.

ANOTAÇÃO

I. O artigo 108 (1) do CDADC de 1985 exige a autorização do autor, em harmonia com o artigo 68 (2) (b) do mesmo diploma, para a utilização da obra por representação (*vide* anotação ao artigo 68 do CDADC de 1985).

Não importa que a representação se realize em lugar público ou em lugar privado, com ou sem entradas pagas, com ou sem fim lucrativo.

II. Dito isto, em nome da privacidade dos membros do público e da consequente inadmissibilidade de se controlar a utilização das obras ao nível da sua esfera privada, não é necessária essa autorização se (i) a obra já tiver sido divulgada por qualquer forma, (ii) a representação se realizar sem fim lucrativo e (iii) em privado, num meio familiar – princípio aplicável a toda a comunicação (artigo 108 (2) do CDADC de 1985).

Decorre do artigo 149 (3) do CDADC de 1985 que se entende «por lugar público todo aquele a que seja oferecido o acesso, implícita ou explicitamente, mediante remuneração ou sem ela, ainda que com reserva declarada do direito de admissão» (*vide* anotação artigo 149 (3) do CDADC de 1985).

III. A concessão do direito de representar presume-se onerosa (artigo 108 (3) do CDADC de 1985). Trata-se de um corolário do artigo 41 (2) do CDADC de 1985 (*vide* respectiva anotação).

Por conseguinte, num processo judicial respeitante a certas representações cénicas, concluiu o Tribunal da Relação de Lisboa que, estabelecendo os artigos 41 (2) e 108 (3) do CDADC de 1985 uma presunção de onerosidade da autorização e não se tendo demonstrado a existência de um acordo quanto ao preço ou de um critério para o determinar, cabia ao Tribunal a sua fixação atendendo a todas as circunstâncias (Acórdão do Tribunal da Relação de Lisboa, Processo Nº 2069/07.8YXLSB.L1-7, 09/14/2010).

Presume-se, todavia, não onerosa a representação feita por amadores, presunção essa *iuris tantum*, e como tal ilidível por prova em contrário. Note-se que o afastamento da presunção de onerosidade não dispensa a autorização do autor para a utilização da obra.

Artigo 109º – Forma, conteúdo e efeitos

1 – Pelo contrato de representação o autor autoriza um empresário a promover a representação da obra, obrigando-se este a fazê-la representar nas condições acordadas.

2 – O contrato de representação deve ser celebrado por escrito e, salvo convenção em contrário, não atribui ao empresário o exclusivo da comunicação directa da obra por esse meio.

3 – O contrato deve definir com precisão as condições e os limites em que a representação da obra é autorizada, designadamente quanto ao prazo, ao lugar, à retribuição do autor e às modalidades do respectivo pagamento.

ANOTAÇÃO

I. O artigo 109 (1) do CDADC de 1985 incide não sobre a autorização para utilização da obra por representação (referida no artigo anterior) mas sobre o contrato de representação.

O contrato de representação gera para o autor a obrigação de autorizar um empresário a promover a representação da obra, nas condições acordadas, e para o empresário, a obrigação de a fazer representar de acordo com as mesmas condições.

II. O contrato de representação deve ser celebrado por escrito, mas a inobservância dessa formalidade, como formalidade *ad probationem* que é, não acarreta a nulidade da autorização dada (artigo 109 (2) do CDADC de 1985).

Mais, salvo convenção em contrário, o contrato de representação não atribui ao empresário o exclusivo da comunicação directa da obra por esse meio (artigo 109 (2) do CDADC de 1985), em conformidade com o preceituado no artigo 41 (2) do CDADC de 1985 (*vide* respectiva anotação).

III. O contrato de representação deve definir, com precisão, as condições e os limites em que a representação da obra é autorizada (artigo 109 (3) do CDADC de 1985), tal como estabelecido no artigo 41 (3) do CDADC de 1985 (*vide* respectiva anotação).

As condições relativas à retribuição encontram-se presentes no artigo seguinte.

Artigo 110º – Retribuição

1 – A retribuição do autor pela outorga do direito de representar poderá consistir numa quantia global fixa, numa percentagem sobre as receitas dos espectáculos, em certa quantia por cada espectáculo ou ser determinada por qualquer outra forma estabelecida no contrato.

2 – Se a retribuição for determinada em função da receita do espectáculo, deve ser paga no dia seguinte ao do espectáculo respectivo, salvo se de outro modo tiver sido convencionado.

3 – Sendo a retribuição determinada em função da receita de cada espectáculo, assiste ao autor o direito de fiscalizar por si ou por seu representante as receitas respectivas.

4 – Se o empresário viciar as notas de receita ou fizer uso de quaisquer outros meios fraudulentos para ocultar os resultados exactos da sua exploração incorrerá nas penas aplicáveis aos correspondentes crimes e o autor terá o direito a resolver o contrato.

ANOTAÇÃO

I. A concessão do direito de representar presume-se onerosa, podendo a retribuição do autor consistir, *inter alia*, na atribuição de uma quantia global fixa, numa percentagem sobre as receitas dos espectáculos ou numa quantia por cada espectáculo (artigo 110 (1) do CDADC de 1985).

Trata-se de um regime semelhante ao estabelecido para o contrato de edição (*vide* anotação ao artigo 91 do CDADC de 1985).

II. Partindo do princípio de que usualmente a retribuição em causa consiste numa percentagem sobre as receitas dos espectáculos, estabelece a lei o dia em que o pagamento deve ocorrer, salvo estipulação contratual em contrário (artigo 110 (2) do CDADC de 1985).

III. O artigo 110 (3) do CDADC de 1985 concede ao autor um direito de fiscalização das receitas de bilheteira, à semelhança do que sucede no campo da edição (*vide* anotações aos artigos 86 (7) e 96 do CDADC de 1985).

IV. Decorre do artigo 110 (4) do CDADC de 1985 que se o empresário recorrer a meios fraudulentos para ocultar os resultados da exploração da obra, incorre nas penas aplicáveis aos crimes em causa, tendo o autor direito a resolver o contrato.

Artigo 111º – Prova de autorização do autor

Sempre que uma representação de obra não caída no domínio público dependa de licença ou autorização administrativa, será necessário, para a obter, a exibição perante autoridade competente de documento comprovativo de que o autor consentiu na representação.

ANOTAÇÃO

O artigo 111 do CDADC de 1985 faz depender a representação cénica de uma obra cujo prazo de protecção não expirou da obtenção de uma licença de representação. *Vide* Decreto-Lei 23/2014, de 14 de Fevereiro, Funcionamento dos Espectáculos de Natureza Artística – Instalação e Fiscalização.

Artigo 112º – Representação não autorizada

A representação sem autorização ou que não se conforme com o seu conteúdo confere ao autor o direito de a fazer cessar imediatamente, sem prejuízo de responsabilidade civil ou criminal do empresário ou promotor do espectáculo.

ANOTAÇÃO

Verificando-se a representação sem autorização ou em desconformidade com a mesma, o autor tem o direito de a fazer cessar, imediatamente. Isto sem prejuízo de responsabilidade civil ou criminal do empresário ou promotor do espectáculo (artigo 112 do CDADC de 1985), uma vez que tal violação do direito de autor consubstancia o crime de usurpação (*vide* anotação ao artigo 195 do CDADC de 1985).

Artigo 113º – Direitos do autor

1 – Do contrato de representação derivam para o autor, salvo estipulação em contrário, os seguintes direitos:

a) De introduzir na obra, independentemente do consentimento da outra parte, as alterações que julgar necessárias, contanto que não prejudiquem a sua estrutura geral, não diminuam o seu interesse dramático ou espectacular nem prejudiquem a programação dos ensaios e da representação;

b) De ser ouvido sobre a distribuição dos papéis;

c) De assistir aos ensaios e fazer as necessárias indicações quanto à interpretação e encenação;

d) De ser ouvido sobre a escolha dos colaboradores da realização artística da obra;

e) De se opor à exibição enquanto não considerar suficientemente ensaiado o espectáculo, não podendo, porém, abusar desta faculdade e protelar injustificadamente a exibição, caso em que responde por perdas e danos;

f) De fiscalizar o espectáculo, por si ou por representante, para o que tanto um como o outro têm livre acesso ao local durante a representação.

2 – Se tiver sido convencionado no contrato que a representação da obra seja confiada a determinados actores ou executantes, a substituição destes só poderá fazer-se por acordo dos outorgantes.

ANOTAÇÃO

I. O artigo 113 (1) do CDADC de 1985 é um reflexo do direito à integridade da obra, pretendendo assegurar a genuinidade e a integridade desta (*vide* anotações aos artigos 56 (1) e 59 (1) do CDADC de 1985).

Assim, é conferido ao autor o direito de introduzir na obra, as alterações que julgar necessárias (artigo 113 (1) (a) do CDADC de 1985), de ser ouvido sobre a distribuição dos papéis e sobre a escolha dos colaboradores da realização artística da obra (artigo 113 (1) (b) e (d) do CDADC de 1985), de assistir aos ensaios e neles fazer intervenções (artigo 113 (1) (c) do CDADC de 1985), de se opor à exibição enquanto não considerar suficientemente ensaiado o espectáculo (artigo 113 (1) (e) do CDADC de 1985) e de fiscalizar o espectáculo (artigo 113 (1) (f) do CDADC de 1985).

Note-se que estes direitos apenas prevalecem na ausência de convenção em contrário – a não ser que a estipulação contratual em causa viole princípios imperativos.

Mais, o artigo 113 (1) do CDADC de 1985 estabelece limites aos direitos em causa, ao ditar que as modificações que ao autor faça à obra não podem prejudicar a sua estrutura geral, diminuir o seu interesse dramático ou espectacular, nem prejudicar a programação dos ensaios e da representação (artigo 113 (1) (a) do CDADC de 1985) e que o autor não pode abusar da faculdade de obstar à exibição, protelando-a injustificadamente (artigo 113 (1) (e) do CDADC de 1985).

II. O artigo 113 (2) do CDADC de 1985 surge na sequência do estipulado no artigo 113 (1) (b) do CDADC de 1985, referindo-se à substituição de actores ou executantes. Se do contrato constar expressamente o elenco de actores ou executantes, a sua substituição requer concordância do autor e do empresário.

Artigo 114º – Supressão de passos da obra

Se, por decisão judicial, for imposta a supressão de algum passo da obra que comprometa ou desvirtue o sentido da mesma, poderá o autor retirá-la e resolver o contrato, sem por esse facto incorrer em qualquer responsabilidade.

ANOTAÇÃO

Em nome do direito à integridade da obra, tal como definido no artigo 56 (1) do CDADC de 1985 (*vide* anotação), o artigo 114 do CDADC de 1985 confere ao autor o direito de retirar a obra e resolver o contrato, se, por decisão judicial, for imposta a supressão de passos da obra que comprometam ou desvirtuem o sentido da mesma, sem que o autor incorra em qualquer responsabilidade. Trata-se de um reflexo do direito de retirada (*vide* anotação ao 62 do CDADC de 1985).

Artigo 115º – Obrigações do empresário

1 – O empresário assume pelo contrato a obrigação de fazer representar a obra em espectáculo público dentro do prazo convencionado e, na falta de convenção, dentro do prazo de um ano a contar da celebração do contrato, salvo tratando-se de obra dramático-musical, caso em que o prazo se eleva a dois anos.

2 – O empresário é obrigado a realizar os ensaios indispensáveis para assegurar a representação nas condições técnicas adequadas e, de um modo geral, a empregar todos os esforços usuais em tais circunstâncias para o bom êxito da representação.

3 – O empresário é obrigado a fazer representar o texto que lhe tiver sido fornecido, não podendo fazer nele quaisquer modificações, como sejam eliminações, substituições ou aditamentos, sem o consentimento do autor.

4 – O empresário é obrigado a mencionar, por forma bem visível, nos programas, cartazes e quaisquer outros meios de publicidade o nome, pseudónimo ou qualquer outro sinal de identificação adoptado pelo autor.

ANOTAÇÃO

I. O artigo 115 (1) do CDADC de 1985 obriga o empresário a representar a obra perante o público dentro do prazo convencionado ou, na ausência de estipulação, dentro do prazo fixado supletivamente pela lei (*vide* anotação ao artigo 90 (2) do CDADC de 1985, encontrando-se preceito semelhante no âmbito do contrato de edição).

II. Segundo o artigo 115 (2) do CDADC de 1985 o empresário tem de empregar os esforços usuais para o bom êxito da representação, nomeadamente em sede de ensaios (*vide* anotação ao artigo 90 (1) do CDADC de 1985, que integra princípio semelhante no âmbito do contrato de edição). Trata-se de um corolário do direito à integridade da obra (*vide* anotação ao artigo 56 (1) do CDADC de 1985).

III. Na esteira do direito à integridade da obra, tal como definido no artigo 56 (1) do CDADC de 1985 (*vide* respectiva anotação), o artigo 59 (1) do CDADC de 1985 estipula que não são admitidas modificações da obra sem o consentimento do autor, mesmo naqueles casos em que é lícita, sem esse consentimento, a utilização da obra. O artigo 115 (3) reflecte tais princípios ao estabelecer que a obra só pode ser modificada com o consentimento do autor, pelo que apenas mediante autorização deste pode o empresário modificar o texto que lhe for fornecido pelo autor.

IV. O artigo 115 (4) é um corolário do direito à paternidade da obra (*vide* anotações ao artigo 56 (1) do CDADC de 1985, quanto ao direito moral em causa, e ao artigo 97 do CDADC de 1985, que encerra ratio análoga no âmbito do contrato de edição).

Artigo 116º – Sigilo de obra inédita

Tratando-se de obra que ainda não tenha sido representada nem reproduzida, o empresário não pode dá-la a conhecer antes da primeira representação, salvo para efeitos publicitários, segundo os usos correntes.

ANOTAÇÃO

O artigo 116 do CDADC de 1985 harmoniza-se com o artigo 113 (1) (e) do CDADC de 1985 que, em nome do direito à integridade da obra (*vide* anotações aos artigos 56 (1) do CDADC de 1985) confere ao autor o direito de se opor à exibição enquanto não considerar suficientemente ensaiado o espectáculo.

Salvo convenção em contrário, a exibição apenas pode ocorrer quando o autor considerar suficientemente ensaiado o espectáculo. Por isso se proíbe que o empresário dê a conhecer uma obra que ainda se encontre sob sigilo, salvo para fins publicitários, segundo os usos correntes.

Artigo 117º – Transmissão, reprodução e filmagem da representação

Para que a representação da obra, no todo ou em parte, possa ser transmitida pela radiodifusão sonora ou visual, reproduzida em fonograma ou videograma, filmada ou exibida, é necessário, para além das autorizações do empresário do espectáculo e dos artistas, o consentimento escrito do autor.

ANOTAÇÃO

O artigo 117 do CDADC de 1985 confere ao empresário a possibilidade de transmitir a reprodução da obra, no todo ou em parte, por meio de radiodifusão sonora ou visual, reproduzida em fonograma ou videograma, filmada ou exibida. Para tal é necessário o acordo do empresário, dos artistas (*vide* anotação ao artigo 178 do CDADC de 1985) e o consentimento escrito do autor.

Artigo 118º – Transmissão dos direitos do empresário

O empresário não pode transmitir os direitos emergentes do contrato de representação sem o consentimento do autor.

ANOTAÇÃO

A celebração de um contrato de representação autoriza o empresário a promover a representação da obra nas condições acordadas, não o autorizando, contudo, a transmitir os direitos emergentes do contrato de representação sem o consentimento do autor (artigo 118 do CDADC de 1985, *vide* anotação ao artigo 109 (1) do CDADC de 1985).

Artigo 119º – Representação de obra não divulgada

O autor que tiver contratado a representação de obra ainda não divulgada poderá publicá-la, impressa ou reproduzida por qualquer outro processo, salvo se outra coisa tiver sido convencionada com o empresário.

ANOTAÇÃO

Salvo convenção em contrário, o autor tem a faculdade de publicar uma obra não divulgada que vai ser objecto de representação (artigo 119 do CDADC de 1985).

Artigo 120º – Resolução do contrato

1 – O contrato de representação pode ser resolvido:

a) Nos casos em que legal ou contratualmente for estabelecido;

b) Nos casos correspondentes aos das alíneas *a)* e *d)* do artigo 106º;

c) No caso de evidente e continuada falta de assistência do público.

2 – A resolução do contrato entende-se sempre sem prejuízo de responsabilidade por perdas e danos da parte a quem for imputável.

ANOTAÇÃO

I. Decorre do artigo 120 (1) do CDADC de 1985 que o contrato de representação pode ser resolvido (i) se for declarada a interdição do empresário, (ii) no caso de evidente e continuada falta de assistência do público, (iii) nos casos contratualmente previstos, (iv) nos casos previstos na lei e (v) sempre que se verifique o incumprimento de qualquer das cláusulas ou das disposições legais directa ou supletivamente aplicáveis.

De acordo com a lei, o contrato de representação pode ser resolvido se o empresário fizer uso de meios fraudulentos para ocultar os resultados exactos da exploração (*vide* anotação ao artigo 110 (4) do CDADC de 1985) ou se, por decisão judicial, for imposta a supressão de passos da obra (*vide* anotação ao artigo 114 do CDADC de 1985).

II. O artigo 120 (2) do CDADC de 1985 limita-se a ressalvar a possibilidade de responsabilidade por perdas e danos da parte a quem for imputável a resolução contratual.

SECÇÃO III – Da recitação e da execução

Artigo 121º – Equiparação à representação

1 – A recitação de uma obra literária e a execução por instrumentos ou por instrumentos e cantores de obra musical ou literário-musical são equiparadas à representação definida no artigo 107º

2 – Ao contrato celebrado para a recitação ou para a execução de tais obras aplica-se, no que não for especialmente regulado, o disposto na secção precedente, contanto que seja compatível com a natureza da obra e da exibição.

ANOTAÇÃO

I. O artigo 121 (1) do CDADC de 1985 abrange a recitação de uma obra literária e a execução de uma obra musical ou literário-musical (por instrumentos ou por instrumentos e cantores), equiparando-as à representação cénica (*vide* anotação ao artigo 107 do CDADC de 1985).

II. Consequentemente, o artigo 121 (2) do CDADC de 1985 manda aplicar ao contrato celebrado para a recitação ou para a execução de tais obras as regras referentes ao contrato de representação cénica (*vide* anotações aos artigos 107 a 120 do CDADC de 1985), desde que compatíveis com a natureza da obra e da exibição, ou seja, desde que as suas raízes cénicas não se revelem casuisticamente desadequadas.

Artigo 122º – Obrigações do promotor

1 – A entidade que promover ou organizar a execução ou a recitação de obra literária, musical ou literário-musical em audição pública deve afixar previamente no local o respectivo programa, do qual devem constar, na medida do possível, a designação da obra e a identificação da autoria.

2 – Uma cópia desse programa deve ser fornecida ao autor ou ao seu representante.

3 – Na falta de afixação do programa ou da sua comunicação nos termos dos números anteriores, compete à entidade que promove ou organiza a execução ou a recitação, quando demandada, fazer a prova de que obteve autorização dos autores das obras executadas ou recitadas.

ANOTAÇÃO

I. O artigo 122 (1) é um reflexo do direito à paternidade da obra, permitindo, todavia, excepcionalmente a omissão do nome do autor (*vide* anotação ao artigo 115 (1) do CDADC de 1985 – norma equivalente).

Enquanto a representação de obras dramáticas obriga a uma escolha prévia da peça a executar (por exemplo, para preparação dos cenários adequados), o programa de obras musicais ou literário-musicais a serem executadas por instrumentos ou por instrumentos e cantores não é, necessariamente, determinado previamente.

Por isso, o artigo 122 (1) do CDADC de 1985 apenas obriga a entidade promotora à afixação prévia do programa com designação da obra e identificação da autoria, «na medida do possível».

Elucidou o Supremo que da expressão «na medida do possível» contida nessa disposição decorre a licitude da falta de publicitação do elenco das peças de música ligeira a executar, por se tratar, em regra, de espectáculos cujos temas surgem, frequentes vezes, a pedido do público ou são escolhidos de acordo com o ambiente, sendo «muito diferente prever ou programar o que vai surgir no decurso de um espectáculo da banda *The Cult* ou do cantor-autor Phil Collins do que – e aí nada justificaria a omissão – num concerto da *London Philarmonic Orchestra* a interpretar o *Fausto* de Gounot ou o pianista David Hefgott a tocar o concerto nº 3. Op 30 de Rachmaninov» (Acórdão do Supremo Tribunal de Justiça, Processo Nº 08A1920, 07/01/2008).

II. O promotor tem a obrigação de fornecer uma cópia do programa referido no artigo 122 (1) do CDADC de 1985 ao autor ou ao seu representante (artigo 122 (2) do CDADC de 1985, *vide* anotação ao artigo 74 do CDADC de 1985).

III. Se o promotor não cumprir as obrigações constantes dos preceitos anteriores, tem de provar que obteve autorização dos autores das obras executadas ou recitadas (artigo 122 (3) do CDADC de 1985), caso contrário entramos no campo da ilicitude.

No caso de coincidirem na mesma pessoa a autoria e a interpretação, podem surgir dúvidas no que toca à autorização e à remuneração devida.

Esclareceu o Supremo que se coincidirem na mesma pessoa a autoria e a interpretação são devidas duas remunerações, uma a título de direito de autor e outra a título de direito conexo, não tendo, todavia, o autor que autorizar a sua própria interpretação, para efeitos de direito de autor. É da interpretação do contrato celebrado entre o autor/intérprete e o promotor do espectáculo que se determina se o *cachet* acordado também engloba o direito de autor e não, apenas, o direito conexo. O Supremo apelou, aqui, à noção de «autorização implícita», sustentando que no âmbito da celebração de um contrato com um autor/intérprete, sabendo-se que o autor não precisa de autorização de ninguém para executar a sua própria obra, terá de interpretar-se o *cachet* acordado como remunerando, desde logo, tanto a autoria como a representação (Acórdão do Supremo Tribunal de Justiça, Processo Nº 08A1920, 07/01/2008).

Reiterou o mesmo Tribunal este princípio, num outro processo respeitante a concertos em que haviam actuado grupos e cantores consagrados, tendo admitido que era manifesta a ausência do dano, na medida em que os próprios haviam fixado livremente o preço a pagar pelo promotor, tendo em conta o tempo de duração da respectiva actuação, o número de músicas que tinham que interpretar e que o promotor os contratava pelo preço negociado face à sua projecção pública enquanto criadores e intérpretes. Qualquer declaratório normal colocado no lugar do promotor, sublinhou o Supremo, ficaria convencido de que o preço estabelecido pelos profissionais contratados englobava tanto a remuneração a título de direito de autor, como a remuneração a título de direito conexo (Acórdão do Supremo Tribunal de Justiça, Processo Nº 330/09.6YFLSB, 06/30/2009).

Em suma, o facto de não se distinguir contratualmente o que é devido pela autoria do que é devido pela execução não pode levar à conclusão de que o promotor apenas pagou a execução, tendo-se de interpretar os contratos celebrados com artistas que são, simultaneamente, criadores das obras que interpretam, no sentido de que no contrato celebrado com o promotor está implícita a autorização para a execução da obra.

Registe-se, por último, que os artigos 139 (obras cinematográficas), 147 (fixação fonográfica e *video*gráfica) e 156 (radiodifusão) do CDADC de 1985 remetem para o artigo 122 (3) do CDADC de 1985.

Artigo 123º – Fraude na organização ou realização do programa

1 – Se a entidade que promover a execução ou a recitação organizar fraudulentamente o programa, designadamente incluindo nele obra que não se propõe fazer executar ou recitar, e promovendo, em lugar desta, a execução ou recitação de outra não anunciada, ou se, no decurso da audição, por motivo que não constitua caso fortuito ou de força maior, deixar de ser executada ou recitada obra constante do programa, poderão os autores prejudicados nos seus interesses morais ou materiais reclamar da referida entidade indemnização por perdas e danos, independentemente da responsabilidade criminal que ao caso couber.

2 – Não implica responsabilidade ou ónus para os organizadores da audição o facto de os artistas, por solicitação insistente do público, executarem ou recitarem quaisquer obras além das constantes do programa.

ANOTAÇÃO

I. Se o promotor incorrer em fraude na organização ou realização do programa, os autores das obras em causa podem requerer indemnização por perdas e danos, independentemente da responsabilidade criminal que ao caso couber (artigo 123 (1) do CDADC de 1985).

Uma vez que o artigo 121 (2) do CDADC de 1985 manda aplicar ao contrato celebrado para a recitação ou para a execução as regras referentes ao contrato de representação cénica os autores também terão direito a resolver os respectivos contratos (*vide* anotação ao artigo 110 (4) do CDADC de 1985).

II. O artigo 123 (2) do CDADC de 1985 iliba de responsabilidade ou ónus o promotor sempre que os artistas, por solicitação insistente do público, executem qualquer obra não programada e sem autorização do respectivo autor. Esta disposição consagra o princípio de que a execução de obra não autorizada, com reduzido peso relativo no todo do espectáculo, sem culpa do promotor e do artista, não implica responsabilidade ou ónus para o primeiro (nesse sentido, Acórdãos do Supremo Tribunal de Justiça, Processo Nº 330/09.6YFLSB, 06/30/2009 e Processo Nº 4183/1999.S1, 03/09/2010).

SECÇÃO IV – Das obras cinematográficas

Artigo 124º – Produção de obra cinematográfica

A produção cinematográfica depende da autorização dos autores das obras preexistentes, ainda que estes não sejam considerados autores da obra cinematográfica nos termos do artigo 22º

ANOTAÇÃO

A produção cinematográfica requer a anuência dos autores de obras preexistentes, ou seja, de obras que não foram criadas para esse propósito, mas a ele adaptadas. Essa autorização é crucial, quer os criadores em causa sejam considerados co-autores da obra cinematográfica (*vide* anotação ao artigo 22 do CDADC de 1985), quer não (*vide* anotações aos artigos 20 e 23 do CDADC de 1985).

Artigo 125º – Autorização dos autores da obra cinematográfica

1 – Das autorizações concedidas pelos autores das obras cinematográficas nos termos do artigo 22º devem constar especificamente as condições da produção, distribuição e exibição da película.

2 – Se o autor tiver autorizado, expressa ou implicitamente, a exibição, o exercício dos direitos de exploração económica da obra cinematográfica compete ao produtor.

ANOTAÇÃO

I. São co-autores da obra cinematográfica o realizador, o autor do argumento, o autor dos diálogos, se for pessoa diferente, e o autor da banda musical, bem como os autores da adaptação e dos diálogos, quando se trate de adaptação de obra não composta expressamente para o cinema (*vide* anotação ao artigo 22 do CDADC de 1985).

As autorizações dadas pelos referidos co-autores devem incluir as condições da produção, da distribuição e da exibição da película (artigo 125 (1) do CDADC de 1985). Esta exigência reflecte o princípio constante dos artigos 41 (3) e 43 (3) do CDADC de 1985 (*vide* respectivas anotações).

II. O artigo 125 (2) do CDADC de 1985 estabelece uma presunção a favor do produtor ao afirmar que se o autor autorizar a exibição, de forma expressa ou implícita, compete ao produtor o exercício dos direitos da exploração económica da obra cinematográfica. Note-se que essas faculdades de exploração se encontram limitadas pelas disposições dos artigos 127 (3)-(4) e 129 (1) do CDADC de 1985 – *vide* respectivas anotações.

Refira-se aqui um processo que teve por objecto um pedido de decisão prejudicial apresentado pelo *Handelsgericht Wien*, no âmbito de um litígio que opôs o realizador principal e o produtor de um filme documentário, a propósito de um contrato em que primeiro cedia ao segundo certos direitos sobre o referido filme (*Martin Luksan v. Petrus van der Let*, Acórdão do TJUE, Processo C-277/10, 9 de Fevereiro de 2012).

No seu acórdão, o TJUE declarou que os direitos de exploração da obra cinematográfica, como os que estavam em causa no processo principal (direito de reprodução, direito de difusão por satélite e quaisquer outros direitos de comunicação ao público mediante colocação à disposição) revertem de pleno direito, directa e originariamente, para o realizador principal.

O Direito da União, sublinhou o TJUE, opõe-se a uma legislação nacional que confira, de pleno direito e exclusivamente, os referidos direitos de exploração ao produtor da obra em questão, reservando aos Estados Membros a faculdade de estabelecer uma presunção de cessão a favor do produtor da obra cinematográfica dos direitos de exploração da obra cinematográfica, contanto que essa presunção não revista natureza inilidível, isto é, desde que não exclua a possibilidade de o realizador principal da obra convencionar em sentido diferente.

Artigo 126º – Do produtor

1 – O produtor é o empresário do filme e como tal organiza a feitura da obra cinematográfica, assegura os meios necessários e assume as responsabilidades técnicas e financeiras inerentes.

2 – O produtor deve como tal ser identificado no filme.

3 – Durante o período de exploração, o produtor, se o titular ou titulares do direito de autor não assegurarem de outro modo a defesa dos seus direitos sobre a obra cinematográfica, considera-se como representante daqueles para esse efeito, devendo dar-lhes conta do modo como se desempenhou do mandato.

ANOTAÇÃO

I & II. A produção cinematográfica não dispensa o labor criativo dos autores da obra cinematográfica, mas requer, também, os talentos organizativos do produtor, como empresário do filme e como entidade que assegura os meios necessários e assume as responsabilidades técnicas e financeiras inerentes à organização da obra cinematográfica (artigo 126 (1) do CDADC de 1985). Consequentemente, manda a lei que o produtor seja como tal identificado no filme (artigo 126 (2) do CDADC de 1985).

III. O produtor beneficia ainda de uma presunção segundo a qual se durante o período de exploração, os titulares de direitos relevantes não assegurarem de outro modo a defesa dos seus direitos sobre a obra cinematográfica, o produtor é considerado como representante daqueles para esse efeito (artigo 126 (3) do CDADC de 1985).

Tal presunção é, em certos casos, essencial para o bom funcionamento da presunção contida no artigo 125 (2) do CDADC de 1985 (*vide* respectiva anotação) que confere a exploração económica da obra cinematográfica ao produtor.

Para assegurar a transparência do processo em causa, a lei obriga o produtor a prestar contas aos titulares de direitos (artigo 126 (3) do CDADC de 1985).

Artigo 127º – Efeitos da autorização

1 – Da autorização deriva para o produtor cinematográfico o direito de produzir o negativo, os positivos, as cópias e os registos magnéticos necessários para a exibição da obra.

2 – A autorização para a produção cinematográfica implica, salvo estipulação especial, autorização para a distribuição e exibição do filme em salas públicas de cinema, bem como para a sua exploração económica por este meio, sem prejuízo do pagamento da remuneração estipulada.

3 – Dependem de autorização dos autores das obras cinematográficas a radiodifusão sonora ou visual da película, do filme-anúncio e das bandas ou discos em que se reproduzam trechos da película, a sua comunicação ao público, por fios ou sem fios, nomeadamente por ondas hertzianas, fibras ópticas, cabo ou satélite, e a sua reprodução, exploração ou exibição sob a forma de videograma.

4 – A autorização a que se refere este artigo também não abrange a transmissão radiofónica da banda sonora ou de fonograma em que se reproduzam trechos de obra cinematográfica.

5 – Não carece de autorização do autor a difusão de obras produzidas por organismo de radiodifusão sonora ou audiovisual, ao qual assiste o direito de as transmitir e comunicar ao público, no todo ou em parte, através dos seus próprios canais transmissores.

ANOTAÇÃO

I-V. A autorização para a produção cinematográfica tem os seguintes efeitos:

- Concede ao produtor o direito de produzir o negativo, os positivos, as cópias e os registos magnéticos necessários para a exibição da obra. Tal direito é instrumental neste contexto (artigo 127 (1) do CDADC de 1985);

- Salvo estipulação em contrário, implica autorização para a exploração económica da obra cinematográfica por meio da sua distribuição e exibição em salas públicas de cinema – sem prejuízo do pagamento da remuneração estipulada (artigo 127 (2) do CDADC de 1985);
- Não permite a radiodifusão da obra cinematográfica, do filme-anúncio, da banda sonora ou de fonograma em que se reproduzam trechos da obra, a sua comunicação ao público, por fios ou sem fios e a sua reprodução, exploração ou exibição sob a forma de videograma. Tais actos dependem de autorização expressa dos autores relevantes (artigo 127 (3)-(4) do CDADC de 1985). Assim se limita o escopo da presunção contida no artigo 125 (2) do CDADC de 1985 (*vide* respectiva anotação);
- Sendo a obra cinematográfica produzida por um organismo de radiodifusão, confere-lhe, implicitamente, o direito de a transmitir e comunicar ao público, no todo ou em parte, através dos seus canais (artigo 127 (5) do CDADC de 1985). Trata-se de uma excepção ao disposto no artigo 127 (3)-(4) do CDADC de 1985.

Artigo 128º – Exclusivo

1 – A autorização dada pelos autores para a produção cinematográfica de uma obra, quer composta especialmente para esta forma de expressão quer adaptada, implica a concessão de exclusivo, salvo convenção em contrário.

2 – No silêncio das partes, o exclusivo concedido para a produção cinematográfica caduca decorridos 25 anos sobre a celebração do contrato respectivo, sem prejuízo do direito daquele a quem tiver sido atribuída a exploração económica do filme a continuar a projectá-lo, reproduzi-lo e distribuí-lo.

ANOTAÇÃO

I & II. Salvo convenção em contrário, a autorização para a produção cinematográfica presume-se exclusiva (artigo 128 (1) do CDADC de 1985), caducando tal exclusivo, no silêncio das partes, decorridos vinte e cinco anos sobre a celebração do contrato (artigo 128 (2) do CDADC de 1985).

Foge-se, assim, ao regime da autorização estipulado no artigo 41 (2) do CDADC de 1985, o qual presume o contrário, ou seja, o carácter não exclusivo da autorização (*vide* respectiva anotação), estabelecendo-se, todavia, um prazo máximo supletivo para o exclusivo.

Artigo 129º – Transformações

1 – As traduções, dobragens ou quaisquer transformações da obra cinematográfica dependem de autorização escrita dos autores.

2 – A autorização para a exibição ou distribuição de um filme estrangeiro em Portugal confere implicitamente autorização para a tradução ou dobragem.

3 – É admissível cláusula em contrário, salvo se a lei só permitir a exibição da obra traduzida ou dobrada.

ANOTAÇÃO

I. Da autorização para a produção cinematográfica não deriva para o produtor o direito de traduzir, dobrar ou transformar a obra cinematográfica. Tais actos dependem de autorização escrita dos autores relevantes (artigo 129 (1) do CDADC de 1985). Limita-se desta forma o escopo da presunção contida no artigo 125 (2) do CDADC de 1985 (*vide* respectiva anotação).

II. O artigo 129 (2) do CDADC de 1985 abre, em termos práticos, uma enorme excepção a este princípio, ao conferir ao produtor autorização implícita para a tradução ou dobragem obra cinematográfica desde que esteja em causa a exibição ou distribuição de um filme estrangeiro em Portugal.

III. Note-se que o artigo 129 (3) do CDADC de 1985 admite estipulação contratual em contrário, a não ser que a lei só permita a exibição da obra uma vez traduzida ou dobrada, prevalecendo, então, o artigo 129 (2) do CDADC de 1985.

Artigo 130º – Conclusão da obra

Considera-se pronta a obra cinematográfica após o realizador e o produtor estabelecerem, por acordo, a sua versão definitiva.

ANOTAÇÃO

O artigo 130 do CDADC de 1985 tem em conta, por um lado, a protecção dos interesses morais do realizador (*vide* anotações aos artigos 56 a 62 do CDADC de 1985) e, por outro, o investimento financeiro executado pelo produtor, exigindo, pois, o acordo do realizador e do produtor quanto à determinação da versão definitiva da obra. Trata-se de uma solução de compromisso.

Artigo 131º – Retribuição

A retribuição dos autores de obra cinematográfica pode consistir em quantia global fixa, em percentagem sobre receitas provenientes da exibição e em quantia certa por cada exibição ou revestir outra forma acordada com o produtor.

ANOTAÇÃO

À semelhança do que sucede no campo da representação cénica (*vide* anotação ao artigo 110 (1) do CDADC de 1985) a retribuição dos co-autores da obra cinematográfica pode consistir numa quantia global fixa, numa percentagem sobre receitas provenientes da exibição e numa quantia certa por cada exibição, podendo, ainda, revestir outra forma acordada com o produtor.

Dada a remissão feita no artigo 139 do CDADC de 1985, verifica-se a aplicação dos restantes princípios constantes do artigo 110 do CDADC de 1985, no que toca à data de pagamento, ao direito de fiscalização das receitas e às consequências em caso de utilização de meios fraudulentos para ocultar os resultados das receitas (*vide* anotação ao artigo 110 (2)-(4) do CDADC de 1985).

Artigo 132º – Co-produção

Não havendo convenção em contrário, é lícito ao produtor que contratar com os autores associar-se com outro produtor para assegurar a realização e exploração da obra cinematográfica.

ANOTAÇÃO

A remissão feita no artigo 139 do CDADC de 1985 permite a invocação do artigo 90 (1) do CDADC de 1985, obrigando o produtor a consagrar os cuidados necessários à execução da produção da obra e a fomentar, com zelo e diligência, a sua promoção e colocação no mercado. Faz, pois, sentido que, na ausência de convenção em contrário, o produtor se possa associar a outro produtor para assegurar a realização e exploração da obra cinematográfica nas condições convencionadas (artigo 132 do CDADC de 1985).

Artigo 133º – Transmissão dos direitos do produtor

É igualmente permitido ao produtor transferir a todo o tempo para terceiros, no todo ou em parte, direitos emergentes do contrato, ficando, todavia, responsável para com os autores pelo cumprimento pontual do mesmo.

ANOTAÇÃO

É lícito, ao produtor, transferir para terceiros, no todo ou em parte, direitos emergentes do contrato, embora se mantenha responsável, para com os autores, pelo cumprimento das condições contratadas (artigo 133 do CDADC de 1985).

Verifica-se, assim, um desvio ao princípio da não transmissibilidade de direitos contido nos artigos 100 (edição), 118 (representação cénica) e 145 (fixação fonográfica e *video*gráfica) do CDADC de 1985 (*vide* respectivas anotações).

Artigo 134º – Identificação da obra e do autor

1 – O autor ou co-autores de obra cinematográfica têm o direito de exigir que os seus nomes sejam indicados na projecção do filme, mencionando-se igualmente a contribuição de cada um deles para a obra referida.

2 – Se a obra cinematográfica constituir adaptação de obra preexistente, deverá mencionar-se o título desta e o nome, pseudónimo ou qualquer outro sinal de identificação do autor.

ANOTAÇÃO

I. O artigo 134 (1) do CDADC de 1985 exige a menção dos nomes dos co-autores da obra na projecção do filme, bem como a menção da respectiva contribuição. Trata-se de um reflexo do direito à paternidade da obra (*vide* anotação ao artigo 56 (1) do CDADC de 1985).

II. O artigo 134 (2) do CDADC de 1985 impõe regra análoga no caso de a obra cinematográfica constituir adaptação de obra preexistente.

Artigo 135º – Utilização e reprodução separadas

Os autores da parte literária e da parte musical da obra cinematográfica podem reproduzi-las e utilizá-las separadamente por qualquer modo, contanto que não prejudiquem a exploração da obra no seu conjunto.

ANOTAÇÃO

O artigo 135 do CDADC de 1985 segue o princípio contido no artigo 18 (2) do CDADC de 1985 (*vide* respectiva anotação), ao permitir que os autores da parte literária e da parte musical da obra cinematográfica exerçam individualmente os direitos relativos à sua contribuição pessoal, desde que não prejudiquem a exploração da obra no seu conjunto.

Artigo 136º – Prazo de cumprimento do contrato

Se o produtor não concluir a produção da obra cinematográfica no prazo de três anos a contar da data da entrega da parte literária e da parte musical ou não fizer projectar a película concluída no prazo de três anos a contar da conclusão, o autor ou co-autores terão o direito de resolver o contrato.

ANOTAÇÃO

O artigo 136 do CDADC de 1985 concede aos autores relevantes a faculdade de resolução do contrato no caso de incumprimento do prazo (i) para conclusão da produção da obra cinematográfica ou (ii) para projecção da obra.

Artigo 137º – Provas, matrizes e cópias

1 – O produtor só é obrigado a fazer cópias ou provas da obra cinematográfica à medida que estas lhe forem requisitadas e a conservar a respectiva matriz, que em nenhum caso poderá destruir.

2 – Não assiste ao produtor da obra cinematográfica o direito de vender a preço de saldo as cópias que tiver produzido, ainda que alegando a falta de procura destas.

ANOTAÇÃO

I. Segundo o artigo 127 (1) do CDADC de 1985, da autorização para a produção cinematográfica deriva, para o produtor, o direito de produzir cópias da obra cinematográfica, esclarecendo o artigo 137 (1) do CDADC de 1985 que em termos obrigacionais ele apenas tem de executar tais cópias à medida que estas lhe forem requisitadas para fins de distribuição e exibição do filme em salas de cinema.

Na esteira do artigo 56 (1) do CDADC de 1985, que confere ao autor o direito de assegurar a genuinidade e integridade da obra opondo-se, *inter alia,* à sua destruição (*vide* respectiva anotação), o artigo 137 (1) do CDADC de 1985 exige, que o produtor conserve a matriz obra cinematográfica, proibindo a sua destruição.

II. O artigo 137 (2) do CDADC de 1985 afasta-se do princípio vertido no artigo 99 do CDADC de 1985 (no âmbito da edição, *vide* respectiva anotação) ao negar ao produtor da obra cinematográfica o direito de vender em saldo as cópias que tiver produzido, ainda que se verifique a procura destas.

Artigo 138º – Falência do produtor

Em caso de falência do produtor, se houver de proceder-se à venda por baixo preço, na totalidade ou por lotes, de cópias da obra cinematográfica, deverá o administrador da massa falida prevenir do facto o autor ou co-autores desta com a antecedência mínima de 20 dias, a fim de os habilitar a tomar as providências que julgarem convenientes para a defesa dos seus interesses materiais e morais e, bem assim, para exercerem o direito de preferência na aquisição das cópias em arrematação.

ANOTAÇÃO

O artigo 138 do CDADC de 1985 segue a regra contida no artigo 102 em caso de falência do produtor (*vide* anotação ao artigo 102 do CDADC de 1985).

Artigo 139º – Regime aplicável

1 – Ao contrato de produção cinematográfica são aplicáveis, com as necessárias adaptações, as disposições relativas ao contrato de edição, representação e execução.

2 – Aplica-se à exibição pública da obra cinematográfica, com as devidas adaptações, o regime previsto nos artigos 122º e 123º para a recitação e a execução.

ANOTAÇÃO

I. O artigo 139 (1) do CDADC de 1985 permite a invocação, com as devidas adaptações, das disposições relativas ao contrato de edição, representação e execução e, à exibição pública da obra cinematográfica.

II. Independentemente da remissão geral feita no artigo 139 (1) do CDADC de 1985, o artigo 139 (2) do CDADC de 1985 manda aplicar, à exibição pública da obra cinematográfica, o regime previsto nos artigos 122 (obrigações do promotor) e 123 (fraude na organização do programa). *Vide* anotações aos artigos 122 e 123 do CDADC de 1985).

Artigo 140º – Obras produzidas por processo análogo à cinematografia

As disposições da presente secção são aplicáveis às obras produzidas por qualquer processo análogo à cinematografia.

ANOTAÇÃO

Embora a nossa lei regule separadamente as obras cinematográficas (secção IV), a fixação *video*gráfica (secção V) e a radiodifusão (secção VI), o artigo 140 do CDADC de 1985 segue o artigo 2 (1) da Convenção de Berna, que assimila às obras cinematográficas as obras expressas por um processo análogo à cinematografia, mandando aplicar os preceitos que regem as obras cinematográficas às obras produzidas por qualquer processo análogo à cinematografia.

Vide artigo 183 (5) do CDADC de 1985.

SECÇÃO V – Da fixação fonográfica e videográfica

Artigo 141º – Contrato de fixação fonográfica e videográfica

1 – Depende de autorização do autor a fixação da obra, entendendo-se por fixação a incorporação de sons ou de imagens, separada ou cumulativamente, num suporte material suficientemente estável e duradouro que per-

mita a sua percepção, reprodução ou comunicação de qualquer modo, em período não efémero.

2 – A autorização deve ser dada por escrito e habilita a entidade que a detém a fixar a obra e a reproduzir e vender os exemplares produzidos.

3 – A autorização para executar em público, radiodifundir ou transmitir de qualquer modo a obra fixada deve igualmente ser dada por escrito e pode ser conferida a entidade diversa da que fez a fixação.

4 – A compra de um fonograma ou videograma não atribui ao comprador o direito de os utilizar para quaisquer fins de execução ou transmissão públicas, reprodução, revenda ou aluguer com fins comerciais.

ANOTAÇÃO

I. O artigo 141 (1) do CDADC de 1985 exige a autorização dos autores para a fixação da obra, fornecendo uma definição detalhada de «fixação».

Note-se que são autores da fixação fonográfica ou *vide*ográfica, os autores do texto ou da música fixada e ainda, no segundo caso, o realizador (*vide* anotação ao artigo 24 do CDADC de 1985).

II. O contrato de produção fonográfica ou videográfica deve ser reduzido a escrito, mas consistindo em essa exigência numa formalidade *ad probationem* a não redução a escrito da autorização não fulmina a mesma de nulidade (artigo 141 (2) do CDADC de 1985).

Da autorização para a produção fonográfica ou videográfica decorrem, apenas, para a entidade que a detém os direitos de fixação, reprodução e de comercialização dos exemplares produzidos (artigo 141 (2) do CDADC de 1985, *vide* anotação ao artigo 88 (1) do CDADC de 1985 que segue princípio análogo).

III. A autorização para a execução em público, a radiodifusão ou a transmissão de qualquer modo da obra fixada pode ser conferida a uma entidade diversa da que fez a fixação (artigo 140 (3) do CDADC de 1985). Segue-se o princípio constante do artigo 68 (4) do CDADC de 1985 segundo o qual as diversas formas de utilização da obra são independentes umas das outras (*vide* anotação ao artigo 68 (4) do CDADC de 1985).

IV. O artigo 140 (4) do CDADC de 1985 estipula que a compra de um fonograma ou videograma não atribui ao comprador quaisquer faculdades compreendidas no direito de autor sobre a obra. Trata-se de um reflexo do artigo 10 (2) do CDADC de 1985 que distingue a obra do respectivo suporte material (*vide* respectiva anotação).

Artigo 142º – Identificação da obra e do autor

Dos fonogramas e dos videogramas devem constar, impressos directamente ou apostos em etiquetas, sempre que a sua natureza o permita, o título da obra ou o modo de a identificar, assim como o nome ou qualquer outro sinal de identificação do autor.

ANOTAÇÃO

O artigo 142 do CDADC de 1985 exige a identificação da obra e do autor, nos fonogramas e nos videogramas, sempre que a sua natureza o permita. Temos aqui um reflexo do direito à paternidade da obra (*vide* anotação ao artigo 56 (1) do CDADC de 1985).

Artigo 143º – Fiscalização

1 – O autor tem o direito de fiscalizar os estabelecimentos de prensagem e duplicação de fonogramas e videogramas e armazenamento dos suportes materiais, sendo aplicável o disposto no nº 7 do artigo 86º, com as devidas adaptações.

2 – Aqueles que importam, fabricam e vendem suportes materiais para obras fonográficas e *video*gráficas devem comunicar à Inspecção-Geral das Actividades Culturais as quantidades importadas, fabricadas e vendidas, podendo os autores fiscalizar também os armazéns e fábricas dos suportes materiais.

3 – Aqueles que fabricam ou duplicam fonogramas e videogramas são obrigados a comunicar periódica e especificadamente à Inspecção-Geral das Actividades Culturais as quantidades de fonogramas e videogramas que prensarem ou duplicarem e a exibir documento do qual conste a autorização do respectivo autor.

4 – A Inspecção-Geral das Actividades Culturais definirá a periodicidade e as modalidades que deve revestir a comunicação a que se referem os nºs 2 e 3.

ANOTAÇÃO

I. O artigo 143 (1) do CDADC de 1985 confere ao autor um direito de fiscalização, remetendo para o disposto no artigo 86 (7) do CDADC de 1985 com as devidas adaptações (*vide* anotação ao artigo 86 (7) do CDADC de 1985).

II & III. O artigo 143 (2)-(3) do CDADC de 1985 atribui um mecanismo de fiscalização à Inspecção-Geral das Actividades Culturais:

- O artigo 143 (2) do CDADC de 1985 no que toca às quantidades importadas, fabricadas e vendidas, permitindo, ainda, que os autores fiscalizem os armazéns e fábricas de suportes materiais; e

- O artigo 143 (3) do CDADC de 1985 em relação às quantidades de fonogramas e videogramas prensados ou duplicados, obrigando também à apresentação de prova de autorização do respectivo autor para tal efeito.

IV. Cabe à Inspecção-Geral das Actividades Culturais configurar a periodicidade e modalidades desse mecanismo de fiscalização (artigo 143 (4) do CDADC de 1985).

Artigo 144º – Obras que já foram objecto de fixação

1 – A obra musical e o respectivo texto que foram objecto de fixação fonográfica comercial sem oposição do autor podem voltar a ser fixados.

2 – O autor tem sempre direito a retribuição equitativa, cabendo ao Ministério da Cultura, na falta de acordo das partes, determinar o justo montante.

3 – O autor pode fazer cessar a exploração sempre que a qualidade técnica da fixação comprometer a correcta comunicação da obra.

ANOTAÇÃO

I. Decorre do artigo 144 (1) do CDADC de 1985 que a partir do momento em que uma obra musical e respectivo texto são objecto de fixação fonográfica comercial, sem oposição do autor, podem voltar a ser reproduzidos.

II. O direito exclusivo é aqui substituído por um direito de remuneração no tocante a actos de reprodução subsequentes, cabendo ao Ministério da Cultura, na falta de acordo das partes, determinar o montante dessa retribuição equitativa (artigo 144 (2) do CDADC de 1985).

III. O artigo 144 (3) do CDADC de 1985 é um reflexo do direito à integridade da obra (*vide* anotação ao artigo 56 (1) do CDADC de 1985) e do direito de retirada (*vide* anotação ao artigo 62 do CDADC de 1985), permitindo que o autor faça cessar a exploração por motivos de foro técnico que comprometam a correcta comunicação da obra.

Refira-se, aqui, um processo judicial respeitante a um contrato de produção fonográfica no qual o Supremo teceu algumas considerações sobre o direito do artista a ser ouvido. Declarou o Supremo que não é razoável atribuir a uma cláusula que concede ao artista o direito a ser ouvido sobre a selecção de títulos, para efeitos de reedição de obras musicais que integram diversos temas, e que se integra num contrato mediante o qual o editor adquiriu o direito de editar as obras do artista quando entender, em formatos com capacidades diferentes, o sentido de lhe conferir o direito de autorizar as reedições ou, no mínimo, de a elas se opor. O direito a ser ouvido, afiançou o

Supremo, implica o direito de influenciar as concretas reedições a efectuar (Acórdão do Supremo Tribunal de Justiça, Processo Nº 6727/03.8TVLSB.S1, 11/26/2009).

Artigo 145º – Transmissão dos direitos do produtor

Aquele com quem tiver sido contratada a fixação não pode, salvo no caso de trespasse do estabelecimento, nomeadamente por cissão, transferir para terceiros os direitos emergentes do contrato de autorização sem consentimento dos autores.

ANOTAÇÃO

Salvo no caso de trespasse do estabelecimento, os direitos emergentes do contrato de fixação não podem ser transferidos para terceiros sem o consentimento dos autores. O artigo 145 do CDADC de 1985 segue o preceituado pelo artigo 100 do CDADC de 1985 no contexto da edição (*vide* anotação ao artigo 100 do CDADC de 1985).

Artigo 146º – Transformações

A adaptação, arranjo ou outra transformação de qualquer obra para efeitos de fixação, transmissão, execução ou exibição por meios mecânicos, fonográficos ou videográficos depende igualmente de autorização escrita do autor, que deve precisar a qual ou quais daqueles fins se destina a transformação.

ANOTAÇÃO

Tal como o 169 do CDADC de 1985 (no âmbito das traduções e outras transformações, *vide* respectiva anotação), o artigo 146 do CDADC de 1985 segue o princípio contido no artigo 68 (2) (g) do CDADC de 1985, segundo o qual o autor tem o direito exclusivo de traduzir, adaptar, arranjar ou transformar a obra de outra forma (*vide* anotação ao artigo 68 do CDADC de 1985).

Artigo 147º – Remissão

1 – Ao contrato de autorização para fixação fonográfica ou videográfica são aplicáveis, com as necessárias adaptações, as disposições relativas ao contrato de edição.

2 – Aplica-se ao espectáculo consistente na comunicação pública de obra fonográfica ou videográfica, com as devidas adaptações, o regime previsto nos artigos 122º e 123º para a recitação e a execução.

ANOTAÇÃO

I. O artigo 147 (1) do CDADC de 1985 manda aplicar, supletivamente e com as necessárias adaptações, as disposições relativas ao contrato de edição.

II. Por sua vez, o artigo 147 (2) do CDADC de 1985 remete para o regime previsto para a recitação e a execução, nos artigos 122 (obrigações do promotor) e 123 (fraude na organização ou realização do programa) do CDADC de 1985, quando esteja em causa um espectáculo em que se verifique a comunicação pública de uma obra fonográfica ou *video*gráfica (*vide* anotações aos artigos 122 e 123 do CDADC de 1985).

Artigo 148º – Âmbito

As disposições desta secção aplicam-se à reprodução de obra intelectual obtida por qualquer processo análogo à fonografia ou videografia, já existente ou que venha a ser inventado.

ANOTAÇÃO

O artigo 148 do CDADC de 1985 visa acompanhar a evolução tecnológica, abrangendo, como tal, processos de reprodução já existentes ou que venham a ser inventados.

SECÇÃO VI – Da radiodifusão e outros processos destinados à reprodução dos sinais, dos sons e das imagens

Artigo 149º – Autorização

1 – Depende de autorização do autor a radiodifusão sonora ou visual da obra, tanto directa como por retransmissão, por qualquer modo obtida.

2 – Depende igualmente de autorização a comunicação da obra em qualquer lugar público, por qualquer meio que sirva para difundir sinais, sons ou imagens.

3 – Entende-se por lugar público todo aquele a que seja oferecido o acesso, implícita ou explicitamente, mediante remuneração ou sem ela, ainda que com reserva declarada do direito de admissão.

ANOTAÇÃO

I. O artigo 149 (1) do CDADC de 1985 segue o artigo 68 (2) (e) do CDADC de 1985, que atribui ao autor o direito exclusivo de autorizar a radiodifusão da sua obra (*vide* anotação ao artigo 68 do CDADC de 1985).

Essa radiodifusão pode ser directa ou por retransmissão. Encontramos os conceitos relevantes no artigo 176 (9)-(10) do CDADC de 1985, entendendo-se por emissão de radiodifusão «a difusão dos sons ou de imagens, ou a representação destes, separada ou cumulativamente, por fios ou sem fios, nomeadamente por ondas hertzianas, fibras ópticas, cabo ou satélite, destinada à recepção pelo público» e por retransmissão «a emissão simultânea por um organismo de radiodifusão de uma emissão de outro organismo de radiodifusão» (*vide* anotação ao artigo 176 (9)-(10) do CDADC de 1985).

Note-se que o artigo 149 (1) do CDADC de 1985 incide, apenas, sobre obras e não sobre prestações conexas, definindo a lei como obra radiodifundida «a que foi criada segundo as condições especiais da utilização pela radiodifusão sonora ou visual e, bem assim, as adaptações a esses meios de comunicação de obras originariamente criadas para outra forma de utilização» (*vide* anotação ao artigo 21 (1) do CDADC de 1985).

II & III. Por sua vez, o artigo 149 (2) do CDADC de 1985 concede ao autor um outro direito exclusivo: o direito de autorizar a comunicação da obra em qualquer lugar público, fornecendo o artigo 149 (3) do CDADC de 1985 uma definição de «lugar público».

Destaca-se, neste campo, a questão de saber se a difusão de obra radiodifundida em local público configura uma mera receção daquela ou antes uma nova utilização (isto é, uma transmissão autónoma), apenas esta última exigindo a obtenção de autorização dos respetivos autores.

Esta questão não tem vindo a obter uma solução consensual por parte da jurisprudência, sendo frequentemente invocado, neste contexto, um Parecer da Procuradoria-Geral da República, que monta a 1992, segundo o qual, do princípio de liberdade de recepção das emissões de radiodifusão que tenham por objecto obras literárias ou artísticas «apenas se exclui a recepção-transmissão envolvente de nova utilização ou aproveitamento organizados, designadamente, através de procedimentos técnicos diversos dos que integram o próprio aparelho receptor, como por exemplo altifalantes ou instrumentos análogos transmissores de sinais, sons ou imagens, incluindo as situações a que se reportam os artigos 3 e 4, do Decreto-Lei 42660, de 20 de Novembro de 1959» (Parecer 4/92, do Conselho Consultivo da Procuradoria-Geral da República, votado em 28/5/92 e homologado em 27 de Julho de 1992).

Em 1995, já o referido Parecer havia emergido, preconizou o Tribunal da Relação do Porto que a mera recepção de emissões de radiofusão em restaurantes, hotéis, pastelarias, discotecas e estabelecimentos similares, em que sejam apresentadas obras literárias ou artísticas, não depende de autorização dos seus autores, nem de qualquer contrapartida patrimonial (Acórdão do Tribunal da Relação do Porto, Processo Nº 9450142, 01/04/1995).

Na mesma senda, o Tribunal da Relação de Guimarães declarou, em 2004, que tendo os autores autorizado a radiodifusão das suas obras e, por isso, recebido dos organismos emissores a correspondente remuneração, haviam exercido os seus direitos. Asseverou aquele Tribunal que só não será assim se a recepção se consubstanciar numa transmissão potenciadora de uma nova utilização das obras literárias ou artísticas, tal não se verificando quando os empresários dos hotéis, restaurantes, bares, cafés e estabelecimentos similares se limitam à recepção das emissões de radiodifusão (Acórdão do Tribunal da Relação de Guimarães, Processo Nº 1204/04-2, 11/15/2004).

Em 2007, o Tribunal da Relação de Lisboa concluiu que a situação dos autos extravasava a simples recepção radiofónica com normal aparelho de rádio, traduzindo-se numa comunicação pública das obras musicais radiodifundidas levada a cabo mediante especiais instrumentos de amplificação de som e carecendo, por isso, de autorização (Acórdão do Tribunal da Relação de Lisboa, Processo Nº 72/2007-5, 05/15/2007).

Uns meses mais tarde, seguindo linha de orientação similar, o Tribunal da Relação de Guimarães afirmou que carecia de autorização dos autores a difusão de um vídeo musical num estabelecimento comercial pela televisão, com colunas de som ligadas ao televisor. O acto de ligar ao televisor quatro colunas de som não se reconduzia a uma mera recepção de um programa de televisão em público, mas a uma difusão de sinais e sons para além dos que resultavam do mero funcionamento de recepção do televisor (Acórdão do Tribunal da Relação de Guimarães, Processo Nº 974/07-2, 07/02/2007).

Repare-se no teor do voto de vencido: «Quem, no caso, difundia a obra em causa era a TV Cabo, como entidade emissora, e o arguido apenas ampliava um dos sinais, o de som, por tal forma que nada retirava ou acrescentava à obra em si, melhorando apenas, qualitativa e quantitativamente, o aspecto sonoro, o que também não cabe na previsão do artigo 155 do citado Código, que prevê que é devida igualmente remuneração ao autor pela comunicação pública da obra radiodifundida, por altifalante ou por qualquer outro instrumento análogo transmissor de sinais, de sons ou de imagens, ou seja, prevê uma situação de transmissão autónoma. No caso, a conduta do arguido não era uma actividade da recepção-transmissão, mas sim, se quisermos ser rigorosos, uma actividade de recepção-ampliação e só de um dos sinais, mantendo-se a obra recebida e ampliada a mesma e sem qualquer violação dos direitos de autor. O Código do Direito de Autor e dos Direitos Conexos só prevê o direito dos autores à remuneração pela comunicação pública das suas obras radiodifundidas nas situações de transmissão, isto é, de nova utilização ou aproveitamento nos termos atrás enunciados e, como se disse, a conduta do arguido não era uma actividade da recepção-transmissão, mas sim, se quisermos ser rigorosos, uma actividade de recepção-ampliação de um só dos sinais, como se disse, mantendo-se a obra recebida e ampliada a mesma e sem qualquer violação dos direitos de autor. A levar-se o entendimento tão longe como no acórdão em apreço, todos os locais onde estão instaladas colunas sonoras para difusão de música. locais de trabalho, estabelecimentos de restauração, edifícios públicos, etc.., teriam que ser pagos direitos sem que se faça qualquer transmissão, mas sim mera recepção. Aliás, comparativamente com aparelhos standard, um aparelho receptor da maior qualidade pode dispor de mais e melhores altifalantes e debitar muito mais decibéis e nem por isso transgride a lei, como não se transgride se por qualquer meio técnico for possível ampliar também o sinal visual, pois as aparelhagens amplificadoras (ou difusoras) não são susceptíveis de ser captadas por qualquer outra aparelhagem.»

Em 2011, o Tribunal da Relação de Guimarães determinou que a conduta em causa consistia numa actividade de recepção-transmissão que se incluía na excepção contemplada no referido Parecer 4/92, do Conselho Consultivo da Procuradoria-Geral da República (Acórdão do Tribunal da Relação de Guimarães, Processo Nº 1130/07.3TABRG.G1, 04/04/2011).

No mesmo ano, o Tribunal da Relação de Lisboa deduziu que os mecanismos externos ao aparelho de recepção da emissão de TV Cabo utilizados no caso em apreço nada acrescentavam ou alteravam relativamente ao programa recebido, limitando-se a difundir as obras em causa com o preciso conteúdo com que estavam a ser recebidas através da TV Cabo e apenas potenciando a qualidade do som e da imagem. A situação em causa configurava uma mera actividade de recepção dos sinais sonoros e visuais que estavam a ser radiodifundidos pela TV Cabo (Acórdão do Tribunal da Relação de Lisboa, Processo Nº 147/04.4SXLSB.L1-5, 03/22/2011).

Em 2013, decidiu o Tribunal da Relação de Guimarães, que tendo os direitos relevantes sido já pagos pela proprietária e exploradora do estabelecimento, não era necessária a autorização dos autores da obra radiodifundida (música) para a transmitir ao público que frequentava esse estabelecimento, mesmo utilizando colunas para amplificar o som (Acórdão do Tribunal da Relação de Guimarães, Processo Nº 124/11.9GAPVL.G1, 01/07/2013).

No mesmo ano, o Tribunal da Relação de Lisboa inferiu que o responsável por um estabelecimento público que aí procedia à difusão de obra radiodifundida, ampliando os sinais de som e imagem, nada retirando, alterando ou acrescentando à obra, limitando-se a melhorar aqueles sinais, qualitativa e quantitativamente, não cometia um acto ilícito (Acórdão do Tribunal da Relação de Lisboa, Processo Nº61/13.2YHLSB-A.L1-8, 06-06-2013).

Repare-se que a noção restritiva de comunicação ao público em que se baseiam algumas das referidas decisões anda longe do entendimento adoptado pelo TJUE a este respeito, entendimento este que foi explanado, recentemente, por esse Tribunal, num processo em que se procurava saber, *inter alia*, se a transmissão de obras radiodifundidas através de um ecrã de televisão e de altifalantes aos clientes de um *pub* consubstanciava uma comunicação ao público, na acepção do artigo 3 (1) da Directiva sobre a Sociedade da Informação (*Football Association Premier League Ltd, NetMed Hellas SA, Multichoice Hellas SA v. QC Leisure, David Richardson, AV Station plc, Malcolm*

Chamberlain, Michael Madden, SR Leisure Ltd, Philip George Charles Houghton and Derek Owen e Karen Murphy v. Media Protection Services Ltd, Acórdão do TJUE, Processos apensos C-403/08 e C-429/08, 4 de Outubro de 2011).

No seu acórdão, o TJUE afirmou que se deve entender o conceito de comunicação em sentido amplo, como visando toda e qualquer transmissão de obras protegidas, independentemente do meio ou procedimento técnico utilizados, pelo que o proprietário de um *pub* procede a uma comunicação ao transmitir, deliberadamente, obras radiodifundidas através de um ecrã de televisão e de altifalantes aos clientes que se encontram nesse estabelecimento.

No caso da transmissão das obras radiodifundidas pelo proprietário de um *pub* aos clientes presentes nesse estabelecimento, esses clientes constituem um público suplementar que não foi tido em consideração pelos autores aquando da autorização da radiodifusão das suas obras (*vide* nesse sentido, *Sociedad General de Autores y Editors de Espana (SGAE) v. Rafael Hoteles SA*, Acórdão do TJUE, Processo C-306/05, 7 de Dezembro de 2006).

Concluiu, pois, o TJUE, que o conceito de comunicação ao público na acepção do artigo 3 (1) da Directiva sobre a Sociedade da Informação deve ser interpretado no sentido de que abrange essa transmissão de obras radiodifundidas através de um ecrã de televisão e de altifalantes aos clientes que se encontrem presentes num *pub*.

Não existe motivo, esclarecido que está o tema pelo TJUE (*vide* anotação ao artigo 68 do CDADC de 1985, no que toca ao conceito de direito à comunicação ao público), para a divergência de opiniões acima descrita, urgindo seguir, a nível nacional, a corrente jurisprudencial delineada neste campo por aquele Tribunal, introduzindo-se, assim, um grau mais elevado de certeza jurídica nesta matéria.

Surpreendentemente, em 2013 o Supremo Tribunal de Justiça afirmou, de forma incisiva, que apenas se assiste a uma reutilização da obra, surgindo a obrigação de pagar nova remuneração ao autor, se foram empregues meios técnicos que recriem de qualquer forma a difusão da obra, produzindo um espectáculo diferente do que é radiodifundido. Verificando-se uma mera recepção da obra, alterada por equipamento limitado à função de a aperfeiçoar ou melhorar, não se aplica o disposto no 149 (2) do CDADC de 1985. De acordo com aquele Tribunal, esta tese evita a cobrança de direitos a dobrar sobre a mesma utilização da obra. Decidiu o Pleno das secções criminais do Supremo fixar a seguinte jurisprudência: «A aplicação, a um televisor, de aparelhos de ampliação do som, difundido por canal de televisão, em estabelecimento comercial, não configura uma nova utilização da obra transmitida, pelo que o seu uso não carece de autorização do autor da mesma, não integrando consequentemente essa prática o crime de usurpação» (*vide* Acórdão do Supremo Tribunal de Justiça, Processo Nº 124/11.9GAPVL.G1-A.S1, 11/03/2013).

Quais são as consequências do não acatamento pelo Supremo Tribunal de Justiça da orientação emanada do TJUE (nem referência lhe é feita)?

A resposta não é simples. Quanto aos efeitos de um acórdão to TJUE em sede de reenvio prejudicial, embora estes estejam maioritariamente ligados ao processo específico que deu origem ao reenvio, tendo em conta o princípio da unidade da ordem jurídica da União e a sua coerência, os conceitos utilizados nas directivas devem ter o mesmo significado, a menos que o legislador da União tenha manifestado, num contexto legislativo preciso, uma vontade diferente, ou seja, os tribunais nacionais podem e devem seguir a mesma interpretação em casos semelhantes (*Football Association Premier League Ltd, NetMed Hellas SA, Multichoice Hellas SA v. QC Leisure, David Richardson, AV Station plc, Malcolm Chamberlain, Michael Madden, SR Leisure Ltd, Philip George Charles Houghton and Derek Owen e Karen Murphy v. Media Protection Services Ltd*, Acórdão do TJUE, Processos apensos C-403/08 e C-429/08, 4 de Outubro de 2011, 188).

Não se houvera a decisão do TJUE debruçado sobre a interpretação de legislação comunitária, mas apenas sobre a interpretação de legislação nacional, poderia alegar-se que os tribunais nacionais não teriam que se pronunciar sobre aquela decisão. Contra tal argumento poderia ainda assim afirmar-se que estando em causa preceitos nacionais que constituem transposição de normas comunitárias jusautorais, qualquer sentido interpretativo que o TJUE dê a tais disposições legais, através da jurisprudência produzida em sede de decisão prejudicial, deve sido tida em conta (*vide* artigo 267 (2) do Tratado sobre o Funcionamento da União Europeia, T. C. Hartley, *The Foundations of European Unión Law*, Oxford, 2010, p.318-319). Inclinamo-nos para esta posição.

Considerando que o Supremo não respeitou um acórdão do TJUE que devia ter tido em conta, tornou-se claro que sendo a questão novamente levantada em Tribunal, o controverso tema teria de ser submetido ao TJUE em sede de reenvio prejudicial.

Tal possibilidade foi negada, em 2014, pelo Tribunal da Relação do Porto. Defendeu esse Tribunal não depender da autorização do respectivo autor, nem dar direito à remuneração legalmente prevista, a mera recepção de emissões de radiodifusão, ainda que em lugar público, quando a mesma é feita através de aparelhos normais de rádio ou televisão, desprovidos de instrumentos adicionais de reprodução ou amplificação, tendo acrescentado: «contrariamente ao que afirma a Autora/Apelante nas suas alegações, não vislumbramos na sentença recorrida qualquer violação da ordem legislativa interna do Estado Português nem das orientações legais e jurisprudenciais da União Europeia a que o mesmo está obrigado. Assim sendo, não encontramos também fundamento para a pretensão que formula na sua conclusão 28ª e segundo a qual se justificaria a suspensão do presente processo e o consequente reenvio prejudicial (de interpretação) do mesmo para o TJUE» (*vide* Acórdão do Tribunal da Relação do Porto, Processo Nº 2299/11.8TJVNF.P1, 11/27/2014).

Subsequentemente, o Tribunal da Relação de Coimbra afirmou observar a jurisprudência uniformizada pelo referido acórdão do Supremo (processo Nº 124/11.9GAPVL.G1-A.S1), chamando a atenção para a «incongruência da diferente perspectiva e solução jurídica consoante o rádio tenha ou não em si mesmo incorporadas as colunas de som com qualidade. Porque sempre terá alguma necessariamente, sob pena de silêncio» e «o ridículo da operação intelectual que, segundo informação da recorrente, vem sendo adoptada nos restantes países da EU» (*vide* Acórdão do Tribunal da Relação de Coimbra, Processo Nº 35/12.0PFVIS.C1, 10/14/2015).

Em 2016, seguindo a mesma corrente jurisprudencial, o Tribunal da Relação de Coimbra, deduziu que o referido acórdão uniformizador (processo Nº 124/11.9GAPVL.G1-A.S1), era aplicável à situação *sub judice*, uma vez que a decisão do Supremo tinha por base uma televisão com colunas acopladas, ou seja, um aparelho receptor de radiodifusão sonora e visual da obra, enquanto no caso em apreço apenas estava em causa um rádio, isto é, um mero aparelho receptor de radiodifusão sonora da obra (*vide* Acórdão do Tribunal da Relação de Coimbra, Processo Nº 36/13.1PFVIS.C1, 01/20/2016).

O Tribunal da Relação de Lisboa chegou, e bem, a conclusão diferente, estabelecendo que a transmissão de fonogramas através de aparelho de televisão e rádio com amplificador num café requeria a autorização dos respectivos titulares de direitos. Salientou, aquele Tribunal, que o TJUE se havia pronunciado recentemente sobre esta questão, já depois do acórdão de fixação de jurisprudência do Supremo de 2013, num processo que se debruçou sobre um pedido de decisão prejudicial despoletado pela Sociedade Portuguesa de Autores, no qual foi declarado que o conceito de comunicação ao público, na acepção do artigo 3 (1) da Directiva sobre a Sociedade da Informação, deve ser interpretado «no sentido de que abrange a transmissão, através de um aparelho de rádio ligado a colunas e/ou amplificadores, pelas pessoas que exploram um café-restaurante, de obras musicais e de obras musico-literárias difundidas por uma estação emissora de rádio aos clientes que se encontram presentes nesse estabelecimento.» O Tribunal da Relação concluiu ser imperativo acompanhar esta jurisprudência (*vide* Acórdão do Tribunal da Relação de Lisboa, Processo Nº 216-15.5YHLSB.L1-6, 02/04/2016 e *Sociedade Portuguesa de Autores CRL v. Ministério Público, Carlos Manuel Prata Pereira Sá Meneses, Sandra Carla Ferreira Cardoso, Douros Bar Lda*, Acórdão do TJUE, Processo C-151/15, 14 de Julho de 2015).

Posteriormente, o Tribunal da Relação de Coimbra confirmou, todavia, o referido acórdão uniformizador (processo Nº 124/11.9GAPVL.G1-A.S1), achando-o aplicável, por maioria de razão, às situações em que, como no caso em apreço, estava em causa um aparelho de rádio e não de televisão. Acrescentou aquele Tribunal «não vislumbrar na decisão recorrida qualquer violação das orientações legais e jurisprudenciais da União Europeia a que o Estado Português está obrigado» (*vide* Acórdão do Tribunal da Relação de Coimbra, Processo Nº 35/14.6PFVIS.C1, 06/29/2016).

Relembremos, apenas que, segundo C. Câmara (C. Câmara, *Guia Prático do Reenvio Prejudicial*, Centro de Estudos Judiciários, com a colaboração científica de M. J. Rangel de Mesquita, pp. 14 e 16), se colocam, aqui, duas questões fulcrais: (i) quais os efeitos da colocação de uma questão prejudicial sobre o processo nacional e (ii) quais os efeitos da decisão prejudicial sobre a decisão a proferir no processo nacional em que foi colocada.

Quanto à primeira questão, «[d]ecidida que esteja aquela questão, por Acórdão proferido pelo TJUE, o Tribunal que suscitou a questão e os restantes tribunais que julgam a causa em sede de recurso estão vinculados às conclusões do acórdão prejudicial, quer quanto aos seus efeitos materiais, quer temporais (...). Além disso, os demais tribunais do Estado em causa e dos outros Estados membros da União também devem respeitar o teor do acórdão prejudicial, sem prejuízo de poderem colocar novas questões prejudiciais.»

E no que toca à segunda questão, «[r]elativamente aos efeitos materiais, no que se refere às questões prejudiciais de interpretação, dir-se-á que o Tribunal que suscitou a questão e os restantes tribunais nacionais e do espaço da União estão vinculados às conclusões – bem como à fundamentação – do acórdão prejudicial. São razões de uniformidade as subjacentes a tal obrigatoriedade. Não obstante, caso a questão seja novamente colocada pelo JN, a decisão anterior do TJ pode ser revista ou modificada por este, alterando o conteúdo e o sentido do acórdão anterior».

Recentemente, o Tribunal da Relação de Lisboa, confrontado com as referidas contraditórias decisões do TJUE e do Supremo, concluiu, e bem o seguinte:

«Os Acórdãos Uniformizadores de Jurisprudência, ainda que devam merecer da parte de todos os juízes uma atenção especial, desde logo pela respectiva qualidade, valor intrínseco e respectiva ratio e desiderato - maxime lograr uma interpretação uniforme do direito e a uniformidade da jurisprudência, contribuindo ambos para a tutela da certeza e segurança jurídica - não dispõem em todo o caso de valor vinculativo.

Porém, precisamente em razão da aludida qualidade, valor intrínseco, respectiva ratio e desiderato, apenas se justifica que o AUJ seja desmerecido quando existam razões ponderosas a atender e as quais devem sempre mostrarem-se bem explicitadas no âmbito de fundamentação convincente e baseada sobretudo em critérios rigorosos, em contributos da doutrina e em novos argumentos que apontem para a evidente incorrecção do precedente;

(...) porque as decisões do Tribunal de Justiça da União Europeia constituem fonte de direito imediata, permitindo a uniformidade e a harmonização na aplicação do direito da União no território dos Estados-Membros, e porque tem o TJUE vindo a pugnar pela aplicação na referida matéria do princípio do primado [o qual impõe a prevalência do direito da União sobre o direito nacional, e estando o mesmo internamente plasmado na conjugação dos artigos 7º, nº 6 e 8º, nº 4 da Constituição da República Portuguesa], então licito é considerar que ambos os aludidos fundamentos consubstanciam razões ponderosas que permitem/justificam que o Juiz se afaste do entendimento sufragado pelo STJ no seu Acórdão Uniformizador de Jurisprudência nº 15/2013» (*vide* Acórdão do Tribunal da Relação de Lisboa, Processo Nº 460/17.0YHLSB-A.S1.L1-6, 07/06/2018).

Registe-se, ainda, que os artigos 149-156 do CDADC de 1985 são complementadas pelo Decreto-Lei 333/97, de 27 de Novembro, que procedeu à transposição da Directiva sobre a Radiodifusão por Satélite e a Retransmissão por Cabo.

Vide anotações aos artigos 178 (1) e 184 do CDADC de 1985.

Artigo 150º – Radiodifusão de obra fixada

Se a obra foi objecto de fixação para fins de comercialização com autorização do autor, abrangendo expressamente a respectiva comunicação ou radiodifusão sonora ou visual, é desnecessário o consentimento especial deste para cada comunicação ou radiodifusão, sem prejuízo dos direitos morais e do direito a remuneração equitativa.

ANOTAÇÃO

Este controverso preceito (*vide* P. Cordeiro, *in* C. Ferreira de Almeida, L. Couto Gonçalves, C. Trabuco, (coordenadores), *Contratos de Direito de Autor e de Propriedade Industrial*, Almedina, 2011, p. 258-261) dispensa o consentimento do autor para cada acto de comunicação ou radiodifusão, desde que o autor tenha autorizado a fixação da obra e essa autorização abranja, de forma expressa, a comunicação ou radiodifusão da mesma (artigo 150 do CDADC de 1985). Cessa, então, o campo de aplicação do direito exclusivo, surgindo, em seu lugar, o direito a receber uma remuneração equitativa e mantendo-se intocáveis os interesses morais do autor.

Artigo 151º – Pressupostos técnicos

O proprietário de casa de espectáculos ou de edifício em que deva realizar-se a radiodifusão ou comunicação prevista no artigo 149º, o empresário e todo aquele que concorra para a realização do espectáculo a transmitir são obrigados a permitir a instalação dos instrumentos necessários para a transmissão, bem como as experiências ou ensaios técnicos necessários para a boa execução desta.

ANOTAÇÃO

O artigo 151 do CDADC de 1985 consiste numa norma instrumental, que visa garantir certos pressupostos de foro técnico para boa execução da radiodifusão ou comunicação prevista no artigo 149 do CDADC de 1985.

Artigo 152º – Limites

1 – Salvo estipulação em contrário, a autorização prevista no artigo 149º não implica autorização para fixar as obras radiodifundidas.

2 – No entanto, é lícito aos organismos de radiodifusão fixar as obras a radiodifundir, mas unicamente para uso das suas estações emissoras, nos casos de radiodifusão diferida.

3 – As fixações atrás referidas devem, porém, ser destruídas no prazo máximo de três meses, dentro do qual não podem ser transmitidas mais de três vezes, sem prejuízo de remuneração ao autor.

4 – As restrições dos dois números anteriores entendem-se sem prejuízo dos casos em que tais fixações ofereçam interesse excepcional a título de documentação, o qual determinará a possibilidade da sua conservação em arquivos oficiais ou, enquanto estes não existirem, nos da Rádio e Televisão de Portugal, S. A., sem prejuízo do direito de autor.

ANOTAÇÃO

I. O artigo 152 do CDADC de 1985 segue o artigo 11 bis (3) da Convenção de Berna,

O artigo 152 (1) do CDADC de 1985 estabelece limites à autorização prevista no artigo 149 do CDADC de 1985, estipulando que, salvo convenção em contrário, a autorização para radiodifundir não implica autorização para fixar.

II. O artigo 152 (2) do CDADC de 1985 cria uma excepção ao artigo 152 (1) do CDADC de 1985, ao permitir essa fixação quando efectuada por um organismo de radiodifusão para uso das suas estações emissoras, nos casos de radiodifusão diferida.

III. O artigo 152 (3) do CDADC de 1985 impõe limites ao artigo 152 (2) do CDADC de 1985, exigindo a destruição das fixações aí permitidas no prazo máximo de três meses, não autorizando a transmissão dessas fixações efémeras mais de três vezes durante esse período e garantindo ao autor uma remuneração por cada acto de transmissão.

IV. Por fim, o artigo 152 (4) do CDADC de 1985 afasta o artigo 152 (2)-(3) do CDADC de 1985, quando estejam em causa fixações que tenham carácter excepcional a título de documentação, autorizando, então, a sua conservação em arquivos oficiais. Note-se que o autor tem direito a ser remunerado por cada acto de utilização dessas fixações.

Artigo 153º – Âmbito

1 – A autorização para radiodifundir uma obra é geral para todas as emissões, directas ou em diferido, efectuadas pelas estações da entidade que a obteve, sem prejuízo de remuneração ao autor por cada transmissão.

2 – Não se considera nova transmissão a radiodifusão feita em momentos diferentes, por estações nacionais ligadas à mesma cadeia emissora ou pertencentes à mesma entidade, em virtude de condicionalismos horários ou técnicos.

3 – A transmissão efectuada por entidade diversa da que obteve a autorização referida no nº 1, quando se faça por cabo ou satélite, e não esteja expressamente prevista naquela autorização, depende de consentimento do autor e confere-lhe o direito a remuneração.

ANOTAÇÃO

I. Decorre do artigo 153 (1) do CDADC de 1985, que a autorização para radiodifundir é geral para todas as emissões, directas ou em diferido, executadas pelas estações do organismo de radiodifusão que a obteve, não tendo de ser dada para cada transmissão.

II. Mas tal autorização para radiodifundir não implica ausência de remuneração. Assim, o autor tem direito a ser remunerado por cada transmissão diferida (artigo 153 (1) do CDADC de 1985), a não ser que o carácter diferido da mesma resulte de condicionalismos horários ou técnicos (artigo 153 (2) do CDADC de 1985).

III. O artigo 153 (3) do CDADC de 1985 limita o âmbito da autorização dada, estipulando que, salvo convenção expressa em contrário, a transmissão por cabo ou satélite efectuada por outro organismo que não o que obteve a autorização para radiodifundir, depende de consentimento do autor.

Também o artigo 6 (1) do Decreto-Lei 333/97, de 27 de Novembro, que procedeu à transposição da Directiva sobre a Radiodifusão por Satélite e a Retransmissão por Cabo, determina que «[a] autorização de comunicar ao público por satélite constitui direito exclusivo do autor, a qual pode obter-se por contrato individual ou acordo colectivo».

A letra do artigo 153 (3) do CDADC de 1985 indica, *a contrario*, que a transmissão por cabo ou satélite efectuada pelo organismo que obteve a autorização para radiodifundir não depende de consentimento do autor (*vide* P. Cordeiro, *in* C. Ferreira de Almeida, L. Couto Gonçalves, C. Trabuco, (coordenadores), *Contratos de Direito de Autor e de Propriedade Industrial*, Almedina, 2011, p. 362).

Artigo 154º – Identificação do autor

As estações emissoras devem anunciar o nome ou pseudónimo do autor juntamente com o título da obra radiodifundida, ressalvando-se os casos, consagrados pelo uso corrente, em que as circunstâncias e necessidades da transmissão levam a omitir as indicações referidas.

ANOTAÇÃO

O artigo 154 do CDADC de 1985 é um reflexo do direito à paternidade da obra, permitindo, excepcionalmente a omissão do nome do autor (*vide* anotação ao artigo 56 (1) do CDADC de 1985).

Artigo 155º – Comunicação pública da obra radiodifundida

É devida igualmente remuneração ao autor pela comunicação pública da obra radiodifundida, por altifalante ou por qualquer outro instrumento análogo transmissor de sinais, de sons ou de imagens.

ANOTAÇÃO

O artigo 155 do CDADC de 1985 incide sobre a comunicação pública da obra radiodifundida, atribuindo ao autor, neste campo, não um direito exclusivo, mas um direito a uma remuneração equitativa.

Vide anotação artigo 149 do CDADC de 1985, que examina a controversa questão de saber se a comunicação de obra radiodifundida em local público configura uma mera recepção daquela ou antes uma nova utilização.

Artigo 156º – Regime aplicável

1 – À radiodifusão, bem como à difusão obtida por qualquer processo que sirva para a comunicação de sinais, sons ou imagens, são aplicáveis, com as necessárias adaptações, as disposições relativas ao contrato de edição, representação e execução.

2 – Aplica-se ao espectáculo consistente na comunicação pública de obra radiodifundida, com as devidas adaptações, o regime previsto nos artigos 122º e 123º para a recitação e a execução.

ANOTAÇÃO

I & II. Manda a lei aplicar supletivamente, com as necessárias adaptações, à radiodifusão e à difusão obtida por processos análogos, as disposições que regem o contrato de edição, representação e execução (artigo 156 (1) do CDADC de 1985) e, ao espectáculo consistente na comunicação pública de obra radiodifundida, o regime previsto nos artigos 122 e 123 do CDADC de 1985 para a recitação e a execução (artigo 156 (2) do CDADC de 1985).

SECÇÃO VII – Da criação de artes plásticas, gráficas e aplicadas

Artigo 157º – Da exposição

1 – Só o autor pode expor ou autorizar outrem a expor publicamente as suas obras de arte.

2 – A alienação de obra de arte envolve, salvo convenção expressa em contrário, a atribuição do direito de a expor.

ANOTAÇÃO

I. Na sequência do artigo 68 (2) (b) do CDADC de 1985, o artigo 157 (1) do CDADC de 1985 atribui ao autor o direito de exibir ou autorizar a exposição em público da sua obra de arte (*vide* anotação ao artigo 68 do CDADC de 1985).

II. A alienação dessa obra, ou seja, a sua transmissão total (regida pelo artigo 44 do CDADC de 1985, *vide* respectiva anotação) já implica, salvo convenção expressa em contrário, a atribuição do direito de a expor (artigo 157 (2) do CDADC de 1985).

Vide anotação artigo 54 do CDADC de 1985 que regula o direito de sequência.

Artigo 158º – Responsabilidade pelas obras expostas

A entidade promotora de exposição de obras de arte responde pela integridade das obras expostas, sendo obrigada a fazer o seguro das mesmas contra incêndio, transporte, roubo e quaisquer outros riscos de destruição ou deterioração, bem como a conservá-las no respectivo recinto até ao termo do prazo fixado para a sua devolução.

ANOTAÇÃO

O artigo 158 do CDADC de 1985 impõe à entidade promotora da exposição um dever de conservar a obra. Trata-se de um reflexo do direito à integridade da obra, direito esse que impede a sua destruição, deterioração e «todo e qualquer acto que a desvirtue e possa afectar a honra e reputação do autor» (*vide* anotação ao artigo 56 (1) do CDADC de 1985).

À cautela a entidade promotora tem de fazer um seguro, sendo que a determinação do valor do seguro para uma obra de arte depende de inúmeros factores, designadamente, da complexa avaliação da obra em causa. Por vezes, a par de um seguro geral para as obras expostas surge um seguro específico para o seu transporte.

Artigo 159º – Forma e conteúdo do contrato de reprodução

1 – A reprodução das criações de artes plásticas, gráficas e aplicadas, design, Projectos de arquitectura e planos de urbanização só pode ser feita pelo autor ou por outrem com a sua autorização.

2 – A autorização referida no artigo anterior deve ser dada por escrito, presume-se onerosa e pode ser condicionada.

3 – São aplicáveis ao contrato as disposições do artigo 86º, devendo, porém, fixar-se nele o número mínimo de exemplares a vender anualmente, abaixo do qual a entidade que explora a reprodução poderá usar das faculdades nesse artigo reconhecidas.

ANOTAÇÃO

I. Na esteira do artigo 68 (2) (i) do CDADC de 1985, o artigo 158 (1) do CDADC de 1985 atribui ao autor o direito de reproduzir ou autorizar a reprodução da sua obra de arte (*vide* anotação ao artigo 68 do CDADC de 1985).

II. Esta autorização deve ser dada por escrito (escrito esse que se reconduz a uma formalidade *ad probationem*) presumindo-se onerosa e podendo ser condicionada (artigo 158 (2) do CDADC de 1985, *vide* anotações aos artigos 41 (2) e 68 (3) do CDADC de 1985).

III. O contrato de reprodução deve fixar o número mínimo de exemplares a vender anualmente (artigo 158 (3) do CDADC de 1985, *vide* anotação ao artigo 86 do CDADC de 1985).

Artigo 160º – Identificação da obra

1 – O contrato deverá conter indicações que permitam identificar a obra, tais como a sua descrição sumária, debuxo, desenho ou fotografia, com a assinatura do autor.

2 – As reproduções não podem ser postas à venda sem que o autor tenha aprovado o exemplar submetido a seu exame.

3 – Em todos os exemplares reproduzidos deve figurar o nome, pseudónimo ou outro sinal que identifique o autor.

ANOTAÇÃO

I. O contrato de reprodução de obra de arte deve conter indicações que permitam identificar a obra (artigo 160 (1) do CDADC de 1985).

I & III. O artigo 160 (2)-(3) do CDADC de 1985 tutela os interesses morais do autor (*vide* anotação ao artigo 56 (1) do CDADC de 1985). O artigo 160 (2) do CDADC de 1985 é um reflexo do direito à integridade da obra e o artigo 160 (3) do CDADC de 1985 um corolário do direito à paternidade da obra.

Artigo 161º – Estudos e Projectos de arquitectura e urbanismo

1 – Em cada exemplar dos estudos e Projectos de arquitectura e urbanismo, junto ao estaleiro da construção da obra de arquitectura e nesta, depois de construída, é obrigatória a indicação do respectivo autor, por forma bem legível.

2 – A repetição da construção de obra de arquitectura, segundo o mesmo Projectos, só pode fazer-se com o acordo do autor.

ANOTAÇÃO

I. O artigo 161 (1) do CDADC de 1985 salvaguarda o direito à paternidade da obra.

II. O artigo 161 (2) do CDADC de 1985 reitera o preceituado no artigo 68 (2) (l) do CDADC de 1985, que confere ao autor o direito de construir ou autorizar a construção de obra de arquitectura segundo o Projectos, quer haja ou não repetições (*vide* anotação ao artigo 68 do CDADC de 1985).

Artigo 162º – Restituição dos modelos ou elementos utilizados

1 – Extinto o contrato, devem ser restituídos ao autor os modelos originais e qualquer outro elemento de que se tenha servido aquele que fez as reproduções.

2 – Os instrumentos exclusivamente criados para a reprodução da obra devem, salvo convenção em contrário, ser destruídos ou inutilizados, se o autor não preferir adquiri-los.

ANOTAÇÃO

I. O artigo 162 (1) do CDADC de 1985 segue, no que toca aos modelos ou elementos utilizados, o princípio contido no artigo 89 (2) do CDADC de 1985 (*vide* respectiva anotação), que afirma, em sede de contrato de edição, ter o autor o direito de exigir a restituição do original da obra logo que esteja concluída a edição.

II. Já os instrumentos exclusivamente criados para a reprodução da obra devem, salvo convenção em contrário, ser destruídos ou inutilizados, tendo embora o autor o direito de proceder à sua aquisição (artigo 162 (2) do CDADC de 1985).

Artigo 163º – Extensão da protecção

As disposições constantes desta secção aplicam-se igualmente às maquetas de cenários, figurinos, cartões para tapeçarias, maquetas para painéis cerâmicos, azulejos, vitrais, mosaicos, relevos rurais, cartazes e desenhos publicitários, capas de livros e, eventualmente, à criação gráfica que estes comportem, que sejam criação artística.

ANOTAÇÃO

O artigo 163 do CDADC de 1985 manda aplicar o regime previsto para as obras de arte plásticas, gráficas e aplicadas a outras obras, referindo *in fine* e à «criação gráfica que estes comportem, que sejam criação artística». Esta exigência não postula o mérito ou o valor artístico, mas a originalidade da criação (*vide* anotação ao artigo 2 (1) do CDADC de 1985).

SECÇÃO VIII – Da obra fotográfica

Artigo 164º – Condições de protecção

1 – Para que a fotografia seja protegida é necessário que pela escolha do seu objecto ou pelas condições da sua execução possa considerar-se como criação artística pessoal do seu autor.

2 – Não se aplica o disposto nesta secção às fotografias de escritos, de documentos, de papéis de negócios, de desenhos técnicos e de coisas semelhantes.

3 – Consideram-se fotografias os fotogramas das películas cinematográficas.

ANOTAÇÃO

I. O artigo 164 (1) do CDADC de 1985 declara tutelar apenas a obra fotográfica que seja «criação artística pessoal do seu autor» não postulando o mérito ou o valor artístico da fotografia, mas a originalidade da criação.

Segundo o TJUE, uma fotografia é protegida pelo direito de autor se consistir numa criação intelectual do respectivo autor, reflectindo a sua personalidade, em função das escolhas livres e criativas tomadas durante a sua execução – podendo o autor imprimir o seu cunho pessoal à obra criada através da selecção do pano de fundo, da pose da pessoa a fotografar, da iluminação, do enquadramento, do ângulo, da atmosfera criada, da técnica de revelação ou através da utilização de aplicações informáticas (*Eva-Maria Painer v. Standard VerlagsGmbH, Axel Springer AG, Süddeutsche Zeitung GmbH, SPIEGEL-Verlag Rudolf AUGSTEIN GmbH e Co KG and Verlag M. DuMont Schauberg Expedition der Kölnischen Zeitung GmbH e Co KG*, Acórdão do TJUE, Processo C-145/10, 1 de Dezembro de 2011, 90-92).

Para que a fotografia seja protegida «é necessário que pela escolha do seu objecto ou pelas condições da sua execução possa considerar-se como criação artística pessoal do seu autor», não sendo tuteladas como obras artísticas, por exemplo, as fotografias de escritos, de documentos, de papéis de negócios e de desenhos técnicos.

II. Consequentemente, o artigo 164 (2) do CDADC de 1985 exclui, do âmbito da protecção legal, as fotografias que emergem de uma operação puramente automática.

III. O artigo 164 (3) do CDADC de 1985, considera fotografias os fotogramas da obra cinematográfica, donde decorre a aplicação aos mesmos do regime previsto para as obras fotográficas.

Artigo 165º – Direitos do autor de obra fotográfica

1 – O autor da obra fotográfica tem o direito exclusivo de a reproduzir, difundir e pôr à venda com as restrições referentes à exposição, reprodução e venda de retractos e sem prejuízo dos direitos de autor sobre a obra reproduzida, no que respeita às fotografias de obras de artes plásticas.

2 – Se a fotografia for efectuada em execução de um contrato de trabalho ou por encomenda, presume-se que o direito previsto neste artigo pertence à entidade patronal ou à pessoa que fez a encomenda.

3 – Aquele que utilizar para fins comerciais a reprodução fotográfica deve pagar ao autor uma remuneração equitativa.

ANOTAÇÃO

I. O artigo 165 (1) do CDADC de 1985 concede ao autor da obra fotográfica o direito exclusivo de reproduzir, difundir e pôr à venda essa obra.

Montando a obra fotográfica a uma fotografia de uma obra de arte plástica preexistente (*vide* anotação ao artigo 3 (2) do CDADC de 1985), surgem, lado a lado, o direito de autor do criador da obra de arte plástica e o direito de autor do fotógrafo. Como tal, a utilização dessa obra fotográfica requer a autorização de ambos os autores (artigo 164 (1) do CDADC de 1985).

II. O artigo 165 (2) do CDADC de 1985 estabelece uma presunção *iuris tantum*, e como tal ilidível por prova em contrário, segundo a qual sendo a fotografia efectuada em execução de um contrato de trabalho ou por encomenda, o direito de autor pertence à entidade patronal ou ao comitente. Seja por questões de sigilo, privacidade ou direito à imagem (*vide* artigo 79 do Código Civil) de quem requer a criação da obra fotográfica, este preceito foge ao regime geral previsto no artigo 14 (2) do CDADC de 1985 (*vide* respectiva anotação), não precludindo, todavia, estipulação contratual em contrário.

III. O artigo 165 (3) do CDADC de 1985 estabelece que a utilização de uma reprodução fotográfica para fins comerciais gera, para o autor, o direito de receber uma remuneração equitativa. O autor não tem, pois, que autorizar essa utilização, tendo, todavia, que ser devidamente ressarcido.

Artigo 166º – Alienação do negativo

A alienação do negativo de uma obra fotográfica importa, salvo convenção em contrário, a transmissão dos direitos referidos nos artigos precedentes.

ANOTAÇÃO

Decorre do artigo 166 do CDADC de 1985, que a alienação do negativo de uma obra fotográfica, ou seja, a sua transmissão total (regida pelo artigo 44 do CDADC de 1985, *vide* respectiva anotação) implica, salvo convenção em contrário, a transmissão da titularidade do direito de autor sobre a mesma (*vide* anotação ao artigo 157 (2) do CDADC de 1985, que exige convenção *expressa* em contrário).

Artigo 167º – Indicações obrigatórias

1 – Os exemplares de obra fotográfica devem conter as seguintes indicações:

a) Nome do fotógrafo;

b) Em fotografia de obras de artes plásticas, o nome do autor da obra fotografada.

2 – Só pode ser reprimida como abusiva a reprodução irregular das fotografias em que figurem as indicações referidas, não podendo o autor, na falta destas indicações, exigir as retribuições previstas no presente Código, salvo se o fotógrafo provar má-fé de quem fez a reprodução.

ANOTAÇÃO

I. O artigo 167 (1) do CDADC de 1985 é um reflexo do direito à paternidade (*vide* anotação ao artigo 56 (1) do CDADC de 1985).

II. Verificando-se uma violação do preceituado no artigo 167 (1) do CDADC de 1985, o fotógrafo apenas pode exigir ressarcimento, nos termos deste diploma, se provar má-fé de quem fez a reprodução (artigo 167 (2) do CDADC de 1985). A existência de negligência não é, pois, suficiente para esse efeito.

Artigo 168º – Reprodução de fotografia encomendada

1 – Salvo convenção em contrário, a fotografia de uma pessoa, quando essa fotografia seja executada por encomenda, pode ser publicada, reproduzida ou mandada reproduzir pela pessoa fotografada ou por seus herdeiros ou transmissários sem consentimento do fotógrafo seu autor.

2 – Se o nome do fotógrafo figurar na fotografia original, deve também ser indicado nas reproduções.

ANOTAÇÃO

I. O artigo 168 (1) do CDADC de 1985 reforça o princípio constante do artigo 165 (2) do CDADC de 1985 (*vide* respectiva anotação), no que toca a certas fotografias que sejam executadas por encomenda. Salvo convenção em contrário, dispensa-se o consentimento do fotógrafo para a sua publicação ou reprodução, pela pessoa fotografada, pelos seus herdeiros ou pelos seus transmissários.

II. O artigo 168 (2) do CDADC de 1985 é um corolário do direito à paternidade (*vide* anotações aos artigos 56 (1) e 167 (1) do CDADC de 1985).

SECÇÃO IX – Da tradução e outras transformações

Artigo 169º – Autorização do autor

1 – A tradução, arranjo, instrumentação, dramatização, cinematização e, em geral, qualquer transformação da obra só podem ser feitos ou autorizados pelo autor da obra original, sendo esta protegida nos termos do nº 2 do artigo 3º

2 – A autorização deve ser dada por escrito e não comporta concessão de exclusivo, salvo estipulação em contrário.

3 – O beneficiário da autorização deve respeitar o sentido da obra original.

4 – Na medida exigida pelo fim a que o uso da obra se destina, é lícito proceder a modificações que não a desvirtuem.

ANOTAÇÃO

I. O artigo 169 (1) do CDADC de 1985 reconhece o direito já consagrado no artigo 68 (2) (g) do CDADC de 1985 (*vide* anotação ao artigo 68 do CDADC de 1985), estipulando que a licitude de qualquer transformação da obra (como a tradução, o arranjo, a instrumentação, a dramatização e a cinematização da mesma) depende da autorização do autor da obra original.

Só não será necessária essa autorização se estiver em causa uma obra caída no domínio público (*vide* anotação ao artigo 71 do CDADC de 1985), havendo que ter em conta, todavia, que a transformação da mesma pode consubstanciar uma violação do direito à integridade.

Ora, após a morte do autor o direito à integridade da obra pode ser exercido pelos seus herdeiros enquanto a obra não cair no domínio público e pelo Estado antes (em certas circunstâncias) e depois de a obra cair no domínio público (*vide* anotações aos artigos 56 (1) e 57 do CDADC de 1985).

Note-se que a obra derivada, ou seja, criada a partir da transformação de uma obra original, é tutelada pelo direito de autor como obra equiparada à obra original (*vide* anotação ao artigo 3 (1) do CDADC de 1985), sem prejuízo do direito de autor do autor da correspondente obra original. Como tal, a autorização da obra derivada requer o consentimento dos autores da obra original e da obra derivada (*vide* anotação ao artigo 3 (2) do CDADC de 1985).

II. A autorização referida no artigo 169 (1) do CDADC de 1985 deve ser dada por escrito (como formalidade *ad probationem*) e não comporta concessão de exclusivo, salvo estipulação em contrário. O artigo 169 (2) do CDADC de 1985 segue, assim, o princípio contido no artigo 41 (2) do CDADC de 1985 (*vide* respectiva anotação).

III. Em nome do direito à integridade do autor da obra original (*vide* anotação ao artigo 56 (1) do CDADC de 1985), dita o artigo 169 (3) do CDADC de 1985 que o beneficiário da autorização para modificar a obra deve respeitar o sentido da obra original.

IV. O artigo 169 (4) do CDADC de 1985 faz um desvio ao número anterior, ao permitir modificações que não desvirtuem a obra original, na medida exigida pelo fim a que o uso da obra se destina. Parte-se aqui do princípio de que as modificações em causa não acarretam consequências derrogatórias para o autor (*vide* anotações aos artigos 56 (1) e 59 do CDADC de 1985).

Artigo 170º – Compensação suplementar

O tradutor tem direito a uma compensação suplementar sempre que o editor, o empresário, o produtor ou qualquer outra entidade utilizar a tradução para além dos limites convencionados ou estabelecidos neste Código.

ANOTAÇÃO

O artigo 170 do CDADC de 1985 concede ao tradutor, quando a tradução seja utilizada para além dos limites estipulados contratualmente ou resultantes deste diploma, o direito a uma compensação suplementar. Encontramos preceito semelhante no artigo 14 (4) (b) do CDADC de 1985 (*vide* respectiva anotação).

Artigo 171º – Indicação do tradutor

O nome do tradutor deverá sempre figurar nos exemplares da obra traduzida, nos anúncios do teatro, nas comunicações que acompanhem as emissões de rádio e de televisão, na ficha artística dos filmes e em qualquer material de promoção.

ANOTAÇÃO

O artigo 171 do CDADC de 1985 é um reflexo do direito à paternidade da obra (*vide* anotação ao artigo 56 (1) do CDADC de 1985).

Artigo 172º – Regime aplicável às traduções

1 – As regras relativas à edição de obras originais constantes da secção I deste capítulo aplicam-se à edição das respectivas traduções, quer a autorização para traduzir haja sido concedida ao editor quer ao autor da tradução.

2 – Salvo convenção em contrário, o contrato celebrado entre editor e tradutor não implica cedência nem transmissão, temporária ou permanente, a favor daquele, dos direitos deste sobre a sua tradução.

3 – O editor pode exigir do tradutor as modificações necessárias para assegurar o respeito pela obra original e, quando esta implicar determinada disposição gráfica, a conformidade do texto com ela; caso o tradutor não o faça no prazo máximo de 30 dias, o editor promoverá, por si, tais modificações.

4 – Sempre que a natureza e características da obra exijam conhecimentos específicos, o editor pode promover a revisão da tradução por técnico de sua escolha.

ANOTAÇÃO

I. O artigo 172 (1) do CDADC de 1985 remete, no respeitante à edição de obras traduzidas, para o regime do contrato de edição, o que faz sentido visto que a tradução da obra original é obra equiparada a esta (*vide* anotação ao artigo 3 (1) do CDADC de 1985).

II. Salvo convenção em contrário, o contrato celebrado entre editor e tradutor não implica cedência nem transmissão de direitos. O artigo 172 (2) do CDADC de 1985 segue, assim, o princípio contido nos artigos 41 (1) e 88 (1) do CDADC de 1985 (*vide* respectiva anotação).

III & IV. O artigo 172 (3)-(4) do CDADC de 1985 visa garantir o respeito pelo direito à integridade do autor da obra original (*vide* anotação ao artigo 56 (1) do CDADC de 1985).

SECÇÃO X – Dos jornais e outras publicações periódicas

Artigo 173º – Protecção

1 – O direito de autor sobre obra publicada, ainda que sem assinatura, em jornal ou publicação periódica pertence ao respectivo titular e só ele pode fazer ou autorizar a reprodução em separado ou em publicação congénere, salvo convenção escrita em contrário.

2 – Sem prejuízo do disposto no número precedente, o proprietário ou editor da publicação pode reproduzir os números em que foram publicadas as contribuições referidas.

ANOTAÇÃO

I. Os jornais e outras publicações periódicas presumem-se obras colectivas, pertencendo à entidade proprietária o direito de autor sobre as mesmas (*vide* anotação ao artigo 19 (3) do CDADC de 1985).

Em sede de princípios, a par deste direito subsiste o direito de autor dos vários criadores no que toca às suas contribuições pessoais, quando estas possam discriminar-se (*vide* anotação ao artigo 19 (2) do CDADC de 1985).

Se o autor não se encontrar vinculado por um contrato de trabalho jornalístico, pertence-lhe o direito de autor sobre a obra publicada em jornal ou outra publicação periódica, ainda que a obra não esteja assinada. Como tal, salvo convenção escrita em contrário, só o autor pode executar ou autorizar a reprodução em separado ou em publicação congénere, (artigo 173 (1) do CDADC de 1985).

II. Em nome do equilíbrio de interesses, o artigo 173 (2) do CDADC de 1985 restringe o direito conferido no número anterior, ao permitir que a entidade proprietária de jornal ou outra publicação periódica reproduza os números em que foi publicada essa contribuição.

Uma vez que a restrição prevista no artigo 173 (2) do CDADC de 1985 não se encontra presente no elenco taxativo de excepções constante do artigo 75 do CDADC de 1985 (*vide* respectiva anotação), faz sentido que da restrição em causa derive, para o autor, o direito a receber uma remuneração equitativa.

Artigo 174º – Trabalhos jornalísticos por conta de outrem

1 – O direito de autor sobre trabalho jornalístico produzido em cumprimento de um contrato de trabalho que comporte identificação de autoria, por assinatura ou outro meio, pertence ao autor.

2 – Salvo autorização da empresa proprietária do jornal ou publicação congénere, o autor não pode publicar em separado o trabalho referido no número anterior antes de decorridos três meses sobre a data em que tiver sido posta a circular a publicação em que haja sido inserido.

3 – Tratando-se de trabalho publicado em série, o prazo referido no número anterior tem início na data da distribuição do número da publicação em que tiver sido inserido o último trabalho da série.

4 – Se os trabalhos referidos não estiverem assinados ou não contiverem identificação do autor, o direito de autor sobre os mesmos será atribuído à empresa a que pertencer o jornal ou a publicação em que tiverem sido inseridos, e só com autorização desta poderão ser publicados em separado por aqueles que os escreveram.

ANOTAÇÃO

I. Se o autor se encontrar vinculado por um contrato de trabalho jornalístico, apenas lhe pertence o direito sobre a obra publicada em jornal ou outra publicação periódica se essa obra se encontrar identificada pela sua assinatura ou outro meio (artigo 174 (1) do CDADC de 1985, *vide* anotação ao artigo 19 (2) do CDADC de 1985).

II. Em nome do equilíbrio de interesses, o artigo 174 (2) do CDADC de 1985 restringe o direito atribuído no número anterior. Assim, ainda que a obra se encontre identificada, nos termos artigo 174 (1) do CDADC de 1985, salvo autorização da entidade proprietária do jornal ou publicação periódica, o autor não pode publicar em separado a sua peça antes de decorrido certo prazo sobre a data da publicação.

III. Por sua vez, o artigo 174 (3) do CDADC de 1985 regula a contagem do prazo para trabalhos publicados em série.

Como notou a este propósito o Tribunal da Relação de Lisboa, «quando no conjunto da obra colectiva se possa discriminar a produção pessoal do trabalho jornalístico de algum ou alguns dos colaboradores, pertence a estes colaboradores o direito de autor sobre esta produção pessoal na obra publicada se estiver identificada pela sua assinatura ou outro meio, estejam eles vinculados ou não por contrato de trabalho jornalístico. Mas com alguns limites quanto à autorização da reprodução ou publicação em separado da sua obra.» (Acórdão do Tribunal da Relação de Lisboa, Processo Nº 10441/2003-7, 03/02/2004).

IV. Se o autor se encontrar vinculado por um contrato de trabalho jornalístico e a sua obra for publicada sem a sua identificação, o direito de autor é concedido à entidade proprietária de jornal ou outra publicação periódica. Neste caso, salvo autorização da entidade proprietária, o autor não pode publicar em separado a sua peça, independentemente do decurso do prazo referido no artigo 174 (2) do CDADC de 1985 (artigo 174 (4) do CDADC de 1985).

Artigo 175º – Publicação fraccionada e periódica

1 – O autor ou editor de obra que se publique em volumes, tomos, fascículos ou folhas seguidas e, bem assim, o autor ou editor de publicação periódica podem contratar com outrem a venda por assinatura, à medida que for sendo feita a impressão, por tempo determinado ou indefinido.

2 – A não devolução do primeiro tomo ou fascículo expedido pelo autor ou pelo editor não implica a celebração tácita do contrato, nem o destinatário tem a obrigação de o conservar ou devolver.

3 – A remessa de tomos, fascículos ou folhas por via postal é sempre a risco do expedidor, ficando este obrigado a substituir os exemplares extraviados sem direito a novo pagamento, salvo convenção em contrário.

ANOTAÇÃO

I. O artigo 175 (1) do CDADC de 1985 permite que o autor ou editor de publicação fraccionada ou periódica contrate com outrem a venda por assinatura.

II & III. O artigo 175 (2)-(3) do CDADC de 1985 protege os interesses dos membros do público. O artigo 175 (2) do CDADC de 1985 ao clarificar que a recepção do primeiro tomo ou fascículo, ainda que não seja devolvido, não implica a celebração tácita de um contrato e o artigo 175 (3) do CDADC de 1985 ao afirmar que, salvo convenção em contrário, o encargo com o envio ou reenvio é do expedidor.

Vide anotação artigo 104 (4)-(5) do CDADC de 1985 (edição).

TÍTULO III – Dos direitos conexos

Artigo 176º – Noção

1 – As prestações dos artistas intérpretes ou executantes, dos produtores de fonogramas e de videogramas e dos organismos de radiodifusão são protegidas nos termos deste título.

2 – Artistas intérpretes ou executantes são os actores, cantores, músicos, bailarinos e outros que representem, cantem, recitem, declamem, interpretem ou executem de qualquer maneira obras literárias ou artísticas.

3 – Produtor de fonograma ou videograma é a pessoa singular ou colectiva que fixa pela primeira vez os sons provenientes de uma execução ou quaisquer outros, ou as imagens de qualquer proveniência, acompanhadas ou não de sons.

4 – Fonograma é o registo resultante da fixação, em suporte material, de sons provenientes de uma prestação ou de outros sons, ou de uma representação de sons.

5 – Videograma é o registo resultante da fixação, em suporte material, de imagens, acompanhadas ou não de sons, bem como a cópia de obras cinematográficas ou audiovisuais.

6 – Cópia é o suporte material em que se reproduzem sons e imagens, ou representação destes, separada ou cumulativamente, captados directa ou indirectamente de um fonograma ou videograma, e se incorporam, total ou parcialmente, os sons ou imagens ou representações destes, neles fixados.

7 – Reprodução é a obtenção de cópias de uma fixação, directa ou indirecta, temporária ou permanente, por quaisquer meios e sob qualquer forma, no todo ou em parte dessa fixação.

8 – Distribuição é a actividade que tem por objecto a oferta ao público, em quantidade significativa, de fonogramas ou videogramas, directa ou indirectamente, quer para venda quer para aluguer.

9 – Organismo de radiodifusão é a entidade que efectua emissões de radiodifusão sonora ou visual, entendendo-se por emissão de radiodifusão a difusão dos sons ou de imagens, ou a representação destes, separada ou cumulativamente, por fios ou sem fios, nomeadamente por ondas hertzianas, fibras ópticas, cabo ou satélite, destinada à recepção pelo público.

10 – Retransmissão é a emissão simultânea por um organismo de radiodifusão de uma emissão de outro organismo de radiodifusão.

ANOTAÇÃO

I & V. Conceptualmente, os direitos conexos situam-se no âmbito da execução de uma obra preexistente, sendo concedidos não aos criadores, mas a quem participa de alguma forma no processo criativo – como os músicos, os bailarinos, os cantores e os declamadores, os quais enriquecem as obras executadas com as suas prestações. Ao contrário do direito de autor, os direitos conexos não têm por objecto obras, mas prestações, prestações essas que são regidas pelas obras executadas (artigo 176 (1) do CDADC de 1985).

Na União Europeia, a Directiva sobre o Aluguer e o Comodato inclui no seu título uma referência a «certos direitos conexos aos direitos de autor em matéria de propriedade intelectual» e os seus artigos 7 a 9 tratam expressamente dessa matéria (*vide* Decreto-Lei 332/97 de 27 de Novembro, alterado pelas Leis 24/2006, de 30 de Junho, e 16/2008, de 1 de Abril, que procedeu à transposição da Directiva sobre o Aluguer e o Comodato).

A distinção entre o direito de autor e os direitos conexos surge, também, na Directiva sobre a Radiodifusão por Satélite e a Retransmissão por Cabo, na Directiva sobre o Prazo de Protecção e na Directiva sobre a Sociedade da Informação (*vide* Decreto-Lei 333/97 de 27 de Novembro, que procedeu à transposição da Directiva sobre a Radiodifusão por Satélite e a Retransmissão por Cabo e a Lei 82/2013, de 6 de Dezembro, que procedeu à transposição da Directiva sobre o Prazo de Protecção, versão codificada)

A nível internacional, a Convenção de Roma não classifica os direitos por si atribuídos, referindo-se apenas à concessão de protecção e ao gozo de direitos, deixando a classificação dos mesmos ao critério dos Estados Contratantes.

Já o Acordo TRIPS menciona expressamente o «direito de autor e os direitos conexos», distinguindo os direitos dos autores de obras literárias e artísticas tuteladas pela Convenção de Berna, dos direitos conexos dos artistas, dos produtores de fonogramas e dos organismos de radiodifusão.

O Tratado da OMPI sobre Interpretações ou Execuções e Fonogramas refere-se a «beneficiários da protecção» e aos seus direitos, não classificando esses direitos como de autor ou conexos.

No que toca aos beneficiários de direitos conexos, a norma nacional abrange os artistas intérpretes ou executantes, os produtores de fonogramas e de videogramas e os organismos de radiodifusão (artigo 176 (1) do CDADC de 1985).

Quanto aos artistas intérpretes ou executantes, destaque-se, a nível internacional, a protecção que desde há muito lhes é concedida pela Convenção de Roma, que estende aliás essa tutela aos artistas que não executam obras literárias ou artísticas – como os malabaristas (artigos 3 (a), 7, 9 e 12 da Convenção de Roma).

Os artistas intérpretes ou executantes são também tutelados pelo Acordo TRIPS e pelo Tratado da OMPI sobre Interpretações ou Execuções e Fonogramas (artigo 14 do Acordo TRIPS e artigos 5-10 e 15 do Tratado da OMPI sobre Interpretações ou Execuções e Fonogramas), definindo este último «artistas intérpretes ou executantes» como «os actores, cantores, músicos, bailarinos e outros que representem, cantem, recitem, declamem, interpretem ou executem, de qualquer modo, obras literárias ou artísticas ou expressões de folclore», ou seja, nos termos do artigo 3 (a) da Convenção de Roma, mas com a adição das «expressões do folclore» (artigo 2 (a) do Tratado da OMPI sobre Interpretações ou Execuções e Fonogramas).

Na União Europeia, registe-se que os artistas intérpretes ou executantes são abrangidos pela Directiva sobre o Aluguer e o Comodato, pela Directiva sobre a Radiodifusão por Satélite e a Retransmissão por Cabo e pela Directiva sobre a Sociedade da Informação (*vide* Decreto-Lei 332/97 de 27 de Novembro, alterado pelas Leis 24/2006, de 30 de Junho, e 16/2008, de 1 de Abril, que procedeu à transposição da Directiva sobre o Aluguer e o Comodato, Decreto-Lei 333/97 de 27 de Novembro, que procedeu à transposição da Directiva sobre a Radiodifusão por Satélite e a Retransmissão por Cabo e Lei 50/2004, de 24 de Agosto, que procedeu à transposição da Directiva sobre a Sociedade da Informação).

Os produtores de fonogramas também são tutelados, a nível internacional, pela Convenção de Roma, a qual define «fonograma» como «toda a fixação, exclusivamente sonora de sons de uma execução ou de outros sons» e «produtor de fonogramas» como «a pessoa física ou jurídica que, pela primeira vez, fixa os sons de uma execução ou outros sons» (artigos 3 (b), 10 e 12 da Convenção de Roma).

Saliente-se a protecção advinda, para estes produtores, do Acordo TRIPS e do Tratado da OMPI sobre Interpretações ou Execuções e Fonogramas (artigo 14 (2) e (4) do Acordo TRIPS e artigos 11 a 15 do Tratado da OMPI sobre Interpretações ou Execuções e Fonogramas). Este último define «fonograma» como «a fixação dos sons de uma prestação ou de outros sons, ou de uma representação de sons, com excepção da fixação incorporada numa obra cinematográfica», acrescentando a Declaração Acordada Relativamente ao artigo 2 (b) que a definição de fonograma constante desse preceito «não sugere que os direitos sobre o fonograma sejam de algum modo afectados pela sua incorporação numa obra cinematográfica ou noutra obra audiovisual» (artigo 2 (b) do Tratado da OMPI sobre Interpretações ou Execuções e Fonogramas e respectiva declaração).

No quadro da União Europeia, os produtores de fonogramas vêem os seus interesses tutelados pela Directiva sobre o Aluguer e o Comodato, pela Directiva sobre a Radiodifusão por Satélite e a Retransmissão por Cabo e pela Directiva sobre a Sociedade da Informação (*vide* Decreto-Lei 332/97 de 27 de Novembro, alterado pelas Leis 24/2006, de 30 de Junho, e 16/2008, de 1 de Abril, que procedeu à transposição da Directiva sobre o Aluguer e o Comodato, Decreto-Lei 333/97 de 27 de Novembro, que procedeu à transposição da Directiva sobre a Radiodifusão por Satélite e a Retransmissão por Cabo e Lei 50/2004, de 24 de Agosto, que procedeu à transposição da Directiva sobre a Sociedade da Informação).

No que toca aos organismos de radiodifusão, destaque-se a nível internacional a protecção emanada da Convenção de Roma e do Acordo TRIPS (artigos 3 (f) e 13 da Convenção de Roma e artigo 14 (3) do Acordo TRIPS) e, na União Europeia, o facto de os organismos de radiodifusão serem beneficiários da protecção no âmbito da Directiva sobre o Aluguer e o Comodato, da Directiva sobre a Radiodifusão por Satélite e a Retransmissão por Cabo e da Directiva sobre a Sociedade da Informação.

Registe-se que as directivas europeias acrescentam os produtores de filmes ao elenco de beneficiários resultante das convenções internacionais nesta matéria, com reflexos, por exemplo, no artigo 183 do CDADC de 1985 (*vide* respectiva anotação) e que, por sua vez, a lei portuguesa adiciona os produtores de videogramas à lista de beneficiários de direitos conexos. Trata-se de uma consequência da aprovação da Lei 41/80, de 12 de Agosto, que incidiu sobre a protecção contra a reprodução ilícita de fonogramas, protecção essa que o Decreto-Lei 291/82, de 26 de Julho, alargou aos videogramas.

Daí decorre, também, a referência aos produtores de fonogramas no artigo 176 (3) do CDADC de 1985 e a definição de videograma no artigo 176 (5) do CDADC de 1985.

II, III, IV & IX. Os conceitos de artistas intérpretes ou executantes, produtores de fonogramas, fonograma e organismos de radiodifusão contidos no artigo 176 (2)-(4) e (9) do CDADC de 1985 seguem os preceitos referidos em I.

VI, VII, VIII & X. O artigo 176 (6)-(8) do CDADC de 1985 segue os artigos 3 (d), (e) e (g) da Convenção de Roma e o artigo 1 (c)-(d) da Convenção de Genebra.

Artigo 177º – Ressalva dos direitos dos autores

A tutela dos direitos conexos em nada afecta a protecção dos autores sobre a obra utilizada.

ANOTAÇÃO

Os direitos conexos não têm por objecto obras, mas prestações, prestações essas que são regidas pelas obras executadas. Por conseguinte, os direitos conexos são paralelos, mas distintos do direito de autor, tendo uma protecção legal autónoma e diversa da concedida aos criadores, de cujas obras dependem e subalternizando-se perante o direito de autor.

Por isso afirma o artigo 177 do CDADC de 1985 que a tutela dos direitos conexos em nada afecta a protecção dos autores sobre a obra utilizada.

Segue, tal preceito, o princípio em vigor no sistema de *droit d'auteur*, no qual se estabelece um regime jurídico para o direito de autor que incide sobre obras originais, prevendo-se um outro regime, subalterno, para os direitos conexos, direitos esses que assistem a várias entidades, como os artistas intérpretes ou executantes, os produtores de fonogramas e os organismos de radiodifusão.

No que toca à natureza dos direitos conexos, note-se que os direitos dos artistas intérpretes ou executantes abrangem não apenas direitos de conteúdo económico, mas também direitos de conteúdo pessoal, que se consubstanciam no direito à menção do nome do artista, no direito à reivindicação da paternidade da prestação e no direito de assegurar a genuinidade e integridade da prestação (*vide* anotações aos artigos 180 e 182 do CDADC de 1985).

Segundo o Tribunal da Relação de Lisboa: «O pianista que na execução de uma obra de um compositor proíba a fixação da mesma, nos termos do artigo 178 (b) do

CDADC, pode fazê-lo por entender que tal execução não atinge os níveis estéticos que ele próprio se impõe – de facto, tal situação tem ocorrido com relativa frequência. Estamos aqui perante factores de índole artística, estética, inteiramente irredutíveis a qualquer expressão pecuniária (...) na prestação do artista intérprete não está de modo algum ausente o conceito de criação e isto pela simples razão de que em muitas actividades artísticas a obra só se desvela com a respectiva interpretação. Três interpretações de diferentes pianistas de uma Sonata de Beethoven são três universos estéticos, espirituais e expressivos inteiramente diferentes, mesmo que respeitando minuciosamente a partitura» (*vide* Acórdão do Tribunal da Relação de Lisboa, Processo Nº 205/12.1YHLSB-A.L1-8, 02/28/2013).

Artigo 178º – Poder de autorizar ou proibir

1 – Assiste ao artista intérprete ou executante o direito exclusivo de fazer ou autorizar, por si ou pelos seus representantes:

a) A radiodifusão e a comunicação ao público, por qualquer meio, da sua prestação, excepto quando a prestação já seja, por si própria, uma prestação radiodifundida ou quando seja efectuada a partir de uma fixação;

b) A fixação, sem o seu consentimento, das prestações que não tenham sido fixadas;

c) A reprodução directa ou indirecta, temporária ou permanente, por quaisquer meios e sob qualquer forma, no todo ou em parte, sem o seu consentimento, de fixação das suas prestações quando esta não tenha sido autorizada, quando a reprodução seja feita para fins diversos daqueles para os quais foi dado o consentimento ou quando a primeira fixação tenha sido feita ao abrigo do artigo 189º e a respectiva reprodução vise fins diferentes dos previstos nesse artigo;

d) A colocação à disposição do público, da sua prestação, por fio ou sem fio, por forma que seja acessível a qualquer pessoa, a partir do local e no momento por ela escolhido.

2 – Sempre que um artista intérprete ou executante autorize a fixação da sua prestação para fins de radiodifusão a um produtor cinematográfico ou audiovisual ou *video*gráfico, ou a um organismo de radiodifusão, considerar-se-á que transmitiu os seus direitos de radiodifusão e comunicação ao público, conservando o direito de auferir uma remuneração inalienável, equitativa e única, por todas as autorizações referidas no nº 1, à excepção do direito previsto na alínea *d)* do número anterior. A gestão da remuneração equitativa única será exercida através de acordo colectivo celebrado entre os utilizadores e a entidade de gestão colectiva representativa da respectiva categoria, que se considera mandatada para gerir os direitos de todos os titulares dessa categoria, incluindo os que nela não se encontrem inscritos.

3 – A remuneração inalienável e equitativa a fixar nos termos do número antecedente abrangerá igualmente a autorização para novas transmissões, a retransmissão e a comercialização de fixações obtidas para fins exclusivos de radiodifusão.

4 – O direito previsto na alínea *d)* do nº 1 pode ser exercido por uma entidade de gestão colectiva de direitos dos artistas, assegurando-se que, sempre que estes direitos forem geridos por mais que uma entidade de gestão, o titular possa decidir junto de qual dessas entidades deve reclamar os seus direitos.

ANOTAÇÃO

I. O artigo 178 (1) do CDADC de 1985 elenca os direitos exclusivos do artista intérprete ou executante, tomando em consideração o quadro legislativo internacional e regional relevante.

No plano internacional, a tutela prevista na Convenção de Roma inclui a faculdade de impedir a fixação num suporte material sem seu consentimento, da sua execução não fixada e a reprodução sem o seu consentimento de uma fixação da sua execução – se a primeira fixação for feita sem seu consentimento, se a reprodução for feita para fins diferentes daqueles para os quais foi dado o consentimento ou se a primeira fixação for feita ao abrigo de umas das excepções constantes do artigo 15 da mesma Convenção e a reprodução tiver fins diferentes dos previstos nesse artigo (artigo 7 da Convenção de Roma).

Todavia, este preceito não é aplicável «quando um artista intérprete ou executante haja consentido na inclusão da sua execução numa fixação de imagens ou de imagens e sons» (artigo 19 da Convenção de Roma).

Em termos práticos, as disposições da Convenção limitam severamente o nível de protecção do direito à reprodução do artista intérprete ou executante.

Com efeito, desde que um artista intérprete ou executante autorize a realização de uma fixação da sua execução num fonograma para certo fim, a Convenção de Roma não lhe reconhece o direito de proibir a realização de cópias desse fonograma que tenham a mesma finalidade.

Mais, uma vez autorizada a inclusão da sua execução numa fixação de imagens ou de imagens e sons, a Convenção de Roma não reconhece, ao artista intérprete ou executante, o direito de proibir o uso dessa fixação, independentemente do fim a que se destina.

Pressupôs-se, aqui, a desnecessidade de elevar o nível de protecção concedido aos artistas intérpretes ou executantes, tendo-se partido do princípio de que bastava tutelar o direito de reprodução dos produtores de fonogramas para combater a reprodução ilícita de fonogramas que incorporassem execuções.

Decorre, ainda, do artigo 12 da Convenção de Roma, que «[q]uando um fonograma publicado com fins comerciais ou uma reprodução desse fonograma forem utilizados directamente pela radiodifusão ou para qualquer comunicação ao público, o utilizador pagará uma remuneração equitativa e única aos artistas intérpretes ou executantes ou aos produtores de fonogramas ou aos dois. Na falta de acordo entre eles, a legislação nacional poderá determinar as condições de repartição desta remuneração.»

Em conformidade com o artigo 7 da Convenção de Roma, o Acordo TRIPS estipula que os artistas intérpretes ou executantes podem impedir a realização, sem o seu consentimento, da fixação da sua execução não fixada, da reprodução dessa fixação, da radiodifusão por meio de ondas radioeléctricas e da comunicação ao público das suas execuções ao vivo, podendo, ainda, em determinadas circunstâncias, usufruir do direito de aluguer no tocante às suas prestações fixadas em fonogramas (artigo 14 (1) e (4) do Acordo TRIPS).

O Tratado da OMPI sobre Interpretações ou Execuções e Fonogramas alarga a protecção conferida aos artistas intérpretes ou executantes, outorgando-lhes o direito exclusivo de autorizar: (i) a radiodifusão e a comunicação ao público das suas prestações não fixadas (excepto quando a prestação seja já uma prestação radiodifundida), (ii) a fixação das suas prestações não fixadas e a reprodução directa ou indirecta das suas prestações fixadas em fonogramas, de qualquer maneira e sob qualquer forma, (iii) a colocação à disposição do público do original e de cópias das suas prestações fixadas em fonogramas (por meio da venda ou por outra forma de transferência de propriedade), (iv) o aluguer ao público, com fins comerciais, do original e de cópias das suas prestações fixadas em fonogramas e (v) a colocação à disposição do público das suas prestações fixadas em fonogramas, por fios ou sem fios, por forma a torná-las acessíveis a membros do público a partir do local e no momento por eles escolhido individualmente, bem como (vi) o direito de remuneração equitativa e única pela utilização directa ou indirecta de fonogramas publicados com fins comerciais para radiodifusão ou para qualquer comunicação ao público (artigos 7 a 10 e 15 do Tratado da OMPI sobre Interpretações ou Execuções e Fonogramas).

Tendo o Tratado da OMPI sobre Interpretações ou Execuções e Fonogramas abrangido os direitos dos artistas intérpretes ou executantes relativamente às suas prestações fixadas em fonogramas, coube, mais tarde, ao Tratado de Pequim, tutelar os artistas intérpretes ou executantes relativamente às suas prestações fixadas em obras audiovisuais. A conferência diplomática de Pequim adoptou o Tratado em 24 de Junho de 2012, tendo a União Europeia assinado a acta final da conferência diplomática aquando do seu encerramento.

O artigo 6 do Tratado de Pequim outorga aos artistas intérpretes ou executantes o direito exclusivo de autorizar, relativamente às suas prestações não fixadas, a sua radiodifusão e comunicação ao público (excepto quando a prestação seja já uma prestação radiodifundida) e a sua fixação.

Relativamente às suas prestações fixadas, os artistas intérpretes ou executantes gozam do direito exclusivo de autorizar:

- A reprodução das suas prestações fixadas em registos audiovisuais (artigo 7 do Tratado de Pequim);
- A distribuição do original e de cópias das suas prestações fixadas em registos audiovisuais (artigo 8 do Tratado de Pequim);
- O aluguer ao público, com fins comerciais, do original e de cópias das suas prestações fixadas em registos audiovisuais (artigo 9 do Tratado de Pequim);
- A disponibilização das suas prestações fixadas em registos audiovisuais a pedido do utilizador (artigo 10 do Tratado de Pequim); e
- A radiodifusão ou comunicação ao público das suas prestações fixadas em registos audiovisuais. Registe-se que este direito pode ser substituído por um direito a uma remuneração equitativa e única pela utilização directa ou indirecta de prestações fixadas em registos audiovisuais com fins comerciais para radiodifusão ou para qualquer comunicação ao público. Mais, qualquer Parte Contratante pode aplicar este preceito apenas em relação a certas utilizações, limitar a sua aplicação de qualquer outro modo ou pura e simplesmente não o aplicar (artigo 11 do Tratado de Pequim).

A Declaração Acordada Relativamente aos artigos 8 e 9 esclarece que as expressões cópias e original e cópias se referem, exclusivamente, a cópias fixadas que possam ser postas em circulação enquanto objectos materiais, excluindo-se, pois, a disseminação de cópias intangíveis

As Partes Contratantes podem estabelecer, na sua legislação nacional, que, na ausência de estipulação contratual em contrário, desde que o artista intérprete ou executante autorize a fixação da sua prestação num registo audiovisual, os direitos previstos nos artigos 7 a 11 pertencerão ou serão exercidos ou transferidos para o produtor desse registo audiovisual (artigo 12 (1) do Tratado de Pequim).

Na União Europeia, os artistas europeus já gozam de um elevado nível de protecção na maioria dos Estados Membros, pelo que a implementação do Tratado de Pequim não exigirá grandes alterações legislativas. Este Tratado, ao actualizar a tutela das prestações audiovisuais, completando a missão iniciada em 1996 com a adopção do Tratado OMPI sobre Interpretações e Execuções, garantirá, sim, o reconhecimento internacional do nível de protecção que, em geral, já é concedido, na União Europeia, aos artistas.

Com efeito, a Directiva sobre o Aluguer e o Comodato atribui aos artistas intérpretes ou executantes, no que toca às suas prestações, os direitos de aluguer e de comodato, de fixação, de radiodifusão e comunicação ao público de execuções ao vivo (excepto quando a prestação já seja, por si, uma prestação radiodifundida), de remuneração equitativa (na sequência da radiodifusão ou comunicação ao público da prestação em causa) e de distribuição (artigos 3 (1) (b), 7 (1), 8 (1)-(2) e 9 (1) da Directiva sobre o Aluguer e o Comodato). O direito de reprodução, que se encontrava previsto no artigo 7 da mesma directiva, foi revogado, encontrando-se disposição equivalente na Directiva sobre a Sociedade da Informação (*vide* Decreto-Lei 332/97 de 27 de Novembro, alterado pelas Leis 24/2006, de 30 de Junho, e 16/2008, de 1 de Abril, que procedeu à transposição da Directiva sobre o Aluguer e o Comodato).

A Directiva sobre Radiodifusão por Satélite e Retransmissão por Cabo prevê que os direitos dos artistas intérpretes ou executantes, para efeitos da comunicação ao público por satélite, sejam protegidos nos termos do disposto nos artigos 6, 7, 8 e 10 da Directiva sobre o Aluguer e o Comodato (artigo 4 (1) da Directiva sobre Radiodifusão por Satélite e Retransmissão por Cabo). Note-se que, os artigos 6, 7, 8 e 10 da Directiva sobre o Aluguer e o Comodato, correspondem, hoje, aos artigos 7, 8 e 10 da mesma directiva na sua versão codificada (Directiva 2006/115) e ao artigo 3 (2) da Directiva sobre a Sociedade de Informação (*vide* Decreto-Lei 333/97, de 27 de Novembro, que procedeu à transposição da Directiva sobre a Radiodifusão por Satélite e a Retransmissão por Cabo).

E a Directiva sobre a Sociedade da Informação concede, aos artistas intérpretes ou executantes, no que toca às fixações das suas prestações, o direito exclusivo de autorizar ou proibir a sua reprodução, bem como a sua colocação à disposição do público de modo a que seja acessível no local e no momento escolhidos pelo utilizador (artigos 2 (b) e 3 (2) (a) da Directiva sobre a Sociedade da Informação, *vide* Lei 50/2004, de 24 de Agosto, que procedeu à transposição da Directiva sobre a Sociedade da Informação).

A nível nacional, a protecção fornecida pelo artigo 178 (1) do CDADC de 1985, na sequência do quadro internacional e regional *supra* referido, é complementada pelo Decreto-Lei 332/97 de 27 de Novembro, alterado pelas Leis 24/2006, de 30 de Junho, e 16/2008, de 1 de Abril, que procedeu à transposição da Directiva sobre o Aluguer e o Comodato e pelo Decreto-Lei 333/97, de 27 de Novembro, que procedeu à transposição da Directiva sobre a Radiodifusão por Satélite e a Retransmissão por Cabo.

Vide, pois, em sede de extensão de protecção aos titulares de direitos conexos, o artigo 7 do Decreto-Lei 332/97 de 27 de Novembro (direitos de aluguer e de comodato) e o artigo 8 do Decreto-Lei 333/97, de 27 de Novembro (direitos de transmissão por satélite e de retransmissão por cabo).

Vide, também, a anotação ao artigo 184 (3) do CDADC de 1985 (direito a uma remuneração equitativa quando um fonograma ou videograma for utilizado por qualquer meio de comunicação pública).

Sob o ponto de vista jurisprudencial, suscita-se, neste contexto, uma questão que se prende com a natureza da execução de videogramas através de aparelhos de televisão existentes nos quartos onde ficam alojados os hóspedes de um hotel.

O Tribunal da Relação de Lisboa já teve oportunidade de se pronunciar a esse respeito, tendo concluído estar em causa uma comunicação ao público, sendo irrelevante o carácter privado desses quartos (*vide* Acórdão do Tribunal da Relação de Lisboa, Processo Nº 248/12.5YHLSB-A.L1, 06/04/2013).

Vide no mesmo sentido Acórdão do Tribunal da Relação de Lisboa, Processo Nº 250/12.7YHLSB-1, 04/23/2013, Acórdão do Tribunal da Relação de Lisboa, Processo Nº 7/13.8YHLSB-A.L1-8, 05/02/2013, Acórdão do Tribunal da Relação de Lisboa, Processo Nº 97/13.3YHLSB-A.L1-6, 16/05/2013, Acórdão do Tribunal da Relação de Lisboa, Processo Nº 44/13.2YHLSB-C.L1-1, 06/04/2013, Acórdão do Tribunal da Relação de Lisboa, Processo Nº 249/12.3YHLSB.L1-6, 06/20/2013, Acórdão do Tribunal da Relação de Lisboa, Processo Nº 163/14.8YHLSB.L1-6, 12/27/2014.

Fez aquele Tribunal uma interpretação do direito nacional à luz do sentido atribuído pelo TJUE ao conceito de comunicação ao público, *inter alia*, no processo *Sociedad General de Autores y Editors de Espana (SGAE) v. Rafael Hoteles SA*, Acórdão do TJUE, Processo C-306/05, 7 de Dezembro de 2006 (*vide* anotação II ao artigo 68 do CDADC de 1985).

Como bem assinalou o Tribunal da Relação de Lisboa, uma vez que os artigos 178 (1) e 184 (2) do CDADC de 1985, transpõem o artigo 3 da Directiva sobre a Sociedade da Informação, «a sua interpretação deve obedecer ao princípio da interpretação conforme o direito da União Europeia, levando-se obrigatoriamente em linha de conta o sentido interpretativo que o TJUE vem dando a tais disposições legais, através da jurisprudência produzida em sede de decisão prejudicial (...) Neste contexto, o TJUE já teve oportunidade de se pronunciar sobre o sentido a dar ao artigo 3 (1) da directiva, quando esteja em causa a utilização de aparelhos de televisão em hotéis.»

Concluiu o Tribunal nacional, «considerando o sentido atribuído pelo TJUE às disposições legais em análise e a exigência de interpretação do direito nacional conforme ao direito da União Europeia» que a conduta em causa estava contemplada nos conceitos previstos nos artigos do 178 (1) e 184 (2) do CDADC de 1985, lesando os direitos em causa.

Vide anotações aos artigos 149 e 184 do CDADC de 1985.

II & III. O artigo 178 (2)-(3) do CDADC de 1985 emergiu aquando da transposição da Directiva sobre a Sociedade da Informação pela Lei 50/2004, de 24 de Agosto.

Dele decorre que se o artista intérprete ou executante autorizar a fixação da sua prestação para fins de radiodifusão a um produtor (cinematográfico, audiovisual ou *vide*ográfico) ou a um organismo de radiodifusão, a lei presume que se verificou uma transmissão dos respectivos direitos de radiodifusão e de comunicação ao público. É-lhe então atribuído o direito a uma remuneração inalienável, equitativa e única, cuja gestão é exercida através de acordo colectivo (artigo 178 (2) do CDADC).

Tal remuneração abrange todas as autorizações referidas no artigo 178 (1) do CDADC), à excepção do direito de disponibilização a pedido do utilizador (artigo 178 (1) (d) do CDADC), bem como a autorização para novas transmissões, a retransmissão e a comercialização de fixações obtidas para fins exclusivos de radiodifusão (artigo 178 (2)-(3) do CDADC).

Vide a presunção de cessão constante do artigo 7 do Decreto-Lei 332/97 de 27 de Novembro, alterado pelas Leis 24/2006, de 30 de Junho, e 16/2008, de 1 de Abril, que procedeu à transposição da Directiva sobre o Aluguer e o Comodato.

IV. A nova redacção do artigo 178 (4) do CDADC de 1985 foi introduzida aquando da transposição da Directiva sobre as Obras Órfãs pela Lei 32/2015, de 24 de Abril. Essa redacção assegura, por um lado, a possibilidade, não obrigatoriedade, de o direito de disponibilização a pedido do utilizador (artigo 178 (1) (d) do CDADC) ser gerido por uma entidade de gestão colectiva e por outro lado, atribui ao artista a faculdade de, sendo tal direito gerido por mais de uma entidade de gestão colectiva, seleccionar uma dessas entidades para reclamar os seus direitos.

Artigo 179º – Autorização para radiodifundir

(Revogado)

Artigo 180º – Identificação

1 – Em toda a divulgação de uma prestação será indicado, ainda que abreviadamente, o nome ou pseudónimo do artista, salvo convenção em contrário, ou se o modo de utilização da interpretação ou execução impuser a omissão da menção.

2 – Exceptuam-se os programas sonoros exclusivamente musicais sem qualquer forma de locução e os referidos no artigo 154º

3 – Presume-se artista, intérprete ou executante, aquele cujo nome tiver sido indicado como tal nas cópias autorizadas da prestação e no respectivo invólucro ou aquele que for anunciado como tal em qualquer forma de utilização lícita, representação ou comunicação ao público.

ANOTAÇÃO

I & II. A nível internacional, os únicos titulares de direitos conexos que detêm direitos morais são os artistas intérpretes ou executantes, devendo-se essa inovação ao Tratado da OMPI sobre Interpretações ou Execuções e Fonogramas.

Com efeito, o artigo 5 (1) do Tratado da OMPI sobre Interpretações ou Execuções e Fonogramas, concede ao artista intérprete ou executante, em relação às suas prestações áudio ao vivo ou às suas prestações fixadas em fonogramas, o direito de exigir ser identificado como o seu intérprete ou executante, excepto quando a omissão seja ditada pelo modo de utilização da prestação.

O artigo 5 (1) do Tratado de Pequim vai mais longe ao outorgar aos artistas intérpretes ou executantes, em relação às respectivas prestações ao vivo ou fixadas em registos audiovisuais, o direito a ser identificado como o intérprete ou o executante das suas prestações, excepto quando a omissão seja ditada pelo modo de utilização da prestação.

A referência que este Tratado faz à «exigência» da paternidade da obra será seguramente invocada, em certos países, para fazer depender, o direito à paternidade do reconhecimento formal (*assertion*) desse mesmo direito (*vide*, por exemplo, secções 77, 78 e 87 da Lei do Reino Unido de 1988).

Em conformidade com a norma internacional, o artigo 180 (1) do CDADC de 1985 tutela o direito à paternidade dos artistas intérpretes ou executantes, prevendo o artigo 180 (2) do CDADC de 1985 certas excepções que incidem sobre os programas sonoros exclusivamente musicais, sem qualquer forma de locução (metodologia que justifica a omissão da menção), bem como os programas previstos no artigo 154 do CDADC de 1985 (*vide* respectiva anotação).

III. A presunção contida no artigo 180 (3) do CDADC de 1985 emergiu aquando da transposição da Directiva sobre o Respeito dos Direitos de Propriedade Intelectual para a ordem jurídica interna pela Lei 16/2008, de 1 de Abril (*vide* artigo 5 dessa directiva).

Artigo 181º – Representação dos artistas

1 – Quando na prestação participem vários artistas, os seus direitos serão exercidos, na falta de acordo, pelo director do conjunto.

2 – Não havendo director do conjunto, os actores serão representados pelo encenador e os membros da orquestra ou os membros do coro pelo maestro ou director respectivo.

ANOTAÇÃO

I. O artigo 181 do CDADC de 1985, segue o preceituado no artigo 8 da Convenção de Roma que permite que a legislação doméstica determine «o modo como serão representados no exercício dos seus direitos os artistas intérpretes ou executantes, quando vários artistas participem na mesma execução.»

Do artigo 181 (1) do CDADC de 1985 decorre que os direitos dos artistas intérpretes ou executantes são, em princípio, exercidos pelos próprios e só na ausência de acordo são exercidos pelo director do conjunto.

II. O artigo 181 (2) do CDADC de 1985 regula a representação dos artistas, para certos casos, quando se verifica tanto a ausência de acordo, como de director do conjunto.

Artigo 182º – Utilizações ilícitas

São ilícitas as utilizações que deformem, mutilem e desfigurem uma prestação, que a desvirtuem nos seus propósitos ou que atinjam o artista na sua honra ou na sua reputação.

ANOTAÇÃO

O artigo 5 (1) do Tratado da OMPI sobre Interpretações ou Execuções e Fonogramas atribui ao artista intérprete ou executante, em relação às suas prestações áudio ao vivo ou às suas prestações fixadas em fonogramas, o direito de se opor a qualquer deformação, mutilação ou outra modificação das suas prestações que possa afectar a sua reputação.

Por sua vez, o artigo 5 (1) do Tratado de Pequim estende essa protecção às prestações ao vivo ou fixadas em registos audiovisuais, permitindo que os artistas intérpretes ou executantes se oponham a qualquer deformação, mutilação ou outra modificação das mesmas que possa afectar a sua reputação, tendo em conta a natureza dos registos audiovisuais.

O escopo do direito à integridade é reduzido pela Declaração Acordada Relativamente ao artigo 5, que afirma que o direito à integridade de uma prestação não é violado por modificações resultantes, por exemplo, da sua compressão ou dobragem, efectuadas no decurso normal da sua exploração e no âmbito de um uso autorizado e que apenas são consideradas como modificações relevantes as que de acordo com uma análise objectiva (ou seja, não do próprio) são prejudicais para a reputação do artista intérprete ou executante, de modo substancial.

A nível nacional, tutelado o direito à paternidade dos artistas intérpretes ou executantes pelo artigo 180 (1) do CDADC de 1985 (*vide* respectiva anotação), a protecção do respectivo direito à integridade resulta do artigo 182 do CDADC, em termos mais que os constantes na norma internacional.

Artigo 183º – Duração dos direitos conexos

1 – Os direitos conexos caducam decorrido um período de 50 anos:

a) Após a representação ou execução pelo artista intérprete ou executante;

b) Após a primeira fixação, pelo produtor, do videograma ou filme;

c) Após a primeira emissão pelo organismo de radiodifusão, quer a emissão seja efectuada com ou sem fio, incluindo cabo ou satélite.

2 – Se, no decurso do período referido no número anterior, o videograma ou filme protegidos forem objecto de publicação ou comunicação lícita ao público, o prazo de caducidade do direito é de 50 anos, após a data da primeira publicação ou da primeira comunicação ao público, consoante a que tiver ocorrido em primeiro lugar.

3 – Se a fixação da prestação do artista intérprete ou executante num fonograma for objecto de uma publicação ou comunicação ao público lícitas, no decurso do prazo referido no nº 1, o prazo de caducidade do direito é de 70 anos após a data da primeira publicação ou da primeira comunicação ao público, consoante a que tiver ocorrido em primeiro lugar.

4 – (Revogado).

5 – O termo «filme» designa uma obra cinematográfica ou audiovisual e toda e qualquer sequência de imagens em movimento, acompanhadas ou não de som.

6 – É aplicável às entidades referidas nas alíneas *a)*, *b)* e *c)* do nº 1 o disposto no artigo 37º

ANOTAÇÃO

I, II & III. O artigo 183 (1)-(3) do CDADC de 1985 segue as regras internacionais e regionais em termos de duração de direitos conexos dos artistas intérpretes ou executantes, dos produtores de videogramas ou filmes e dos organismos de radiodifusão (*vide* no que toca à lista de beneficiários a anotação ao artigo 176).

No plano internacional, preconiza a Convenção de Roma que a duração da protecção a conceder pela mesma Convenção não deve ser inferior a um período de vinte anos, computado (i) para os fonogramas e para as execuções fixadas nestes fonogramas, a partir do fim do ano em que a fixação foi realizada, (ii) para as execuções não fixadas em fonogramas, a partir do fim do ano em que se realizou a execução e (iii) para as emissões de radiodifusão, a partir do fim do ano em que se realizou a emissão (artigo 14 da Convenção de Roma).

O Acordo TRIPS alarga a duração da tutela concedida aos artistas intérpretes ou executantes e aos produtores de fonogramas para um prazo não inferior a um período de cinquenta anos, calculado a partir do final do ano civil em que a fixação foi realizada ou em que teve lugar a execução, mas mantendo o prazo de protecção emanado da Convenção de Roma no respeitante às emissões de radiodifusão (artigo 14 (5) do Acordo TRIPS).

Seguindo a mesma linha de orientação, o Tratado da OMPI sobre Interpretações ou Execuções e Fonogramas declara que a protecção a conceder aos artistas intérpretes ou executantes e aos produtores de fonogramas subsiste por um período de cinquenta anos, pelo menos, computado respectivamente a partir do final do ano em que a prestação foi fixada num fonograma e a partir do final do ano em que o fonograma foi publicado, ou, se a publicação não ocorrer no prazo de cinquenta anos a contar da fixação do fonograma, por um período de cinquenta anos contado a partir do final do ano em que foi realizada a fixação (artigo 17 do Tratado da OMPI sobre Interpretações ou Execuções e Fonogramas).

Por sua vez, o Tratado de Pequim determina que a tutela a conceder aos artistas intérpretes ou executantes, no respeitante a prestações de foro audiovisual, subsiste, pelo menos, por um período de cinquenta anos contado a partir do final do ano em que a prestação foi fixada (artigo 14 do Tratado de Pequim).

Na União Europeia, reconhecendo-se «[a] importância socialmente reconhecida do contributo criativo dos artistas intérpretes ou executantes» (considerando quarto, a alteração à Directiva sobre o Prazo de Protecção, ocorrida em Setembro de 2011, elevou o prazo de protecção aplicável à fixação de execuções e a fonogramas para setenta anos após o respectivo facto gerador (*vide* Lei 82/2013, de 6 de Dezembro, que procedeu à transposição da Directiva sobre o Prazo de Protecção, versão codificada).

V. O artigo 183 (5) do CDADC de 1985 fornece uma definição do termo «filme». *Vide* artigo 7 (4) da Decreto-Lei 332/97 de 27 de Novembro, alterado pelas Leis 24/2006, de 30 de Junho, e 16/2008, de 1 de Abril, que procedeu à transposição da Directiva sobre o Aluguer e o Comodato.

VI. O artigo 183 (6) do CDADC de 1985 remete para o artigo 37 do CDADC de 1985, que regula a duração de protecção da obra estrangeira (*vide* respectiva anotação).

Artigo 183º-A – Disponibilização de fonogramas pelo produtor

1 – Decorridos 50 anos após um fonograma ser licitamente publicado ou, na ausência desta publicação, ser licitamente comunicado ao público, se o produtor de fonogramas ou o cessionário dos respectivos direitos não colocarem cópias do fonograma à venda no mercado em quantidade suficiente, ou não o colocarem à disposição do público, em transmissão por fio ou sem fio, por forma a torná-lo acessível ao público a partir do local e no momento por ele escolhido individualmente, o artista intérprete ou executante pode resolver o contrato mediante o qual transferiu ou cedeu ao produtor de fonogramas os seus direitos sobre a fixação das suas prestações, apenas na parte respeitante aos fonogramas que reúnam tais condições.

2 – O direito de resolução contratual referido no número anterior é irrenunciável, podendo ser exercido caso o produtor ou o cessionário dos respectivos direitos, no prazo de um ano contado a partir da notificação pelo artista intérprete ou executante da sua vontade de resolver o contrato, não proceda a um dos dois actos de exploração acima mencionados, fazendo desse modo caducar o direito do produtor ou cessionário dos respectivos direitos sobre o fonograma em causa.

3 – Caso um fonograma contenha a fixação das prestações de vários artistas intérpretes ou executantes, podem estes resolver os seus contratos de transferência ou cessão, salvaguardando o disposto no artigo 17º

4 – Caso um contrato de transferência ou cessão de direitos atribua ao artista intérprete ou executante o direito a uma remuneração não recorrente, tem este o direito irrenunciável de obter uma remuneração suplementar anual do produtor de fonogramas por cada ano completo imediatamente após o quinquagésimo ano subsequente ao fonograma ser licitamente publicado ou, na ausência desta publicação, após o quinquagésimo ano subsequente a ser licitamente comunicado ao público.

5 – O montante global destinado pelo produtor de fonogramas ao pagamento da remuneração suplementar anual referida nos números anteriores deve corresponder a 20 % das receitas por este recebidas no ano anterior ao ano relativamente ao qual a indicada remuneração é paga, pela reprodução, distribuição e colocação à disposição do público desses fonogramas, não sendo dedutíveis ao referido montante quaisquer adiantamentos ou outras deduções previstas no contrato.

6 – Os produtores de fonogramas e ou as entidades mandatadas para gerir os direitos estão obrigados a prestar aos artistas intérpretes ou executantes, mediante solicitação destes, todas as informações necessárias para assegurar a cobrança e distribuição da referida remuneração a fim de garantir o seu efectivo pagamento.

7 – O direito à obtenção da remuneração suplementar anual a que se referem os números 4 e 5 deve ser administrado por sociedades de gestão colectiva representativas dos interesses dos artistas intérpretes ou executantes.

ANOTAÇÃO

I. O artigo 183 A (1) do CDADC de 1985 permite que o artista intérprete ou executante resolva, no todo ou em parte, o contrato em que transferiu ou cedeu ao produtor de fonogramas os seus direitos sobre a fixação das suas prestações, se o produtor de fonogramas (ou respectivo cessionário) não colocar cópias do fonograma (fonograma esse que na ausência do alargamento do prazo de protecção teria caído no domínio público) à venda no mercado em quantidade suficiente ou não as disponibilizar a pedido do utilizador.

II. Dita o artigo 183 A (2) do CDADC de 1985 que tal direito de resolução contratual é irrenunciável. Apenas surge, todavia, após o termo de um prazo razoável para o produtor de fonogramas proceder a ambos os actos de exploração. Então, os direitos do produtor de fonogramas relativamente ao fonograma caducam.

III. O artigo 183 A (3) do CDADC de 1985 prevê o exercício do direito de resolução contratual por vários artistas intérpretes ou executantes, sem prejuízo do disposto no artigo 17 do CDADC de 1985 quanto às obras feitas em colaboração (*vide* respectiva anotação).

IV. O artigo 183 A (4) do CDADC de 1985 visa assegurar que os artistas intérpretes ou executantes que transferiram ou cederam os seus direitos exclusivos para produtores de fonogramas beneficiam do alargamento do prazo de protecção.

Assim, caso o contrato de transferência ou cessão de direitos atribua, ao artista intérprete ou executante, o direito a uma remuneração não recorrente, o artigo 183 A (4) do CDADC de 1985 concede-lhe um direito irrenunciável de obter uma remuneração suplementar anual.

V. O artigo 183 A (5) do CDADC de 1985 faz corresponder essa remuneração suplementar anual a 20 % da receita decorrente de direitos exclusivos de distribuição, reprodução e colocação à disposição de fonogramas, receita essa cobrada pelo produtor dos fonogramas antes da dedução de encargos.

VI. O artigo 183 A (6) do CDADC de 1985 estabelece um direito de fiscalização a fim de garantir o efectivo pagamento da remuneração suplementar anual.

VII. Por último, o artigo 183 A (7) do CDADC de 1985 encarrega as sociedades de gestão colectiva de administrarem o direito à obtenção da remuneração suplementar anual e de distribuírem os proventos assim adquiridos.

Artigo 184º – Autorização do produtor

1 – Assiste ao produtor do fonograma ou do videograma o direito exclusivo de fazer ou autorizar, por si ou pelos seus representantes:

a) A reprodução, directa ou indirecta, temporária ou permanente, por quaisquer meios e sob qualquer forma, no todo ou em parte, do fonograma ou do videograma;

b) A distribuição ao público de cópias dos fonogramas ou videogramas, a exibição cinematográfica de videogramas bem como a respectiva importação ou exportação;

c) A colocação à disposição do público, por fio ou sem fio, dos fonogramas ou dos videogramas para que sejam acessíveis a qualquer pessoa a partir do local e no momento por ela escolhido;

d) Qualquer utilização do fonograma ou videograma em obra diferente;

e) A comunicação ao público, de fonogramas e videogramas, incluindo a difusão por qualquer meio e a execução pública directa ou indirecta, em local público, na acepção do nº 3 do artigo 149º.

2 – (Revogado)

3 – Quando um fonograma ou videograma editado comercialmente, ou uma reprodução dos mesmos, for utilizado por qualquer forma de comunicação pública, o utilizador tem de pagar, como contrapartida da autorização prevista na alínea *e)* do nº 1, uma remuneração equitativa e única, a dividir entre o produtor e os artistas, intérpretes ou executantes em partes iguais, salvo acordo em contrário.

4 – Os produtores de fonogramas ou de videogramas têm a faculdade de fiscalização análoga à conferida nos nºs 1 e 2 do artigo 143º.

ANOTAÇÃO

I. O artigo 184 (1) do CDADC de 1985 elenca os actos que carecem da autorização do produtor, tomando em consideração o quadro legislativo internacional e regional relevante.

No quadro internacional a Convenção de Roma atribui-lhes o direito de autorizar ou proibir a reprodução dos seus fonogramas, prevendo ainda a possibilidade de o utilizador pagar uma remuneração equitativa e única aos artistas intérpretes ou executantes quando um fonograma publicado com fins comerciais, ou uma reprodução desse fonograma, forem utilizados directamente pela radiodifusão ou para qualquer comunicação ao público (artigos 10 e 12 da Convenção de Roma). Note-se que de acordo com o artigo 16 da mesma Convenção, um Estado Contratante pode declarar que não aplicará o artigo 12, total ou parcialmente.

Em conformidade com o artigo 10 da Convenção de Roma, o Acordo TRIPS outorga aos produtores de fonogramas, no tocante aos respectivos fonogramas, o direito de autorizar ou proibir a sua reprodução, assim como o direito de aluguer (artigo 14 (2) e (4) do Acordo TRIPS).

O Tratado da OMPI sobre Interpretações ou Execuções e Fonogramas, bastante mais ousado do que a Convenção de Roma nesta matéria, confere aos produtores de fonogramas o gozo do direito exclusivo de autorizar (i) a reprodução directa ou indirecta dos seus fonogramas, de qualquer maneira e sob qualquer forma, (ii) a colocação à disposição do público do original e de cópias dos seus fonogramas (por meio da venda ou por outra forma de transferência de propriedade), (iii) o aluguer ao público, com fins comerciais, do original e de cópias dos seus fonogramas e (v) a colocação à disposição do público dos seus fonogramas, por fios ou sem fios, por forma a torná-los acessíveis a membros do público a partir do local e no momento por eles escolhido individualmente, bem como (vi) o direito de remuneração equitativa e única pela utilização, directa ou indirecta, de fonogramas publicados com fins comerciais para radiodifusão ou para qualquer comunicação ao público (artigos 11 a 15 do Tratado da OMPI sobre Interpretações ou Execuções e Fonogramas).

Na União Europeia, a Directiva sobre o Aluguer e o Comodato obsequeia os produtores de fonogramas, no que respeita aos seus fonogramas, com os direitos de aluguer e de comodato, de remuneração equitativa (na sequência da radiodifusão ou comunicação ao público da prestação em causa) e de distribuição (artigos 3 (1) (c), 8 e 9 da Directiva sobre o Aluguer e o Comodato; o direito de reprodução, que se encontrava previsto no artigo 7 da mesma directiva, foi revogado, encontrando-se disposição equivalente na Directiva sobre a Sociedade da Informação).

A Directiva sobre Radiodifusão por Satélite e Retransmissão por Cabo prevê que os direitos dos produtores de fonogramas, para efeitos da comunicação ao público por satélite, sejam protegidos nos termos do disposto nos artigos 6, 7, 8 e 10 da Directiva sobre o Aluguer e o Comodato (artigo 4 (1) da Directiva sobre Radiodifusão por Satélite e Retransmissão por Cabo; os artigos 6, 7, 8 e 10 da Directiva sobre o Aluguer e o Comodato correspondem, hoje, aos artigos 7, 8 e 10 da mesma directiva na sua versão codificada (Directiva 2006/115) e ao artigo 3 (2) da Directiva sobre a Sociedade de Informação).

E a Directiva sobre a Sociedade da Informação presenteia os produtores de fonogramas, no que toca aos seus fonogramas, com o direito exclusivo de autorizar ou proibir a sua reprodução, bem como a sua colocação à disposição do público de modo a que seja acessível no local e no momento escolhidos pelo utilizador (artigos 2 (c) e 3 (2) (b) da Directiva sobre a Sociedade da Informação).

A nível nacional, nos termos do artigo 184 (1)-(2) do CDADC de 1985, na sua redacção anterior, careciam de autorização do produtor do fonograma ou videograma, a reprodução, a distribuição, a comunicação ao público por qualquer meio e a disponibilização a pedido do utilizador.

A redacção introduzida pelo Decreto-Lei 100/2017, elimina o número 2 do artigo 184 do CDADC de 1985, tentando elencar de forma mais clara, no número 1 do mesmo artigo, os direitos conferidos pela lei ao produtor do fonograma ou do videograma, a saber:

- O direito à reprodução – Que não sofreu alteração, continuando a abranger a reprodução, directa ou indirecta, temporária ou permanente, por quaisquer meios e sob qualquer forma, no todo ou em parte;
- O direito à distribuição – Que mantém a referência à distribuição ao público de cópias dos fonogramas ou videogramas, bem como a respectiva importação ou exportação, tendo o Decreto-Lei 100/2017 acrescentando, incorretamente, sob a égide do direito à distribuição, a exibição cinematográfica de videogramas, que apesar de consistir numa faculdade dos titulares de direitos relevantes não cabe no escopo do direito à distribuição;
- O direito à disponibilização a pedido do utilizador – Que não sofreu alteração, continuando a incluir, e bem, a colocação à disposição do público, por fio ou sem fio, dos fonogramas ou dos videogramas para que sejam acessíveis a qualquer pessoa a partir do local e no momento por ela escolhido;
- O direito à utilização do fonograma ou videograma em obra diferente – Que consiste numa inovação crucial, numa era em que o utilizador cria afincadamente *user generated content*, nem sempre ciente das fronteiras da lei, e esclarecendo o Decreto-Lei 100/2017, à cautela, que a inclusão em obra diferente, ainda que crie obra derivada original, carece de autorização dos titulares de direitos relevantes;
- O direito à comunicação ao público por qualquer meio é agora expressamente referido, eliminando qualquer confusão que pudesse subsistir neste campo, continuando a incluir a difusão por qualquer meio e a execução pública directa ou indirecta, em local público, e invocando o artigo 184 (3) do CDADC de 1985.

Vide a referência ao processo *Pelham GmbH, Moses Pelham, Martin Haas v. Ralf Hütter, Florian Schneider-Esleben*, Acórdão do TJUE, Processo C-476/17, 29 de Julho de 2019 contida na anotação ao *Artigo 75 (2) (g)-(h) do CDADC de 1985.*

III. Por sua vez, o artigo 184 (3) do CDADC de 1985, introduzido pela Lei 114/91, de 3 de Setembro, transpondo para a ordem jurídica nacional o disposto no artigo 12 da Convenção de Roma, prevê o direito a uma remuneração equitativa, a ser dividido entre o produtor e aos artistas intérpretes ou executantes, salvo acordo em contrário, quando um fonograma ou videograma for utilizado por qualquer forma de comunicação pública.

Alterado que foi pelo Decreto-Lei 100/2017, o artigo 184 (3) do CDADC de 1985 continua a determinar que quando o fonograma ou videograma editado comercialmente, ou uma reprodução do mesmo, for comunicado ao público por qualquer forma, o utilizador pagará ao produtor e aos artistas intérpretes ou executantes uma remuneração equitativa, que será dividida entre eles em partes iguais, salvo acordo em contrário.

Daqui decorre, segundo o Tribunal da Relação de Lisboa, que se o fonograma ou videograma não for editado comercialmente a sua difusão pública depende de autorização do produtor; se o for este tem apenas um direito de remuneração (*vide* Acórdão do Tribunal da Relação de Lisboa, Processo Nº 161/12.6YHLSB-B.L1-6, 02/21/2013).

Acrescenta a redacção introduzida pelo Decreto-Lei 100/2017, de forma incisiva que essa remuneração equitativa se deve ao direito previsto no artigo 184 (1) (e) do CDADC de 1985, ou seja, ao direito à comunicação ao público.

IV. Por último, o artigo 184 (4) do CDADC de 1985 concede aos produtores um direito de fiscalização, remetendo para o artigo 143 (1)-(2) do CDADC de 1985 (*vide* respectiva anotação).

A protecção do produtor do fonograma ou videograma é complementada pelo Decreto-Lei 332/97 de 27 de Novembro, alterado pelas Leis 24/2006, de 30 de Junho, e 16/2008, de 1 de Abril, que procedeu à transposição da Directiva sobre o Aluguer e o Comodato e pelo Decreto-Lei 333/97, de 27 de Novembro, que procedeu à transposição da Directiva sobre a Radiodifusão por Satélite e a Retransmissão por Cabo.

Vide, em sede de extensão de protecção aos titulares de direitos conexos, o artigo 7 do Decreto-Lei 332/97 de 27 de Novembro (direitos de aluguer e de comodato) e o artigo 8 do Decreto-Lei 333/97, de 27 de Novembro (direitos de transmissão por satélite e de retransmissão por cabo).

No que toca à natureza da execução de videogramas através de aparelhos de televisão existentes nos quartos onde ficam alojados os hóspedes de um hotel, que invoca os artigos 178 (1) e 184 (2) do CDADC de 1985 (os quais transpõem o artigo 3 da Diretiva sobre a Sociedade da Informação) *vide* anotação ao artigo 178 do CDADC de 1985.

Vide anotações aos artigos 149 e 178 (1) do CDADC de 1985.

Artigo 185º – Identificação dos fonogramas e videogramas

1 – É condição da protecção reconhecida aos produtores de fonogramas e videogramas que em todas as cópias autorizadas e no respectivo invólucro se contenha uma menção constituída pelo símbolo P (a letra P rodeada por um círculo), acompanhada da indicação do ano da primeira publicação.

2 – Se a cópia ou o respectivo invólucro não permitirem a identificação do produtor ou do seu representante, a menção a que se refere o número anterior deve incluir igualmente essa identificação.

3 – Presume-se produtor do fonograma ou videograma aquele cujo nome ou denominação figurar como tal nas cópias autorizadas e no respectivo invólucro, nos termos dos números anteriores.

ANOTAÇÃO

I & II. O artigo 185 (1)-(2) do CDADC de 1985 segue o preceituado no artigo 11 da Convenção de Roma.

III. A presunção constante do artigo 185 (3) do CDADC de 1985 surgiu aquando da transposição da Directiva sobre o Respeito dos Direitos de Propriedade Intelectual para a ordem jurídica interna pela Lei 16/2008, de 1 de Abril (*vide* artigo 5 dessa directiva).

Artigo 186º – Duração

(Revogado)

Artigo 187º – Direitos dos organismos de radiodifusão

1 – Os organismos de radiodifusão gozam do direito de autorizar ou proibir:

a) A retransmissão das suas emissões por ondas radioeléctricas;

b) A fixação em suporte material das suas emissões, sejam elas efectuadas com ou sem fio;

c) A reprodução da fixação das suas emissões, quando estas não tiverem sido autorizadas ou quando se tratar de fixação efémera e a reprodução visar fins diversos daqueles com que foi feita;

d) A colocação das suas emissões à disposição do público, por fio ou sem fio, incluindo por cabo ou satélite, por forma a que sejam acessíveis a qualquer pessoa a partir do local e no momento por ela escolhido;

e) A comunicação ao público das suas emissões, quando essa comunicação é feita em lugar público e com entradas pagas.

2 – Ao distribuidor por cabo que se limita a efectuar a retransmissão de emissões de organismos de radiodifusão não se aplicam os direitos previstos neste artigo.

3 – Presume-se titular de direitos conexos sobre uma emissão de radiodifusão aquele cujo nome ou denominação tiver sido indicado como tal na respectiva emissão, conforme o uso consagrado.

ANOTAÇÃO

I. O artigo 187 (1) do CDADC de 1985 elenca os direitos dos organismos de radiodifusão, tendo em conta o quadro legislativo internacional e regional relevante.

A nível internacional, a Convenção de Roma dispõe que os organismos de radiodifusão gozem do direito de autorizar ou proibir a retransmissão das suas emissões, a fixação das suas emissões, a reprodução das fixações das suas emissões (em determinadas circunstâncias) e a comunicação ao público das suas emissões de televisão, quando se efetuem em lugares acessíveis ao público, mediante o pagamento de um direito de entrada (artigo 13 da Convenção de Roma).

Em conformidade com o artigo 13 da Convenção de Roma, o Acordo TRIPS permite que os respectivos membros outorguem, aos organismos de radiodifusão, no que respeita às suas emissões, o direito de proibir a realização, sem o seu consentimento, da fixação, da reprodução de fixações e da retransmissão de emissões por meio de ondas radioeléctricas, bem como da comunicação ao público de emissões televisivas das mesmas. Note-se que os membros do Acordo TRIPS não são obrigados a conceder estes direitos aos organismos de radiodifusão (artigo 14 (3) do Acordo TRIPS).

Na União Europeia, de acordo com a Directiva sobre o Aluguer e o Comodato, é atribuído aos organismos de radiodifusão o direito exclusivo de permitir ou proibir a retransmissão das suas emissões por ondas radioeléctricas, a comunicação ao público das mesmas (caso essa comunicação seja realizada em locais abertos ao público com entrada paga) e a distribuição de gravações das suas emissões (artigos 8 e 9 da Directiva sobre o Aluguer e o Comodato). Note-se que o direito de reprodução, que se encontrava previsto no artigo 7 da mesma directiva, foi revogado, encontrando-se disposição equivalente na Directiva sobre a Sociedade da Informação (*vide* Decreto-Lei 332/97 de 27 de Novembro, alterado pelas Leis 24/2006, de 30 de Junho, e 16/2008, de 1 de Abril, que procedeu à transposição da Directiva sobre o Aluguer e o Comodato).

Decorre da Directiva sobre a Sociedade da Informação que os organismos de radiodifusão gozam, no que toca às suas emissões, do direito exclusivo de autorizar ou proibir a sua reprodução, bem como a sua colocação à disposição do público de modo a que seja acessível no local e no momento escolhidos pelo utilizador (artigos 2 (d) e 3 (2) (c) da Directiva sobre a Sociedade da Informação; *vide* Lei 50/2004, de 24 de Agosto, que procedeu à transposição da Directiva sobre a Sociedade da Informação).

A nível nacional, registe-se que a protecção advinda do artigo 187 (1) do CDADC de 1985, é complementada pela Directiva sobre o Aluguer e o Comodato e pela Directiva sobre a Radiodifusão por Satélite e a Retransmissão por Cabo, as quais foram transpostas para a ordem jurídica interna, respectivamente, pelo Decreto-Lei 332/97 de 27 de Novembro, alterado pelas Leis 24/2006, de 30 de Junho, e 16/2008, de 1 de Abril, e pelo Decreto-Lei 333/97, de 27 de Novembro.

Verifica-se, todavia, um desvio neste campo. Com efeito, enquanto o artigo 8 do Decreto-Lei 333/97, de 27 de Novembro (direitos de transmissão por satélite e de retransmissão por cabo) estende a protecção em causa aos artistas intérpretes ou executantes, aos produtores de fonogramas e videogramas e aos organismos de radiodifusão, o artigo 7 do Decreto-Lei 332/97 de 27 de Novembro (direitos de aluguer e de comodato) apenas faz referência aos artistas intérpretes ou executantes e aos produtores de fonogramas e de filmes.

II. A reserva prevista no artigo 187 (2) do CDADC de 1985, relativa à retransmissão de emissões de organismos de radiodifusão por distribuidores por cabo, emergiu com a transposição da Directiva sobre o Aluguer e o Comodato através do Decreto-Lei 332/97 de 27 de Novembro, na sua primeira versão (*vide* artigo 9 (2) desse diploma).

III. A presunção constante do artigo 187 (3) do CDADC de 1985 resultou da transposição da Directiva sobre o Respeito dos Direitos de Propriedade Intelectual para a ordem jurídica interna pela Lei 16/2008, de 1 de Abril (*vide* artigo 5 dessa directiva).

Artigo 188º – Duração

(Revogado)

Artigo 189º – Utilizações livres

1 – A protecção concedida neste título não abrange:

a) O uso privado;

b) Os excertos de uma prestação, um fonograma, um videograma ou uma emissão de radiodifusão, contanto que o recurso a esses excertos se justifique por propósito de informação ou crítica ou qualquer outro dos que autorizam as citações ou resumos referidos na alínea *g)* do nº 2 do artigo 75º;

c) A utilização destinada a fins exclusivamente científicos ou pedagógicos;

d) A fixação efémera feita por organismo de radiodifusão;

e) As fixações ou reproduções realizadas por entes públicos ou concessionários de serviços públicos por algum interesse excecional de documentação ou para arquivo;

f) Os demais casos em que a utilização da obra é lícita sem o consentimento do autor.

2 – A protecção outorgada neste capítulo ao artista não abrange a prestação decorrente do exercício de dever funcional ou de contrato de trabalho.

3 – As limitações e excepções que recaem sobre o direito de autor são aplicáveis aos direitos conexos, em tudo o que for compatível com a natureza destes direitos.

ANOTAÇÃO

I. O artigo 189 (1) do CDADC de 1985 elenca certas excepções e limitações tendo em conta o quadro legislativo internacional e regional a este respeito.

No plano internacional, a Convenção de Roma permite que os Estados Contratantes estabeleçam, na sua legislação nacional, excepções à protecção concedida pela mesma Convenção no caso de (i) utilização para usos privados, (ii) curtos fragmentos em relatos de acontecimentos de actualidade, (iii) fixação efémera realizada por um organismo de radiodifusão pelos seus próprios meios e para as suas próprias emissões e (iv) utilização destinada exclusivamente ao ensino ou à investigação científica (artigo 15 da Convenção de Roma).

Esta norma da Convenção de Roma é invocada pelo Acordo TRIPS, que prevê que os seus membros possam decretar condições, limitações, excepções e reservas na medida autorizada pela Convenção de Roma (artigo 14 (6) do Acordo TRIPS).

Já o Tratado da OMPI sobre Interpretações ou Execuções e Fonogramas não estabelece um elenco de excepções e limitações permitidas, fixando, ao invés, uma regra geral e deixando a regulamentação dessa matéria a cargo do legislador nacional.

Como tal, as Partes Contratantes podem estabelecer, relativamente à protecção dos artistas intérpretes ou executantes e dos produtores de fonogramas, o mesmo tipo de excepções e limitações previstas na sua legislação nacional relativamente à protecção do direito de autor sobre obras literárias e artísticas, mas tais excepções e limitações terão de respeitar a regra dos três passos – restringindo-se a determinados casos especiais, não obstando à exploração normal da prestação ou do fonograma e não prejudicando de forma injustificável os legítimos interesses do artista intérprete ou executante ou do produtor do fonograma (artigo 16 do Tratado da OMPI sobre Interpretações ou Execuções e Fonogramas).

O Tratado de Pequim segue, no artigo 13, regra similar, acrescentando a Declaração Acordada Relativamente a esse artigo que a Declaração Acordada Relativamente ao artigo 10 do Tratado OMPI sobre Direito de Autor (a qual autoriza a aplicação de excepções e limitações consideradas aceitáveis pela Convenção de Berna no campo do digital, assim como o alargamento do seu escopo) é aplicável *mutatis mutandis* ao artigo 13 do Tratado OMPI sobre Interpretações e Execuções Audiovisuais.

Na União Europeia, registe-se que a Directiva sobre o Aluguer e o Comodato e a Directiva sobre a Radiodifusão por Satélite e a Retransmissão por Cabo contêm preceitos sobre esta matéria (*vide* Decreto-Lei 332/97 de 27 de Novembro, alterado pelas Leis 24/2006, de 30 de Junho, e 16/2008, de 1 de Abril que procedeu à transposição da Directiva sobre o Aluguer e o Comodato e Decreto-Lei 333/97, de 27 de Novembro, que procedeu à transposição da Directiva sobre a Radiodifusão por Satélite e a Retransmissão por Cabo).

II. O artigo 189 (2) do CDADC de 1985 estabelece uma ressalva à protecção concedida ao artista intérprete ou executante. Essa protecção não emerge quando a prestação decorre do exercício de dever funcional ou de contrato de trabalho. Note-

-se que o artigo 189 (2) do CDADC de 1985 não menciona a possibilidade de haver convenção em contrário.

III. O princípio contido no artigo 189 (3) do CDADC de 1985, resultou da transposição da Directiva sobre o Respeito dos Direitos de Propriedade Intelectual para a ordem jurídica interna pela Lei 16/2008, de 1 de Abril. São, pois, aplicáveis, aos direitos conexos, as excepções e limitações relativas ao direito de autor, em conformidade com o artigo 15 (2) da Convenção de Roma. *Vide* anotações aos artigos 75-82 do CDADC de 1985.

Artigo 190º – Requisitos de protecção

1 – O artista, intérprete ou executante é protegido desde que se verifique uma das seguintes condições:

a) Que seja de nacionalidade portuguesa ou de Estado Membro das Comunidades Europeias;

b) Que a prestação ocorra em território português;

c) Que a prestação original seja fixada ou radiodifundida pela primeira vez em território português.

2 – Os fonogramas e os videogramas são protegidos desde que se verifique uma das seguintes condições:

a) Que o produtor seja de nacionalidade portuguesa ou de um Estado Membro das Comunidades Europeias ou que tenha a sua sede efectiva em território português ou em qualquer ponto do território comunitário;

b) Que a fixação dos sons e imagens, separada ou cumulativamente, tenha sido feita licitamente em Portugal;

c) Que o fonograma ou videograma tenha sido publicado pela primeira vez ou simultaneamente em Portugal, entendendo-se por simultânea a publicação definida no nº 3 do artigo 65º

3 – As emissões de radiodifusão são protegidas desde que se verifique uma das seguintes condições:

a) Que a sede efectiva do organismo esteja situada em Portugal ou em Estado Membro das Comunidades Europeias;

b) Que a emissão de radiodifusão tenha sido transmitida a partir de estação situada em território português ou de Estado Membro das Comunidades Europeias.

ANOTAÇÃO

I. No que toca aos artistas intérpretes ou executantes, observe-se que o artigo 7 da Convenção de Roma tutela as respectivas prestações, quer estas se encontrem fixadas quer não, aplicando-se idêntico princípio ao abrigo do Acordo TRIPS, do Tratado da OMPI sobre Interpretações ou Execuções e Fonogramas e da Directiva sobre o Aluguer e o Comodato (artigo 14 do Acordo TRIPS, artigo 6 do Tratado da OMPI sobre Interpretações ou Execuções e Fonogramas e artigo 7 (1) da Directiva sobre o Aluguer e o Comodato).

Decorre ainda de tal quadro legislativo que a protecção das prestações dos artistas intérpretes ou executantes não se encontra subordinada ao critério da originalidade, nem ao preenchimento de quaisquer formalidades.

A possibilidade de tutela dos artistas intérpretes ou executantes é aferida não com base na nacionalidade ou residência do artista intérprete ou executante, mas com referência ao local de execução da prestação, ao local de fixação da execução num fonograma ou ao local de emissão da execução por um organismo de radiodifusão (artigo 4 da Convenção de Roma, artigos 1 (3) e 3 do Acordo TRIPS e artigos 3 e 4 do Tratado da OMPI sobre Interpretações ou Execuções e Fonogramas).

Decreta, por isso, o artigo 190 (1) do CDADC, que o artista, intérprete ou executante é protegido desde que (i) seja de nacionalidade portuguesa ou de Estado Membro das Comunidades Europeias, (ii) a prestação ocorra em território português ou (iii) a prestação original seja fixada ou radiodifundida pela primeira vez em território português.

Passando aos produtores de fonogramas, a protecção dos fonogramas *per se* não se encontra subordinada ao critério da originalidade, nem se coloca aqui a questão da fixação uma vez que, por natureza, um fonograma assenta na fixação de sons.

Quando o cumprimento de formalidades é exigido como condição de protecção, tais formalidades consideram-se satisfeitas se todos os exemplares dos fonogramas contiverem uma indicação constituída pelo símbolo P e pelo ano da primeira publicação (artigo 11 da Convenção de Roma e, no mesmo sentido, artigo 189 (1) do CDADC, *vide* respectiva anotação).

A possibilidade de tutela dos produtores de fonogramas é calculada com base na nacionalidade do produtor, no local de realização da primeira fixação ou no local da primeira publicação do fonograma (artigo 5 da Convenção de Roma, artigos 1 (3) e 3 do Acordo TRIPS e artigo 3 (2) do Tratado da OMPI sobre Interpretações ou Execuções e Fonogramas).

II. O artigo 190 (2) do CDADC de 1985 acrescenta aos critérios da nacionalidade, da fixação e da publicação, o critério da sede social, ao declarar que os fonogramas e os videogramas são protegidos desde que (i) o produtor seja de nacionalidade portuguesa ou de um Estado Membro das Comunidades Europeias ou que tenha a sua sede efectiva em território português ou em qualquer ponto do território comunitário, (ii) a fixação dos sons e imagens, separada ou cumulativamente, tenha sido feita licitamente em Portugal ou (iii) o fonograma ou videograma tenha sido publicado pela primeira vez ou simultaneamente em Portugal. Tal preceito manda aplicar a regra contida no artigo 65 (3) do CDADC de 1985 (*vide* respectiva anotação), que entende por «simultânea» a publicação que ocorre em dois ou mais países dentro de trinta dias a contar da primeira publicação, incluindo esta.

III. No que toca aos organismos de radiodifusão, a protecção das suas emissões não se encontra subordinada a critérios de fixação ou de originalidade, nem ao preenchimento de quaisquer formalidades. Essa protecção é estimada, sim, com base na sede social do organismo de radiodifusão ou no local de transmissão da emissão (artigo 6 da Convenção de Roma e artigos 1 (3) e 3 do Acordo TRIPS).

Tal rudimento encontra eco no artigo 190 (3) do CDADC, o qual estipula que as emissões de radiodifusão são protegidas desde que (i) a sede efectiva do organismo esteja situada em Portugal ou em Estado Membro das Comunidades Europeias ou (ii) a emissão de radiodifusão tenha sido transmitida a partir de estação situada em território português ou de Estado Membro das Comunidades Europeias.

Artigo 191º – Presunção de anuência

Quando, apesar da diligência do interessado, comprovada pelo Ministério da Cultura, não for possível entrar em contacto com o titular do direito ou este se não pronunciar num prazo razoável que para o efeito lhe for assinado, presume-se a anuência, mas o interessado só pode fazer a utilização pretendida se caucionar o pagamento da remuneração.

ANOTAÇÃO

O artigo 191 do CDADC de 1985 institui uma licença compulsória ao permitir a utilização da prestação, mediante pagamento de uma remuneração a título de caução, quando apesar da diligência do interessado, comprovada pelo Ministério da Cultura, se verifique a impossibilidade de entrar em contacto com o titular do direito ou o seu silêncio.

Artigo 192º – Modos de exercício

As disposições sobre os modos de exercício dos direitos de autor aplicam-se no que couber aos modos de exercício dos direitos conexos.

ANOTAÇÃO

Resulta do artigo 192 do CDADC de 1985, que são aplicáveis à gestão dos direitos conexos os artigos 72-74 do CDADC de 1985 (*vide* respectiva anotação).

Artigo 193º – Extensão da protecção

Beneficiam também de protecção os artistas, os produtores de fonogramas ou videogramas e os organismos de radiodifusão protegidos por convenções internacionais ratificadas ou aprovadas.

ANOTAÇÃO

O artigo 193 do CDADC de 1985 estende a protecção atribuída aos titulares de direitos conexos, de acordo com o princípio do tratamento nacional, aos cidadãos de outros países membros de convenções internacionais ratificadas ou aprovadas.

Artigo 194º – Retroactividade

1 – A duração da protecção e a contagem do respectivo prazo determinam-se nos termos do artigo 183º, ainda que os factos geradores da protecção tenham ocorrido anteriormente à entrada em vigor deste Código.

2 – No caso de os titulares de direitos conexos beneficiarem, por força de disposição legal, de um prazo de protecção superior aos previstos neste Código, prevalecem estes últimos.

ANOTAÇÃO

I. O artigo 194 (1) do CDADC de 1985 remete para o artigo 183 do CDADC de 1985 no concernente à duração da protecção e à contagem do respectivo prazo (*vide* respectiva anotação).

II. Por sua vez, o artigo 194 (2) do CDADC de 1985 prevê a possibilidade de haver diferença entre prazos de duração estipulados no presente diploma e em disposição legal.

TÍTULO IV – Da violação e defesa do direito de autor e dos direitos conexos

Capítulo XI – A violação e defesa do direito de autor e dos direitos conexos

ANOTAÇÃO

Registe-se, a título preliminar, em sede de violação do direito de autor e direitos conexos, que o uso ilícito de uma obra e/ou prestação, no todo ou em parte, sem autorização do respectivo titular de direitos, conduz a uma violação jusautoral.

O que é utilizado, abusivamente, pode não montar a muito quantitativamente, podendo, todavia, traduzir-se no cerne da obra, naquilo que lhe confere individualidade própria.

Com efeito, declarou o TJUE, a propósito de uma alegada violação do direito à reprodução, que dada a exigência de uma interpretação ampla da protecção conferida pelo artigo 2 da Directiva sobre a Sociedade da Informação, a reprodução de determinadas frases ou elementos de frases é susceptível de constituir uma reprodução parcial, na acepção do referido artigo, se os elementos reproduzidos expressarem a criação intelectual do respectivo autor (*Infopaq International A/S v. Danske Dagblades Forening*, Acórdão do TJUE, Processo C-5/08, 16 de Julho de 2009, 47-48).

Ergo, se os parcos elementos reproduzidos não expressarem a criação intelectual do respectivo autor não haverá violação jusautoral, assim se distinguindo, por um lado, as ideias como matéria não protegida, que todos podem utilizar livremente e, por outro lado, a expressão reconduzida à criação intelectual – sendo a utilização abusiva desta última que se configura como ilícita.

Com efeito, o direito de autor não protege a ideia *per se*, mas a sua exteriorização, pelo que a mera ideia pode ser utilizada, livremente, sem autorização – princípio este que se encontra expressamente consagrado no artigo 9 (2) do Acordo TRIPS.

Constatada uma violação jusautoral, nos termos acima descritos, a interposição de uma acção judicial requer a prova da titularidade dos direitos em causa (por apresentação de prova ou por operação de presunções), que a obra em causa seja uma obra protegida e que os requisitos de protecção se encontrem cumpridos.

Tendo havido uma concessão, licença ou transmissão parcial do conteúdo patrimonial do direito de autor, haverá que determinar, também, se foram excedidos os limites contratuais estabelecidos.

Frise-se que o réu poderá alegar a ausência de violação jusautoral, invocando, nomeadamente, a aplicação de certas excepções ou limitações ou a caducidade do prazo de protecção da obra.

Mais, a lei poderá responsabilizar, apenas, quem cometeu o acto ilícito ou também quem directa ou indirectamente concorreu para a sua prática (como faz, por exemplo, a secção 16 (2) da Lei do Reino Unido).

Registe-se, por último, que se todos os elementos no caso forem domésticos, o Tribunal do foro aplicará as normas locais para proferir a sua decisão. A presença de elementos de conexão a ordens jurídicas estrangeiras suscitará uma série de questões em sede de direito internacional privado – como as que se referem à determinação do Tribunal competente e da lei aplicável e à execução das sentenças com origem em tribunais estrangeiros.

No que toca à defesa dos direitos em causa, destaque-se, aqui, que constatada, na União Europeia, a debilidade do respectivo sistema de tutela de direitos de propriedade intelectual, verificou-se um reforço legislativo a esse nível, através da aprovação da Directiva sobre o Respeito dos Direitos de Propriedade Intelectual.

Visou-se garantir um elevado nível de protecção da propriedade intelectual no espaço da União Europeia, através da adopção de um conjunto de medidas e de procedimentos de natureza instrumental que contribuíssem para assegurar o respeito desses direitos, de forma harmonizada, no mercado interno.

A transposição da Directiva sobre o Respeito dos Direitos de Propriedade Intelectual para o direito nacional foi operada através da Lei 16/08, de 1 de Abril, gerada a partir da Proposta de Lei 141/X do Governo e do Projectos-Lei 391/X do PCP.

Os artigos 210-A a 211-B reflectem as grandes alterações resultantes da transposição da Directiva sobre o Respeito dos Direitos de Propriedade Intelectual para a ordem jurídica interna.

Artigo 195º – Usurpação

1 – Comete o crime de usurpação quem, sem autorização do autor ou do artista, do produtor de fonograma e videograma ou do organismo de radiodifusão, utilizar uma obra ou prestação por qualquer das formas previstas neste Código.

2 – Comete também o crime de usurpação:

a) Quem divulgar ou publicar abusivamente uma obra ainda não divulgada nem publicada pelo seu autor ou não destinada a divulgação ou publicação, mesmo que a apresente como sendo do respectivo autor, quer se proponha ou não obter qualquer vantagem económica;

b) Quem coligir ou compilar obras publicadas ou inéditas sem autorização do autor;

c) Quem, estando autorizado a utilizar uma obra, prestação de artista, fonograma, videograma ou emissão radiodifundida, exceder os limites da autorização concedida, salvo nos casos expressamente previstos neste Código.

3 – Será punido com as penas previstas no artigo 197º o autor que, tendo transmitido, total ou parcialmente, os respectivos direitos ou tendo autorizado a utilização da sua obra por qualquer dos modos previstos neste Código, a utilizar directa ou indirectamente com ofensa dos direitos atribuídos a outrem.

4 – O disposto nos números anteriores não se aplica às situações de comunicação pública de fonogramas e videogramas editados comercialmente, puníveis como ilícito contraordenacional, nos termos dos nºs 3, 4 e 6 a 12 do artigo 205º.

ANOTAÇÃO

I & II. No âmbito da violação jusautoral, são nucleares os crimes de usurpação e de contrafacção, os quais correspondem, respectivamente, ao que correntemente se designa de «pirataria» e «plágio».

O crime de usurpação abarca a utilização não autorizada de uma obra ou de uma prestação, bem como a utilização que exceda os limites da autorização concedida (artigo 195 (1)-(2) do CDADC de 1985).

O CDADC de 1985 tipifica o crime de usurpação como a utilização, por qualquer das formas aí previstas, de uma obra ou prestação sem autorização do autor ou do titular de direito conexo, traçando, assim, um crime formal que se verifica independentemente de qualquer resultado material (*vide*, neste sentido, Acórdão do Tribunal da Relação de Coimbra, Processo Nº 1788/04.5JFLSB.C1, 03/30/2011).

III. O artigo 195 (3) do CDADC de 1985 remete, em sede de punição, para o artigo 197 do CDADC de 1985 (*vide* respectiva anotação).

Para a prática do crime de usurpação e/ou aproveitamento de obra usurpada basta que sejam colocadas à venda cópias não autorizadas de fonogramas ou videogramas, ainda que não se verifique a venda de qualquer cópia, consumando-se o crime com a presença do agente em local de venda, na posse das referidas cópias ilícitas e com a intenção de as vender (*vide*, nesse sentido, Acórdão do Tribunal da Relação de Évora, Processo Nº 1217/10.5PBSTB.E1, 11/19/2013).

Mais, o crime de usurpação tem lugar quando ocorre uma utilização não autorizada, independentemente de o agente se propor obter uma vantagem económica, a não ser que tal utilização seja abrangida pelo escopo de uma excepção ou limitação e cumpra a regra dos três passos (*vide*, nesse sentido, Acórdão do Tribunal da Relação de Coimbra, Processo Nº 1788/04.5JFLSB.C1, 03/30/2011).

Vide anotação artigo 75 do CDADC de 1985.

IV. O artigo 195 (4) do CDADC de 1985 encontra assento na Lei 92/2019, que para além de proceder à transposição, para a ordem jurídica interna, da Directiva sobre Utilizações Permitidas em Benefício de Pessoas com Deficiência Visual, descriminalizou a execução pública não autorizada de fonogramas.

Esta alteração visou prever que algumas das condutas então subsumíveis no artigo 195 do CDADC de 1985 deixassem de constituir um ilícito criminalmente punível, sendo tramitadas em processo contraordenacional, atenta a natureza, gravidade e censurabilidade dos actos em causa.

Foi assim alterado o regime aplicável à violação e defesa do direito de autor e dos direitos conexos, passando a prever-se que a comunicação não autorizada ao público, directa ou indirecta, de fonogramas e videogramas editados comercialmente deixasse de constituir crime de usurpação e passando a ser punível como ilícito contraordenacional.

Artigo 196º – Contrafacção

1 – Comete o crime de contrafacção quem utilizar, como sendo criação ou prestação sua, obra, prestação de artista, fonograma, videograma ou emissão de radiodifusão que seja mera reprodução total ou parcial de obra ou prestação alheia, divulgada ou não divulgada, ou por tal modo semelhante que não tenha individualidade própria.

2 – Se a reprodução referida no número anterior representar apenas parte ou fracção da obra ou prestação, só essa parte ou fracção se considera como contrafacção.

3 – Para que haja contrafacção não é essencial que a reprodução seja feita pelo mesmo processo que o original, com as mesmas dimensões ou com o mesmo formato.

4 – Não importam contrafacção:

a) A semelhança entre traduções, devidamente autorizadas, da mesma obra ou entre fotografias, desenhos, gravuras ou outra forma de representação do mesmo objecto, se, apesar das semelhanças decorrentes da identidade do objecto, cada uma das obras tiver individualidade própria;

b) A reprodução pela fotografia ou pela gravura efectuada só para o efeito de documentação da crítica artística.

ANOTAÇÃO

I. O cometimento do crime de contrafacção exige a presença cumulativa dos seguintes requisitos: (i) a utilização de uma obra ou prestação sem autorização dos respectivos titulares de direitos, (ii) como se fosse obra ou prestação própria, (iii) utilização essa que assenta na reprodução, total ou parcial, da obra ou prestação alheia, e (iv) reprodução essa que é tão semelhante à obra ou prestação alheia que não tem individualidade própria (artigo 196 (1) do CDADC de 1985).

Ou seja, ao contrário do que sucede no campo da usurpação, não basta a reprodução não autorizada de uma obra ou prestação alheia, sendo necessário, ainda, que o autor da reprodução apresente, como própria, uma obra ou prestação alheia, no todo ou em parte, e que haja uma tal semelhança entre a obra ou prestação alheia e a obra ou prestação que a contrafaz, que esta última não tenha individualidade própria.

A ausência de individualidade, de traços verdadeiramente distintivos, é determinante para a identificação de um facto (ilícito) como um crime de contrafacção.

II. O artigo 196 (2) do CDADC de 1985 prevê a possibilidade de a contrafacção de obra ou prestação alheia incidir, apenas, sobre parte ou fracção da obra ou prestação. Nesse caso, só essa parte se considera como contrafacção. Não faz senão sentido que a violação jusautoral se restrinja ao que é utilizado abusivamente.

III. O artigo 196 (3) do CDADC de 1985 dita a irrelevância, para determinação da existência de contrafacção, do processo de reprodução utilizado para reproduzir a obra ou prestação original, bem como do formato e dimensão da segunda obra ou prestação.

Segundo Luís Francisco Rebello, «[é], por exemplo, contrafacção o desenho que reproduz uma tela pintada a óleo, se esse desenho for assinado por outrem que não o autor desta, ou a adaptação à cena de um romance de outrem, omitindo-se essa circunstância.» (L. F. Rebello, *Código do Direito de Autor e dos Direitos Conexos*, 3ª ed., Âncora, 2002, p. 252).

IV. O artigo 196 (4) do CDADC de 1985 estabelece certas ressalvas. Acautela-se aqui o princípio de que a semelhança entre duas obras ou prestações não constitui contrafacção quando, não obstante as semelhanças cada uma possua a sua individualidade própria. Isto é, se a semelhança não excluir a individualidade própria de cada obra ou prestação, não há contrafacção, prevalecendo a individualidade sobre a semelhança objectiva.

Afirmou o Tribunal da Relação de Lisboa, a propósito da utilização, na revista Tele Cabo, do formato e conteúdos idênticos à revista Guia TV Cabo, que não se verifica essa individualidade, que exclui a contrafacção, «quando o «lettering» do título é igual no tipo e dimensão da letra, tentando ocultar a expressão «AAA», deixando apenas visível a expressão «BB» comum a ambas as revistas, quando o conteúdo da página 2 é igual, quando o formato da «programação» é rigorosamente idêntico, quando é semelhante o verso da contra capa» (Acórdão do Tribunal da Relação de Lisboa, Processo Nº 5670/2006-7, 01/16/2007).

Deduziu o mesmo Tribunal, em processo judicial centrado em dois concursos televisivos de beleza que, enquanto um dos programas tinha por base um guião mordaz, cuja ideia central era a de ridicularizar as candidatas, atribuindo à vencedora a possibilidade de vir a apresentar um programa de televisão por definir, o segundo programa televisivo não degradava as candidatas, outorgando à vencedora a certeza de representar o país num concurso internacional de beleza. Não havendo, de acordo com o Tribunal da Relação de Lisboa, qualquer tentativa de apropriação da criatividade do primeiro programa pelo segundo, havia que concluir pela individualidade da segunda obra e pela impossibilidade da ocorrência de contrafacção (Acórdão do Tribunal da Relação de Lisboa, Processo Nº 3501/05.0TBOER.L1-2, 06/18/2009).

Confirmou, por sua vez, o Supremo, que embora os programas em questão partilhassem algumas características (ambos eram *reality shows* e repetiam, como tal, certos conceitos e formatos), eram programas com particularidades e objectivos diversos. Como tal, apesar das semelhanças, as obras em causa tinham individualidade e características próprias, o que bastava para se concluir que não havia ocorrido o ilícito (criminal) de contrafacção. Proclamou o Supremo que «o critério determinante para que se diga que não há contrafacção, é afirmar-se que a obra possui um conjunto de características intrínsecas que permite dizer que, não obstante as semelhanças, se trata de uma obra diferente e não uma reprodução ou cópia da outra, i.e., que é uma obra que tem uma individualidade própria, por comparação com a outra.» (Acórdão do Supremo Tribunal de Justiça, Processo Nº 3501/05.0TBOER.L1.S1, 04/29/2010).

Comparadas a usurpação e a contrafacção, constata-se que, enquanto na usurpação a obra ou prestação é utilizada sem autorização ou para além dos limites da autorização concedida, na contrafacção a obra ou prestação alheia é utilizada como própria.

Mais, enquanto na usurpação é o conteúdo patrimonial do direito de autor que é essencialmente violado, na contrafacção viola-se não apenas esse conteúdo patrimonial, mas também o direito moral à paternidade da obra ou prestação.

Assim, num processo em que o jornal Interativo havia utilizado o grafismo criado por certo autor para o jornal Público, como sendo obra sua e sem autorização, inferiu o Tribunal da Relação de Lisboa que se estava perante um caso de contrafacção, por esta assentar na utilização abusiva do conteúdo de obra ou prestação alheia que se apresenta como própria, ofendendo-se, consequentemente, o direito moral à paternidade da obra (Acórdão do Tribunal da Relação de Lisboa, Processo Nº 10441/2003-7, 03/02/2004).

Artigo 197º – Penalidades

1 – Os crimes previstos nos artigos anteriores são punidos com pena de prisão até três anos e multa de 150 a 250 dias, de acordo com a gravidade da infracção, agravadas uma e outra para o dobro em caso de reincidência, se o facto constitutivo da infracção não tipificar crime punível com pena mais grave.

2 – Nos crimes previstos neste título a negligência é punível com multa de 50 a 150 dias.

3 – Em caso de reincidência não há suspensão da pena.

ANOTAÇÃO

I, II & III. O artigo 197 do CDADC de 1985 prevê as penalidades a aplicar para os crimes previstos nos artigos 195 e 196 do CDADC de 1985 (*vide* respectiva anotação).

Para as penas previstas no artigo 197 do CDADC de 1985 remetem os artigos 195 (3), 198 e 199 do mesmo diploma (*vide* respectivas anotações).

Artigo 198º – Violação do direito moral

É punido com as penas previstas no artigo anterior:

a) Quem se arrogar a paternidade de uma obra ou de prestação que sabe não lhe pertencer;

b) Quem atentar contra a genuinidade ou integridade da obra ou prestação, praticando acto que a desvirtue e possa afectar a honra ou reputação do autor ou do artista.

ANOTAÇÃO

O artigo 198 do CDADC de 1985 manda aplicar as penas previstas no preceito anterior em sede de violação dos direitos à paternidade e à integridade da obra (*vide* artigos 197 e 56 (1) do CDADC de 1985).

Em versão anterior estipulava este preceito na sua alínea *b)* que «[q]uem atentar fraudulentamente contra a genuinidade ou integridade de obra ou prestação praticando acto que desvirtue e possa afectar a honra e reputação do autor ou do artista será punido com as penas previstas no artigo 197.» Para que se verificasse tal crime era necessário, pois, que o agente tivesse actuado com dolo.

Artigo 199º – Aproveitamento de obra contrafeita ou usurpada

1 – Quem vender, puser à venda, importar, exportar ou por qualquer modo distribuir ao público obra usurpada ou contrafeita ou cópia não autorizada de fonograma ou videograma, quer os respectivos exemplares tenham sido produzidos no País quer no estrangeiro, será punido com as penas previstas no artigo 197º

2 – A negligência é punível com multa até 50 dias.

ANOTAÇÃO

I. O artigo 199 (1) do CDADC de 1985 penaliza o aproveitamento ilícito de uma obra usurpada ou contrafeita, visando coactar a actividade de quem não comete propriamente os crimes tipificados nos artigos 195 e 196 do CDADC de 1985, mas aproveita o facto ilícito.

Em termos jurisprudenciais, asseverou o Tribunal da Relação do Porto que, tendo certos arguidos colocado determinada *roulotte* numa feira, *roulotte* essa que continha artigos usurpados que se destinavam a ser comercializados e tendo esses arguidos sido abordados por agentes da GNR no momento em que abriam a *roulotte*, apenas se havia configurado a tentativa do crime previsto no artigo 199 do CDADC de 1985, uma vez que os arguidos não haviam posto à venda os artigos usurpados não tendo, pois, o crime chegado a consumar-se (Acórdão do Tribunal da Relação do Porto, Processo Nº 0540603, 10/19/2005).

Esta linha de orientação foi reiterada, subsequentemente, pelo mesmo Tribunal, que sustentou que quem adquire obras usurpadas, ainda que para venda a outrem, sendo surpreendido quando procede ao seu transporte, não comete o crime de aproveitamento de obra contrafeita ou usurpada, porque nada vendeu, exportou e distribuiu ao público (Acórdão do Tribunal da Relação do Porto, Processo Nº 42/05.0FBPVZ.P1, 12/02/2009).

O Tribunal da Relação de Coimbra seguiu idêntico raciocínio ao considerar que o transporte de objectos contrafeitos e usurpados não integrava o crime de aproveitamento de obra contrafeita ou usurpada, ficando-se pela prática da tentativa. Explicou aquele Tribunal que, ao contrário do que acontece em outros crimes, como o crime de tráfico de droga, o âmbito de tipicidade do crime previsto no artigo 199 do CDADC de 1985 é restrito, uma vez que dele se excluem certas condutas que poderiam integrar a prática do mesmo, como «transportar» e «armazenar» (Acórdão do Tribunal da Relação de Coimbra, Processo Nº 56/08.8GDFND.C1, 05/05/2010).

Refira-se por fim que, segundo o Tribunal Constitucional, as normas dos artigos 199 (1) e 197 (1) do CDADC de 1985 não são inconstitucionais: «[f]ace ao lugar que os direitos de autor ocupam na nossa ordem constitucional, a liberdade de conformação do legislador democrático e uma ordem constitucional que não proíbe a cumulação da pena de prisão e multa, levam a que a criminalização da obra usurpada não resulte na violação do princípio da proporcionalidade nem da subsidiariedade do direito penal, numa perspectiva de fiscalização constitucional de evidência» (Acórdão 577/2011 do Tribunal Constitucional, Processo Nº 415/11, 11/29/2011).

II. O artigo 199 (2) do CDADC de 1985 pune a negligência com uma sanção inferior à prevista no artigo 197 (2) do mesmo diploma.

Artigo 200º – Procedimento criminal

1 – O procedimento criminal relativo aos crimes previstos neste Código não depende de queixa do ofendido, excepto quando a infracção disser exclusivamente respeito à violação de direitos morais.

2 – Tratando-se de obras caídas no domínio público, a queixa deverá ser apresentada pelo Ministério da Cultura.

ANOTAÇÃO

I. Verificando-se a violação de um direito patrimonial o procedimento criminal não depende de queixa do ofendido, mas já depende dessa queixa se a infracção disser exclusivamente respeito à violação de um direito moral (artigo 200 (1) do CDADC de 1985).

Tal deve-se ao carácter pessoalíssimo, inalienável, irrenunciável e até certo ponto imprescritível dos direitos morais (*vide* anotação ao artigo 56 (2) do CDADC de 1985).

Resulta da articulação do artigo 200 do CDADC de 1985 com o artigo 57 do mesmo diploma, que estando em causa a violação de um direito moral, a queixa pode ser apresentada pelo autor, pelos seus sucessores ou pelo Estado.

Com efeito, por morte do autor, enquanto a obra não cair no domínio público, o exercício dos directos à paternidade e integridade da obra compete aos seus sucessores (*vide* anotação ao artigo 57 (1) do CDADC de 1985), mas o Ministério da Cultura pode avocar a si e assegurar a defesa de obras ainda não caídas no domínio público que se encontrem ameaçadas na sua autenticidade ou dignidade cultural, quando os titulares do direito de autor, notificados para o exercer, se abstiverem de o fazer sem motivo atendível (*vide* anotação ao artigo 57 (3) do CDADC de 1985). Mais, caída a obra no domínio público, a defesa da sua genuinidade e integridade compete ao Estado (*vide* anotação ao artigo 57 (2) do CDADC de 1985).

II. O artigo 200 (2) do CDADC de 1985 segue, pois, o princípio contido no artigo 57 (2) do mesmo diploma, no que toca ao papel do Estado.

Artigo 201º – Apreensão e perda de coisas relacionadas com a prática do crime

1 – São sempre apreendidos os exemplares ou cópias das obras usurpadas ou contrafeitas, quaisquer que sejam a natureza da obra e a forma de violação, bem como os respectivos invólucros materiais, máquinas ou demais instrumentos ou documentos de que haja suspeita de terem sido utilizados ou de se destinarem à prática da infracção.

2 – Nos casos de flagrante delito, têm competência para proceder à apreensão as autoridades policiais e administrativas, designadamente a Polícia Judiciária, a Polícia de Segurança Pública, a Polícia Marítima, a Guarda Nacional Republicana, a Autoridade de Segurança Alimentar e Económica e a Inspecção-Geral das Actividades Culturais.

3 – A sentença que julgar do mérito da acção judicial declara perdidos a favor do Estado os bens que tiverem servido ou estivessem destinados directamente a servir para a prática de um ilícito, ou que por este tiverem sido produzidos, sendo as cópias ou exemplares destruídos, sem direito a qualquer indemnização.

4 – Na aplicação destas medidas, o Tribunal deve ter em consideração os legítimos interesses de terceiros, em particular dos consumidores.

5 – O Tribunal, ponderada a natureza e qualidade dos bens declarados perdidos a favor do Estado, pode atribuí-los a entidades, públicas ou privadas, sem fins lucrativos se o lesado der o seu consentimento expresso para o efeito.

6 – O Tribunal pode igualmente impor ao infractor, ou ao intermediário cujos serviços estejam a ser utilizados pelo infractor, uma medida destinada a inibir a continuação da infracção verificada, designadamente a interdição temporária do exercício de certas actividades ou profissões, a privação do

direito de participar em feiras ou mercados ou o encerramento temporário ou definitivo do estabelecimento.

7 – Nas decisões de condenação à cessação de uma actividade ilícita, o Tribunal pode prever uma sanção pecuniária compulsória destinada a assegurar a respectiva execução.

ANOTAÇÃO

I. O artigo 201 (1) do CDADC de 1985, bem como os artigos 210-A a 211-B (*vide* respectivas anotações) contêm alterações resultantes da transposição da Directiva sobre o Respeito dos Direitos de Propriedade Intelectual para a ordem jurídica interna através da Lei 16/2008.

O artigo 201 (1) do CDADC de 1985 começa por impor a apreensão não apenas dos exemplares ou cópias das obras usurpadas ou contrafeitas, mas também, dos instrumentos ou documentos que possam servir para a prática da infracção. Compare-se com o artigo 210-I (1) e (5) do CDADC de 1985.

II. O artigo 201 (2) do CDADC de 1985 enuncia as autoridades policiais e administrativas que têm competência para proceder à apreensão, em caso de flagrante delito, tendo-se aquando da transposição da Directiva sobre o Respeito dos Direitos de Propriedade Intelectual para a ordem jurídica interna pela Lei 16/2008, de 1 de Abril, subtraído ao elenco anterior, a Guarda Fiscal e a Direcção-Geral de Inspeção Económica e acrescentado a Polícia Marítima, a Autoridade de Segurança Alimentar e Económica e a Inspecção-Geral das Actividades Culturais.

III. O artigo 201 (3) do CDADC de 1985 declara perdidos a favor do Estado os bens apreendidos, ordenando a destruição das cópias ou exemplares ilícitos. Repare-se nas excepções constantes dos artigos 201 (5) e 202 do CDADC de 1985 (*vide* respectivas anotações) e compare-se o artigo 201 (3) do CDADC de 1985 com o artigo 210-I (2) do CDADC de 1985.

IV. A referência que o artigo 201 (4) do CDADC de 1985 faz aos os interesses dos consumidores encontra-se presente no considerando vigésimo quarto, *in fine*, da Directiva sobre o Respeito dos Direitos de Propriedade Intelectual. Subsiste disposição semelhante no artigo 210-I (4) do CDADC de 1985.

V. Em nome de considerações de interesse público, o artigo 201 (5) do CDADC de 1985 abre uma excepção ao princípio contido no artigo 201 (3) do CDADC de 1985, ao permitir que o Tribunal não ordene a destruição dos bens apreendidos, atribuindo-os, sim, a entidades sem fins lucrativos, desde que o lesado dê o seu consentimento expresso para tal. *Vide* anotação artigo 202 do CDADC de 1985. Encontra-se raciocínio semelhante no artigo 210-I (3) do CDADC de 1985.

VI & VII. O artigo 201 (6) do CDADC de 1985 permite que o Tribunal imponha medidas inibitórias destinadas a impossibilitar a continuação da actividade ilícita e o artigo 201 (7) do CDADC de 1985 autoriza o Tribunal a prever que a cessação da actividade ilícita seja assegurada a expensas do infractor. *Vide* artigo 210-J (1) e (3) do CDADC de 1985.

Artigo 202º – Regime especial em caso de violação de direito moral

1 – Se apenas for reivindicada a paternidade da obra, pode o Tribunal, a requerimento do autor, em vez de ordenar a destruição, mandar entregar àquele os exemplares apreendidos, desde que se mostre possível, mediante adição ou substituição das indicações referentes à sua autoria, assegurar ou garantir aquela paternidade.

2 – Se o autor defender a integridade da obra, pode o Tribunal, em vez de ordenar a destruição dos exemplares deformados, mutilados ou modificados por qualquer outro modo, mandar entregá-los ao autor, a requerimento deste se for possível restituir esses exemplares à forma original.

ANOTAÇÃO

I. Em caso de violação do direito à paternidade da obra, o artigo 202 (1) do CDADC de 1985 permite que o Tribunal, a requerimento do autor, lhe mande entregar os exemplares apreendidos ao invés de os destruir, desde que se mostre possível indicar devidamente essa paternidade.

II. Em caso de violação do direito à integridade da obra, segundo o artigo 202 (2) do CDADC de 1985 pode o Tribunal, de novo a requerimento do autor, mandar entregar-lhe os exemplares apreendidos ao invés de os destruir, desde que seja possível restitui-los à forma original.

Em certas circunstâncias, todavia, só a destruição da obra põe cobro à ofensa do direito à integridade. Assim sucedeu em relação a um quadro pintado por um pintor português consagrado, na década de 70, e integrado num conjunto de quadros que ficaram conhecidos pela «Série Verde». Tal quadro foi vendido, em 1973, para determinado restaurante de Cascais, restaurante esse que faliu após a Revolução de 25 de Abril de 1974. Em 1998, estando o restaurante a ser alvo de limpeza e obras de beneficiação pelo novo adquirente, o quadro foi encontrado, entre outros, algures nesse restaurante. Não sabendo que a sua repintura era susceptível de lesar os direitos morais do autor, o adquirente mandou repintar o quadro, tendo essa repintura deixado o quadro irreconhecível. Perante estes factos, o Tribunal da Relação de Lisboa declarou que a exibição do aludido quadro repintado, no restaurante em questão, constituía um facto intolerável, tanto mais que a repintura havia deixado o quadro irreconhecível, não sendo possível, tecnicamente, recuperar a sua forma e cor originais. Tal desvirtuava o conjunto da obra do autor, afectando a sua honra e reputação, e só a destruição do quadro poria cobro a essa ofensa (Acórdão do Tribunal da Relação de Lisboa, Processo Nº 5451/2003-6,11/04/2004).

Artigo 203º – Responsabilidade civil

A responsabilidade civil emergente da violação dos direitos previstos neste Código é independente do procedimento criminal a que esta dê origem, podendo, contudo, ser exercida em conjunto com a acção criminal.

ANOTAÇÃO

O artigo 203 do CDADC de 1985 autoriza tanto a independência como interdependência das acções civil e criminal emergentes da violação do direito de autor.

O dano moral resultante da violação do direito pessoal parece presumir-se, sem necessidade de ser provado pelo seu titular (J. Oliveira Ascensão, *Direito de Autor e Direitos Conexos*, Coimbra, 1992, p. 624), apenas sendo indemnizado o dano moral que, pela sua gravidade, mereça a tutela do direito, nos termos artigo 496 (1) do Código Civil (*vide* Acórdão do Supremo Tribunal de Justiça, Processo Nº 5509/09.8TVLSB.L1.S1, 09/26/2013).

Este princípio não se estende às pessoas colectivas. Não sendo as pessoas colectivas titulares de direitos morais, «não pode ser presumida, quanto às mesmas, a ocorrência de danos da sobredita natureza como mera consequência da violação das normas protetoras constantes daquele código e respectiva legislação complementar ou conexa.» (*vide* Acórdão do Supremo Tribunal de Justiça, Processo Nº 519/08.5TVLSB.L1.S1, 03/25/2014).

Vide anotação artigo 73 (2) do CDADC de 1985 no que toca à capacidade judiciária das entidades de gestão colectiva, bem como o artigo 4 da Directiva sobre o Respeito dos Direitos de Propriedade Intelectual.

Artigo 204º – Regime das contraordenações

Às contraordenações previstas no presente Código é subsidiariamente aplicável, em tudo quanto não se encontre especialmente regulado, o disposto no regime geral das contraordenações.

ANOTAÇÃO

O artigo 204 do CDADC de 1985 na sua anterior redacção, remetia, supletivamente, para o Decreto-Lei 433/82, de 27 de Outubro, que institui o ilícito de mera ordenação social e respectivo processo, definindo como contraordenação «todo o facto ilícito e censurável que preencha um tipo legal no qual se comine uma coima» (*vide* artigo 1 do Decreto-Lei 433/82, de 27 de Outubro). A nova redacção, introduzida pelo Decreto-Lei 100/2017, continua a remeter para o regime geral das contraordenações que por ora se encontra assente no referido Decreto-Lei 433/82, de 27 de Outubro.

Artigo 205º – Das contraordenações

1 – Constitui contraordenação punível com coima entre 250 € e 2500 €:

a) A falta de comunicação pelos importadores, fabricantes e vendedores de suportes materiais para obras fonográficas e videográficas das quantidades importadas, fabricadas e vendidas, nos termos do nº 2 do artigo 143º;

b) A falta de comunicação pelos fabricantes e duplicadores de fonogramas e videogramas das quantidades que prensarem ou duplicarem, nos termos do nº 3 do artigo 143º.

2 – Constitui contraordenação punível com coima de 100 € a 1000 € a inobservância do disposto no artigo 97º, no nº 4 do artigo 115º, no nº 2 do artigo 126º, nos artigos 134º, 142º, 154º, no nº 3 do artigo 160º, nos artigos 171º e 185º, bem como, não se dispensando indicação do nome ou pseudónimo do artista, no nº 1 do artigo 180º.

3 – Constitui contraordenação punível com coima entre 125 € e 1500 €, no caso das pessoas singulares, e de 250 € a 7500 €, no caso das pessoas colectivas, a comunicação ao público de fonogramas previamente editados comercialmente, obras e prestações neles incorporadas, sem autorização do respectivo autor, produtor do fonograma ou dos seus representantes, se a mesma for legalmente exigida, nas seguintes modalidades:

a) Sob a forma de execução pública, por qualquer meio e em qualquer lugar público, na acepção do nº 3 do artigo 149º;

b) Sob a forma de radiodifusão audiovisual de fonogramas previamente incorporados em obras audiovisuais com autorização dos respectivos titulares.

4 – Constitui contraordenação punível com coima entre 125 € e 1500 €, no caso das pessoas singulares, e de 250 € a 7500 €, no caso das pessoas colectivas, a comunicação ao público, em qualquer lugar público na acepção do nº 3 do artigo 149º, de videogramas previamente editados ou estreados comercialmente, através de emissões e retransmissões televisivas disponibilizadas ao público, bem como das obras e prestações neles incorporadas, sem as autorizações do respectivo autor, do produtor de videogramas ou dos seus representantes, se a mesma for legalmente exigida.

5 – Os actos de colocação à disposição do público, por fio ou sem fio, de fonograma ou videograma, por forma a torná-los acessíveis a qualquer pes-

soa a partir do local e no momento por ela escolhido, bem como a exibição cinematográfica, não autorizados, não constituem actos de comunicação ao público para efeitos do disposto nosnºs 3 e 4, sendo punidos nos termos do artigo 195º.

6 – Constitui contraordenação punível com coima entre € 125 e 1500 €, no caso das pessoas singulares, e de 250 € a 7500 €, no caso das pessoas colectivas, a utilização de um fonograma e videograma por quem, estando autorizado a utilizá-lo para os fins previstos nosnºs 3 e 4, exceda os limites da autorização concedida.

7 – A negligência e a tentativa são puníveis, sendo os montantes mínimos e máximos das coimas aplicáveis reduzidos para metade em caso de negligência, e sendo a sanção especialmente atenuada em caso de tentativa.

8 – Na determinação da medida da coima, além dos critérios gerais aplicáveis, tem-se em conta a gravidade da lesão, a sua frequência e o alcance da difusão ilícita dos fonogramas e videogramas, assegurando-se que o montante da coima concretamente aplicada não será, fora dos casos de pagamento voluntário da coima, inferior aos valores que seriam devidos caso o infractor tivesse solicitado autorização para utilizar os direitos em questão.

9 – Em caso de reincidência, os montantes mínimos e máximos das coimas aplicáveis são elevados para o dobro.

10 – Nas situações em que há lugar a procedimento contraordenacional, em função da gravidade da infracção e da culpa do agente, podem ser aplicadas, simultaneamente com a coima, as seguintes sanções acessórias:

a) A perda, a favor do Estado, dos bens apreendidos sendo aplicável com as necessárias adaptações o disposto nosnºs 3 a 5 do artigo 201º;

b) A interdição temporária do exercício de actividade no âmbito da qual ocorreu a contraordenação;

c) A privação temporária do direito do infractor em participar em feiras ou mercados.

11 – Pode ser determinada a publicidade da decisão condenatória, sendo aplicável, com as necessárias adaptações o disposto no artigo 211º-A.

12 – A instauração de um procedimento de contraordenação pelos factos previstos nos nºs 3, 4 ou 6, não prejudica o recurso, por parte dos titulares dos direitos, lesados ou ofendidos, a qualquer outro meio de tutela legalmente previsto.

ANOTAÇÃO

I. A nova redacção do artigo 205 do CDADC de 1985 resulta da Lei 92/2019, que para além de proceder à transposição, para a ordem jurídica interna, da Directiva sobre Utilizações Permitidas em Benefício de Pessoas com Deficiência Visual, descriminalizou a execução pública não autorizada de fonogramas. *Vide* anotação ao artigo 195 do CDADC de 1985.

Como tal, o artigo 205 do CDADC de 1985 decreta constituir contraordenação, *inter alia*, a violação dos artigos 97, 115 (4), 126 (2), 134, 142, 143 (2)-(3), 154, 160 (3), 171, 180 (1) e 185 do CDADC de 1985 (*vide* respectivas anotações), estabelecendo os limites, máximos e mínimos, da coima aplicável.

Note-se que decorre do artigo 8 da Lei 92/2019, que as contraordenações previstas no artigo 205 (3), (4) e (6) do CDADC de 1985 são aplicáveis a factos ocorridos antes da sua entrada em vigor sempre que tais factos fossem criminalmente puníveis na data em que foram praticados.

Os processos-crime assim abrangidos e instaurados até à data da entrada em vigor desse Decreto são convolados em procedimentos contraordenacionais, passando a ser tramitados e instruídos nos termos do novo regime contraordenacional, com certas especificidades: (i) cabe ao Ministério Público determinar a remessa dos autos à Inspeção Geral das Actividades Culturais, que instrui o correspondente processo contraordenacional, aproveitando todos os actos processuais entretanto já praticados e sendo subsidiariamente aplicável o disposto no CDADC de 1985 em matéria de contraordenações e (ii) nos processos crime que se encontrem em fase de instrução ou de julgamento, devem os juízes titulares remeter os autos ao Ministério Publico para tais efeitos.

Começa o artigo 205 (1) do CDADC de 1985 por punir com coima entre 250 € e 2500 o incumprimento do dever de prestação de certa informação, por certas entidades, no âmbito de um mecanismo de fiscalização levado a cabo pela Inspeção Geral das Actividades Culturais, constante do artigo 143 (2)-(3) do CDADC de 1985 (*vide* respectiva anotação).

II. Estando em causa a inobservância de certos direitos, de natureza moral, constantes dos artigos 97 (identificação do autor pelo editor), 115 (4) (identificação do autor pelo empresário em sede de representação cénica)), 126 (2) (identificação do produtor da obra cinematográfica), 134 (identificação da obra cinematográfica e do respectivo autor), 142 (identificação da obra fonográfica e videográfica e do respectivo autor), 154 (identificação da obra radiodifundida e do respectivo autor pela estação emissora), 160 (3) (identificação do autor da obra de arte), 171 (identificação do tradutor na obra traduzida), 180 (1) (identificação do artista na divulgação da respectiva prestação) e 185 do CDADC de 1985 (identificação dos fonogramas e videogramas), estabelece o artigo 205 (2) do CDADC de 1985 uma coima que oscila entre 100 € a 1000 €. *Vide* respectivas anotações.

III. O artigo 205 (3) do CDADC de 1985 pune com uma coima entre 125 € e 1500 € (aplicável a pessoas singulares) e de 250 € a 7500 € (aplicável a pessoas colectivas), o acto de comunicação ao público de fonogramas, quando executado (i) sob a forma de execução pública, por qualquer meio e em qualquer lugar público (na acepção do artigo 149 (3) do CDADC de 1985, *vide* respectiva anotação) ou sob a forma de radiodifusão audiovisual, (ii) sem a autorização dos titulares de direitos relevantes, (iii) se a mesma for legalmente exigida. *Vide* anotações aos artigos 149, 178 e 184 do CDADC de 1985.

IV. O artigo 205 (4) do CDADC de 1985 pune com uma coima entre 125 € e 1500 € (aplicável a pessoas singulares) e de 250 € a 7500 € (aplicável a pessoas colectivas), o acto de comunicação ao público de videogramas, em qualquer lugar público (na acepção do artigo 149 (3) do CDADC de 1985, *vide* respectiva anotação), (i) sob a forma de emissões e retransmissões televisivas disponibilizadas ao público, (ii) sem a autorização dos titulares de direitos relevantes, (iii) se a mesma for legalmente exigida. *Vide* anotações aos artigos 149, 178 e 184 do CDADC de 1985.

V. Cabe ao artigo 205 (5) do CDADC de 1985 esclarecer que os actos de colocação à disposição do público, de fonograma ou videograma, na Internet, e de exibição cinematográfica, sem autorização dos titulares de direitos relevantes, não montam a mera contraordenação mas a crime de usurpação, sendo puníveis como tal (*vide* anotação ao artigo 195 do CDADC de 1985).

VI. O artigo 205 (6) do CDADC de 1985 pune com uma coima entre € 125 e 1500 € (aplicável a pessoas singulares) e de 250 € a 7500 € (aplicável a pessoas), a utilização de um fonograma e videograma, à sombra de autorização concedida para os fins previstos no artigo 205 (3)-(4) do CDADC de 1985, quando essa utilização vai para além dos limites dessa autorização.

VII & IX. Em caso de negligência ou tentativa, o artigo 205 (7) do CDADC de 1985 atenua os montantes mínimos e máximos das coimas aplicáveis, mas em caso de reincidência, o artigo 205 (9) do CDADC de 1985 eleva para o dobro, os montantes mínimos e máximos das coimas aplicáveis.

VIII. O artigo 205 (8) do CDADC de 1985 invoca a determinação da medida da coima, não afastando os critérios gerais, mas mandando ter em conta a gravidade da lesão, a sua frequência e o alcance da difusão ilícita dos fonogramas e videogramas em causa. Crucialmente, acrescenta que o montante da coima não será (a não ser que se verifique o seu pagamento voluntário) inferior aos valores que seriam devidos caso o infractor tivesse obtido licença para os usos em questão.

X. A possibilidade de aplicação de sanções acessórias é tratada no artigo 205 (10) do CDADC de 1985, dependendo da gravidade da infracção e da culpa do agente. *Vide* no que que toca à apreensão e perda de coisas relacionadas com a prática do acto ilícito a anotação ao artigo 201 (3)-(5) do CDADC de 1985.

XI. O artigo 205 (11) do CDADC de 1985 permite a publicidade da decisão condenatória, visando dissuadir futuros infractores, bem como contribuir para a sensibilização do público em geral, em harmonia com o considerando vigésimo sétimo e o artigo 15 da Directiva sobre o Respeito dos Direitos de Propriedade Intelectual. *Vide* anotação ao artigo 211 (A) do CDADC de 1985.

XII. Finalmente, o artigo 205 (12) do CDADC de 1985 esclarece que a instauração de um procedimento de contraordenação sob a égide do artigo 205 (3), (4) e (6) do CDADC de 1985, não prejudica o recurso, por parte dos titulares dos direitos, lesados ou ofendidos, a qualquer outro meio de tutela.

Artigo 206º – Competência para o processamento das contraordenações e aplicação das coimas

A competência para o processamento das contraordenações é da Inspeção-geral das Actividades Culturais e a aplicação das coimas pertence ao respectivo Inspector-Geral.

ANOTAÇÃO

Quanto ao artigo 206 *vide* anotação ao artigo 74 (1) do CDADC de 1985.

Note-se que resulta do artigo 38 (1) do Decreto-Lei 433/82, de 27 de Outubro, que verificando-se «concurso de crime e contraordenação, ou quando, pelo mesmo facto, uma pessoa deva responder a título de crime e outra a título de contraordenação, o processamento da contraordenação cabe às autoridades competentes para o processo criminal».

Artigo 206º-A – Regras relativas ao procedimento contraordenacional

1 – São competentes para levantar o respectivo auto e efectuar a apreensão referidos nos nºs 2 e 3 as entidades que, nos termos do nº 2 do artigo 201º, têm competência para proceder à apreensão, nos casos de flagrante delito, pela prática dos crimes previstos neste Código.

2 – A entidade que levantar o auto deve dar imediato conhecimento desse facto à Inspecção-Geral das Actividades Culturais, a qual, nos casos em que tal seja admissível, notifica o infractor para o pagamento voluntário da coima prevista nosnºs 6 e 7.

3 – Em caso de reincidência, incluindo os casos em que não é respeitada a advertência prevista no número seguinte, são apreendidos os fonogramas, videogramas bem como os respectivos suportes, invólucros materiais, máquinas, aparelhos, equipamentos e demais instrumentos sobre os quais haja suspeita de terem sido utilizados ou que se destinem à prática de infracção.

4 – Nos casos de flagrante delito, a autoridade que proceder ao levantamento do auto deve advertir sobre a proibição de prosseguir a comunicação pública de fonogramas e videogramas editados ou estreados comercialmente, sem a prévia obtenção das autorizações em falta, sob pena da prática de um crime de desobediência.

5 – Recebido um auto de contraordenação pelos factos previstos nos nºs 3, 4 ou 6 do artigo 205º, a contraordenações deve notificar as entidades de gestão colectiva que representam os respectivos titulares, do levantamento do respectivo auto, das circunstâncias de tempo, lugar e modo da infracção e da identidade do presumível infractor.

6 – O pagamento voluntário da coima pelo montante mínimo só é admitido caso o infractor, até ao momento em que o requerer, demonstre ter obtido a autorização em falta e desde que não se verifique a circunstância prevista no nº 9 do artigo 205º.

7 – Para o efeito previsto no número anterior, entende-se como obtenção da autorização em falta o documento comprovativo emitido pelo autor, pelos titulares de direitos conexos, ou pelas entidades que respectivamente os representem, quanto à concessão de autorização relativa ao ano em que foi praticada a contraordenação, no caso de prática continuada, e desde a data de início de tal utilização, no caso de prática pontual e isolada, sem prejuízo das regras legais gerais que legitimam a recusa de concessão da autorização.

8 – A decisão final do procedimento contraordenacional determina o destino dos bens apreendidos, em função da respectiva gravidade, de acordo com o previsto no artigo 210º-I.

ANOTAÇÃO

I. O artigo 206-A do CDADC de 1985, que estipula regras relativas ao procedimento contraordenacional, foi introduzido pela Lei 92/2019, que para além de proceder à transposição, para a ordem jurídica interna, da Directiva sobre Utilizações Permitidas em Benefício de Pessoas com Deficiência Visual, descriminalizou a execução pública não autorizada de fonogramas. *Vide* anotação ao artigo 195 do CDADC de 1985.

O artigo 206-A (1) do CDADC de 1985 remete, em sede de auto e apreensão, para o artigo 201 (2) do CDADC de 1985 (*vide* respectiva anotação), que enuncia as autoridades policiais e administrativas que têm competência para proceder à apreensão de coisas relacionadas com a prática do acto ilícito, em caso de flagrante delito.

II. Segundo o artigo 206-A (2) do CDADC de 1985, cabe à Inspecção-Geral das Actividades Culturais, nos casos em que tal seja admissível, notificar o infractor para o pagamento voluntário da coima, pagamento voluntário esse que tem consequências, por exemplo, em termos de determinação do montante da coima concretamente aplicada. *Vide* anotação ao artigo 205 (8) do CDADC de 1985.

III. A reincidência, incluindo os casos em que não é respeitada a advertência prevista no artigo 206-A (4) do CDADC de 1985, leva, diz o artigo 206-A (3) do CDADC de 1985, à aplicação de medidas de apreensão.

IV. Em casos de flagrante delito, dita o artigo 206-A (4) do CDADC de 1985, que as autoridades relevantes façam uma advertência, sob pena da prática do crime de desobediência.

V. O artigo 206-A (5) do CDADC de 1985 prevê que Inspecção-Geral das Actividades Culturais notifique as entidades de gestão colectiva que representam os titulares relevantes, quando recebido um auto de contraordenação pelos factos previstos no artigo 205 (3), (4) e (6) do CDADC de 1985, isto é, quando a infracção surja no âmbito de um acto de comunicação ao público de fonogramas ou de videogramas ou quando a utilização de um fonograma e videograma for para além dos limites da autorização concedida. *Vide* anotação ao artigo 205 (3), (4) e (6) do CDADC de 1985.

VI & VII. O artigo 206-A (6)-(7) do CDADC de 1985 incide sobre o pagamento voluntário da coima pelo montante mínimo. O artigo 206-A (6) do CDADC de 1985 só admite tal pagamento se (i) o infractor, até ao momento em que o requerer, demonstrar ter obtido a autorização em falta e (ii) não estiver em causa um caso de reincidência (*vide* anotação ao artigo 205 (9) do CDADC de 1985).

O artigo 206-A (7) do CDADC de 1985 explica o que se deve entender como «obtenção da autorização em falta».

VIII. O artigo 206-A (8) do CDADC de 1985 remete, em sede de decisão final do procedimento contraordenacional, no que toca ao destino dos bens apreendidos, para o artigo 210-I do CDADC de 1985, preceito esse que trata de medidas correctivas, transpondo, para o presente diploma, o artigo 10 da Directiva sobre o Respeito dos Direitos de Propriedade Intelectual. *Vide* anotação ao artigo 210-I do CDADC de 1985.

Artigo 207º – Efeito do recurso

Não tem efeito suspensivo o recurso da decisão que aplicar coima de montante inferior a € 399,04.

ANOTAÇÃO

Decorre do artigo 207 do CDADC de 1985, que o recurso da decisão que aplicar coima de certo montante não suspende a eficácia da decisão até o seu julgamento final, não impossibilitando a execução, mesmo que provisória, pela parte vencedora da decisão recorrida.

Vide artigo 59 e seguintes do Decreto-Lei 433/82, de 27 de Outubro.

Artigo 208º – Destino do produto das coimas

O produto das coimas reverte:

a) Em 60 /prct. para o Estado;

b) Em 30 /prct. para a Inspecção-Geral das Actividades Culturais;

c) Em 10 /prct. para a entidade que levanta o auto de notícia.

ANOTAÇÃO

Na sua anterior redacção, o artigo 208 do CDADC de 1985 beneficiava, por questões de interesse público, o Fundo de Fomento Cultural (FFC), um fundo autónomo, criado em 1973 no âmbito da então Direcção-Geral dos Assuntos Culturais, regido pelo Decreto–Lei 102/80, de 9 de Maio, com as alterações introduzidas pelo Decreto–Lei 114/87, de 13 de Março.

O FFC foi estabelecido para prestar apoio financeiro às actividades de promoção e difusão dos diversos ramos da cultura, subvencionar acções de defesa, conservação e valorização dos bens culturais, subsidiar a realização de congressos, conferências, reuniões, missões e outras iniciativas de natureza cultural, e bem assim, a participação em manifestações semelhantes que tenham lugar no estrangeiro, custear a divulgação, interna ou externa, dos programas e realizações culturais e artísticas, financiar estudos e investigações de carácter cultural e conceder subsídios e bolsas para outros fins de acção cultural.

Na redacção introduzida pelo Decreto-Lei 100/2017, procede-se à divisão do produto das coimas por três entidades: o Estado, a Inspecção-Geral das Actividades Culturais e a entidade que levanta o autor da notícia.

Vide Orçamento de Estado/2018 para melhor entendimento da verba atribuída ao FCC

(https://www.parlamento.pt/Documents/2018/Novembro/NEplicativaMCultura.pdf).

Artigo 209º – Medidas cautelares administrativas

Sem prejuízo das providências cautelares previstas na lei de processo, pode o autor requerer das autoridades policiais e administrativas do lugar onde se verifique a violação do seu direito a imediata suspensão de representação, recitação, execução ou qualquer outra forma de exibição de obra protegida que se estejam realizando sem a devida autorização e, cumulativamente, requerer a apreensão da totalidade das receitas.

ANOTAÇÃO

O artigo 209 do CDADC de 1985 permite que o autor requeira além da suspensão da actividade ilícita, a apreensão da receita por ela gerada.

O texto do artigo 209 do CDADC de 1985 não foi alterado aquando da transposição da Directiva sobre o Respeito dos Direitos de Propriedade Intelectual para a ordem jurídica interna pela Lei 16/2008, de 1 de Abril, mas apenas o seu título: *medidas cautelares administrativas* ao invés de *providências cautelares.*

Artigo 210º – Identificação ilegítima

O uso ilegítimo do nome literário ou artístico ou de qualquer outra forma de identificação do autor confere ao interessado o direito de pedir, além da cessação de tal uso, indemnização por perdas e danos.

ANOTAÇÃO

O artigo 210 do CDADC de 1985 permite que o lesado requeira não apenas a cessação da identificação ilegítima, mas também, indemnização por perdas e danos. *Vide* anotação artigo 29 do CDADC de 1985 (protecção do nome).

Artigo 210º-A – Medidas para obtenção da prova

1 – Sempre que elementos de prova se encontrem na posse, na dependência ou sob controlo da parte contrária ou de terceiros, pode o interessado requerer ao Tribunal que os mesmos sejam apresentados, desde que para fundamentar a sua pretensão apresente indícios suficientes de violação de direito de autor ou de direitos conexos.

2 – Quando estejam em causa actos praticados à escala comercial, pode ainda o requerente solicitar ao Tribunal a apresentação de documentos bancários, financeiros, contabilísticos ou comerciais que se encontrem na posse, na dependência ou sob controlo da parte contrária.

3 – Em cumprimento do previsto nos números anteriores, o Tribunal, assegurando a protecção de informações confidenciais, notifica a parte requerida para, dentro do prazo designado, apresentar os elementos de prova que

se encontrem na sua posse, promovendo as acções necessárias em caso de incumprimento.

ANOTAÇÃO

I. O artigo 210-A do CDADC de 1985, procede à transposição do artigo 6 da Directiva sobre o Respeito dos Direitos de Propriedade Intelectual, tendo em conta que a prova constitui um elemento fundamental para o estabelecimento da violação de qualquer direito de autor ou conexo.

Decorre do artigo 210-A (1) do CDADC de 1985, que se o interessado apresentar indícios suficientes para fundamentar as suas alegações, as autoridades judiciais competentes podem ordenar que elementos de prova susceptíveis de apoiar tais alegações, que se encontram sob o controlo do alegado infractor, sejam apresentados pela mesma.

Acrescenta o artigo 6 (1) da Directiva sobre o Respeito dos Direitos de Propriedade Intelectual que «os Estados-Membros podem estabelecer que as autoridades judiciais competentes considerem que uma amostra razoável de um número substancial de cópias de uma obra ou de qualquer outro objecto protegido constitui um elemento de prova razoável.»

II. O artigo 210-A (2) do CDADC de 1985, permite, ainda, em caso de violação à escala comercial, que as autoridades judiciais competentes ordenem, a pedido do interessado, a apresentação de documentos bancários, financeiros ou comerciais que se encontrem sob o controlo da outra parte (*vide* artigo 210-L do CDADC de 1985 no que toca à noção de escala comercial).

III. O artigo 210-A (3) do CDADC de 1985, salvaguarda os interesses de ambas as partes. As autoridades judiciais competentes devem assegurar a protecção de informações obtidas na sequência dos números anteriores, bem como promover as acções judiciais necessárias caso a parte requerida não apresente os elementos de prova dentro do prazo designado para o efeito.

Artigo 210º-B – Medidas para preservação da prova

1 – Sempre que haja violação ou fundado receio de que outrem cause lesão grave e dificilmente reparável do direito de autor ou de direitos conexos, pode o interessado requerer medidas provisórias urgentes e eficazes que se destinem a preservar provas da alegada violação.

2 – As medidas de preservação da prova podem incluir a descrição pormenorizada, com ou sem recolha de amostras, ou a apreensão efectiva de bens que se suspeite violarem direitos de autor ou direitos conexos e, sempre que

adequado, dos materiais e instrumentos utilizados na produção ou distribuição desses bens, assim como dos documentos a eles referentes.

ANOTAÇÃO

I & II. O artigo 210-B do CDADC de 1985, transpõe, parcialmente, para o presente diploma o artigo 7 da Directiva sobre o Respeito dos Direitos de Propriedade Intelectual.

Permite-se que o interessado cujo direito de autor ou conexo foi ou está prestes a ser violado, requeira medidas provisórias para preservação de provas da alegada violação (artigo 210-B (1) do CDADC de 1985), medidas essas que podem incluir, a descrição pormenorizada, com ou sem recolha de amostras, bem como a apreensão de bens, materiais, instrumentos e documentos relevantes (artigo 210-B (2) do CDADC de 1985).

Assegurada a obtenção da prova, por via do artigo 210-A do CDADC de 1985, o artigo 210-B do CDADC de 1985 destina-se a proteger a prova.

Artigo 210º-C – Tramitação e contraditório

1 – Sempre que um eventual atraso na aplicação das medidas possa causar danos irreparáveis ao requerente, ou sempre que exista um risco sério de destruição ou ocultação da prova, as medidas previstas no artigo anterior podem ser aplicadas sem audiência prévia da parte requerida.

2 – Quando as medidas de preservação da prova sejam aplicadas sem audiência prévia da parte requerida, esta é imediatamente notificada.

3 – Na sequência da notificação prevista no número anterior, pode a parte requerida pedir, no prazo de 10 dias, a revisão das medidas aplicadas, produzindo prova e alegando factos não tidos em conta pelo Tribunal.

4 – Ouvida a parte requerida, o Tribunal pode determinar a alteração, a revogação ou a confirmação das medidas aplicadas.

ANOTAÇÃO

I. Tal como o artigo anterior, o artigo 210-C do CDADC de 1985 é guiado pelo artigo 7 da Directiva sobre o Respeito dos Direitos de Propriedade Intelectual.

Como tal, as medidas de preservação de prova podem, em determinadas circunstâncias, ser adoptadas sem audiência prévia da outra parte (artigo 210-C (1) do CDADC de 1985).

II, III & IV. Mas, o alegado infractor é notificado imediatamente após a execução das medidas de preservação de prova (artigo 210-C (2) do CDADC de 1985) e pode requerer a revisão dessas medidas (artigo 210-C (3) do CDADC de 1985), sendo então ouvido a fim de se decidir se as mesmas devem ser alteradas, revogadas ou confirmadas (artigo 210-C (4) do CDADC de 1985).

O artigo 210-C do CDADC de 1985 procura atender aos direitos e garantias de ambas as partes.

Artigo 210º-D – Causas de extinção e caducidade

Às medidas de obtenção e de preservação de prova são aplicáveis as causas de extinção e caducidade previstas no artigo 389º do Código de Processo Civil, salvo quando elas se configurem como medidas preliminares de interposição de providências cautelares nos termos do artigo 210º-G.

ANOTAÇÃO

O artigo 210-D do CDADC de 1985, segue a *ratio* do artigo 7 da Directiva sobre o Respeito dos Direitos de Propriedade Intelectual.

Por questões, *inter alia*, de certeza jurídica, o artigo 210-D do CDADC de 1985 remete para o artigo 373 do Código de Processo Civil (artigo 389 do Código de Processo Civil de 1961) no respeitante às causas de extinção e caducidade das medidas de obtenção e de preservação de prova.

Ressalva-se o caso em que tais medidas se traduzam em providências cautelares nos termos do artigo 210-G (*vide* respectiva anotação).

Artigo 210º-E – Responsabilidade do requerente

1 – A aplicação das medidas de preservação de prova pode ficar dependente da constituição, pelo requerente, de uma caução ou outra garantia destinada a assegurar a indemnização prevista no nº 3.

2 – Na fixação do valor da caução deve ser tida em consideração, entre outros factores relevantes, a capacidade económica do requerente.

3 – Sempre que a medida de preservação da prova aplicada for considerada injustificada ou deixe de produzir efeitos por facto imputável ao requerente, bem como nos casos em que se verifique não ter havido violação de direito de autor ou conexo, pode o Tribunal ordenar ao requerente, a pedido da parte requerida, o pagamento de uma indemnização adequada a reparar qualquer dano causado pela aplicação das medidas.

ANOTAÇÃO

I & II. O artigo 210-E do CDADC de 1985, acautela, tal como o artigo 7 da Directiva sobre o Respeito dos Direitos de Propriedade Intelectual, as garantias necessárias para cobrir as perdas e danos causados ao requerido por uma pretensão que se venha a revelar injustificada.

Assim, prevê-se que as medidas de preservação de prova possam depender da constituição de uma garantia ou outra caução equivalente fornecida pelo requerente (artigo 210-E (1) do CDADC de 1985), a qual deve ser adequada, *inter alia*, à sua capacidade financeira (artigo 210-E (2) do CDADC de 1985).

III. Essa garantia ou outra caução equivalente, destina-se a assegurar a eventual indemnização do prejuízo sofrido pelo requerido, se se vier a concluir pela inexistência de violação ou ameaça de violação de um direito de autor ou conexo (artigo 210-E (3) do CDADC de 1985).

Artigo 210º-F – Obrigação de prestar informações

1 – O titular de direito de autor ou de direitos conexos, ou o seu representante autorizado, pode requerer a prestação de informações detalhadas sobre a origem e as redes de distribuição dos bens ou serviços em que se materializa a violação de direito de autor ou de direitos conexos, designadamente:

a) Os nomes e os endereços dos produtores, fabricantes, distribuidores, fornecedores e outros possuidores anteriores desses bens ou serviços, bem como dos grossistas e dos retalhistas destinatários;

b) Informações sobre as quantidades produzidas, fabricadas, entregues, recebidas ou encomendadas, bem como sobre o preço obtido pelos bens ou serviços.

2 – A prestação das informações previstas neste artigo pode ser ordenada ao alegado infractor, ou a qualquer pessoa que:

a) Tenha sido encontrada na posse dos bens ou a utilizar ou prestar os serviços, à escala comercial, que se suspeite violarem direito de autor ou direitos conexos;

b) Tenha sido indicada por pessoa referida na alínea anterior, como tendo participado na produção, fabrico ou distribuição dos bens ou na prestação de serviços que se suspeite violarem direito de autor ou direitos conexos.

3 – O previsto no presente artigo não prejudica a aplicação de outras disposições legislativas ou regulamentares que, designadamente:

a) Confiram ao requerente o direito a uma informação mais extensa;

b) Regulem a sua utilização em processos de natureza cível ou penal;

c) Regulem a responsabilidade por abuso do direito à informação;

d) Confiram o direito de não prestar declarações que possam obrigar qualquer das pessoas referidas no nº 2 a admitir a sua própria participação ou de familiares próximos;

e) Confiram o direito de invocar sigilo profissional, a protecção da confidencialidade das fontes de informação ou o regime legal de protecção dos dados pessoais.

ANOTAÇÃO

I. O artigo 210-F do CDADC de 1985 transpõe, para o presente diploma, o artigo 8 da Directiva sobre o Respeito dos Direitos de Propriedade Intelectual, reconhecendo a importância do direito de informação.

Assim, assegura a lei que, no contexto dos procedimentos relativos à violação de um direito de autor ou conexo, o interessado possa requerer informações sobre a origem dos bens ou serviços litigiosos, os circuitos de distribuição e a identidade de terceiros implicados na violação (artigo 210-F (1) do CDADC de 1985).

II. Essa informação pode ser fornecida pelo alegado infractor ou por qualquer outra pessoa mencionada no artigo 210-F (2) do CDADC de 1985.

III. Ressalva-se a aplicação de outras disposições legislativas ou regulamentares que estendam ou restrinjam o escopo da obrigação de prestar informações (artigo 210-F (3) do CDADC de 1985).

Artigo 210º-G – Providências cautelares

1 – Sempre que haja violação ou fundado receio de que outrem cause lesão grave e dificilmente reparável do direito de autor ou dos direitos conexos, pode o Tribunal, a pedido do requerente, decretar as providências adequadas a:

a) Inibir qualquer violação iminente; ou

b) Proibir a continuação da violação.

2 – O Tribunal exige que o requerente forneça os elementos de prova para demonstrar que é titular de direito de autor ou direitos conexos, ou que está autorizado a utilizá-los, e que se verifica ou está iminente uma violação.

3 – As providências previstas no nº 1 podem também ser decretadas contra qualquer intermediário cujos serviços estejam a ser utilizados por terceiros para violar direito de autor ou direitos conexos, nos termos do artigo 227º

4 – Pode o Tribunal, oficiosamente ou a pedido do requerente, decretar uma sanção pecuniária compulsória com vista a assegurar a execução das providências previstas no nº 1.

5 – Ao presente artigo é aplicável o disposto nos artigos 210º-C a 210º-E.

6 – A pedido da parte requerida, as providências decretadas a que se refere o nº 1 podem, no prazo de 10 dias, ser substituídas por caução, sempre que esta, ouvido o requerente, se mostre adequada a assegurar a indemnização do titular.

7 – Na determinação das providências previstas neste artigo, deve o Tribunal atender à natureza do direito de autor ou dos direitos conexos, salvaguardando nomeadamente a possibilidade de o titular continuar a explorar, sem qualquer restrição, os seus direitos.

ANOTAÇÃO

I. O artigo 210-G do CDADC de 1985, transpõe, parcialmente, para o presente diploma o artigo 9 da Directiva sobre o Respeito dos Direitos de Propriedade Intelectual, de modo a permitir a cessação imediata da violação sem aguardar uma decisão relativa ao mérito, com respeito pelos direitos de ambas as partes.

Na esteira de tal preceito, permite o presente diploma que as autoridades judiciais competentes possam, a pedido do interessado, decretar, contra o alegado infractor, as providências adequadas a inibir qualquer violação iminente de um direito de autor ou conexo ou a impedir a continuada alegada violação do referido direito, desde que qualquer atraso possa implicar um prejuízo irreparável ao requerente (artigo 210-G (1) do CDADC de 1985).

Ou seja, as providências cautelares previstas em tal disposição podem ter como fundamento (i) a violação do direito de autor, estando, portanto, já concretizada a lesão desse direito ou (ii) o fundado receio da ocorrência de lesão, grave e dificilmente reparável, desse direito.

No primeiro caso, pretende-se proibir a continuação de violação de direitos, e no segundo, prevenir qualquer violação iminente dos mesmos (*vide*, nesse sentido, Acórdão do Tribunal da Relação de Coimbra, Processo Nº 3419/08.5TBVIS.C1, 09/12/2008; Acórdão do Tribunal da Relação de Évora, Processo Nº 1264/09.0TBFAR.E1, 10/07/2009; Acórdão do Tribunal da Relação de Coimbra, Processo Nº 1201/09.1TBMRGR.C1, 11/17/2009; Acórdão do Tribunal da Relação de Lisboa, Processo Nº 5387/09.7TVLSB.L1-2, 07/19/2010).

Como explanou o Tribunal da Relação de Lisboa, se a tutela cautelar se justifica para prevenir situações em que o *periculum in mora* se reporta a lesões futuras, ainda não concretizadas, mais justificada se encontra na presença de situações de efectiva violação de direitos de propriedade intelectual (Acórdão do Tribunal da Relação de Lisboa, Processo Nº 2974/2008.4 TVLSB.L1-7, 02/10/2009).

Enquanto na situação de fundado receio da ocorrência de lesão o decretamento de uma providência cautelar se encontra dependente da qualificação da situação de *periculum in mora*, na situação de violação concretizada dispensa-se a alegação e prova desse *periculum*, bastando a demonstração da violação do direito, da lesão efectiva (*vide*, nesse sentido, Acórdão do Tribunal da Relação de Évora, Processo Nº 1115/09.5TBABF.E1, 09/29/2009).

Na verdade, «não existe modo de fazer depender o acesso às medidas cautelares comuns, em situações de violação já verificada, da especial qualificação dos danos causados.» (Acórdão do Tribunal da Relação de Lisboa, Processo Nº 2974/2008.4 TVLSB.L1-7, 02/10/2009).

II. Uma vez que as providências cautelares se justificam, designadamente, se estiver devidamente estabelecido que qualquer atraso pode levar a um prejuízo irreparável ao requerente, as autoridades judiciais podem exigir que o mesmo forneça prova da sua capacidade judiciária, bem como da iminência ou actualidade da violação (artigo 210-G (2) do CDADC de 1985).

III. Tais providências podem ser decretadas, também, contra qualquer intermediário cujos serviços estejam a ser utilizados por um terceiro para violar um direito de autor ou conexo nos termos do artigo 227 do CDADC de 1985 (artigo 210-G (3) do CDADC de 1985, *vide* anotação ao 227 do CDADC de 1985).

IV. Com vista a assegurar a execução dessas providências, o alegado infractor pode ser sujeito a uma sanção pecuniária compulsiva (artigo 210-G (4) do CDADC de 1985).

V. Por uma questão de equidade, o artigo 210-G (5) do CDADC de 1985 remete para os artigos 210-C (tramitação e contraditório), 210-D (causas de extinção e caducidade) e 210-E (responsabilidade do requerente) do CDADC de 1985.

VI. Mais, a pedido da parte requerida, as providências em causa podem, se tal se revelar adequado, ser substituídas por uma caução (artigo 210-G (6) do CDADC de 1985).

VII. Note-se que as providências cautelares decretadas devem salvaguardar a possibilidade de o requerente continuar a explorar, sem qualquer restrição, os seus direitos (artigo 210-G (7) do CDADC de 1985).

Salientou o Tribunal da Relação de Lisboa que, «[a]plicando-se o princípio da proporcionalidade, consagrado no artigo 387 (2) do Código de Processo Civil, às providências cautelares previstas no artigo 210º-G do CDADC, sempre o mesmo tem de ser aferido e aplicado tendo em consideração a específica natureza do direito em causa, à luz do artigo 210-G (7) do CDADC, salvaguardando sempre a possibilidade de o titular continuar a explorar, sem qualquer restrição, os seus direitos; sendo este um facto impeditivo compete às requeridas o ónus de alegar de provar essa desproporcionalidade», não bastando «um ligeiro desequilíbrio entre os dois prejuízos, é necessário que haja uma forte desproporção entre o sacrifício a impor ao requerido e a vantagem que o requerente auferirá, devendo prevalecer o interesse do requerente» (*vide* Acórdão do Tribunal da Relação de Lisboa, Processo Nº 113/13.9YHLSB-A.L1-6, 01/16/2014).

Artigo 210º-H – Arresto

1 – Em caso de infracção à escala comercial, actual ou iminente, e sempre que o interessado prove a existência de circunstâncias susceptíveis de comprometer a cobrança da indemnização por perdas e danos, pode o Tribunal ordenar a apreensão dos bens móveis e imóveis do alegado infractor, incluindo os saldos das suas contas bancárias, podendo o juiz ordenar a comunicação ou o acesso aos dados e informações bancárias ou comerciais respeitantes ao infractor.

2 – Sempre que haja violação, actual ou iminente, de direitos de autor ou de direitos conexos, pode o Tribunal, a pedido do interessado, ordenar a apreensão dos bens que suspeite violarem esses direitos, bem como dos instrumentos que sirvam essencialmente para a prática do ilícito.

3 – Para efeitos do disposto nos números anteriores, o Tribunal exige que o requerente forneça todos os elementos de prova razoavelmente disponíveis para demonstrar que é titular do direito de autor ou dos direitos conexos, ou que está autorizado a utilizá-lo, e que se verifica ou está iminente uma violação.

4 – Ao presente artigo é aplicável o disposto nos artigos 210º-C a 210º-E.

5 – O disposto neste artigo não prejudica a possibilidade de recurso ao arresto previsto no Código de Processo Civil por parte do titular de um direito de autor ou direito conexo.

ANOTAÇÃO

I. Tal como o artigo 210-G do CDADC de 1985, o artigo 210-H do CDADC de 1985, transpõe, parcialmente, para o presente diploma o artigo 9 da Directiva sobre o Respeito dos Direitos de Propriedade Intelectual, visando, tal como o artigo 210-G do CDADC de 1985, permitir a cessação imediata da violação sem aguardar uma decisão relativa ao mérito, com respeito pelos direitos de ambas as partes.

Tratando-se de uma infracção praticada à escala comercial e desde que o interessado prove que a cobrança de indemnizações por perdas e danos pode encontrar-se em risco, as autoridades judiciais competentes podem ordenar a apreensão de bens móveis e imóveis do alegado infractor, assim como o acesso a documentos e dados bancários, financeiros ou comerciais relevantes (artigo 210-H (1) do CDADC de 1985, *vide* artigo 210-L do CDADC de 1985 no que toca à noção de escala comercial).

II. O interessado cujo direito de autor ou conexo foi ou está prestes a ser violado, pode requerer a apreensão de bens ilícitos, a fim de impedir a sua entrada ou circulação nos circuitos comerciais, bem como de instrumentos que essencialmente facilitem a violação em causa (artigo 210-H (2) do CDADC de 1985).

III. Uma vez que as providências cautelares se justificam, designadamente, se estiver devidamente estabelecido que qualquer atraso pode levar a um prejuízo irreparável ao requerente, as autoridades judiciais podem exigir que o mesmo forneça prova da sua capacidade judiciária, assim como da iminência ou actualidade da violação (artigo 210-H (3) do CDADC de 1985).

IV. Por uma questão de equidade, o artigo 210-H (4) do CDADC de 1985 remete para os artigos 210-C (tramitação e contraditório), 210-D (causas de extinção e caducidade) e 210-E (responsabilidade do requerente) do CDADC de 1985.

V. Por último, o artigo 210-H do CDADC de 1985 não afasta a possibilidade de recurso ao arresto, nos termos do Código de Processo Civil.

Artigo 210º-I – Sanções acessórias

1 – Sem prejuízo da fixação de uma indemnização por perdas e danos, a decisão judicial de mérito deve, a pedido do lesado e a expensas do infractor, determinar medidas relativas ao destino dos bens em que se tenha verificado violação de direito de autor ou de direitos conexos.

2 – As medidas previstas no número anterior devem ser adequadas, necessárias e proporcionais à gravidade da violação, podendo incluir a destruição, a retirada ou a exclusão definitiva dos circuitos comerciais, sem atribuição de qualquer compensação ao infractor.

3 – O Tribunal, ponderada a natureza e qualidade dos bens declarados perdidos a favor do Estado, pode atribui-los a entidades públicas ou privadas sem fins lucrativos, se o lesado der o seu consentimento expresso para o efeito.

4 – Na aplicação destas medidas, o Tribunal deve ter em consideração os legítimos interesses de terceiros, em particular os consumidores.

5 – Os instrumentos utilizados no fabrico dos bens em que se manifeste violação de direito de autor ou direitos conexos devem ser, igualmente, objecto das regras relativas ao destino de bens previstas no presente artigo.

ANOTAÇÃO

I. O artigo 210-I do CDADC de 1985, transpõe, para o presente diploma o artigo 10 da Directiva sobre o Respeito dos Direitos de Propriedade Intelectual, incidindo sobre medidas correctivas.

O artigo 210-I (1) do CDADC de 1985, possibilita, relativamente aos bens cuja ilicitude se tenha verificado, a aplicação de sanções acessórias a pedido do lesado e a expensas do infractor, sem prejuízo da fixação de uma indemnização por perdas e danos. Compare-se com o artigo 201 (1) do CDADC de 1985.

II. O artigo 210-I (2) do CDADC de 1985, fornece uma lista não taxativa de tais sanções, afirmando, todavia, expressamente, que «devem ser adequadas, necessárias e proporcionais à gravidade da violação» e que não implicam a «atribuição de qualquer compensação ao infractor». Compare-se com o artigo 201 (3) do CDADC de 1985.

III. Em nome de considerações de interesse público, o artigo 210-I (3) do CDADC de 1985, permite que o Tribunal atribuía bens declarados perdidos a favor do Estado a entidades sem fins lucrativos. Encontra-se raciocínio semelhante no artigo 201 (5) do CDADC de 1985.

IV. A referência que o artigo 210-I (4) do CDADC de 1985 faz aos interesses dos consumidores reflecte o considerando vigésimo quarto da Directiva sobre o Respeito dos Direitos de Propriedade Intelectual. Encontra-se disposição semelhante no artigo 201 (4) do CDADC de 1985.

V. A redacção do artigo 210-I (5) do CDADC de 1985, inserida pelo Decreto-Lei 100/2017, mantém a possibilidade de aplicação de sanções acessórias, com base nas regras relativas ao destino de bens previstas em tal artigo, aos instrumentos que tiverem servido para a criação ou o fabrico de bens ilícitos.

Artigo 210º-J – Medidas inibitórias

1 – A decisão judicial de mérito pode igualmente impor ao infractor uma medida destinada a inibir a continuação da infracção verificada.

2 – As medidas previstas no número anterior podem compreender:

a) A interdição temporária do exercício de certas actividades ou profissões;

b) A privação do direito de participar em feiras ou mercados;

c) O encerramento temporário ou definitivo do estabelecimento.

3 – Pode o Tribunal, oficiosamente ou a pedido do requerente, decretar uma sanção pecuniária compulsória com vista a assegurar a execução das medidas previstas neste artigo.

4 – O disposto neste artigo é aplicável a qualquer intermediário cujos serviços estejam a ser utilizados por terceiros para violar direito de autor ou direitos conexos, nos termos do disposto do artigo 227º

ANOTAÇÃO

I, II & III. O artigo 210-J do CDADC de 1985 transpõe, para o presente diploma, o artigo 11 da Directiva sobre o Respeito dos Direitos de Propriedade Intelectual, contemplando medidas de proibição para impedir novas infracções.

Decorre do artigo 210-J (1) do CDADC de 1985, que as autoridades judiciais competentes podem impor ao infractor uma medida que iniba a continuação da infracção verificada, fornecendo o artigo 210-J (2) do CDADC de 1985 exemplos de tais medidas e permitindo o artigo 210-J (3) do CDADC de 1985 a aplicação de uma sanção pecuniária compulsória para assegurar a respectiva execução.

IV. Por último, o artigo 210-J (4) do CDADC de 1985 estende o campo de aplicação das medidas acima referidas aos intermediários cujos serviços sejam utilizados por terceiros para violar um direito de autor ou conexo, nos termos do disposto do artigo 227 (*vide* respectiva anotação).

Artigo 210º-L – Escala comercial

1 – Para efeitos do disposto no presente Código, entende-se por actos praticados à escala comercial todos aqueles que violem direito de autor ou direitos conexos e que tenham por finalidade uma vantagem económica ou comercial, directa ou indirecta.

2 – Da definição prevista no número anterior excluem-se os actos praticados por consumidores finais agindo de boa fé.

ANOTAÇÃO

I & II. O artigo 210-L do CDADC de 1985, transpõe, para o presente diploma, o considerando décimo quarto da Directiva sobre o Respeito dos Direitos de Propriedade Intelectual. *Vide* artigo 61 do Acordo TRIPS que invoca o conceito de *escala comercial.*

Os actos praticados à escala comercial têm por finalidade uma vantagem económica ou comercial, directa ou indirecta (artigo 210-L (1) do CDADC de 1985), excluindo-se, pois, os actos praticados por consumidores finais agindo de boa fé (artigo 210-L (2) do CDADC de 1985).

Artigo 211º – Indemnização

1 – Quem, com dolo ou mera culpa, viole ilicitamente o direito de autor ou os direitos conexos de outrem, fica obrigado a indemnizar a parte lesada pelas perdas e danos resultantes da violação.

2 – Na determinação do montante da indemnização por perdas e danos, patrimoniais e não patrimoniais, o Tribunal deve atender ao lucro obtido pelo infractor, aos lucros cessantes e danos emergentes sofridos pela parte lesada e aos encargos por esta suportados com a protecção do direito de autor ou dos direitos conexos, bem como com a investigação e cessação da conduta lesiva do seu direito.

3 – Para o cálculo da indemnização devida à parte lesada, deve atender-se à importância da receita resultante da conduta ilícita do infractor, designadamente do espectáculo ou espectáculos ilicitamente realizados.

4 – O Tribunal deve atender ainda aos danos não patrimoniais causados pela conduta do infractor, bem como às circunstâncias da infracção, à gravidade da lesão sofrida e ao grau de difusão ilícita da obra ou da prestação.

5 – Na impossibilidade de se fixar, nos termos dos números anteriores, o montante do prejuízo efectivamente sofrido pela parte lesada, e desde que este não se oponha, pode o Tribunal, em alternativa, estabelecer uma quantia fixa com recurso à equidade, que tenha por base, no mínimo, as remunerações que teriam sido auferidas caso o infractor tivesse solicitado autorização para utilizar os direitos em questão e os encargos por aquela suportados com a protecção do direito de autor ou direitos conexos, bem como com a investigação e cessação da conduta lesiva do seu direito.

6 – Quando, em relação à parte lesada, a conduta do infractor constitua prática reiterada ou se revele especialmente gravosa, pode o Tribunal determinar a indemnização que lhe é devida com recurso à cumulação de todos ou de alguns dos critérios previstos nosnºs 2 a 5.

ANOTAÇÃO

I. O artigo 211 do CDADC de 1985 transpõe, para o presente diploma, o artigo 13 da Directiva sobre o Respeito dos Direitos de Propriedade Intelectual, o qual pretende impedir o infractor de beneficiar da lesão jusautoral, concedendo à indemnização uma natureza ressarcitória, correctiva ou preventiva/dissuasora, consoante vise, respectivamente, indemnizar danos emergentes, lucros cessantes e danos morais (desde que provados), remover o lucro ilícito e os benefícios indevidamente obtidos pelo infractor ou evitar que este reitere a sua actividade ilegal.

O artigo 211 (1) do CDADC de 1985 obriga à reparação do prejuízo sofrido em virtude de uma infracção praticada por quem saiba ou tenha motivos razoáveis para saber que a sua actividade ilícita conduzirá a essa infracção.

II, III & IV. Por sua vez, o artigo 211 (2)-(4) do CDADC de 1985 estabelece critérios para determinação do montante da indemnização por perdas e danos, patrimoniais e não patrimoniais, estipulando que, na fixação do montante indemnizatório, o Tribunal deve atender ao lucro obtido pelo infractor, aos lucros cessantes e danos emergentes sofridos pela parte lesada, aos encargos por esta suportados (com a protecção dos respectivos direitos e com a investigação e cessação da conduta lesiva dos mesmos) e à importância da receita resultante da conduta ilícita, bem como aos danos não patrimoniais, às circunstâncias da infracção, à gravidade da lesão sofrida e ao grau da difusão ilícita da obra ou prestação.

Refira-se que segundo o Supremo, os «danos patrimoniais» verificam-se quando o facto ilícito viola interesses de ordem material avaliáveis em dinheiro, enquanto os «danos não patrimoniais» resultam de uma lesão de interesses de ordem espiritual, que causam, pela sua gravidade, dor ou desgosto ao lesado. Os danos não patrimoniais não atingem em si o património do lesado, mas bens de carácter imaterial, desprovidos de conteúdo económico e tendo, em regra, um reflexo subjectivo no lesado, traduzido na dor ou sofrimento, de natureza física ou moral – podendo o mesmo facto produzir cumulativamente danos patrimoniais e danos não patrimoniais (Acórdão do Supremo Tribunal de Justiça, Processo Nº 07B755, 04/17/2007).

Num processo respeitante ao uso ilícito de programas de computador, o Supremo concluiu estar em causa, nuclearmente, a matéria de valoração dos danos patrimoniais a indemnizar, cabendo definir onde é que acabavam os danos emergentes e começavam os lucros cessantes. No caso dos autos, disse o Supremo, a actividade dos titulares de direitos relevantes reconduzia-se à venda de programas de computador (desde elaborados programas de engenharia até aos de natureza lúdica), ocorrendo acto lesivo do seu património (e lucro cessante) quando se verificasse a venda não de uma cópia lícita e licenciada de um desses programas, mas de uma cópia ilícita dos mesmos (de mais baixo custo) no mercado negro. Assim, de entre os programas copiados, apenas os que haviam sido efectivamente vendidos podiam ser considerados para efeitos de cálculo indemnizatório (Acórdão do Supremo Tribunal de Justiça, Processo Nº 08P1214, 04/30/2008).

Destaque-se, também, que tendo-se verificado a composição de placards publicitários com base na utilização ilícita de uma peça de pintura artística «que, pela sua dimensão, desenho e cor, não há-de passar despercebida ao comum cidadão», passou a decorar as montras de uma cadeia de lojas pertencente à ré e a produção do respectivo catálogo, concluiu o Supremo que a ré tinha agido com «marcada negligência», tendo de indemnizar o autor da obra nos termos do artigo 211 (1) do CDADC de 1985. Considerando o disposto no artigo 566 (3) do Código Civil e no artigo 211 (3) do CDADC de 1985 do CDADC, concordou o Supremo com a indemnização ajuizada pela sentença proferida na 1ª instância, «por ser este montante aquele que, inventariando o tipo de uso, o alcance, a projecção da acção detectada e a sua dimensão comercial, aquela que melhor configura o lucro cessante e o desvalor relacionado com o lucro presumidamente obtido pela ré» (Acórdão do Supremo Tribunal de Justiça, Processo Nº 3952/08.9TJVNF.P1.S1,12/17/2014).

V. Embora o artigo 211 do CDADC de 1985 privilegie a indemnização correspondente ao prejuízo efectivamente sofrido, na impossibilidade de se fixar o mesmo o Tribunal pode arbitrar essa indemnização com recurso à equidade, desde que o lesado não se oponha e que o *quantum* não seja inferior às remunerações que teriam sido auferidas caso o infractor tivesse solicitado autorização para utilizar os direitos em questão e aos encargos suportados (artigo 211 (5) do CDADC de 1985).

VI. Registe-se, por último, o aspecto preventivo que advém da cumulação indemnizatória permitida para os casos de prática reiterada ou especialmente gravosa (artigo 211 (6) do CDADC de 1985).

Artigo 211º-A – Publicidade das decisões judiciais

1 – A pedido do lesado e a expensas do infractor, pode o Tribunal ordenar a publicitação da decisão final.

2 – A publicitação prevista no número anterior pode ser feita através da divulgação em qualquer meio de comunicação que se considere adequado.

3 – A publicitação é feita por extracto, do qual constem elementos da sentença e da condenação, bem como a identificação dos agentes.

ANOTAÇÃO

I, II & III. O artigo 211-A do CDADC de 1985 transpõe, para o presente diploma, o artigo 15 da Directiva sobre o Respeito dos Direitos de Propriedade Intelectual, permitindo a publicação das decisões proferidas em sede de violação jusautoral, de modo a dissuadir futuros infractores e a contribuir para a sensibilização do público em geral.

Tal publicação é ordenada pelas autoridades judiciais competentes a pedido do requerente e a expensas do infractor (artigo 211-A (1) do CDADC de 1985), em qualquer meio de comunicação apropriado (artigo 211-A (2) do CDADC de 1985), incluindo elementos da sentença e da condenação, bem como a identificação dos infractores (artigo 211-A (3) do CDADC de 1985).

Artigo 211º-B – Direito subsidiário

1 – Em tudo o que não estiver especialmente regulado no presente título, são subsidiariamente aplicáveis outras medidas e procedimentos previstos na lei, nomeadamente no Código de Processo Civil.

2 – O disposto no presente título não prejudica a possibilidade de recurso, por parte do titular de um direito de autor ou direito conexo, aos procedimentos e acções previstos no Código de Processo Civil.

ANOTAÇÃO

I & II. O artigo 211-B do CDADC de 1985 transpõe, para o presente diploma, o artigo 16 da Directiva sobre o Respeito dos Direitos de Propriedade Intelectual.

Como tal, sem prejuízo das medidas, procedimentos e recursos resultantes da implementação da Directiva sobre o Respeito dos Direitos de Propriedade Intelectual, são subsidiariamente aplicáveis outras medidas e procedimentos previstos na lei, nomeadamente no Código de Processo Civil (artigo 211-B (1) do CDADC de 1985), salvaguardando-se a possibilidade de o titular de direitos recorrer aos mesmos (artigo 211-B (2) do CDADC de 1985).

Artigo 212º – Concorrência desleal

(Revogado)

TÍTULO V – Do registo

Artigo 213º – Regra geral

O direito de autor e os direitos deste derivados adquirem-se independentemente de registo, sem prejuízo do disposto no artigo seguinte.

ANOTAÇÃO

Em Portugal, de acordo com o artigo 5 (2) da Convenção de Berna, estabelece o CDADC que a protecção autoral é reconhecida independentemente de registo, depósito ou qualquer outra formalidade (*vide* anotação ao artigo 12 do CDADC de 1985).

Ou seja, essa tutela não depende do preenchimento de qualquer formalidade, incluindo o registo (artigo 213 do CDADC de 1985).

Esta norma geral encontra-se sujeita a algumas excepções, podendo em certos casos o registo ter carácter constitutivo e afastando-se, então, a lei do referido artigo 5 (2) da Convenção de Berna.

Com efeito, há que interpretar os artigos 214 a 216 do CDADC de 1985 à luz do DL nº 143/2014, de 26 de Setembro, Registo de Obras Literárias e Artísticas, uma vez que este último diploma atribui efeito constitutivo aos factos previstos em tais artigos.

O DL nº 143/2014, de 26 de Setembro sistematizou o preceituado pelo CDADC de 1985 neste campo, tomando como premissa que o registo é, em regra, facultativo, sem prejuízo, segundo o artigo 213 do CDADC de 1985, «do disposto no artigo seguinte».

Mas o DL nº 143/2014, de 26 de Setembro foi mais longe, ao concluir que o legislador havia pretendido atribuir efeito constitutivo não apenas aos factos elencados no artigo 214 do CDADC de 1985, mas também, ao disposto nos artigos 215 e 216 do CDADC de 1985.

A afirmação feita no artigo 215 do CDADC de 1985 no sentido de que certos factos estão «sujeitos a registo», foi interpretada como atribuindo ao registo em causa, um efeito constitutivo, e o mesmo raciocínio foi feito no que toca ao artigo 216 do CDADC de 1985.

O DL nº 143/2014, de 26 de Setembro tenta fazer sentido e dar efeito útil aos artigos 214 a 216º do CDADC de 1985, entendendo que o elenco de factos sujeitos a registo facultativo é vasto, de acordo com a regra geral, e que o disposto nos artigos 214 a 216 do CDADC de 1985 corresponde ao tipo de registos ao qual o legislador pretendeu atribuir um efeito constitutivo.

Artigo 214º – Registo constitutivo

Condiciona a efectividade da protecção legal o registo:

a) Do título da obra não publicada nos termos do nº 3 do artigo 4º;

b) Dos títulos dos jornais e outras publicações periódicas.

ANOTAÇÃO

Resulta do artigo 214 do CDADC de 1985 que o registo é necessário para efectividade da protecção legal no que toca ao título da obra não publicada e aos títulos dos jornais e outras publicações periódicas.

Vide anotação artigo 213 do CDADC de 1985.

Artigo 215º – Objecto do registo

1 – Estão sujeitos a registo:

a) Os factos que importem constituição, transmissão, oneração, alienação, modificação ou extinção do direito de autor;

b) O nome literário ou artístico;

c) O título de obra ainda não publicada;

d) A penhora e o arresto sobre o direito de autor;

e) O mandato nos termos do artigo 74º

2 – São igualmente objecto de registo:

a) As acções que tenham por fim principal ou acessório a constituição, o reconhecimento, a modificação ou a extinção do direito de autor;

b) As acções que tenham por fim principal ou acessório a reforma, a declaração de nulidade ou a anulação de um registo ou do seu cancelamento;

c) As respectivas decisões finais, logo que transitem em julgado.

ANOTAÇÃO

I & II. O artigo 215 do CDADC de 1985 elenca factos que se encontram sujeitos a registo.

De acordo com L. F. Rebello, com excepção do título de obra ainda não publicada e do mandato, em sede de gestão do direito de autor, o registo de todos os restantes factos mencionados no artigo 215 é facultativo (L. F. Rebello, *Código do Direito de Autor e dos Direitos Conexos,* 3ª ed., Âncora, 2002, p. 273).

Todavia, há que interpretar os artigos 214 a 216 do CDADC de 1985 à luz do DL nº 143/2014, de 26 de Setembro, Registo de Obras Literárias e Artísticas, uma vez que este último diploma atribui efeito constitutivo aos factos previstos em tais artigos.

Vide anotação artigo 213 do CDADC de 1985.

Artigo 216º – Nome literário ou artístico

1 – O nome literário ou artístico só é registável em benefício do criador de obra anteriormente registada.

2 – O registo do nome literário ou artístico não tem outro efeito além da mera publicação do seu uso.

ANOTAÇÃO

I & II. Decorre do artigo 216 do CDADC de 1985 que o nome literário ou artístico pode ser registado em benefício do criador de obra anteriormente registada, para mero efeito da publicação do seu uso. Este preceito não atribui efeito constitutivo ao registo do nome literário ou artísticos. Todavia, há que interpretar os artigos 214 a 216 do CDADC de 1985 à luz do DL nº 143/2014, de 26 de Setembro, Registo de Obras Literárias e Artísticas, uma vez que este último diploma atribui efeito constitutivo aos factos previstos em tais artigos.

Vide anotação artigo 213 do CDADC de 1985.

TÍTULO VI – Protecção das medidas de carácter tecnológico e das informações para a gestão electrónica dos direitos

ANOTAÇÃO

A tecnologia digital trouxe consigo novas modalidades de violação de direitos, permitindo a execução de actos ilícitos em grande escala, com enorme facilidade e rapidez, e praticamente com ausência de custos.

Constatados os desafios resultantes da tecnologia digital e os prejuízos daí advenientes para as indústrias culturais, estas recorreram às medidas tecnológicas para impedir ou restringir o acesso e/ou a reprodução de conteúdos sem autorização.

Para evitar que essas medidas tecnológicas fossem neutralizadas impunemente, consagrou-se legislação internacional, regional e nacional contra a neutralização dessas medidas.

Refira-se, ainda, que a tutela das medidas tecnológicas gerou alguma controvérsia ao nível da sociedade civil, por se ter verificado que, por um lado, essas medidas podem impedir o beneficiário de uma excepção ou limitação de beneficiar da mesma ou vedar, aos membros do público, o acesso a obras e a prestações ainda que estas se encontrem no domínio público e, por outro lado, encontrando-se tais medidas tecnológicas tuteladas pela lei a sua neutralização será punida ainda que as medidas em causa tenham os referidos efeitos indesejáveis (*vide* P. Akester, «Technological accommodation of conflicts between DRM and freedom of expression: the first empirical assessment», Social Science Research Network, 2009 e P. Akester, «The Impact of Digital Rights Management on Freedom of Expression – the First Empirical Assessment», *International Review of Intellectual Property and Competition Law*, 1, 2010, p. 31).

No plano internacional, a protecção das medidas tecnológicas foi consagrada, pela primeira vez, nos Tratados da OMPI, de 1996, no artigo 11 do Tratado da OMPI sobre Direito de Autor e no artigo 18 do Tratado da OMPI sobre Interpretações ou Execuções e Fonogramas (*vide* P. Akester, P., *Direito de Autor de Autor em Portugal, nos PALOP, na União Europeia e nos Tratados Internacionais,* Almedina, 2013).

Os Tratados da OMPI deram, pois, uma certa margem de manobra às Partes Contratantes, impondo a obrigação de assegurar uma protecção jurídica adequada contra a neutralização de medidas tecnológicas no quadro do exercício dos direitos reconhecidos nesses Tratados, mas possibilitando, dada a linguagem abrangente utilizada em tais instrumentos, o estabelecimento de patamares de protecção mais elevados.

Na União Europeia, as obrigações respeitantes às medidas tecnológicas decorrentes dos Tratados da OMPI foram implementadas através do artigo 6 da Directiva sobre a Sociedade da Informação, preceito esse que vai mais longe do que aqueles tratados. A Directiva da Sociedade de Informação, para além de assegurar uma protecção jurídica adequada contra a neutralização de medidas tecnológicas, assegura também essa tutela contra a comercialização de dispositivos destinados à neutralização dessas medidas tecnológicas. Mais, a protecção jurídica em causa abrange tanto as medidas tecnológicas utilizadas no exercício de um direito de autor ou conexo, como as medidas utilizadas para controlar o acesso a conteúdos protegidos num contexto que extravasa a protecção autoral.

Refira-se que a Directiva sobre Programas de Computador foi a primeira directiva comunitária a tutelar esta matéria, tendo a Directiva sobre o Acesso Condicional tratado, subsequentemente, da protecção jurídica de medidas de acesso condicional à radiodifusão e aos serviços da sociedade da informação.

Crucial é, também, a gestão de direitos, tanto colectiva como individual, que tende a assentar cada vez mais em sistemas electrónicos, que procedem à identificação, *inter alia*, do autor, da obra e das condições de utilização.

O problema reside, neste campo, na possibilidade de se eliminar ou modificar esses elementos de identificação, motivo pelo qual, para além de protegerem as medidas tecnológicas, os Tratados da OMPI tutelaram, ainda, as informações para a gestão dos direitos (*vide* D. J. Gervais, «Rights Management Information», in *The Author's Place in the XXI Century Copyright: the challenges of modernization*, ALAI, 2007).

No plano internacional, a protecção das informações para a gestão de direitos no que toca a obras e a prestações, foi consagrada no artigo 12 do Tratado da OMPI sobre Direito de Autor e no artigo 18 do Tratado da OMPI sobre Interpretações ou Execuções e Fonogramas.

No quadro da União Europeia, a tutela das informações para a gestão de direitos é dada pelo artigo 7 da Directiva sobre a Sociedade da Informação.

Tal como os Tratados da OMPI de 1996, o Tratado de Pequim, de 2012, contém obrigações relativas a medidas de carácter tecnológico, obrigações atinentes à informação sobre o regime dos direitos e obrigações respeitantes à aplicação efectiva dos direitos (artigos 15, 16 e 20 do Tratado de Pequim).

Respondendo às preocupações dos últimos anos no que toca aos possíveis efeitos secundários da protecção das medidas eficazes de carácter tecnológico, dita a Declaração Acordada Relativamente ao artigo 15 do Tratado de Pequim, que nada neste artigo impede que uma das Partes Contratantes proceda à adopção de medidas eficazes e necessárias para garantir que um beneficiário possa desfrutar de excepções e limitações previstas na legislação nacional dessa Parte Contratante, em conformidade com o artigo 13, quando (i) se verifique a aplicação de medidas tecnológicas a uma prestação audiovisual, (ii) o beneficiário de uma excepção ou limitação tenha acesso legítimo a tal prestação e (iii) os titulares de direitos em causa não tomem medidas apropriadas e eficazes para permitir que o beneficiário possa gozar dessa excepção ou limitação.

À sombra desta declaração uma Parte Contratante poderá permitir, em circunstâncias restritas, a neutralização de uma medida tecnológica aplicada de acordo com o artigo 15, quando tal medida impeça o gozo de uma excepção ou limitação no âmbito de uma prestação audiovisual por quem tenha acesso legítimo à mesma.

Resta saber quem tem «acesso legítimo» a uma prestação. Provavelmente essa legitimidade advirá, cumulativamente, do preenchimento das condições requeridas pela lei no que concerne a determinada excepção ou limitação e da existência de um acto de acesso legítimo à prestação audiovisual. Isto é, não bastará que se trate de um beneficiário legítimo de uma excepção ou limitação, tendo ainda de subsistir legitimidade no que toca ao acto de acesso. Por conseguinte, um acto de aquisição num contexto comercial ou de acesso numa biblioteca pública serão ambos actos de acesso ditos legítimos, mas um acto de obtenção de uma cópia pirata já não se configurará como um acto de acesso legítimo.

Acrescenta a Declaração Acordada Relativamente ao artigo 15 do Tratado de Pequim que as obrigações previstas nesse preceito não são aplicáveis às prestações que não são tuteladas ou cuja protecção já expirou.

Consequentemente, podem ser aplicadas medidas tecnológicas a prestações audiovisuais que não merecem tutela autoral ou cuja tutela já expirou, mas a neutralização dessas medidas não será penalizada pela lei.

Legítima é, pois, a neutralização de medidas tecnológicas aplicadas a prestações que não são tuteladas ou cuja protecção já expirou. Caso contrário, prolongar-se-ia a longevidade da protecção da prestação audiovisual em causa, por meio de meios tecnológicos, quando a própria lei já não oferece protecção – cenário que tem vindo a ser denominado de *digital lock up*.

O artigo 7 do Tratado de Marraquexe, de 2013, vai mais longe, ao impor a adopção, pelas Partes Contratantes, de medidas que garantam que a tutela jurídica contra a neutralização de medidas tecnológicas não impeça as pessoas com incapacidade visual ou com outras dificuldades para aceder ao texto impresso de beneficiar das excepções e limitações estabelecidas nesse Tratado.

Artigo 217º – Protecção das medidas tecnológicas

1 – É assegurada protecção jurídica, nos termos previstos neste Código, aos titulares de direitos de autor e conexos, bem como ao titular do direito sui generis previsto no Decreto-Lei 122/2000, de 4 de Julho, com a excepção dos programas de computador, contra a neutralização de qualquer medida eficaz de carácter tecnológico.

2 – Para os efeitos do disposto no número anterior, entende-se por «medidas de carácter tecnológico» toda a técnica, dispositivo ou componente que, no decurso do seu funcionamento normal, se destinem a impedir ou restringir actos relativos a obras, prestações e produções protegidas, que não que não sejam utilizações livres previstas no no nº 2 do artigo 75º, no artigo 81º, no nº 4 do artigo 152º e no nº 1 do artigo 189º.

3 – As medidas de carácter tecnológico são consideradas «eficazes» quando a utilização da obra, prestação ou produção protegidas, seja controlada pelos titulares de direitos mediante a aplicação de um controlo de acesso ou de um processo de protecção como, entre outros, a codificação, cifragem ou outra transformação da obra, prestação ou produção protegidas, ou um mecanismo de controlo da cópia, que garanta a realização do objectivo de protecção.

4 – A aplicação de medidas tecnológicas de controlo de acesso é definida de forma voluntária e opcional pelo detentor dos direitos de reprodução da obra, enquanto tal for expressamente autorizado pelo seu criador intelectual.

ANOTAÇÃO

I. O artigo 6 da Directiva sobre a Sociedade da Informação, tem em conta que a disponibilização de obras e prestações a pedido do utilizador é frequentemente acompanhada de medidas de carácter tecnológico destinadas a impedir ou restringir actos não autorizados pelos titulares do direito, medidas essas que podem, todavia, ser ilicitamente neutralizadas. Como tal, o artigo 6 institui obrigações em relação a medidas de carácter tecnológico.

Em cumprimento desse preceito, o artigo 217 (1) do CDADC de 1985, tutela os titulares de direitos de autor e conexos, bem como do direito *sui generis* em bases de dados (mas não dos programas de computador) contra a neutralização de qualquer «medida eficaz de carácter tecnológico».

Dada a alteração legislativa introduzida pela Lei 36/2017, há que lembrar o seguinte.

O artigo 6 da Directiva sobre a Sociedade da Informação, vai mais longe do que os Tratado da OMPI sobre Direito de Autor e sobre Interpretações ou Execuções e Fonogramas que pretende implementar. Com efeito, para além de assegurar uma protecção jurídica adequada contra a neutralização de medidas tecnológicas, a directiva assegura também essa tutela contra a comercialização de dispositivos destinados à neutralização dessas medidas tecnológicas.

Mais, a protecção jurídica em causa abrange tanto as medidas tecnológicas utilizadas no exercício de um direito de autor ou conexo, como as medidas utilizadas para controlar o acesso a conteúdos protegidos num contexto que extravasa a protecção autoral.

Com efeito, o artigo 6 (1) da Directiva sobre a Sociedade da Informação proíbe a neutralização de «medidas tecnológicas eficazes», restringindo o escopo dessa proibição a pessoas que «saibam» ou que «devam razoavelmente saber» que é esse o seu objectivo.

Por sua vez, o artigo 6 (2) da mesma Directiva proíbe as actividades (incluindo o fabrico, a distribuição de dispositivos ou componentes e as prestações de serviços) que sejam promovidas para neutralizar a protecção em causa, ou que só tenham limitada utilização para além dessa neutralização, ou que sejam essencialmente concebidos com o objectivo de a facilitar, não exigindo que as pessoas em causa «saibam» ou que «devam razoavelmente saber» que é esse o seu objectivo.

Ao contrário dos Tratados da OMPI, a Directiva sobre a Sociedade da Informação procede à definição do conceito de «medidas tecnológicas eficazes», assimilando-as às tecnologias que se destinam a impedir ou restringir actos executados em relação a obras, prestações ou bases de dados, que careçam da autorização do titular de um direito de autor ou conexo ou do direito *sui generis* (previsto na Directiva sobre as Bases de Dados).

De acordo com o artigo 6 (3) da Directiva sobre a Sociedade da Informação, as medidas de carácter tecnológico são consideradas «eficazes» quando a utilização da obra, prestação ou base de dados, é controlada pelos respectivos titulares de direitos através de um controlo de acesso ou de um processo de protecção (como por exemplo a codificação, a cifragem ou um mecanismo de controlo da cópia).

Por conseguinte, o artigo 6 (3) delimita o campo de tutela emanado da Directiva sobre a Sociedade da Informação, incluindo, no seu escopo, a neutralização de medidas tecnológicas e a comercialização de dispositivos destinados à neutralização dessas medidas, tanto no exercício de um direito de autor, de um direito conexo ou do direito *sui generis* (previsto na Directiva sobre as Bases de Dados), como para controlar o acesso a conteúdos protegidos num contexto que extravasa a protecção autoral.

A interacção entre as medidas tecnológicas e as excepções e limitações é tratada no artigo 6 (4) da Directiva sobre a Sociedade da Informação, o qual prevê que os titulares de direitos tomem medidas voluntárias para garantir a convivência harmoniosa entre as mesmas.

Dita o primeiro parágrafo do artigo 6 (4) dessa Directiva que, não obstante a protecção jurídica conferida contra a neutralização de medidas tecnológicas, os Estados Membros devem promover medidas voluntárias tomadas pelos titulares de direitos, nomeadamente acordos entre titulares de direitos e outras partes interessadas de modo a garantir o funcionamento de certas excepções ou limitações (que denominaremos de «excepções ou limitações privilegiadas»).

O artigo 6 (4) da Directiva sobre a Sociedade da Informação elenca, de forma taxativa, as seguintes excepções ou limitações privilegiadas:

- A reprodução, em papel ou suporte semelhante, realizada através de qualquer tipo de técnica fotográfica ou de qualquer outro processo com efeitos semelhantes;
- Os actos específicos de reprodução, praticados por bibliotecas, por estabelecimentos de ensino, por museus acessíveis ao público ou por arquivos;
- As gravações efémeras de obras realizadas por organismos de radiodifusão;
- As reproduções de transmissões radiofónicas, efectuadas por instituições sociais, tais como hospitais ou prisões;
- A utilização, unicamente com fins de ilustração, para efeitos de ensino ou de investigação científica;
- A utilização a favor de pessoas portadoras de deficiências; e
- A utilização para efeitos de segurança pública ou para assegurar o bom desenrolar ou o relato de processos administrativos, parlamentares ou judiciais.

Quanto ao conceito de «medidas voluntárias», o quinquagésimo primeiro considerando da Directiva sobre a Sociedade da Informação esclarece que os «Estados Membros devem promover a adopção de medidas voluntárias por parte dos titulares de direitos, incluindo a celebração e implementação de acordos entre titulares de direitos e outras partes interessadas, no sentido de facilitar a prossecução dos objectivos de determinadas excepções ou limitações previstas na legislação nacional de acordo com a presente Directiva»

A directiva não elucida devidamente o conceito de «medidas voluntárias», pressupondo-se que tais medidas possam incluir a disponibilização ao beneficiário de uma excepção ou limitação privilegiada, de uma cópia descodificada da obra em causa ou de uma chave de descodificação.

Enfatize-se que, prevendo o artigo 5 da Directiva sobre a Sociedade da Informação vinte e uma excepções e limitações, o artigo 6 (4) apenas acautela o funcionamento de sete. Consequentemente, as excepções e limitações que não são ressalvadas pelo artigo 6 (4) podem ser neutralizadas, livremente, através da utilização de medidas tecnológicas.

Na falta de medidas ou acordos voluntários, dentro de um período de tempo razoável os Estados Membros têm a obrigação de tomar «medidas adequadas» para assegurar que os titulares de direitos fornecem aos beneficiários das excepções ou limitações privilegiadas meios adequados que lhes permitam beneficiar das mesmas. A intervenção dos Estados Membros surge, pois, a título subsidiário, verificada a ausência de intervenção dos titulares de direitos.

A Directiva sobre a Sociedade da Informação não define o conceito de «medidas adequadas», havendo uma mera referência, no quinquagésimo primeiro considerando, à «alteração de uma medida de carácter tecnológico implementada» ou a «outros meios».

Sublinhe-se que o artigo 6 (4) da mesma Directiva apenas se aplica ao artigo 6 (1) da mesma Directiva, pelo que se os titulares de direitos não fornecerem aos beneficiários das excepções ou limitações privilegiadas meios adequados que lhes permitam beneficiar das mesmas, as actividades contidas no artigo 6 (2), incluindo o fabrico, a distribuição de dispositivos ou componentes e as prestações de serviços que sejam promovidos para neutralizar a protecção permanecem vedadas.

Passando agora ao segundo parágrafo do artigo 6 (4) da Directiva sobre a Sociedade da Informação, o mesmo incide sobre a cópia privada, estipulando que na falta de adopção de medidas ou acordos voluntários por parte dos titulares de direitos, os Estado Membros podem tomar, voluntariamente, «medidas adequadas» para assegurar que os titulares de direitos fornecem aos beneficiários da cópia privada meios que lhes permitam beneficiar da mesma.

Explica, neste contexto, o quinquagésimo segundo considerando daquela Directiva, que «[a]o aplicarem uma excepção ou limitação em relação às reproduções efectuadas para uso privado, de acordo com o artigo 5 (2) (b), os Estados Membros devem igualmente promover a utilização de medidas voluntárias que permitam alcançar os objectivos dessa excepção ou limitação. Se, dentro de um prazo razoável, não tiverem sido tomadas essas medidas voluntárias a fim de assegurar a possibilidade de fazer reproduções para uso privado, os Estados Membros poderão tomar medidas que permitam aos beneficiários fazerem uso das referidas excepções ou limitações. As medidas voluntárias tomadas pelos titulares de direitos, incluindo os acordos entre titulares de direitos e outras partes interessadas, bem como as medidas tomadas pelos Estados Membros, não impedem os titulares de direitos de utilizar medidas tecnológicas que sejam compatíveis com as excepções ou limitações relativas às reproduções para uso privado previstas na legislação nacional nos termos do artigo 5 (2) (b), tendo presente a condição da compensação equitativa prevista nessa disposição e a possível diferenciação entre várias condições de utilização nos termos do artigo 5 (5), como, por exemplo, o controlo do número de reproduções. A fim de evitar abusos na utilização dessas medidas, as medidas de protecção de natureza tecnológica aplicadas em sua execução devem gozar de protecção jurídica.»

Esta noção é reforçada pelo terceiro parágrafo do artigo 6 (4) da Directiva sobre a Sociedade da Informação, o qual declara que as medidas tecnológicas aplicadas voluntariamente pelos titulares de direitos, incluindo as aplicadas em execução de acordos voluntários, e as medidas de carácter tecnológico aplicadas em execução das medidas tomadas pelos Estados Membros gozam da protecção jurídica prevista no artigo 6 (1).

Por último, o quarto parágrafo do artigo 6 (4) da referida Directiva cria uma excepção à interacção entre a protecção das medidas tecnológicas e a protecção de certas excepções e limitações traçada no artigo 6 (4).

Assim, as regras contidas no primeiro e segundo parágrafos do artigo 6 (4) da Directiva sobre a Sociedade da Informação não são aplicáveis quando os conteúdos protegidos pelo direito de autor são disponibilizados na Internet a pedido dos utilizadores e ao abrigo de condições contratuais acordadas (incluindo, presumivelmente, licenças contratuais não negociadas). Quando assim é, as vinte e uma excepções e limitações previstas no artigo 5 dessa Directiva podem ser neutralizadas por meio de medidas tecnológicas.

Explana o quinquagésimo terceiro considerando da Directiva sobre a Sociedade da Informação que «[a] protecção das medidas de carácter tecnológico deverá garantir um ambiente seguro para a prestação de serviços interactivos a pedido, por forma a que o público possa ter acesso às obras ou a outros materiais no momento e no local escolhidos pelo mesmo. No caso de estes serviços serem regidos por condições contratuais, o disposto nos primeiro e segundo números do artigo 6 (4) não é aplicável. As formas de utilização em linha não interactiva continuam sujeitas àquelas disposições.»

II. O artigo 217 (2) do CDADC de 1985 estabelece o conceito de «medidas de carácter tecnológico».

Na sua anterior redacção entendia a lei por «medidas de carácter tecnológico» toda a técnica, dispositivo ou componente que, no decurso do seu funcionamento normal, se destinem a impedir ou restringir actos relativos a obras, prestações e produções protegidas, que não sejam autorizados pelo titular dos direitos de propriedade intelectual, não devendo considerar-se como tais: *a)* um protocolo; *b)* um formato; *c)* um algoritmo; *d)* um método de criptografia, de codificação ou de transformação.

A actual redacção, decorrente da alteração legislativa introduzida pela Lei 36/2017, não classifica nem tutela como medidas tecnológicas aquelas que impeçam ou restrinjam as utilizações livres previstas no artigo 75 (2), no artigo 81, do artigo 152 (4) e do artigo 189 (1) (*vide* anotações aos artigos 75, 81, 152 e 189).

Pretende o legislador que as medidas de carácter tecnológico não constituam um obstáculo ao exercício pelos beneficiários das utilizações livres, em geral (Resposta pedido de parecer/contributos sobre os Projectos de Lei 406/XIII2 (GPBE) e 4523/XII12 (GPPCP), Gabinete do Senhor Secretário de Estado da Cultura, 29 de Julho de 2013).

Sendo certo que esta alteração legislativa pode ser vista como uma «medida adequada» à sombra do artigo 6 (4) da Directiva sobre a Sociedade de Informação (que, conforme acima se explanou, dita que na falta de medidas ou acordos voluntários, dentro de um período de tempo razoável os Estados Membros têm a obrigação de tomar «medidas adequadas» para assegurar que os titulares de direitos fornecem aos beneficiários das excepções ou limitações privilegiadas meios adequados que lhes permitam beneficiar das mesmas), é também verdade que o preceito comunitário elenca, de forma taxativa o leque de «excepções ou limitações privilegiadas», isto é, as execepções ou limitações cujo funcionamento deve ser garantido.

Tal como acima referido as chamadas excepções ou limitações privilegiadas, segundo a artigo 6 (4) da Directiva sobre a Sociedade de Informação são apenas: (i) a reprodução, em papel ou suporte semelhante, realizada através de qualquer tipo de técnica fotográfica ou de qualquer outro processo com efeitos semelhantes; (ii) os actos específicos de reprodução, praticados por bibliotecas, por estabelecimentos de ensino, por museus acessíveis ao público ou por arquivos; (ii) as gravações efémeras de obras realizadas por organismos de radiodifusão; (iii) as reproduções de transmissões radiofónicas, efectuadas por instituições sociais, tais como hospitais ou prisões; (iv) a utilização, unicamente com fins de ilustração, para efeitos de ensino ou de investigação científica; (v) a utilização a favor de pessoas portadoras de deficiências; e (vi) a utilização para efeitos de segurança pública ou para assegurar o bom desenrolar ou o relato de processos administrativos, parlamentares ou judiciais.

Conclui-se, pois, que a alteração legislativa introduzida pela Lei 36/2017 ao artigo 217 (3) do CDADC de 1985 vai para além do permitido pelo artigo 6 (4) da Directiva sobre a Sociedade de Informação, afastando a tutela das medidas tecnológicas que impeçam ou restrinjam as utilizações livres praticamente no seu todo e não apenas as que impeçam ou restrinjam o exercício de excepções ou limitações privilegiadas.

III. O artigo 217 (3) do CDADC de 1985 fornece o conceito de «medidas eficazes de carácter tecnológico» na senda do artigo 6 (3) da Directiva sobre a Sociedade da Informação, assimilando-as às tecnologias que se destinam a impedir ou restringir actos executados em relação a obras, prestações ou bases de dados.

Tal como o artigo 6 (3) da Directiva sobre a Sociedade da Informação, o artigo 217 (3) do CDADC de 1985 procura não impedir o desenvolvimento tecnológico através, por exemplo, da salvaguarda da investigação sobre criptografia.

O TJUE teve oportunidade de se debruçar sobre este tema num processo que teve na origem um pedido de decisão prejudicial apresentado pelo *Tribunale di Milano*, no âmbito de um litígio que opôs a *Nintendo Co. Ltd*, a *Nintendo of America Inc.* e a *Nintendo of Europe GmbH* à *PC Box Srl* e à *9Net Srl*, a propósito da comercialização, pela *PC Box*, de *mod chips* e de *game copiers* através de um *website* gerido pela *PC Box* e armazenado pela *9Net* (*Nintendo Co. Ltd, a Nintendo of America Inc. e a Nintendo of Europe GmbH v. PC Box Srl e 9Net Srl*,, Acórdão do TJUE, Processo C-355/12, 23 Janeiro de 2014).

Constatou, em primeiro lugar aquele Tribunal, que um jogo de vídeo não se traduz apenas num programa de computador, protegido pela Directiva sobre Programas de Computadores, incluindo outros elementos criativos que são tutelados pela Directiva sobre a Sociedade da Informação e que o artigo 6 (3) da Directiva sobre a Sociedade da Informação define o conceito de «medidas de carácter tecnológico eficazes» de modo amplo, pelo que abrange medidas de carácter tecnológico que são incorporadas nos jogos e nas consolas e que interoperam entre si.

Todavia, a protecção jurídica em causa apenas é atribuída às medidas de carácter tecnológico que visem impedir ou eliminar actos não autorizados pelo titular de direitos e que sejam proporcionais e adequadas à realização desse objectivo, não indo para além do que é necessário para tal.

Para determinar se as medidas de carácter tecnológico em causa devem ser tuteladas, impõe-se verificar *inter alia* (i) se outras medidas poderiam ter causado menos interferência às actividades de terceiros que não requerem a autorização do titular de direitos, proporcionado, embora, uma tutela comparável aos direitos do referido titular; (iii) os custos relativos aos diferentes tipos de medidas de carácter tecnológico e os aspectos técnicos e práticos da sua aplicação e (iii) a frequência com que esses dispositivos, produtos ou componentes são efectivamente usados para infringir o direito de autor e a frequência com que são utilizados para fins que não violam o referido direito.

IV. O artigo 217 (4) do CDADC de 1985 permite, mediante autorização expressa do autor, que seja o titular de direitos de reprodução a controlar a aplicação de medidas tecnológicas de controlo de acesso, presumivelmente porque se encontra em melhor posição para tal e tem particular interesse em exercer esse controlo.

Artigo 218º – Tutela penal

1 – Quem, não estando autorizado, neutralizar qualquer medida eficaz de carácter tecnológico, sabendo isso ou tendo motivos razoáveis para o saber, é punido com pena de prisão até 1 ano ou com pena de multa até 100 dias.

2 – A tentativa é punível com multa até 25 dias.

ANOTAÇÃO

I & II. O artigo 6 (1) da Directiva sobre a Sociedade da Informação proíbe a neutralização de medidas tecnológicas eficazes, restringindo o escopo dessa proibição a pessoas que saibam ou que devam razoavelmente saber que é esse o seu objectivo.

Como tal, afirma a lei, em sede de punição, que a neutralização ilícita de qualquer medida eficaz de carácter tecnológico, sabendo ou tendo motivos razoáveis para saber, acarreta uma pena de prisão ou de multa (artigo 218 (1) do CDADC de 1985), sendo a tentativa punível com multa (artigo 218 (2) do CDADC de 1985).

Artigo 219º – Actos preparatórios

Quem, não estando autorizado, proceder ao fabrico, importação, distribuição, venda, aluguer, publicidade para venda ou aluguer, ou tiver a posse para fins comerciais de dispositivos, produtos ou componentes ou ainda realize as prestações de serviços que:

a) Sejam promovidos, publicitados ou comercializados para neutralizar a protecção de uma medida eficaz de carácter tecnológico; ou

b) Só tenham limitada finalidade comercial ou utilização para além da neutralização da protecção da medida eficaz de carácter tecnológico; ou

c) Sejam essencialmente concebidos, produzidos, adaptados ou executados com o objectivo de permitir ou facilitar a neutralização da protecção de medidas de carácter tecnológico eficazes;

é punido com pena de prisão até 6 meses ou com pena de multa até 20 dias.

ANOTAÇÃO

O artigo 6 (2) da Directiva sobre a Sociedade da Informação proíbe as actividades (incluindo o fabrico, a distribuição de dispositivos ou componentes e as prestações de serviços) que sejam promovidas para neutralizar a protecção em causa, ou que só tenham limitada utilização para além dessa neutralização, ou que sejam essencialmente concebidos com o objectivo de a facilitar, não exigindo que as pessoas em causa saibam ou devam razoavelmente saber que é esse o seu objectivo.

O artigo 219 do CDADC de 1985 contém proibição equivalente, prevendo uma pena de prisão ou de multa em caso de incumprimento.

Artigo 220º – Extensão aos acordos

As medidas eficazes de carácter tecnológico resultantes de acordos, de decisões de autoridades ou da aplicação voluntária pelos titulares de Direitos de Autor e Conexos destinadas a permitir as utilizações livres aos beneficiários, nos termos previstos neste Código, gozam da protecção jurídica estabelecida nos artigos anteriores.

ANOTAÇÃO

O terceiro parágrafo do artigo 6 (4) da Directiva sobre a Sociedade da Informação declara que as medidas tecnológicas aplicadas voluntariamente pelos titulares de direitos, incluindo as aplicadas em execução de acordos voluntários, e as medidas de carácter tecnológico aplicadas em execução das medidas tomadas pelos Estados Membros gozam da protecção jurídica prevista no artigo 6 (1), conceito esse que surge no artigo 220 do CDADC de 1985.

Artigo 221º – Limitações à protecção das medidas tecnológicas

1 – As medidas eficazes de carácter tecnológico não podem constituir um obstáculo ao exercício normal pelos beneficiários das utilizações livres e permitidas, previstas no nº 2 do artigo 75º, no artigo 81º, no artigo 82º-B, no nº 4 do artigo 152º e no nº 1 do artigo 189º.

2 – Está interdita a aplicação de medidas eficazes de carácter tecnológico a obras no domínio público, a novas edições de obras no domínio público e a obras editadas por entidades públicas ou com financiamento público.

3 – A protecção jurídica concedida pelo presente Código não abrange as situações em que se verifique, em resultado de omissão de conduta, que uma medida eficaz de carácter tecnológico impede ou restringe o uso ou a fruição livre de uma obra por parte de um beneficiário que tenha legalmente acesso ao bem protegido, ou que tenha sido aplicada sem autorização do titular de direitos de autor ou de direitos conexos.

4 – Para a resolução de litígios sobre a matéria em causa, é competente a Comissão de Mediação e Arbitragem, criada pela Lei 83/2001, de 3 de Agosto, de cujas decisões cabe recurso para o Tribunal da Relação, com efeito meramente devolutivo.

5 – O incumprimento das decisões da Comissão de Mediação e Arbitragem pode dar lugar à aplicação do disposto no artigo 829º-A do Código Civil.

6 – A tramitação dos processos previstos no número anterior tem a natureza de urgente, de modo a permitir a sua conclusão no prazo máximo de três meses.

7 – O regulamento de funcionamento da Comissão de Mediação e Arbitragem assegura os princípios da igualdade processual das partes e do contraditório e define as regras relativas à fixação e pagamento dos encargos devidos a título de preparos e custas dos processos.

8 – (Revogado)

ANOTAÇÃO

I. O artigo 221 do CDADC de 1985 trata da interacção entre as medidas tecnológicas e as excepções e limitações, matéria que a nível comunitário é regida pelo artigo 6 (4) da Directiva sobre a Sociedade da Informação, o qual prevê, *inter alia*, que os titulares de direitos tomem medidas voluntárias para garantir a convivência harmoniosa entre as mesmas.

Dadas as alterações legislativas introduzidas pela Lei 36/2017 e pela Lei 92/2019, há que ter em mente o preceituado no artigo 6 da Directiva sobre a Sociedade da Informação no seu todo. *Vide* para esse efeito a anotação ao artigo 217 (1) do CDADC de 1985.

Lembremos aqui, pelo menos, que o primeiro parágrafo do artigo 6 (4) dessa directiva, não obstante a protecção jurídica conferida contra a neutralização de medidas tecnológicas, pretende garantir o funcionamento de certas excepções ou limitações (que denominaremos de «excepções ou limitações privilegiadas»).

Como tal, o artigo 6 (4) da Directiva sobre a Sociedade da Informação elenca, de forma taxativa tais excepções ou limitações privilegiadas. Prevendo o artigo 5 da Directiva sobre a Sociedade da Informação vinte e uma excepções e limitações, o artigo 6 (4) apenas acautela o funcionamento de sete. Consequentemente, as excepções e limitações que não são ressalvadas pelo artigo 6 (4) podem, à luz da lei comunitária, ser neutralizadas através da utilização de medidas tecnológicas para defesa do direito de autor.

Passando a lei doméstica, na sua anterior redacção afirmava o artigo 221 (1) do CDADC de 1985 que as medidas eficazes de carácter tecnológico não deviam constituir um obstáculo ao exercício normal pelos beneficiários das utilizações livres previstas nos artigos 75 (2) (a), (e), (f), (i), (n), (p), (q), (r), (s) e (t), 81 (b), 152 (4) e 189 (1) (a), (c), (d), e (e).

A actual redacção, decorrente da alteração legislativa introduzida pela Lei 36/2017, é ainda mais abrangente, havendo que concluir, como se fez em relação ao artigo 217 (3) do CDADC de 1985 (*vide* respectiva anotação), que também aqui a alteração legislativa introduzida pela Lei 36/2017 vai muito para além do permitido pelo artigo 6 (4) da Directiva sobre a Sociedade de Informação, afastando a tutela das medidas tecnológicas que impeçam ou restrinjam as utilizações livres praticamente no seu todo e não apenas das que impeçam ou restrinjam o exercício de excepções ou limitações privilegiadas.

II. Na sua anterior redacção dizia o artigo 221 (2) do CDADC de 1985, que os titulares de direitos deviam adoptar adequadas medidas voluntárias, como o estabelecimento e aplicação de acordos entre titulares ou seus representantes e os utilizadores interessados.

A actual redacção do artigo 221 (2) do CDADC de 1985, decorrente da alteração legislativa introduzida pela Lei 36/2017, abandona por completo o conceito de «medidas voluntárias», conceito esse presente no artigo 6 (4) da Directiva sobre a Sociedade da Informação. *Vide* anotação ao artigo 217 (1) do CDADC de 1985.

Ao invés, proíbe, de forma incisiva, em nome do interesse público, a aplicação de medidas eficazes de carácter tecnológico a obras no domínio público, a novas edições de obras no domínio público e a obras editadas por entidades públicas ou com financiamento público.

Esta alteração legislativa pode ser vista como uma «medida adequada» à sombra do artigo 6 (4) da Directiva sobre a Sociedade de Informação, que, conforme acima se explanou (*vide* anotação ao artigo 217 (1) do CDADC de 1985) dita que na falta de medidas ou acordos voluntários, dentro de um período de tempo razoável os Estados Membros têm a obrigação de tomar «medidas adequadas» para assegurar que os titulares de direitos fornecem aos beneficiários das excepções ou limitações privilegiadas meios adequados que lhes permitam beneficiar das mesmas.

A referida alteração legislativa encontra-se também em conformidade com o artigo 6 (3) da Directiva sobre a Sociedade de Informação.

Com efeito tal preceito tutela as medidas tecnológicas utilizadas no exercício de um direito de autor ou conexo, assim como as medidas utilizadas para controlar o acesso a conteúdos protegidos, mas que não estende tal proteccção a conteúdos não protegidos (como sucede às obras que se encontram no domínio público), permitindo o afastamento da aplicação de medidas eficazes de carácter tecnológico a obras no domínio público e a novas edições de obras no domínio público.

Mais, o artigo 6 (3) da Directiva sobre a Sociedade da Informação apenas protege as medidas tecnologias que se destinam a impedir ou restringir actos executados em relação a obras que careçam da autorização dos titulares de direitos relevantes. Ora, se o Estado for o titular de direitos relevante, tem o direito de não requerer autorização para o uso das obras em causa, bem como o direito de de afastar a aplicação de medidas eficazes de carácter tecnológico a tais obras.

III. O artigo 221 (3) do CDADC de 1985, na sua anterior redacção, estabelecia, de forma inovadora, que perante a ausência das «mediadas voluntárias» (referidas no artigo 221 (2) do CDADC de 1985 na sua anterior redacção), se uma medida eficaz de carácter tecnológico impedisse ou restringisse o uso ou a fruição de uma excepção ou limitação por parte de um beneficiário que tivesse legalmente acesso ao bem protegido, o lesado podia solicitar à Inspecção-Geral das Actividades Culturais o acesso aos meios depositados.

A actual redacção do artigo 221 (2) do CDADC de 1985, decorrente da alteração legislativa introduzida pela Lei 36/2017, abandona a referência à Inspecção-Geral das Actividades Culturais e ao referido recurso a meios depositados junto de tal entidade.

Afirma, sim, não tutelar qualquer medida eficaz de carácter tecnológico que impeça ou restrinja o uso ou a fruição livre de uma obra por parte de um beneficiário que tenha legalmente acesso ao bem protegido, ou que tenha sido aplicada sem autorização do titular de direitos de autor ou de direitos conexos.

A actual redacção pode ser vista como uma «medida adequada» à sombra do artigo 6 (4) da Directiva sobre a Sociedade de Informação, que, conforme acima se explanou (*vide* anotação ao número 2 deste artigo) mas mais uma vez há que concluir, como se fez em relação ao artigo 217 (3) do CDADC de 1985 (*vide* respectiva anotação), que também aqui a alteração legislativa introduzida pela Lei 36/2017 vai para além do permitido pelo artigo 6 (4) da Directiva sobre a Sociedade de Informação, afastando a tutela das medidas tecnológicas que impeçam ou restrinjam as utilizações livres praticamente no seu todo e não apenas as que impeçam ou restrinjam o exercício de excepções ou limitações privilegiadas.

IV. Para a resolução dos litígios sobre esta matéria, é competente a Comissão de Mediação e Arbitragem, de cujas decisões cabe recurso para o Tribunal da Relação, com efeito meramente devolutivo (artigo 221 (4) do CDADC de 1985).

V. O artigo 221 (5) do CDADC de 1985 remete para o artigo 829-A do Código Civil, em caso de incumprimento das decisões da Comissão de Mediação e Arbitragem.

VI. Por uma questão de interesse público, uma vez que está em causa o impedimento ou restrição indesejável de uma excepção ou limitação, o artigo 221 (6) do CDADC de 1985 determina que os processos previstos no número anterior têm de estar concluídos no prazo máximo de três meses.

VII. Por sua vez, o artigo 221 (7) do CDADC de 1985, faz referência ao regulamento de funcionamento da Comissão de Mediação e Arbitragem.

Artigo 222º – Excepção

O disposto no artigo anterior não se aplica às obras, prestações ou produções protegidas disponibilizadas ao público na sequência de acordo entre titulares e utilizadores, de tal forma que a pessoa possa aceder a elas a partir de um local e num momento por ela escolhido.

ANOTAÇÃO

O quarto parágrafo do artigo 6 (4) da Directiva sobre a Sociedade da Informação cria uma excepção à interacção entre a protecção das medidas tecnológicas e a protecção de certas excepções e limitações traçada no artigo 6 (4).

Assim, as regras contidas no primeiro e segundo parágrafos do artigo 6 (4) da referida directiva não são aplicáveis quando os conteúdos protegidos pelo direito de autor são disponibilizados na Internet a pedido dos utilizadores e ao abrigo de condições contratuais acordadas (incluindo, presumivelmente, licenças contratuais não negociadas). Quando assim é, as vinte e uma excepções e limitações previstas no artigo 5 dessa directiva podem ser neutralizadas por meio de medidas tecnológicas.

Explana o considerando quinquagésimo terceiro da Directiva sobre a Sociedade da Informação que «[a] protecção das medidas de carácter tecnológico deverá garantir um ambiente seguro para a prestação de serviços interactivos a pedido, por forma a que o público possa ter acesso às obras ou a outros materiais no momento e no local escolhidos pelo mesmo. No caso de estes serviços serem regidos por condições contratuais, o disposto nos primeiro e segundo números do artigo 6 (4) não é aplicável. As formas de utilização em linha não interactiva continuam sujeitas àquelas disposições.»

O regime acima disposto não se aplica, pois, às obras e prestações protegidas, disponibilizadas a pedido do utilizador (artigo 222 do CDADC de 1985).

Artigo 223º – Informação para a gestão electrónica de direitos

1 – É assegurada protecção jurídica, nos termos previstos neste Código, aos titulares de direitos de autor e conexos, bem como ao titular do direito sui generis previsto no Decreto-Lei 122/2000, de 4 de Julho, com a excepção dos programas de computador, contra a violação dos dispositivos de informação para a gestão electrónica dos direitos.

2 – Para efeitos do disposto no número anterior, por «informação para a gestão electrónica dos direitos», entende-se toda a informação prestada pelos titulares dos direitos que identifique a obra, a prestação e a produção protegidas a informação sobre as condições de utilização destes, bem como quaisquer números ou códigos que representem essa informação.

3 – A protecção jurídica incide sobre toda a informação para a gestão electrónica dos direitos» presente no original ou nas cópias das obras, prestações e produções protegidas ou ainda no contexto de qualquer comunicação ao público.

ANOTAÇÃO

I. O artigo 7 da Directiva sobre a Sociedade da Informação tem como premissa (i) que a disponibilização de obras e prestações a pedido do utilizador requer a identificação das mesmas e dos respectivos titulares de direitos, bem como o fornecimento de informação acerca das condições de utilização, no sentido de facilitar a gestão dos direitos em causa e (ii) a possibilidade de tal informação ser retirada ou alterada, de forma ilícita, de obras e prestações e de as mesmas serem disseminadas sem a necessária informações para a gestão de direitos ou com informação errónea. Por isso, o artigo 7 institui obrigações em relação a informações para a gestão de direitos.

Em conformidade com esse preceito, o artigo 223 (1) do CDADC de 1985, tutela os titulares de direitos de autor e conexos, bem como o titular do direito *sui generis* sobre uma base de dados (mas não dos programas de computador) contra a violação de dispositivos para a gestão electrónica desses direitos.

II. Seguindo o artigo 7 (2) da Directiva sobre a Sociedade da Informação, o artigo 223 (2) do CDADC de 1985 entende como informação para a gestão electrónica dos direitos, «toda a informação prestada pelos titulares dos direitos, que identifique a obra, a prestação e a produção protegidas, a informação sobre as condições de utilização destes, bem como quaisquer números ou códigos que representem essa informação.»

III. O artigo 223 (3) do CDADC de 1985 marca as fronteiras da protecção jurídica em causa, decretando que se encontra presente tanto nos originais e cópias das obras e prestações protegidas, como no âmbito de qualquer comunicação ao público.

Artigo 224º – Tutela penal

1 – Quem, não estando autorizado, intencionalmente, sabendo ou tendo motivos razoáveis para o saber, pratique um dos seguintes actos:

a) Suprima ou altere qualquer informação para a gestão electrónica de direitos;

b) Distribua, importe para distribuição, emita por radiodifusão, comunique ou ponha à disposição do público obras, prestações ou produções protegidas, das quais tenha sido suprimida ou alterada, sem autorização, a informação para a gestão electrónica dos direitos, sabendo que em qualquer das situações indicadas está a provocar, permitir, facilitar ou dissimular a violação de direitos de propriedade intelectual;

é punido com pena de prisão até 1 ano ou com pena de multa até 100 dias.

2 – A tentativa é punível com multa até 25 dias.

ANOTAÇÃO

I & II. O artigo 7 (1) da Directiva sobre a Sociedade da Informação proíbe (i) a supressão ou modificação de informação para a gestão electrónica de direitos, bem como as actividades que facilitem tais actos (incluindo a disseminação de obras e prestações das quais tenham sido suprimidas ou alteradas, sem autorização, informação electrónicas para a gestão dos direitos) (ii) restringindo o escopo dessa proibição, em ambos os casos, a pessoas que saibam ou que devam razoavelmente saber que é esse o seu objectivo.

A nossa lei contém proibição equivalente, prevendo uma pena de prisão ou de multa em caso de incumprimento (artigo 224 (1) do CDADC de 1985) e apenas de multa em caso de tentativa (artigo 224 (2) do CDADC de 1985).

Artigo 225º – Apreensão e perda de coisas

1 – Relativamente aos crimes previstos nos artigos anteriores, podem ser aplicadas as seguintes penas acessórias:

a) A perda dos instrumentos usados na prática dos crimes, incluindo o lucro ilícito obtido;

b) A inutilização e, caso necessário, a destruição dos instrumentos, dispositivos, produtos e serviços cujo único uso sirva para facilitar a supressão ou neutralização, não autorizadas, das medidas eficazes de carácter tecnológico, ou que permita a supressão ou modificação, não autorizadas, da informação para a gestão electrónica de direitos.

2 – O destino dos bens apreendidos é fixado na sentença final.

ANOTAÇÃO

I. O artigo 225 (1) do CDADC de 1985 segue o artigo 8 (2) da Directiva sobre a Sociedade da Informação, ao possibilitar a apreensão de bens ilícitos, a título de sanção acessória, em caso de neutralização de medidas de carácter tecnológico, supressão ou modificação de informação para a gestão electrónica dos direitos ou facilitação de tais actividades, nos termos dos artigos 218-218 e 224 do CDADC de 1985 (*vide* respectivas anotações).

II. A sentença final poderá decretar a perda, inutilização ou destruição dos bens em causa (artigo 225 (2) do CDADC de 1985).

Artigo 226º – Responsabilidade civil

A responsabilidade civil emergente da violação dos direitos previstos nos artigos anteriores, é independente do procedimento criminal a que esta dê origem, podendo, contudo, ser exercida em conjunto com a acção penal.

ANOTAÇÃO

O artigo 226 do CDADC de 1985 segue o artigo 8 (2) da Directiva sobre a Sociedade da Informação, ao prever a emergência de responsabilidade civil na sequência da neutralização de medidas de carácter tecnológico, supressão ou modificação de informação para a gestão electrónica dos direitos ou facilitação de tais actividades (*vide* anotações aos artigos 218 e 224 do CDADC de 1985).

Autoriza-se tanto a independência como interdependência das acções civil e criminal.

Artigo 227º – Procedimentos cautelares

1 – Os titulares de direitos podem, em caso de violação dos mesmos ou quando existam fundadas razões de que esta se vai produzir de modo iminente, requerer ao Tribunal o decretamento das medidas cautelares previstas na lei geral, e que, segundo as circunstâncias, se mostrem necessárias para garantir a protecção urgente do direito.

2 – O disposto no número anterior aplica-se no caso em que os intermediários, a que recorra um terceiro para infringir um direito de autor ou direitos conexos, possam ser destinatários das medidas cautelares previstas na lei geral, sem prejuízo da faculdade de os titulares de direitos notificarem, prévia e directamente, os intermediários dos factos ilícitos, em ordem à sua não produção ou cessação de efeitos.

ANOTAÇÃO

I. O artigo 227 (1) do CDADC de 1985 segue o artigo 8 (2)-(3) da Directiva sobre a Sociedade da Informação, ao autorizar o interessado a requerer o decretamento das medidas cautelares previstas na lei geral e ao mandar aplicar tais medidas contra intermediários cujos serviços sejam utilizados por terceiros em sede de violação de medidas de carácter tecnológico ou de informação para a gestão electrónica dos direitos (*vide* anotações aos artigos 218 e 224 do CDADC de 1985).

II. Note-se que o artigo 227 (2) do CDADC de 1985 confere aos titulares de direitos a faculdade de notificarem, prévia e directamente, os intermediários relevantes com vista a impedir ou fazer cessar a respectiva actividade ilícita.

Artigo 228º – Tutela por outras disposições legais

A tutela instituída neste Código não prejudica a conferida por regras de diversa natureza relativas, nomeadamente, às patentes, marcas registadas, modelos de utilidade, topografias de produtos semicondutores, caracteres tipográficos, acesso condicionado, acesso ao cabo de serviços de radiodifusão, protecção dos bens pertencentes ao património nacional, depósito legal, à legislação sobre acordos, decisões ou práticas concertadas entre empresas e à concorrência desleal, ao segredo comercial, segurança, confidencialidade, à protecção dos dados pessoais e da vida privada, ao acesso aos documentos públicos e ao direito dos contratos.

ANOTAÇÃO

O artigo 228 do CDADC de 1985 segue o artigo 9 da Directiva sobre a Sociedade da Informação, salvaguardando a tutela por via de outras disposições legais atinentes, nomeadamente, à propriedade industrial, à protecção dos dados, ao acesso condicionado e ao acesso aos documentos públicos.

Disposições finais

Artigo 229º – Litígios

A resolução de qualquer litígio que não incida sobre direitos indisponíveis, surgido na aplicação das disposições do presente Código, pode ser sujeita pelas partes a arbitragem, nos termos da lei geral.

ANOTAÇÃO

O artigo 229 do CDADC de 1985 prevê a possibilidade de resolver litígios através do recurso à arbitragem. *Vide* Lei 63/2011, de 14 de Dezembro, que aprova a Lei da Arbitragem Voluntária.

DIPLOMAS INTEGRANTES

DL nº 252/94, de 20 de Outubro

Programas de Computador

O presente diploma transpõe para a ordem jurídica interna a Directiva nº 91/250/CEE, do Conselho, de 14 de Maio, relativa à protecção jurídica dos programas de computador.

De acordo com a melhor técnica decidiu-se criar um diploma próprio onde se condensem todas as normas específicas de protecção dos programas de computador, ao invés de se proceder a alterações no Código do Direito de Autor e dos Direitos Conexos.

Na verdade, os conceitos nucleares de protecção dos programas de computador transportam novas realidades que não são facilmente subsumíveis às existentes no direito de autor, muito embora a equiparação a obras literárias possa permitir, pontualmente, uma aproximação.

A transposição obedece também à consideração de que o ordenamento jurídico interno contém normas e princípios efectivos, com consagração no direito objectivo, que tornam dispensável uma mera tradução.

Assim:

No uso da autorização legislativa concedida pela Lei 21/94, de 17 de Junho, e nos termos das alíneas *a)* e *b)* do nº 1 do artigo 201º da Constituição, o Governo decreta o seguinte:

Artigo 1º – Âmbito

1 – O presente diploma transpõe para a ordem jurídica interna a Directiva nº 91/250/CEE, do Conselho, de 14 de Maio, relativa à protecção jurídica dos programas de computador.

2 – Aos programas de computador que tiverem carácter criativo é atribuída protecção análoga à conferida às obras literárias.

3 – Para efeitos de protecção, equipara-se ao programa de computador o material de concepção preliminar daquele programa.

Artigo 2º – Objecto

1 – A protecção atribuída ao programa de computador incide sobre a sua expressão, sob qualquer forma.

2 – Esta tutela não prejudica a liberdade das ideias e dos princípios que estão na base de qualquer elemento do programa ou da sua interoperabilidade, como a lógica, os algoritmos ou a linguagem de programação.

Artigo 3º – Autoria

1 – Aplicam-se ao programa de computador as regras sobre autoria e titularidade vigentes para o direito de autor.

2 – O programa que for realizado no âmbito de uma empresa presume-se obra colectiva.

3 – Quando um programa de computador for criado por um empregado no exercício das suas funções, ou segundo instruções emanadas do dador de trabalho, ou por encomenda, pertencem ao destinatário do programa os direitos a ele relativos, salvo estipulação em contrário ou se outra coisa resultar das finalidades do contrato.

4 – As regras sobre atribuição do direito ao programa aplicam-se sem prejuízo do direito a remuneração especial do criador intelectual quando se verificarem os pressupostos das alíneas *a)* e *b)* do nº 4 do artigo 14º do Código do Direito de Autor e dos Direitos Conexos.

5 – O nº 2 do artigo 15º daquele Código não é aplicável no domínio dos programas de computador.

Artigo 4º – Duração

Revogado pelo DL nº 334/97, 27 de Novembro

Artigo 5º – Reprodução e transformação

O titular do programa pode fazer ou autorizar:

a) A reprodução, permanente ou transitória, por qualquer processo ou forma, de todo ou de parte do programa;

b) Qualquer transformação do programa e a reprodução do programa derivado, sem prejuízo dos direitos de quem realiza a transformação.

Artigo 6º – Direitos do utente

1 – Não obstante o disposto no artigo anterior, todo o utente legítimo pode, sem autorização do titular do programa:

a) Pro*vid*enciar uma cópia de apoio no âmbito dessa utilização;

b) Observar, estudar ou ensaiar o funcionamento do programa, para determinar as ideias e os princípios que estiverem na base de algum dos seus elementos, quando efectuar qualquer operação de carregamento, visualização, execução, transmissão ou armazenamento.

2 – É nula qualquer estipulação em contrário ao disposto no número anterior.

3 – O utente legítimo de um programa pode sempre, para utilizar o programa ou para corrigir erros, carregá-lo, visualizá-lo, executá-lo, transmiti-lo e armazená-lo, mesmo se esses actos implicarem operações previstas no artigo anterior, salvo estipulação contratual referente a algum ponto específico.

Artigo 7º – Descompilação

1 – A descompilação das partes de um programa necessárias à interoperabilidade desse programa de computador com outros programas é sempre lícita, ainda que envolva operações previstas nos artigos anteriores, quando for a via indispensável para a obtenção de informações necessárias a essa interoperabilidade.

2 – Têm legitimidade para realizar a descompilação o titular da licença de utilização ou outra pessoa que possa licitamente utilizar o programa, ou pessoas por estes autorizadas, se essas informações não estiverem já fácil e rapidamente disponíveis.

3 – É nula qualquer estipulação em contrário ao disposto nos números anteriores.

4 – As informações obtidas não podem:

a) Ser utilizadas para um acto que infrinja direitos de autor sobre o programa originário;

b) Lesar a exploração normal do programa originário ou causar um prejuízo injustificado aos interesses legítimos do titular do direito;

c) Ser comunicadas a outrem quando não for necessário para a interoperabilidade do programa criado independentemente.

5 – O programa criado nos termos da alínea *c)* do número anterior não pode ser substancialmente semelhante, na sua expressão, ao programa originário.

Artigo 8º – Direito de pôr em circulação

1 – O titular do programa de computador tem o direito de pôr em circulação originais ou cópias desse programa e o direito de locação dos exemplares.

2 – Qualquer acto de disposição produz o esgotamento do direito de pôr em circulação, mas não afecta a subsistência do direito de locação do programa.

Artigo 9º – Direitos do titular originário

1 – São ainda garantidos ao titular originário do programa o direito à menção do nome no programa e o direito à reivindicação da autoria deste.

2 – Se o programa tiver um criador intelectual individualizável, cabe-lhe, em qualquer caso, o direito a ser reconhecido como tal e de ter o seu nome mencionado no programa.

Artigo 10º – Limites

1 – Sempre que forem compatíveis, são aplicáveis aos programas de computador os limites estabelecidos para o direito de autor, nomeadamente os constantes do artigo 75º do Código do Direito de Autor e dos Direitos Conexos, mas o uso privado só será admitido nos termos do presente diploma.

2 – É livre a análise de programas como objecto de pesquisa científica ou de ensino.

3 – São aplicáveis aos programas de computador as utilizações permitidas em benefício de pessoas cegas, com deficiência visual ou com outras dificuldades de acesso a textos impressos, previstas no artigo 82º-B do Código de Direito de Autor e dos Direitos Conexos.

Artigo 11º – Autonomia privada

1 – Os negócios relativos a direitos sobre programas de computador são disciplinados pelas regras gerais dos contratos e pelas disposições dos contratos típicos em que se integram ou com que ofereçam maior analogia.

2 – São aplicáveis a estes negócios as disposições dos artigos 40º, 45º a 51º e 55º do Código do Direito de Autor e dos Direitos Conexos.

3 – As estipulações contratuais são sempre entendidas de maneira conforme à boa fé e com o âmbito justificado pelas finalidades do contrato.

Artigo 12º – Registo

É admitida a inscrição do programa no registo da propriedade literária, para efeitos daquele registo.

Artigo 13º – Apreensão

1 – Aplicam-se à apreensão de cópias ilícitas de programas de computador as disposições relativas à apreensão de exemplares contrafeitos em matéria de direito de autor.

2 – Podem igualmente ser apreendidos dispositivos em comercialização que tenham por finalidade exclusiva facilitar a supressão não autorizada ou a neutralização de qualquer salvaguarda técnica eventualmente colocada para proteger um programa de computador.

3 – O destino dos objectos apreendidos será determinado na sentença final.

Artigo 14º – Tutela penal

1 – Um programa de computador é penalmente protegido contra a reprodução não autorizada.

2 – É aplicável ao programa de computador o disposto no nº 1 do artigo 9º da Lei 109/91, de 17 de Agosto.

Artigo 15º – Tutela por outras disposições legais

A tutela instituída pelo presente diploma não prejudica a vigência de regras de diversa natureza donde possa resultar uma protecção do programa, como as emergentes da disciplina dos direitos de patente, marcas, concorrência desleal, segredos comerciais e das topografias dos semicondutores ou do direito dos contratos.

Artigo 16º – Vigência

1 – A protecção dos programas de computador inicia-se na data da entrada em vigor do presente diploma, mas os programas anteriormente criados são protegidos durante o tempo que gozariam ainda de protecção se esta lei fosse já vigente ao tempo da sua criação.

2 – A aplicação do presente diploma não prejudica os contratos concluídos nem os direitos adquiridos antes da sua entrada em vigor, mas as regras sobre a invalidade das estipulações aplicam-se também a estes contratos.

Artigo 17º – Tutela internacional

1 – A tutela internacional é subordinada à reciprocidade material.

2 – Na medida em que assim for estabelecido por convenção internacional, aplica-se o princípio do tratamento nacional.

3 – Os programas que nos países de origem respectivos tiverem tombado no domínio público não voltam a ser protegidos.

4 – É considerado autor quem assim for qualificado pela lei do país de origem respectivo; em caso de colisão de qualificações aplica-se a lei que se aproxime mais da lei portuguesa.

Visto e aprovado em Conselho de Ministros de 1 de Setembro de 1994. – Aníbal António Cavaco Silva – Álvaro José Brilhante Laborinho Lúcio.

Promulgado em 7 de Outubro de 1994.

Publique-se.

O Presidente da República, Mário Soares.

Referendado em 10 de Outubro de 1994.

O Primeiro-Ministro, Aníbal António Cavaco Silva.

DL nº 332/97, de 27 de Novembro

Aluguer e Comodato

O presente diploma opera a transposição para a ordem portuguesa da Directiva comunitária nº 92/100/CEE, do Conselho, de 19 de Novembro de 1992, relativa ao direito de aluguer, ao direito de comodato e a certos direitos conexos ao direito de autor.

No sentido de tornar certo e claro o regime jurídico do direito de autor, optou-se, na medida do possível, por introduzir a matéria da directiva comunitária nos preceitos e lugares próprios do Código do Direito de Autor e dos Direitos Conexos.

Evitou-se a introdução de alterações profundas no corpo dos normativos do Código, por se entender que a revisão deste, se bem que necessária, representa um trabalho a realizar num horizonte de tempo mais longo.

O presente diploma introduz o direito de comodato aplicável às obras protegidas pelo direito de autor, mas o seu acolhimento na ordem jurídica portuguesa é feito dentro dos limites admitidos na legislação comunitária e no respeito pela específica situação cultural e de desenvolvimento do País e das medidas e orientações de política cultural daí decorrentes.

Assim:

No uso da autorização legislativa concedida pela alínea *a)* do artigo 2º da Lei 99/97, de 3 de Setembro, e nos termos da alínea *b)* do nº 1 do artigo 198º da Constituição, o Governo decreta o seguinte:

Artigo 1º – Objecto

O presente diploma transpõe para a ordem jurídica interna o disposto na Directiva nº 92/100/CEE, do Conselho, de 19 de Novembro de 1992, relativa ao direito de aluguer, ao direito de comodato e a certos direitos conexos ao direito de autor em matéria de propriedade intelectual.

Artigo 2º – Alteração

A alínea *f)* do nº 2 do artigo 68º do Código do Direito de Autor e dos Direitos Conexos, aprovado pelo Decreto-Lei 63/85, de 14 de Março, e alterado pelas Leisnºs 45/85, de 17 de Setembro, e 114/91, de 3 de Setembro, adiante designado por Código, passa a ter a seguinte redacção:

f) Qualquer forma de distribuição do original ou de cópias da obra, tal como venda, aluguer ou comodato.

Artigo 3º

Para efeitos do disposto na alínea *f)* do nº 2 do artigo 68º do Código entende-se por:

a) 'Venda', o acto de colocar à disposição do público, para utilização, o original ou cópias da obra, sem limite de tempo e com benefícios comerciais directos ou indirectos;

b) 'Aluguer', o acto de colocar à disposição do público, para utilização, o original ou cópias da obra, durante um período de tempo limitado e com benefícios comerciais directos ou indirectos;

c) 'Comodato', o acto de colocar à disposição do público, para utilização, o original ou cópias da obra, durante um período de tempo limitado e sem benefícios económicos ou comerciais directos ou indirectos, quando efectuado através de estabelecimento acessível ao público, à excepção do empréstimo interbibliotecas, da consulta presencial de documentos no estabelecimento e da transmissão de obras em rede.

Artigo 4º – Disposição comum ao aluguer e comodato

1 – Os direitos de aluguer e de comodato não se esgotam com a venda ou qualquer outro acto de distribuição do original ou de cópias da obra.

2 – As obras de arquitectura e de artes aplicadas não são objecto dos direitos de aluguer e de comodato.

Artigo 5º – Direito de aluguer

1 – Sempre que o autor transmita ou ceda o direito de aluguer relativo a um fonograma, videograma ou ao original ou cópia de um filme a um produtor de fonogramas ou de filmes, é-lhe reconhecido um direito irrenunciável a remuneração equitativa pelo aluguer.

2 – Para os efeitos do disposto no número anterior, o produtor é responsável pelo pagamento da remuneração, a qual, na falta de acordo, será fixada por via arbitral, nos termos da lei.

Artigo 6º – Direito de comodato

1 – O autor tem direito a remuneração no caso de comodato público do original ou de cópias da obra.

2 – O proprietário do estabelecimento que coloca à disposição do público o original ou as cópias da obra é responsável pelo pagamento da remuneração, a qual, na falta de acordo, será fixada por via arbitral, nos termos da lei.

3 – O disposto neste artigo não se aplica às bibliotecas públicas da Administração Central, Regional e Local, escolares e universitárias.

4 – É aplicável ao comodato, com as necessárias adaptações, o disposto no artigo 82º-B do Código de Direito de Autor e dos Direitos Conexos.

Artigo 7º – Extensão aos titulares de direitos conexos

1 – O direito de distribuição, incluindo os direitos de aluguer e comodato, é igualmente reconhecido:

a) Ao artista intérprete ou executante, no que respeita à fixação da sua prestação;

b) Ao produtor de fonogramas, no que respeita aos seus fonogramas;

c) Ao produtor das primeiras fixações de um filme, no que respeita ao original e às cópias desse filme.

2 – Os direitos previstos no número anterior não se esgotam com a venda ou qualquer outro acto de distribuição dos objectos referidos.

3 – Para além do disposto nos números anteriores, é ainda reconhecido ao produtor das primeiras fixações de um filme o direito de autorizar a reprodução do original e das cópias desse filme.

4 – Para os efeitos do disposto no presente diploma, entende-se por 'filme' a obra cinematográfica, a obra audiovisual e toda e qualquer sequência de imagens animadas, acompanhadas ou não de sons.

Artigo 8º – Presunção de cessão

A celebração de um contrato de produção de filme entre artistas intérpretes ou executantes e o produtor faz presumir, salvo disposição em contrário, a cessão em benefício deste do direito de aluguer do artista, sem prejuízo do direito irrenunciável a uma remuneração equitativa pelo aluguer, nos termos do nº 2 do artigo 5º

Artigo 9º – Alteração

O artigo 187º do Código passa a ter a seguinte redacção

1 – Os organismos de radiodifusão gozam do direito de autorizar ou proibir:

a) A retransmissão das suas emissões por ondas radioeléctricas;

b) A fixação em suporte material das suas emissões, sejam elas efectuadas com ou sem fio;

c) A reprodução da fixação das suas emissões, quando estas não tiverem sido autorizadas ou quando se tratar de fixação efémera e a reprodução visar fins diversos daqueles com que foi feita;

d) A comunicação ao público das suas emissões, quando essa comunicação é feita em lugar público e com entradas pagas.

2 – Ao distribuidor por cabo que se limita a efectuar a retransmissão de emissões de organismos de radiodifusão não se aplicam os direitos previstos neste artigo.

Artigo 10º – Ressalva dos direitos dos autores

A protecção dos direitos conexos ao abrigo deste diploma não afecta nem prejudica a protecção dos direitos de autor.

Artigo 11º – Âmbito de aplicação no tempo

1 – O presente diploma produz efeitos desde 1 de Julho de 1994, sem prejuízo dos actos de exploração e dos contratos anteriores a esta data.

2 – Em relação aos contratos referidos na parte final do número anterior, o direito a uma remuneração equitativa, prevista no nº 1 do artigo 5º e no artigo 8º, só será aplicável se os autores ou os artistas intérpretes ou executantes, por si ou através dos seus representantes, o exercerem até 1 de Janeiro de 1999.

Visto e aprovado em Conselho de Ministros de 18 de Setembro de 1997. – António Manuel de Oliveira Guterres – António Manuel de Carvalho Ferreira Vitorino – Maria Manuela de Brito Arcanjo Marques da Costa – José Eduardo Vera Cruz Jardim – Manuel Maria Ferreira Carrilho – José Mariano Rebelo Pires Gago.

Promulgado em 13 de Novembro de 1997.

Publique-se.

O Presidente da República, Jorge Sampaio.

Referendado em 17 de Novembro de 1997.

O Primeiro-Ministro, António Manuel de Oliveira Guterres.

DL nº 333/97, de 27 de Novembro

Radiodifusão por Satélite e Retransmissão por Cabo

O presente decreto-lei visa transpor para a ordem jurídica portuguesa a Directiva comunitária nº 93/83/CEE, de 27 de Setembro de 1993, do Conselho, que implica alterações ao Código do Direito de Autor e dos Direitos Conexos em matéria respeitante a determinadas disposições aplicáveis à radiodifusão por satélite e à retransmissão por cabo.

Assim:

No uso da autorização legislativa concedida pela alínea *b)* do artigo 2º da Lei 99/97, de 3 de Setembro, e nos termos da alínea *b)* do nº 1 do artigo 198º da Constituição, o Governo decreta o seguinte:

Artigo 1º – Objecto

O presente diploma transpõe para a ordem jurídica interna o disposto na Directiva nº 93/83/CEE, do Conselho, de 27 de Setembro de 1993, relativa à coordenação de determinadas disposições em matéria de direito de autor e direitos conexos aplicáveis à radiodifusão por satélite e à retransmissão por cabo.

Artigo 2º – Regime aplicável

As disposições sobre radiodifusão, constantes dos artigos 149º a 156º do Código do Direito de Autor e dos Direitos Conexos, aprovado pelo Decreto-Lei 63/85, de 14 de Março, e alterado pelas Leis nºs 45/85, de 17 de Setembro, e 114/91, de 3 de Setembro, aplicam-se à radiodifusão por satélite e à retransmissão por cabo, nos termos do presente diploma.

Artigo 3º – Definições

Para os efeitos do presente diploma:

a) Entende-se por «satélite» qualquer aparelho artificial colocado no espaço que permita a transmissão de sinais de radiodifusão destinados a ser captados pelo público;

b) Entende-se por «comunicação ao público por satélite» o acto de introdução, sob o controlo e a responsabilidade do organismo de radiodifusão, de sinais portadores de programas destinados a ser captados pelo público numa cadeia ininterrupta de comunicação conducente ao satélite e deste para a terra;

c) Entende-se por «retransmissão por cabo» a distribuição ao público, processada de forma simultânea e integral por cabo, de uma emissão primária de programas de televisão ou rádio destinados à recepção pelo público.

Artigo 4º – Comunicação por satélite

1 – A comunicação ao público por satélite só se verifica no lugar onde os sinais portadores do programa são introduzidos, sob o controlo e a responsabilidade do organismo de radiodifusão, numa cadeia ininterrupta de transmissão conducente ao satélite, e deste para a terra, com destino à captação pelo público.

2 – Se os sinais forem codificados, só há comunicação ao público por satélite se os meios de descodificação forem postos à disposição do público pelo organismo de radiodifusão ou com o seu consentimento.

Artigo 5º – Comunicação por satélite realizada em país terceiro

1 – Se for realizada uma comunicação ao público por satélite num país terceiro que não assegure a protecção exigida nos países da União Europeia, considera-se que essa comunicação ocorreu no país membro em que os sinais portadores do programa foram transmitidos ao satélite a partir de uma estação de ligação ascendente aí localizada.

2 – Se não for utilizada uma estação de ligação ascendente localizada num país da União Europeia, considera-se que a comunicação ao público por satélite ocorreu num país membro quando esta for feita por incumbência de um organismo de radiodifusão que tiver nesse país o seu estabelecimento principal.

3 – Nos casos previstos nosnºs 1 e 2, os direitos previstos neste diploma poderão ser exercidos contra a entidade que opere a estação de ligação ascendente ou contra o organismo de radiodifusão.

Artigo 6º – Autorização do autor

1 – A autorização de comunicar ao público por satélite constitui direito exclusivo do autor, a qual pode obter-se por contrato individual ou acordo colectivo.

2 – Os acordos coletivos tendo por objecto a comunicação por satélite, celebrados entre uma entidade de gestão do direito de autor e um organismo de televisão, relativa a obras musicais, com ou sem palavras, são extensivos aos titulares de direitos sobre essas obras não representados por essa entidade, desde que a comunicação se verifique em simultâneo com uma emissão terrestre pelo mesmo radiodifusor e esses titulares possam excluir a extensão do acordo às suas obras e exercer os seus direitos, individual ou coletivamente.

3 – O disposto no nº 2 não se aplica às obras cinematográficas ou produzidas por um processo semelhante ao destas.

Artigo 7º – Retransmissão por cabo

1 – O direito de autorizar ou proibir a retransmissão por cabo só pode ser exercido através de uma entidade de gestão colectiva do direito de autor, que se considera mandatada para gerir os direitos de todos os titulares, incluindo os que nela não estejam inscritos, sem prejuízo do disposto no artigo 8º quanto às emissões próprias dos organismos de radiodifusão.

2 – Os titulares de direitos referidos na parte final do nº 1 terão os mesmos direitos e obrigações resultantes do contrato celebrado entre o operador por cabo e a entidade de gestão aplicáveis aos membros desta, podendo reivindicá-los no prazo de três anos a contar da data da retransmissão por cabo do programa que inclui a sua obra.

3 – Na falta de acordo sobre a autorização da retransmissão por cabo, o litígio resolver-se-á por via arbitral, nos termos da lei.

Artigo 8º – Extensão aos titulares de direitos conexos

Aplicam-se aos artistas ou executantes, produtores de fonogramas e videogramas e organismos de radiodifusão, no respeitante à comunicação ao público por satélite das suas prestações, fonogramas, videogramas e emissões e à retransmissão por cabo, as disposições dos artigos 178º, 184º e 187º do Código do Direito de Autor e dos Direitos Conexos e, bem assim, dos artigos 6º e 7º do presente diploma.

Artigo 9º – Obrigação de negociar

1 – As entidades representativas dos vários interesses em presença estabelecerão as negociações e os acordos, no respeito pelo princípio da boa fé,

conducentes a assegurar que a retransmissão por cabo se processe em condições equilibradas e sem interrupções.

2 – As negociações mencionadas no número anterior não devem ser impedidas ou atrasadas pelas partes sem válida justificação.

Artigo 10º – Disposições transitórias

1 – Aos contratos de exploração de obras e outras prestações em vigor no dia 1 de Janeiro de 1995, cuja vigência ultrapasse o dia 1 de Janeiro de 2000, aplicar-se-á o disposto nos artigos 3º, 4º, 5º e 6º deste diploma.

2 – Nos contratos internacionais de co-produção celebrados antes do dia 1 de Janeiro de 1995 em que intervenha um produtor submetido à lei portuguesa e estiver estabelecida uma repartição entre co-produtores relativamente aos direitos de exploração por áreas geográficas para todos os meios de comunicação ao público, sem especializar o regime de radiodifusão por satélite, a autorização da comunicação ao público por satélite fica subordinada ao consentimento do co-produtor que tiver direito à exclusividade, nomeadamente linguística, num determinado território, se esta puder ficar prejudicada.

3 – Para efeitos da comunicação ao público por satélite, os direitos dos artistas intérpretes ou executantes, dos produtores de fonogramas e dos organismos de radiodifusão, para além do contemplado no Código do Direito de Autor e dos Direitos Conexos, são regulados pelas disposições do Decreto-Lei 332/97, de 27 de Novembro, que procedeu à transposição para a ordem jurídica interna da Directiva nº 92/100/CEE, do Conselho, de 19 de Novembro de 1992.

Artigo 11º – Produção de efeitos

O disposto no presente diploma produz efeitos desde 1 de Janeiro de 1995.

Visto e aprovado em Conselho de Ministros de 25 de Setembro de 1997 – António Manuel de Oliveira Guterres – António Manuel de Carvalho Ferreira Vitorino – António Luciano Pacheco de Sousa Franco – João Cardona Gomes Cravinho – José Eduardo Vera Cruz Jardim – Manuel Maria Ferreira Carrilho – José Mariano Rebelo Pires Gago.

Promulgado em 13 de Novembro de 1997.

Publique-se.

O Presidente da República, Jorge Sampaio.

Referendado em 17 de Novembro de 1997.

O Primeiro-Ministro, António Manuel de Oliveira Guterres.

Lei 82/2013, de 6 de Dezembro

Prazo de Protecção

Transpõe a Directiva nº 2011/77/UE do Parlamento Europeu e do Conselho, de 27 de Setembro, relativa ao prazo de protecção do direito de autor e de certos direitos conexos, e altera o Código do Direito de Autor e dos Direitos Conexos, aprovado pelo Decreto-Lei 63/85, de 14 de Março

A Assembleia da República decreta, nos termos da alínea *c)* do artigo 161º da Constituição, o seguinte:

Artigo 1º – Objecto

A presente lei transpõe para a ordem jurídica interna a Directiva nº 2011/77/UE do Parlamento Europeu e do Conselho, de 27 de Setembro de 2011, que altera a Directiva nº 2006/116/CE do Parlamento Europeu e do Conselho, de 12 de dezembro de 2006, relativa ao prazo de protecção do direito de autor e de certos direitos conexos, e altera o Código do Direito de Autor e dos Direitos Conexos, aprovado pelo Decreto-Lei 63/85, de 14 de Março.

Artigo 2º – Alteração ao Código do Direito de Autor e dos Direitos Conexos

O artigo 183º do Código do Direito de Autor e dos Direitos Conexos, aprovado pelo Decreto-Lei 63/85, de 14 de Março, passa a ter a seguinte redacção:

Artigo 183º
[...]

1. – ...

a) ...

b) Após a primeira fixação, pelo produtor, do videograma ou filme;

c) ...

2 – Se, no decurso do período referido no número anterior, o videograma ou filme protegidos forem objecto de publicação ou comunicação lícita ao público, o prazo de caducidade do direito é de 50 anos, após a data da primeira publicação ou da primeira comunicação ao público, consoante a que tiver ocorrido em primeiro lugar.

3 – Se a fixação da execução do artista intérprete ou executante num fonograma for objecto de publicação ou comunicação lícita ao público, o prazo de caducidade do direito é de 70 anos, após a data da primeira publicação ou da primeira comunicação ao público, consoante a que tiver ocorrido em primeiro lugar.

4 – Se o fonograma não tiver sido legalmente publicado ou não tiver sido legalmente comunicado ao público no decurso do prazo referido no nº 1, os direitos dos produtores de fonogramas caducam 70 anos após a data da primeira comunicação legal ao público.

5 – [Anterior nº 3]

6 – [Anterior nº 4]

Artigo 3º – Aditamento ao Código do Direito de Autor e dos Direitos Conexos

É aditado ao Código do Direito de Autor e dos Direitos Conexos, aprovado pelo Decreto-Lei 63/85, de 14 de Março, o artigo 183º-A, com a seguinte redacção:

Artigo 183º-A – Disponibilização de fonogramas pelo produtor

1 – Decorridos 50 anos após um fonograma ser licitamente publicado ou, na ausência desta publicação, ser licitamente comunicado ao público, se o produtor de fonogramas ou o cessionário dos respectivos direitos não colocarem cópias do fonograma à venda no mercado em quantidade suficiente, ou não o colocarem à disposição do público, em transmissão por fio ou sem fio, por forma a torná-lo acessível ao público a partir do local e no momento por ele escolhido individualmente, o artista intérprete ou executante pode resolver o contrato mediante o qual transferiu ou cedeu ao produtor de fonogramas os seus direitos sobre a fixação das suas prestações, apenas na parte respeitante aos fonogramas que reúnam tais condições.

2 – O direito de resolução contratual referido no número anterior é irrenunciável, podendo ser exercido caso o produtor ou o cessionário dos respectivos direitos, no prazo de um ano contado a partir da notificação pelo artista intérprete ou executante da sua vontade de resolver o contrato, não proceda

a um dos dois actos de exploração acima mencionados, fazendo desse modo caducar o direito do produtor ou cessionário dos respectivos direitos sobre o fonograma em causa.

3 – Caso um fonograma contenha a fixação das prestações de vários artistas intérpretes ou executantes, podem estes resolver os seus contratos de transferência ou cessão, salvaguardando o disposto no artigo 17º

4 – Caso um contrato de transferência ou cessão de direitos atribua ao artista intérprete ou executante o direito a uma remuneração não recorrente, tem este o direito irrenunciável de obter uma remuneração suplementar anual do produtor de fonogramas por cada ano completo imediatamente após o quinquagésimo ano subsequente ao fonograma ser licitamente publicado ou, na ausência desta publicação, após o quinquagésimo ano subsequente a ser licitamente comunicado ao público.

5 – O montante global destinado pelo produtor de fonogramas ao pagamento da remuneração suplementar anual referida nos números anteriores deve corresponder a 20 % das receitas por este recebidas no ano anterior ao ano relativamente ao qual a indicada remuneração é paga, pela reprodução, distribuição e colocação à disposição do público desses fonogramas, não sendo dedutíveis ao referido montante quaisquer adiantamentos ou outras deduções previstas no contrato.

6 – Os produtores de fonogramas e ou as entidades mandatadas para gerir os direitos estão obrigados a prestar aos artistas intérpretes ou executantes, mediante solicitação destes, todas as informações necessárias para assegurar a cobrança e distribuição da referida remuneração a fim de garantir o seu efectivo pagamento.

7 – O direito à obtenção da remuneração suplementar anual a que se referem osnºs 4 e 5 deve ser administrado por sociedades de gestão colectiva representativas dos interesses dos artistas intérpretes ou executantes.

Artigo 4º – Produção de efeitos

1 – As normas previstas na presente lei são aplicáveis a todas as fixações de prestações e a todas as produções de fonogramas ainda protegidas em 1 de novembro de 2013, bem como a fixações de prestações e a fonogramas produzidos posteriormente àquela data.

2 – O disposto no número anterior não prejudica os contratos nem quaisquer actos de exploração realizados antes da entrada em vigor da presente lei, nem os direitos entretanto adquiridos por terceiros.

Artigo 5º – Entrada em vigor

1 – A presente lei entra em vigor no dia seguinte ao da sua publicação.

2 – O disposto no número anterior não prejudica a produção de efeitos tal como estabelecidos no artigo 4º

Aprovada em 1 de novembro de 2013.
A Presidente da Assembleia da República, Maria da Assunção A. Esteves.
Promulgada em 28 de novembro de 2013.
Publique-se.
O Presidente da República, Aníbal Cavaco Silva.
Referendada em 29 de novembro de 2013.
O Primeiro-Ministro, Pedro Passos Coelho.

DL nº 122/2000, de 4 de Julho

Bases de Dados

O presente diploma transpõe para a ordem jurídica interna a Directiva do Parlamento Europeu e do Conselho nº 96/9/CE, de 11 de Março, relativa à protecção jurídica das bases de dados.

Na verdade, a harmonização da protecção jurídica das bases de dados traduz-se num mecanismo de desenvolvimento de um mercado da informação no seio da Comunidade Europeia, ao mesmo tempo que contribui para a eliminação de obstáculos à livre circulação de bens e de serviços.

No plano do direito interno, a aprovação de um regime específico para a protecção das bases de dados – não as integrando simplesmente no âmbito do Código do Direito de Autor e dos Direitos Conexos – permite a resolução de dúvidas quanto à natureza de algumas situações, bem como a consideração das especificidades de que esta matéria se reveste, seguindo assim a opção tomada pelo legislador quanto à protecção de programas de computador, prevista no Decreto-Lei 252/94, de 20 de Outubro.

No que respeita às soluções, adotou-se, tal como se prevê na directiva, uma dupla protecção. Por um lado, as bases de dados que constituam criações intelectuais, nos termos previstos no diploma, são protegidas pelo direito de autor com algumas especificidades. Por outro lado, assegura-se a atribuição, ao fabricante de certas bases de dados, de uma protecção sui generis, dependente do investimento qualitativo ou quantitativo envolvido no seu fabrico.

Assim:

No uso da autorização legislativa concedida pela Lei 1/2000, de 16 de Março, e nos termos da alínea *b)* do nº 1 do artigo 198º da Constituição, o Governo decreta o seguinte:

CAPÍTULO I – Objecto e âmbito de aplicação

Artigo 1º – Objecto

1 – O presente diploma transpõe para a ordem jurídica interna a Directiva nº 96/9/CE, do Parlamento Europeu e do Conselho, de 11 de Março, relativa à protecção jurídica das bases de dados.

2 – Para efeito do disposto no presente diploma, entende-se por «base de dados» a colectânea de obras, dados ou outros elementos independentes, dispostos de modo sistemático ou metódico e susceptíveis de acesso individual por meios electrónicos ou outros.

3 – As bases de dados são protegidas pelo direito de autor, nos termos previstos no capítulo II, ou através da concessão ao fabricante dos direitos previstos no capítulo III.

4 – A protecção atribuída às bases de dados não é extensiva aos programas de computador utilizados no fabrico ou no funcionamento de bases de dados acessíveis por meios electrónicos.

Artigo 2º – Situações plurilocalizadas

1 – Sem prejuízo do disposto em convenção internacional a que o Estado Português esteja vinculado, a protecção das bases de dados pelo direito de autor está sujeita ao país da sua origem, considerando-se como tal:

a) Quanto às bases de dados publicadas, o país da primeira publicação;

b) Quanto às bases de dados não publicadas, o país da nacionalidade do autor ou, tratando-se de pessoa colectiva, o da sede principal e efectiva da sua administração.

2 – Não é, porém, reconhecida às bases de dados de origem estrangeira a protecção que, sendo atribuída pelo respectivo Estado às bases de dados de origem nacional, o não seja às bases de dados de origem portuguesa em igualdade de circunstâncias.

3 – A referência a uma lei estrangeira, nos termos do nº 1, entende-se com exclusão das suas normas de direito internacional privado.

4 – É considerado autor quem como tal for qualificado pela lei do país de origem da base de dados, determinada nos termos do nº 1, prevalecendo, em caso de conflito de qualificações, a lei do país cuja solução mais se aproxime da lei portuguesa.

Artigo 3º – Normas de aplicação imediata

1 – A protecção concedida ao fabricante de uma base de dados, nos termos previstos no capítulo III, é reconhecida às pessoas singulares de nacionalidade ou residência habitual nos países membros da Comunidade Europeia.

2 – Idêntica protecção é reconhecida às pessoas colectivas constituídas ou com sede, administração central ou estabelecimento principal no território da Comunidade Europeia, desde que estes elementos representem uma ligação efectiva e permanente com um dos Estados membros.

CAPÍTULO II – Direito de autor

Artigo 4º – Protecção pelo direito de autor

1 – As bases de dados que, pela selecção ou disposição dos respectivos conteúdos, constituam criações intelectuais são protegidas em sede de direito de autor.

2 – O disposto no número anterior constitui o único critério determinante para a protecção pelo direito de autor.

3 – A tutela das bases de dados pelo direito de autor não incide sobre o seu conteúdo e não prejudica eventuais direitos que subsistam sobre o mesmo.

Artigo 5º – Autoria

1 – São aplicáveis às bases de dados referidas no artigo anterior as regras gerais sobre autoria e titularidade vigentes para o direito de autor.

2 – Presumem-se obras colectivas as bases de dados criadas no âmbito de uma empresa.

3 – Os direitos patrimoniais sobre as bases de dados criadas por um empregado no exercício das suas funções, ou segundo instruções emanadas do dador de trabalho, ou criadas por encomenda, pertencem ao destinatário da base de dados, salvo se o contrário resultar de convenção das partes ou da finalidade do contrato.

4 – O disposto no número anterior não prejudica o direito de remuneração especial do criador intelectual nos casos e nos termos previstos nas alíneas *a)* e *b)* do nº 4 do artigo 14º do Código do Direito de Autor e dos Direitos Conexos.

5 – O nº 2 do artigo 15º do Código do Direito de Autor e dos Direitos Conexos não é aplicável às bases de dados.

Artigo 6º – Duração

1 – O direito sobre a base de dados atribuído ao criador intelectual extingue-se 70 anos após a morte deste.

2 – O prazo de protecção da base de dados atribuído originariamente a outras entidades extingue-se 70 anos após a primeira divulgação ao público da mesma.

3 – À contagem dos prazos previstos nos números anteriores aplicam-se as regras gerais de contagem em matéria de direito de autor.

Artigo 7º – Conteúdo do direito de autor

1 – O titular de uma base de dados criativa goza do direito exclusivo de efectuar ou autorizar:

a) A reprodução permanente ou transitória, por qualquer processo ou forma, de toda ou parte da base de dados;

b) A tradução, a adaptação, a transformação, ou qualquer outra modificação da base de dados;

c) A distribuição do original ou de cópias da base de dados;

d) Qualquer comunicação pública, exposição ou representação públicas da base de dados;

e) Qualquer reprodução, distribuição, comunicação, exposição ou representação pública da base de dados derivada, sem prejuízo dos direitos de quem realiza a transformação.

2 – Os actos de disposição lícitos esgotam o direito de distribuição da base de dados na Comunidade Europeia, mas não afectam a subsistência dos direitos de aluguer.

Artigo 8º – Direitos do titular originário

1 – O titular originário da base de dados goza do direito à menção do nome na base e do direito de reivindicar a autoria desta.

2 – Se a base de dados tiver um criador intelectual individualizável, cabe-lhe, em qualquer caso, o direito a ser reconhecido como tal e de ter o seu nome mencionado na base.

Artigo 9º – Direitos do utente

1 – O utente legítimo pode, sem autorização do titular da base de dados e do titular do programa, praticar os actos previstos no artigo 5º com vista ao acesso à base de dados e à sua utilização, na medida do seu direito.

2 – É nula a convenção em contrário ao disposto no número anterior.

Artigo 10º – Excepções

1 – Em derrogação dos direitos previstos no artigo 7º, são ainda livres os seguintes actos:

a) A reprodução para fins privados de uma base de dados não electrónica;

b) As utilizações feitas com fins didácticos ou científicos, desde que se indique a fonte, na medida em que isso se justifique pelo objectivo não comercial a prosseguir;

c) As utilizações para fins de segurança pública ou para efeitos de processo administrativo ou judicial;

d) As utilizações permitidas em benefício de pessoas cegas, com deficiência visual ou com outras dificuldades de acesso a textos impressos, previstas no artigo 82º-B do Código de Direito de Autor e dos Direitos Conexos;

e) As restantes utilizações livres previstas no direito de autor nacional, nomeadamente as constantes do artigo 75º do Código de Direito de Autor e dos Direitos Conexos, sempre que se mostrem compatíveis.

2 – As reproduções permitidas no número anterior e as previstas no artigo 9º devem ser efectuadas de forma a não prejudicar a exploração normal da base de dados nem causar um prejuízo injustificável aos legítimos interesses do autor.

Artigo 11º – Reprodução, divulgação ou comunicação ilegítima de base de dados protegida

Quem, não estando para tanto autorizado, reproduzir, divulgar ou comunicar, ao público com fins comerciais, uma base de dados criativa nos termos do nº 1 do artigo 4º do presente diploma, é punido com pena de prisão até 3 anos ou com pena de multa.

CAPÍTULO III – Protecção especial do fabricante da base de dados

Artigo 12º – Direito especial do fabricante

1 – Quando a obtenção, verificação ou apresentação do conteúdo de uma base de dados represente um investimento substancial do ponto de vista qualitativo ou quantitativo, o seu fabricante goza do direito de autorizar ou proibir a extracção e ou a reutilização da totalidade ou de uma parte substancial, avaliada qualitativa ou quantitativamente, do seu conteúdo.

2 – Para os efeitos do disposto no presente diploma, entende-se por:

a) Extração: a transferência, permanente ou temporária, da totalidade ou de uma parte substancial do conteúdo de uma base de dados para outro suporte, seja por que meio ou sob que forma for;

b) Reutilização: qualquer forma de distribuição ao público da totalidade ou de uma parte substancial do conteúdo da base de dados, nomeadamente através da distribuição de cópias, aluguer, transmissão em linha ou outra modalidade.

3 – A primeira venda de uma cópia da base de dados esgota o direito de distribuição na Comunidade Europeia.

4 – O comodato público não constitui um acto de extracção ou de reutilização.

5 – O direito previsto no nº 1 é aplicável independentemente de a base de dados ou o seu conteúdo poderem ser protegidos pelo direito de autor ou por outros direitos.

6 – Não são permitidas a extracção e ou a reutilização sistemáticas de partes não substanciais do conteúdo da base de dados que pressuponham actos contrários à exploração normal dessa base ou que possam causar um prejuízo injustificado aos legítimos interesses do fabricante da base.

Artigo 13º – Transmissão do direito do fabricante

O direito do fabricante, previsto no nº 1 do artigo anterior, pode ser transmitido ou objecto de licenças contratuais.

Artigo 14º – Direitos e obrigações do utilizador legítimo

1 – O utilizador legítimo de uma base de dados colocada à disposição do público pode praticar todos os actos inerentes à utilização obtida, nomeadamente os de extrair e de reutilizar as partes não substanciais do respectivo conteúdo, na medida do seu direito.

2 – O utilizador legítimo de uma base de dados colocada à disposição do público não pode praticar quaisquer actos anómalos que colidam com a exploração normal desta e lesem injustificadamente os legítimos interesses do fabricante ou prejudiquem os titulares de direitos de autor ou de direitos conexos sobre obras e prestações nela incorporadas.

3 – É nula qualquer convenção em contrário ao disposto nos números anteriores.

Artigo 15º – Outros actos livres

O utilizador legítimo de uma base de dados colocada à disposição do público pode ainda, sem autorização do fabricante, extrair e ou reutilizar uma parte substancial do seu conteúdo nos seguintes casos:

a) Sempre que se trate de uma extracção para uso privado do conteúdo de uma base de dados não electrónica;

b) Sempre que se trate de uma extracção para fins didácticos ou científicos, desde que indique a fonte e na medida em que a finalidade não comercial o justifique;

c) Sempre que se trate de uma extracção e ou de uma reutilização para fins de segurança pública ou para efeitos de um processo administrativo ou judicial.

d) Sempre que se trate de uma utilização permitida em benefício de pessoas cegas, com deficiência visual ou com outras dificuldades de acesso a textos impressos, tal como prevista no artigo 82º-B do Código de Direito de Autor e dos Direitos Conexos.

Artigo 16º – Prazo de protecção

1 – O direito previsto no artigo 12º produz efeitos a partir da conclusão do fabrico da base de dados e caduca ao fim de 15 anos, a contar de 1 de Janeiro do ano seguinte ao da data do seu fabrico.

2 – No caso de uma base de dados que tenha sido colocada à disposição do público antes do decurso do prazo previsto no número anterior, o prazo de protecção daquele direito caduca ao fim de 15 anos a contar de 1 de Janeiro do ano seguinte aquele em que a base de dados tiver sido colocada pela primeira vez à disposição do público.

Artigo 17º – Protecção de modificações substanciais

Qualquer modificação substancial, avaliada quantitativa ou qualitativamente, do conteúdo de uma base de dados, incluindo as modificações substanciais resultantes da acumulação de aditamentos, supressões ou alterações sucessivas que levem a considerar que se trata de um novo investimento substancial, atribui à base de dados resultante desse investimento um período de protecção própria.

CAPÍTULO IV – Disposições comuns

Artigo 18º – Autonomia privada

1 – Os negócios relativos a direitos sobre bases de dados são disciplinados pelas regras gerais dos contratos e pelas disposições dos contratos típicos em que se integram ou com que ofereçam maior analogia.

2 – São aplicáveis a estes negócios as disposições dos artigos 40º, 45º a 51º e 55º do Código do Direito de Autor e dos Direitos Conexos.

Artigo 19º – Apreensão

1 – Podem ser apreendidas, nos termos dos procedimentos cautelares, as cópias ilícitas de bases de dados.

2 – Podem igualmente ser objecto de apreensão os dispositivos em comercialização que tenham por finalidade exclusiva facilitar a supressão não autorizada ou a neutralização de qualquer salvaguarda técnica eventualmente colocada para proteger uma base de dados.

3 – O destino dos objectos apreendidos será determinado na sentença final.

CAPÍTULO V – Disposições finais e transitórias

Artigo 20º – Tutela por outras disposições legais

1 – A tutela instituída pelo presente diploma não prejudica a conferida por regras de diversa natureza relativas, nomeadamente, ao direito de autor, aos direitos conexos ou a quaisquer outros direitos ou obrigações que subsistam sobre os dados, obras, prestações ou outros elementos incorporados numa base de dados, às patentes, às marcas, aos desenhos e modelos, à protecção dos tesouros nacionais, à legislação sobre acordos, às decisões ou práticas concertadas entre empresas e à concorrência desleal, ao segredo comercial, à segurança, à confidencialidade, à protecção dos dados pessoais e da vida privada, ao acesso aos documentos públicos ou ao direito dos contratos.

2 – A protecção conferida pelo presente diploma às bases de dados realiza-se sem prejuízo das disposições constantes do Decreto-Lei 252/94, de 20 de Outubro, e dos Decretos-Leisnºs 332/97, 333/97 e 334/97, todos de 27 de Novembro.

Artigo 21º – Aplicação no tempo

1 – A protecção das bases de dados pelo direito de autor prevista neste diploma inicia-se a 1 de Janeiro de 1998, com excepção do disposto no artigo 11º

2 – O prazo previsto no artigo 6º aplica-se às bases criadas antes da data prevista no número anterior, desde que o mesmo não tenha ainda decorrido.

3 – As bases de dados que em 1 de Janeiro de 1998 sejam protegidas pelo direito de autor não verão diminuir o seu prazo de protecção ainda que não preencham os requisitos do nº 1 do artigo 4º

4 – A protecção prevista no artigo 12º para os fabricantes aplica-se igualmente às bases de dados cujo fabrico foi concluído durante os 15 anos anteriores à entrada em vigor deste diploma, contando-se o seu prazo de protecção a partir do dia 1 de Janeiro do ano seguinte ao da conclusão da base de dados.

Artigo 22º – Contratos

As disposições do nº 2 do artigo 9º e do nº 3 do artigo 14º aplicam-se aos contratos já concluídos, sem prejuízo da manutenção dos mesmos bem como dos direitos adquiridos antes da entrada em vigor do presente diploma.

Visto e aprovado em Conselho de Ministros de 12 de Maio de 2000. – *António Manuel de Oliveira Guterres – Joaquim Augusto Nunes Pina Moura – António Luís Santos Costa -Manuel Maria Ferreira Carrilho.*

Promulgado em 19 de Junho de 2000.
Publique-se.
O Presidente da República, *Jorge Sampaio.*
Referendado em 21 de Junho de 2000.
O Primeiro-Ministro, *António Manuel de Oliveira Guterres.*

Lei 26/2015, de 14 de Abril

Gestão Colectiva

Regula as entidades de gestão colectiva do direito de autor e dos direitos conexos, inclusive quanto ao estabelecimento em território nacional e a livre prestação de serviços das entidades previamente estabelecidas noutro Estado membro da União Europeia ou do Espaço Económico Europeu e revoga a Lei 83/2001, de 3 de Agosto.

A Assembleia da República decreta, nos termos da alínea *c)* do artigo 161º da Constituição, o seguinte:

CAPÍTULO I – Disposições gerais

Artigo 1º – Objecto e âmbito de aplicação

1 – A presente lei regula as entidades de gestão colectiva do direito de autor e dos direitos conexos, inclusive quanto ao estabelecimento em território nacional e à livre prestação de serviços das entidades previamente estabelecidas noutro Estado membro da União Europeia ou do Espaço Económico Europeu.

2 – A presente lei estabelece ainda os requisitos para a concessão, pelas entidades de gestão colectiva, de licenças multiterritoriais relativas aos direitos de autor de obras musicais para utilização em linha.

3 – As alíneas *a)*, *b)*, *e)* a *h)* e *n)* do nº 2, os nºs 4, 5 e 7 do artigo 28º, o nº 1 do artigo 36º e o artigo 49º da presente lei, bem como a legislação sobre protecção de dados pessoais, aplicam-se a todas as entidades de gestão independente estabelecidas em território nacional.

Artigo 2º – Definições

Para efeitos da presente lei, entende-se por:

a) «Acordo de representação», um acordo pelo qual uma entidade de gestão colectiva mandata outra para representá-la quanto à gestão de direitos do repertório da primeira;

b) «Comissão de gestão», o montante cobrado, deduzido ou compensado por uma entidade de gestão colectiva nas receitas de direitos ou em qualquer rendimento resultante do investimento de receitas de direitos para cobrir os custos dos seus serviços de gestão de direitos de autor ou direitos conexos;

c) «Direitos em linha sobre obras musicais», quaisquer direitos de autor ou direitos conexos sobre obras musicais, previstos nos artigos 68º, 178º, 184º do Código do Direito de Autor e dos Direitos Conexos, necessários para a prestação de um serviço em linha;

d) «Entidade de gestão colectiva», qualquer entidade autorizada por lei, por transmissão, licença ou qualquer outra disposição contratual a gerir direitos de autor ou direitos conexos em nome de mais do que um titular de direitos, para benefício colectivo desses titulares de direitos como finalidade única ou principal, e que é detida ou controlada pelos seus membros e/ou não tem fins lucrativos;

e) «Entidade de gestão independente», qualquer entidade autorizada por lei, por transmissão, licença ou qualquer outra disposição contratual a gerir direitos de autor ou direitos conexos em nome de mais do que um titular de direitos, para benefício colectivo desses titulares de direitos como finalidade única ou principal, e que não é controlada, directa ou indirectamente, no todo ou em parte, pelos titulares de direitos e/ou tem fins lucrativos;

f) «Entidades representativas de utilizadores», as associações, federações ou confederações, legalmente constituídas, que tenham por objecto a representação de empresas, empresários ou profissionais;

g) «Estatutos», os estatutos, regulamentos, normas ou actos de constituição de uma entidade de gestão colectiva;

h) «Licenças gerais», as licenças ou autorizações concedidas por entidades de gestão colectiva para a utilização genérica, não discriminada e não especificada do repertório entregue à sua gestão para comunicação pública, incluindo a execução pública, a difusão e retransmissão por qualquer meio, bem como o licenciamento de obras extraídas de jornais ou outras publicações periódicas para a sua reprodução, no todo ou em parte, distribuição, disponibilização ou arquivo;

i) «Licença multiterritorial», uma licença que abrange o território de mais do que um Estado membro da União Europeia;

j) «Membro», um titular de direitos ou uma entidade que represente titulares de direitos e que actue na prossecução do interesse dos seus membros, incluindo outras entidades de gestão colectiva e associações de titulares de direitos que satisfaçam os requisitos de adesão à entidade de gestão colectiva, e sejam por esta admitidos;

k) «Receitas de direitos», os montantes cobrados por uma entidade de gestão colectiva em nome dos titulares de direitos exclusivos, de direitos a uma remuneração ou de direitos de compensação;

l) «Repertório», as obras intelectuais e as prestações artísticas, fonogramas, videogramas e emissões protegidas que são objecto de direitos geridos por uma entidade de gestão colectiva;

m) «Tarifários gerais», as tarifas praticadas pelas entidades de gestão colectiva como contrapartida da emissão de uma licença geral;

n) «Titular de direitos», qualquer pessoa, ou entidade que não uma entidade de gestão colectiva, que seja titular de um direito de autor ou direito conexo ou que, por força de um acordo para a exploração de direitos, ou por lei, tenha direito a uma quota-parte das receitas de direitos;

o) «Utilizador», uma pessoa que pratique actos sujeitos a autorização, remuneração ou compensação dos titulares de direitos.

Artigo 3º – Objecto das entidades de gestão

1 – As entidades de gestão colectiva têm por objecto:

a) A gestão dos direitos patrimoniais que lhes sejam confiados;

b) As actividades de natureza social e cultural que beneficiem coletivamente os titulares de direitos por elas representados, bem como a defesa, promoção, estudo e divulgação do direito de autor e dos direitos conexos e da respectiva gestão colectiva.

2 – As entidades de gestão colectiva, quando os seus estatutos assim prevejam, podem exercer e defender os direitos morais dos seus representados desde que estes o solicitem.

Artigo 4º – Autonomia das entidades de gestão colectiva

As entidades de gestão colectiva escolhem livremente o objecto da sua actividade e prosseguem autonomamente a sua acção, em respeito dos estatutos e da lei.

CAPÍTULO II – Entidades de gestão colectiva

SECÇÃO I – Constituição e exercício de actividade

Artigo 5º – Constituição

1 – A criação de entidades de gestão colectiva é da livre iniciativa dos titulares de direitos de autor e de direitos conexos.

2 – As entidades de gestão colectiva constituem-se obrigatoriamente como associações ou cooperativas privadas com personalidade jurídica e fins não lucrativos, com um mínimo de 10 associados ou cooperadores.

Artigo 6º – Estatutos

1 – As entidades de gestão colectiva regem-se pelos respectivos estatutos elaborados de acordo com as disposições legais aplicáveis.

2 – Dos estatutos das entidades de gestão colectiva devem constar obrigatoriamente:

a) A denominação, que não pode confundir-se com a denominação de entidades já existentes;

b) A sede e o âmbito territorial;

c) O objecto;

d) As classes de titulares de direitos compreendidas no âmbito da gestão colectiva;

e) As condições para a aquisição e perda da qualidade de associado ou cooperador;

f) Os direitos dos associados ou cooperadores e o regime de voto;

g) Os deveres dos associados ou cooperadores e o seu regime disciplinar;

h) A denominação, a composição e a competência dos órgãos sociais;

i) A forma de designação dos membros dos órgãos sociais;

j) O património e os recursos económicos e financeiros;

k) Os princípios e as regras do sistema de repartição e distribuição das receitas de direitos;

l) O prazo de prescrição do direito dos titulares reivindicarem o pagamento das quantias por elas efectivamente cobradas;

m) O regime de controlo da gestão económica e financeira;

n) As condições de extinção e o destino do património.

Artigo 7º – Estabelecimento secundário

1 – Podem estabelecer-se em território nacional entidades de gestão colectiva do direito de autor e dos direitos conexos legalmente estabelecidas nou-

tro Estado membro da União Europeia ou do Espaço Económico Europeu nos termos gerais de direito, mesmo que não cumpram a exigência referida no nº 2 do artigo 5º.

2 – As entidades referidas no número anterior devem estar habilitadas no Estado membro de origem a exercer a actividade referida na alínea *a)* do nº 1 do artigo 3º, sujeitando-se a um processo prévio de verificação junto da Inspecção-Geral das Actividades Culturais (Inspecção-Geral das Actividades Culturais) da existência de mandactos dos titulares de direitos para o exercício da gestão colectiva.

3 – Salvo disposição em contrário, às entidades referidas no nº 1 aplicam-se os requisitos de acesso à actividade e seu exercício em território nacional.

Artigo 8º – Livre prestação de serviços

1 – As entidades de gestão colectiva legalmente estabelecidas e habilitadas para o exercício da gestão colectiva de direitos noutro Estado membro da União Europeia ou do Espaço Económico Europeu podem prestar em território nacional serviços ocasionais ou temporários de gestão colectiva de direitos de autor e direitos conexos, para os quais se encontrem mandatadas em regime de livre prestação.

2 – As entidades de gestão colectiva referidas no número anterior devem comunicar à Inspecção-Geral das Actividades Culturais, antes da sua primeira prestação de serviços em território nacional, que estão legalmente estabelecidas no Estado membro de origem.

3 – A Inspecção-Geral das Actividades Culturais pode recorrer ao Sistema de Informação do Mercado Interno (IMI) para verificar a veracidade da informação facultada.

4 – Às entidades que prestem serviços de gestão colectiva do direito de autor e dos direitos conexos em regime de livre prestação, nos termos do presente artigo, é aplicável o disposto no artigo 13º, no nº 1 do artigo 49º e no artigo 53º.

Artigo 9º – Legitimidade

As entidades de gestão colectiva exercem os direitos confiados à sua gestão e podem exigir o seu cumprimento por terceiros, inclusive perante a administração e em juízo, tendo ainda legitimidade para se constituírem como partes civis e assistentes e intervir em procedimentos administrativos e judiciais, civis e criminais em que estejam em causa violações do direito de autor e direitos conexos da categoria de titulares de direitos por si representados, desde que os estatutos assim o prevejam e o respectivo titular não se oponha.

Artigo 10º – Princípios

1 – A actividade das entidades de gestão colectiva respeita os seguintes princípios e critérios de gestão:

a) Transparência;

b) Organização e gestão democráticas;

c) Participação dos associados ou cooperadores;

d) Justiça na repartição e distribuição dos rendimentos cobrados no exercício da gestão colectiva;

e) Não discriminação, equidade, razoabilidade e proporcionalidade na fixação de comissões e tarifas;

f) Gestão eficiente e económica dos recursos disponíveis;

g) Moderação dos custos administrativos;

h) Não discriminação entre titulares nacionais e estrangeiros;

i) Controlo da gestão financeira, mediante a adopção de procedimentos adequados na vida interna das instituições;

j) Informação pertinente, rigorosa, actual e acessível aos terceiros interessados na celebração de contratos;

k) Reciprocidade no estabelecimento de relações com entidades congéneres sediadas no estrangeiro;

l) Fundamentação dos actos praticados;

m) Celeridade no pagamento das quantias devidas aos legítimos titulares dos direitos;

n) Publicidade dos actos relevantes da vida institucional.

2 – Os requisitos referidos nas alíneas do número anterior, à excepção da alínea *c)*, aplicam-se igualmente às entidades de gestão colectiva com estabelecimento secundário em território nacional.

Artigo 11º – Autorização e registo

1 – Sem prejuízo do disposto no nº 4, o exercício da gestão colectiva do direito de autor e dos direitos conexos por entidades constituídas em Portugal ou com estabelecimento secundário em território nacional está sujeito a autorização, com pedido de efectivação do registo junto da Inspecção-Geral das Actividades Culturais.

2 – A autorização para o exercício da gestão colectiva do direito de autor e dos direitos conexos por entidades constituídas em Portugal é requerida junto da Inspecção-Geral das Actividades Culturais, devendo o pedido de registo ser instruído com os seguintes elementos:

a) Estatutos da entidade, dos quais deve constar a identificação da actividade para cujo exercício se pretende habilitar ou para o qual está habilitada, as classes de titulares de direitos compreendidos no âmbito da gestão colectiva, as condições para a aquisição e perda da qualidade de membros, os seus direitos e deveres, e os princípios e regras de repartição e distribuição dos rendimentos;

b) Identificação dos mandatos dos titulares de direitos conferidos para o exercício da gestão colectiva de direitos.

3 – A autorização para o exercício da gestão colectiva do direito de autor e dos direitos conexos das entidades de gestão colectiva com estabelecimento secundário em território nacional é também requerida junto da Inspecção-Geral das Actividades Culturais, devendo o pedido de registo ser instruído com o comprovativo da existência de mandato ou outro título jurídico habilitante para o tipo de exercício que pretende realizar em território nacional.

4 – Caso as entidades referidas no número anterior tenham comprovado perante a autoridade competente do Estado membro de origem a existência de mandato ou outro título jurídico habilitante para o exercício naquele território da gestão colectiva de direitos de autor e de direitos conexos, o registo é efectuado após mera comunicação prévia à Inspecção-Geral das Actividades Culturais, a quem compete verificar a veracidade da declaração realizada.

5 – A decisão sobre os pedidos de registos apresentados nos termos dos nºs 2 e 3 é proferida no prazo de 30 dias úteis, havendo lugar a deferimento tácito na ausência de decisão neste prazo.

6 – Compete à Inspecção-Geral das Actividades Culturais verificar, através do IMI, a veracidade das declarações realizadas, podendo, em caso de falsidade, rejeitar o pedido de registo ou cancelar o registo efectuado nos termos do nº 4.

7 – Os procedimentos administrativos relativos à apreciação dos pedidos de registo estão sujeitos ao pagamento de taxas, através da Plataforma de Pagamento da Administração Pública.

Artigo 12º – Indeferimento e revogação

1 – O pedido de registo é liminarmente indeferido se não for acompanhado do comprovativo do pagamento da taxa devida, sem prejuízo da possibilidade de renovação.

2 – O pedido de registo é ainda indeferido quando os estatutos da entidade de gestão colectiva não cumpram o disposto na presente lei.

3 – A recusa de autorização deve ser fundamentada e notificada, no prazo de 10 dias úteis, à entidade que tenha requerido o seu registo como entidade de gestão colectiva.

4 – Do indeferimento do pedido de registo cabe recurso, nos termos legalmente permitidos.

5 – A autorização concedida pode ser revogada quando as condições que fundamentam o indeferimento nos termos do nº 2 venham a ocorrer supervenientemente.

Artigo 13º – Invalidade dos actos das entidades de gestão irregulares

São nulos os actos de gestão colectiva praticados por entidade de gestão colectiva que não observe os requisitos de acesso ou de exercício à actividade.

Artigo 14º – Associação de entidades de gestão colectiva

1 – As entidades de gestão colectiva legalmente constituídas e registadas podem associar-se entre si, constituindo ou não uma nova pessoa colectiva, sob qualquer forma prevista na lei, incluindo sob a forma de agrupamento complementar de empresas ou consórcio, para prosseguirem em conjunto alguns dos seus fins, representando conjuntamente os respectivos titulares de direitos.

2 – A pessoa colectiva constituída nos termos do número anterior deve registar-se junto da Inspecção-Geral das Actividades Culturais e fica sujeita às regras de organização e funcionamento previstas na presente lei, com as necessárias adaptações.

3 – Dos órgãos sociais da pessoa colectiva referida no nº 1 podem fazer parte, para além das entidades de gestão colectiva que a constituem, qualquer pessoa singular ou colectiva, independentemente de ter ou não a qualidade de titular de direitos.

4 – As entidades de gestão colectiva que sejam membros ou titulares do capital da pessoa colectiva constituída nos termos do nº 1 são responsáveis pelos actos desta, nos mesmos termos em que o comitente responde pelos actos praticados pelo comissário.

5 – O plano de actividades e orçamento da pessoa colectiva constituída nos termos do nº 1 deve ser previamente submetido às assembleias gerais das entidades de gestão colectiva que a constituem.

6 – Sempre que a actividade da pessoa colectiva constituída nos termos do nº 1 consista no licenciamento e cobrança de retribuições das receitas de direitos, competindo às entidades de gestão colectiva que a constituem a distribuição dos montantes recebidos, compete também a estas o cumprimento do disposto no artigo 29º

Artigo 15º – Utilidade pública

As entidades constituídas em Portugal ao abrigo do disposto na presente lei e registadas nos termos do artigo 11º adquirem, por mero efeito do registo, a natureza de pessoas colectivas de utilidade pública, com dispensa das obrigações previstas no Decreto-Lei 460/77, de 7 de novembro, alterado pela Lei 40/2007, de 24 de Agosto, e pelo Decreto-Lei 391/2007, de 13 de dezembro.

Artigo 16º – Direito da concorrência

As entidades de gestão colectiva estão vinculadas ao direito da concorrência.

Artigo 17º – Direito subsidiário

É subsidiariamente aplicável às entidades de gestão colectiva a legislação sobre associações, cooperativas e sociedades comerciais, consoante a respectiva natureza jurídica.

SECÇÃO II – Organização e funcionamento das entidades de gestão colectiva constituídas em Portugal

Artigo 18º – Órgãos da entidade de gestão colectiva

1 – São órgãos das entidades de gestão colectiva:

a) Uma assembleia geral;

b) Um conselho de administração ou direção;

c) Um conselho fiscal.

2 – Os estatutos das entidades de gestão colectiva podem também prever a existência de um órgão executivo, singular ou colectivo, subordinado ao conselho de administração ou direção e por este designado, para exercer funções remuneradas de gestão corrente e de representação da entidade de gestão colectiva.

3 – O órgão executivo previsto no número anterior possui as competências previstas nos estatutos da entidade de gestão colectiva, e as que lhe foram expressamente delegadas pelo conselho de administração ou direção.

4 – (Revogado)

Artigo 19º – Composição dos órgãos da entidade de gestão colectiva

1 – Os membros dos órgãos sociais são necessariamente membros da entidade de gestão colectiva, com excepção do revisor oficial de contas e dos membros do órgão executivo referido do nº 2 do artigo anterior.

2 – Aos membros dos órgãos sociais não é permitido o desempenho simultâneo de mais do que um cargo nos órgãos sociais da mesma entidade, sob pena de responsabilidade contraordenacional do membro que acumula funções e da entidade de gestão colectiva que o permite, com excepção dos membros do órgão executivo a que se refere o nº 2 do artigo anterior, que podem exercer funções cumulativas no conselho de administração ou direção.

3 – Quando existam diferentes categorias de membros da entidade de gestão colectiva, a composição dos órgãos sociais deve refletir a pluralidade de categorias e titulares representados de forma justa, equilibrada e, se necessário, alternada.

Artigo 20º – Regime de incompatibilidades e impedimentos

1 – Sem prejuízo do disposto no nº 2 do artigo anterior, o desempenho de cargos nos órgãos de administração ou de direção é incompatível com a detenção de participações superior ou igual a 5 /prct. no capital social e com o exercício de funções de gerente ou administrador em entidades cuja actividade, no âmbito de direitos de autor e direitos conexos, esteja sujeita a licenciamento, autorização ou pagamento de retribuições à respectiva entidade de gestão colectiva.

2 – Ressalva-se do número anterior os casos em que a actividade sujeita a licenciamento, autorização ou pagamento de uma retribuição tenha carácter acessório ou pontual e não tenha expressão económica relevante.

3 – Os membros dos órgãos sociais das entidades de gestão colectiva estão impedidos de participar em qualquer processo deliberativo que possa por em causa, beneficiar ou, de alguma forma, afectar:

a) Os interesses ou direitos de que sejam titulares;

b) Os interesses ou direitos de um seu cônjuge, unido de facto, parente ou afim até ao segundo grau da linha reta, ou terceiro grau da linha colateral;

c) Os interesses ou direitos de qualquer entidade em que desempenhe directa ou indirectamente quaisquer funções profissionais ou integre os respectivos órgãos sociais, inclusive daquelas que se encontram em relação de grupo com a primeira.

4 – Na hipótese prevista no número anterior, o titular do cargo deve invocar, de imediato, o impedimento, sendo que, caso se trate de um órgão colegial, os votos de que seja titular não serão contabilizados para efeitos de cálculo do quórum deliberativo.

Artigo 21º – Assembleia geral

1 – A assembleia geral integra todos os membros da entidade de gestão colectiva, e deve ser convocada pelo menos uma vez em cada ano civil.

2 – São da competência exclusiva da assembleia geral as seguintes matérias:

a) Estatutos e definição das condições gerais de adesão, recusa de adesão e exclusão, voluntária ou obrigatória, de membros, bem como qualquer alteração dos estatutos e condições gerais de adesão;

b) Nomeação ou destituição dos membros dos órgãos sociais, avaliação do seu desempenho geral, bem como quaisquer matérias relativas à respectiva remuneração e outros benefícios pecuniários e não pecuniários, concessão de pensões e direitos à pensão, direitos a outras concessões e indemnizações por cessação de funções, excepto quando a deliberação diga respeito ao órgão executivo previsto no nº 2 do artigo 18º, caso em que estas matérias são decididas pelo conselho de administração ou direcção;

c) Definição dos critérios gerais de dedução e de distribuição dos montantes devidos aos titulares dos direitos;

d) Definição dos critérios gerais da política de utilização das verbas afectas à função social e cultural e outros montantes não distribuíveis;

e) Definição dos critérios gerais da política de investimento financeiro a aplicar transitoriamente às receitas de direitos até à efectiva distribuição e a eventuais rendimentos resultantes do investimento de receitas de direitos, a qual deve assegurar o interesse dos membros da entidade de gestão colectiva, a liquidez e a segurança das receitas de direitos;

f) Aprovação do plano de actividades e do orçamento, incluindo a respectiva comissão de gestão;

g) Aprovação do relatório de gestão, relatório anual sobre transparência e demais documentos de prestação de contas;

h) Aprovação de aquisições, vendas ou hipotecas de imóveis;

i) Aprovação de fusões e de filiais, bem como de aquisições de outras entidades ou de participações ou direitos noutras entidades, incluindo as associações de entidades de gestão colectiva previstas no artigo 14º;

j) Aprovação das propostas de contração, concessão e prestação de cauções ou garantias de empréstimo;

k) Política de gestão dos riscos.

3 – A assembleia geral pode, por via de resolução ou por disposição prevista nos estatutos, delegar os poderes referidos nas alíneas *h)* a *k)* do número anterior no conselho fiscal.

4 – Os membros de uma entidade de gestão colectiva podem nomear qualquer outra pessoa ou entidade como seu procurador para participar e votar na assembleia geral em seu nome, limitado ao número máximo de cinco representados para a mesma assembleia geral e desde que essa designação não implique um conflito de interesses, nomeadamente quando o membro constituinte

e o procurador pertencem a diferentes categorias de titulares de direitos na entidade de gestão colectiva.

5 – Cada procuração é válida para uma única assembleia geral, e o procurador goza, na assembleia geral, dos mesmos direitos que o membro, devendo votar de acordo com as respectivas instruções.

Artigo 21º-A – Conselho fiscal

1 – O conselho fiscal integra obrigatoriamente, para além de membros que cumpram o disposto no artigo 19º, um revisor oficial de contas.2 – O conselho fiscal deve reunir-se regularmente, competindo-lhe nomeadamente:

a) Acompanhar continuamente as actividades e o desempenho dos deveres dos órgãos de administração ou direção da entidade;

b) Executar as decisões da assembleia geral, acompanhando nomeadamente o cumprimento das matérias elencadas nas alíneas *c)* a *e)* do nº 2 do artigo anterior;

c) Exercer as competências nele delegadas pela assembleia geral, nos termos do nº 3 do artigo anterior;

d) Elaborar um parecer sobre os documentos referidos no nº 1 do artigo 26º, a apresentar à assembleia geral;

e) Apresentar à assembleia geral um relatório sobre o exercício das suas competências, pelo menos uma vez por ano.

Artigo 22º – Obrigações dos membros dos órgãos sociais

1 – Os membros dos órgãos de administração, direção e fiscalização das entidades de gestão colectiva vinculam-se a gerir os destinos da entidade de forma diligente, idónea e prudente, devendo assegurar a existência de procedimentos administrativos e contabilísticos corretos e de mecanismos de controlo interno adequados.

2 – Os membros dos órgãos de administração, direção e fiscalização asseguram ainda a existência de procedimentos destinados a evitar conflitos de interesses, garantindo, em caso de identificação de conflitos reais ou potenciais, a existência de medidas que permitam gerir, acompanhar e divulgar esses conflitos de modo a evitar prejuízos para os interesses dos titulares de direitos.

3 – Para os efeitos previstos no número anterior, os membros dos órgãos de administração, direção e fiscalização devem apresentar, na assembleia geral antes de assumirem funções, e posteriormente, uma vez por ano, uma declaração que contenha as seguintes informações:

a) Quaisquer interesses detidos na entidade de gestão colectiva;

b) Quaisquer remunerações recebidas da entidade de gestão colectiva, incluindo regimes de pensão, vantagens em espécie e outros tipos de vantagem;

c) Quaisquer montantes recebidos da entidade de gestão colectiva, enquanto titular de direitos;

d) Eventuais conflitos, reais ou potenciais, entre os seus interesses pessoais e os da entidade de gestão colectiva, ou entre quaisquer obrigações para com a entidade e qualquer dever para com qualquer outra pessoa singular ou colectiva.

4 – O disposto no presente artigo aplica-se a todas as pessoas que, em virtude de contrato de trabalho, de mandato, de representação ou de prestação de serviços, exerçam gestão de negócios e tomem decisões em nome da entidade de gestão colectiva, com ou sem poderes de representação.

Artigo 23º – Funcionamento dos órgãos

1 – Salvo disposição legal ou estatutária em contrário, as deliberações dos órgãos das entidades de gestão colectiva são tomadas por maioria de votos expressos dos titulares presentes, tendo o respectivo presidente voto de qualidade.

2 – As deliberações respeitantes a eleições dos órgãos sociais das entidades de gestão colectiva ou a assuntos de incidência pessoal dos seus membros são tomadas por escrutínio secreto.

3 – São sempre lavradas actas das reuniões de qualquer órgão das entidades de gestão colectiva.

Artigo 24º – Mandatos

1 – Os membros dos órgãos de administração ou direcção das entidades de gestão colectiva são eleitos por um período de quatro anos, se outro mais curto não for previsto nos estatutos, renovável só por duas vezes e por igual período.

2 – Os membros dos demais órgãos sociais das entidades de gestão colectiva são eleitos por um período de quatro anos, se outro mais curto não for previsto nos estatutos.

3 – Os estatutos podem limitar o número de mandatos consecutivos para os demais órgãos sociais das entidades de gestão colectiva.

4 – A continuidade do mandato do órgão executivo, previsto no nº 2 do artigo 18º, quando cessar o mandato do órgão de administração que o designou, fica dependente de decisão do novo órgão de administração, sendo que, até esta decisão, o órgão executivo fica limitado à prática de actos de gestão corrente.

Artigo 25º – Responsabilidade dos titulares dos órgãos sociais

1 – Os membros dos órgãos sociais são civil e criminalmente responsáveis pela prática de actos ilícitos cometidos no exercício do mandato.

2 – O disposto no número anterior é aplicável às entidades de gestão colectiva com estabelecimento secundário em território nacional.

Artigo 26º – Regime financeiro

1 – As entidades de gestão colectiva são obrigadas a elaborar e a aprovar, anualmente, o relatório de gestão e contas do exercício, o plano de actividades, o orçamento e o relatório anual sobre a transparência.

2 – (Revogado)

3 – Os documentos referidos no nº 1 devem ser divulgados junto dos associados ou cooperadores e estar à disposição destes para consulta fácil na sede social da entidade de gestão colectiva.

Artigo 26º-A – Relatório anual sobre a transparência

1 – Sem prejuízo das obrigações legais relativas à prestação de contas que forem aplicáveis de acordo com o tipo de entidade em questão, o relatório anual sobre a transparência a que se refere o nº 1 do artigo anterior deve conter as informações constantes do anexo I à presente lei, da qual faz parte integrante.

2 – O relatório anual sobre a transparência deve ser publicado no sítio na Internet das entidades de gestão colectiva, até Abril do ano seguinte ao respectivo exercício, permanecendo disponível pelo prazo mínimo de cinco anos.

3 – Nos termos da alínea *d)* do nº 2 do artigo 21º-A, o revisor oficial de contas deve pronunciar-se sobre o relatório anual sobre a transparência aquando da certificação legal de contas, devendo o respectivo relatório de auditoria ser publicado integralmente com o relatório anual sobre a transparência.

CAPÍTULO III – Relações com titulares de direitos e utilizadores

SECÇÃO I – Direitos e deveres

Artigo 27º – Deveres gerais das entidades de gestão colectiva

1 – As entidades de gestão colectiva estão obrigadas a:

a) Agir no interesse dos titulares de direitos que representam não lhes impondo obrigações que não sejam objectivamente necessárias para a protecção dos seus direitos e interesses ou para a gestão eficaz dos seus direitos;

b) Aceitar a gestão do direito de autor e dos direitos conexos que lhes sejam solicitados, de acordo com o seu objecto e o âmbito de gestão, em função dos direitos, categorias de titulares e utilizações incluídas nos termos dos respectivos estatutos e mandatos, assentes em critérios objectivos, transparentes e não discriminatórios;

c) Exercer a gestão de direitos no respeito pelo mandato concedido, com salvaguarda dos interesses públicos envolvidos;

d) Elaborar e publicitar a lista dos titulares que representam;

e) Prestar a informação pertinente às pessoas interessadas na utilização dos bens intelectuais que assim o requeiram sobre os representados e as condições e critérios que presidem às tarifas fixadas;

f) Assegurar a existência de mecanismos de comunicação com os seus membros por meios electrónicos, nomeadamente para que estes possam exercer os respectivos direitos;

g) Contratar com os interessados autorizações não exclusivas dos direitos cuja gestão lhes tenha sido confiada, em termos não discriminatórios, equitativos e razoáveis e mediante o pagamento da remuneração ou tarifa estabelecida;

h) Negociar as adequadas contrapartidas pecuniárias correspondentes às autorizações solicitadas por terceiros interessados, bem como as remunerações devidas pelas utilizações não sujeitas a autorização ou licenciamento.

Artigo 28º – Dever de informação

1 – As entidades de gestão colectiva devem informar os terceiros interessados sobre as condições e preços de utilização de qualquer obra, prestação ou produto dos seus representados.

2 – As entidades de gestão colectiva publicitam no respectivo sítio na Internet as seguintes informações:

a) Estatutos ou instrumento jurídico equivalente;

b) Condições de adesão e termos de revogação de mandatos de gestão de direitos;

c) Lista dos titulares de órgãos sociais;

d) Critérios e métodos de formação de preços aplicáveis pelas entidades de gestão colectiva aos utilizadores de obras protegidas, ou, quando for caso disso, a indicação dos respectivos acordos ou decisões da comissão de peritos que determinam a tarifa a aplicar;

e) Tarifas praticadas com menção de todos os elementos pertinentes e necessários à sua aplicação;

f) Regras sobre a distribuição dos montantes devidos aos titulares dos direitos;

g) Regras sobre comissões de gestão;

h) Regras sobre deduções de receitas de direitos para efeitos de serviços sociais, culturais e educativos e outros fins aprovados pela assembleia geral;

i) Procedimentos de tratamento de queixas e resolução de litígios disponíveis;

j) Relatório de gestão e contas anuais;

k) Valores cobrados e distribuídos, por categoria de direitos geridos e valor das deduções efectuadas, para efeitos de comissão de gestão, fundos sociais e culturais e outros fins aprovados pela assembleia geral;

l) Identificação do número total de beneficiários, com informação do total de receitas obtidas;

m) Identificação das verbas alocadas ao abrigo do artigo 29º;

n) Contratos de concessão de licenças normalizados ou termos e condições gerais de licenciamento;

o) Lista de acordos de representação e entidades de gestão colectiva com as quais esses acordos foram celebrados;

p) Política geral de utilização dos montantes afectos à função social e cultural e outros montantes não distribuíveis.

3 – As entidades de gestão colectiva devem actualizar anualmente as informações referidas no número anterior.

4 – Na relação com os titulares de direitos, as entidades de gestão colectiva asseguram a existência de procedimentos que permitam a cada titular de direitos que representam, o acesso, por meios electrónicos, às seguintes informações:

a) A quaisquer dados pessoais que tenham autorizado a entidade de gestão colectiva a utilizar, incluindo dados sobre a sua identificação e localização;

b) Às receitas de direitos cobradas em seu nome ou, em caso de licenciamento colectivo ou de direitos de remuneração que não permitam a individualização das receitas de direitos no acto de cobrança, o valor que lhe seja devido após a distribuição, incluindo as receitas pendentes;

c) Aos montantes que lhe são devidos por categoria de direitos geridos e tipo de utilização, pagos e a pagar pela entidade de gestão colectiva;

d) Às deduções de comissões de gestão efectuadas no período em causa bem como às deduções efectuadas para quaisquer outros fins, que não as relacionadas com as comissões de gestão, incluindo as quantias deduzidas para a função social e cultural previstas no artigo 29º;

e) Aos procedimentos de tratamento de queixas e resolução de litígios disponíveis;

f) Ao período durante o qual ocorreu a utilização pela qual os montantes foram atribuídos e pagos ao titular dos direitos, salvo se razões fundadas e associadas à comunicação de informações pelos utilizadores impedirem a entidade de gestão colectiva de fornecer esta informação em tempo útil.

5 – As entidades de gestão colectiva devem fornecer a informação referida no número anterior preferencialmente no momento da distribuição de direitos, ou anualmente, a cada titular de direitos destinatário de receitas de direitos ou a quem efectuaram pagamentos no período a que as informações se referem.

6 – As entidades de gestão colectiva que atribuam receitas de direitos e tenham como seus membros entidades responsáveis pela distribuição das receitas de direitos aos titulares devem fornecer-lhes as informações previstas no nº 4 de que disponham, sempre que estas últimas não disponham dessa informação.

7 – Sem prejuízo do disposto no artigo 48º-B, as entidades de gestão colectiva devem, em resposta a pedidos devidamente fundamentados, disponibilizar aos titulares de direitos, a outra entidade de gestão colectiva com a qual tenham acordos de representação ou aos utilizadores, pelo menos uma das seguintes informações, através de meios electrónicos e sem demora injustificada:

a) As obras ou outras prestações que representam, os direitos que gerem, directamente ou ao abrigo de acordos de representação e os territórios abrangidos;

b) Os tipos de obras ou outras prestações que gerem, os direitos que representam e os territórios abrangidos, nos casos em que não se possam determinar essas obras ou outras prestações devido ao âmbito de actividades da entidade de gestão colectiva.

2 – Sem prejuízo do disposto na alínea *b)* do número anterior, se uma entidade de gestão colectiva recusar aceitar um pedido de filiação, deve fundamentar por escrito junto do titular de direitos os motivos da decisão.

3 – O disposto na alínea *h)* do nº 1 aplica-se quando os terceiros interessados sejam entidades representativas de um número significativo de utilizadores do respectivo sector, devendo a negociação, nesse caso, estabelecer as condições gerais de licenciamento, incluindo os respectivos tarifários gerais, com associações cujos membros explorem ou utilizem obras, prestações ou direitos protegidos ou sejam obrigados, nos termos da lei, a pagar uma remuneração ou compensação equitativa.

4 – As entidades de gestão colectiva não podem recusar a negociação com as entidades referidas no número anterior quando as utilizações estejam compreendidas no objecto e âmbito da sua gestão.

5 – O disposto no número anterior não se aplica às associações de utilizadores que não sejam representativas do respectivo sector, designadamente

por terem um reduzido número de membros face ao universo total de utilizadores do sector em causa.

6 – Para aferir a representatividade das entidades representativas de utilizadores deve ter-se em conta o objecto, o âmbito territorial e o número de representados em relação a outras entidades representativas de utilizadores que exerçam idênticas actividades.

7 – Nos casos em que haja lugar a um direito de remuneração, podem as entidades de gestão colectiva acordar com entidades representativas de utilizadores as tarifas que melhor se adequem às características, necessidades e natureza da actividade destes.

Artigo 29º – Função social e cultural

1 – As entidades de gestão colectiva constituídas em Portugal devem afectar uma percentagem não inferior a 5 /prct. do conjunto das receitas de direitos cobradas, a:

a) Actividades sociais e de assistência aos seus associados ou cooperadores;

b) Ações de formação em matéria de direito de autor e direitos conexos ou em outras áreas necessárias no âmbito do desempenho das funções dos seus membros;

c) Promoção de obras, prestações e produtos;

d) Ações de incentivo à criação cultural e artística, com prioridade ao investimento em novos talentos;

e) Ações de prevenção, identificação e cessação de infracções lesivas de direito de autor e direitos conexos, excluindo o financiamento das actividades de licenciamento da entidade de gestão colectiva em causa;

f) Investigação, divulgação e promoção da matéria do direito de autor e direitos conexos;

g) Internacionalização do mercado de obras e prestações de origem nacional e cooperação internacional com vista ao desenvolvimento da gestão colectiva de direitos ao nível supra nacional.

2 – As entidades de gestão colectiva devem garantir aos titulares de direitos que sejam seus membros a aplicação de critérios justos, objectivos e não discriminatórios na utilização das verbas afectas à função social e cultural previstas no número anterior, e a adequação dessa utilização às suas necessidades e interesses.

3 – Os titulares de direitos que não sejam membros, mas sejam representados pela entidade de gestão colectiva, podem aceder às acções:

a) Relativas à função cultural previstas nas alíneas *b)* a *g)* do nº 1, de acordo com critérios de equidade, não discriminação e transparência, nos termos e condições aprovados pela assembleia geral, que devem ser publicitados no respectivo sítio na Internet;

b) Relativas a actividades sociais e de assistência previstas na alínea *a)* do nº 1, por decisão do órgão deliberativo destas entidades, de acordo com critérios objectivos definidos nos respectivos estatutos ou regulamentos aprovados em assembleia geral.

4 – (Revogado)

5 – Anualmente, as entidades de gestão colectiva tornam pública a informação sobre as actividades desenvolvidas, tendo em conta os fins previstos no nº 1.

6 – O disposto no nº 1 não se aplica nos primeiros quatro anos de existência das entidades de gestão colectiva, contados a partir da data do seu registo.

7 – Os termos e condições de utilização das verbas afectas à função social e cultural prevista no presente artigo são aprovados por portaria do membro do Governo responsável pela área da cultura.

Artigo 30º – Comissão de gestão e outras deduções

1 – As entidades de gestão colectiva devem informar os titulares de direitos sobre as comissões de gestão e outras deduções que incidam nas receitas de direitos e em quaisquer rendimentos resultantes do investimento de receitas de direitos, antes de obterem o consentimento do titular de direitos para gerir os respectivos direitos.

2 – As comissões de gestão e outras deduções não devem exceder os custos e investimentos justificados e documentados, suportados pela entidade de gestão colectiva na gestão do direito de autor e dos direitos conexos.

3 – As comissões de gestão e outras deduções devem ser razoáveis em relação aos serviços prestados pela entidade de gestão colectiva aos titulares de direitos e estabelecidas com base em critérios objectivos.

4 – Os requisitos aplicáveis à utilização e à transparência da utilização dos montantes deduzidos ou compensados, no que respeita às comissões de gestão, são aplicáveis a quaisquer outras deduções efectuadas para cobrir os custos da gestão do direito de autor e dos direitos conexos.

5 – Os custos de funcionamento da entidade de gestão colectiva não devem exceder, anualmente, 20 /prct. do conjunto das receitas de direitos cobradas por esta, salvo se ocorrer uma diminuição das receitas de direitos significativa, superveniente e não imputável à entidade de gestão colectiva no exercício orçamental do ano em curso, caso em que os custos podem ser superiores àquele limite, desde que a decisão seja devidamente fundamentada pelo conselho de administração ou direcção, e sujeita a parecer vinculativo do conselho fiscal.

6 – O conselho de administração ou direcção pode, excepcionalmente, fazer uma proposta de investimento que implique a fixação de uma comissão de gestão superior à referida no número anterior, desde que devidamente fundamentada, sujeita a parecer vinculativo do conselho fiscal e aprovada, em sede de orçamento, por dois terços dos votos expressos em assembleia geral.

Artigo 31º – Direitos dos titulares

1 – Os titulares de direitos representados pelas entidades de gestão colectiva têm o direito de:

a) Mandatar uma entidade de gestão colectiva da sua escolha para gerir os direitos, as categorias de direitos ou os tipos de obra e prestações protegidas que entenderem, não podendo ser obrigados a mandatar para a gestão de todas as modalidades de exploração das obras e prestações protegidas ou para a totalidade do repertório;

b) Revogar, total ou parcialmente, o mandato concedido em favor da entidade de gestão colectiva relativamente a categorias de direitos, territórios ou obras e outras prestações que componham o respectivo repertório;

c) Serem informados de todos os direitos que lhes assistem, dos estatutos e critérios aplicados, antes de prestarem o seu consentimento à gestão de qualquer direito ou categoria de direitos ou repertório.

2 – O titular de direitos não pode conferir a gestão para o mesmo tipo de utilizações das obras, prestações artísticas, fonogramas, videogramas ou emissões em causa, para o mesmo período e território, a mais do que uma entidade de gestão colectiva.

3 – A revogação do mandato a que se refere a alínea *b)* do nº 1 é feita por escrito, mediante um pré-aviso de 90 dias.

4 – Caso existam direitos adquiridos por terceiros que tenham contratado com a entidade de gestão colectiva por um período superior ao referido no número anterior, a revogação do mandato só produz efeitos em relação a estes a partir do termo do exercício em que é comunicada pelo titular de direitos à entidade de gestão colectiva.

5 – Se existirem receitas de direitos por actos de gestão praticados antes da revogação do mandato produzir efeitos, o titular mantém integralmente o direito a recebê-las, mantendo os direitos previstos nosnºs 4, 5 e 7 do artigo 28º, no nº 2 do artigo 29º, no artigo 30º, no artigo 33º, no artigo 34º, no artigo 37º-A e no artigo 48º-E.

6 – A outorga de poderes de representação à entidade de gestão colectiva, nos termos dos números anteriores, não prejudica o exercício dos respectivos direitos ou faculdades por parte do seu titular, desde que este dê

prévio conhecimento escrito à entidade de gestão colectiva da sua intenção de exercer directamente direitos ou faculdades referentes a utilizações que não prossigam fins comerciais.

7 – A presença e a participação dos titulares de direitos em espectáculos ou execuções públicas das suas obras ou prestações não faz presumir que aqueles eventos se encontram autorizados ou licenciados, de forma expressa e por escrito, junto da entidade de gestão colectiva que os representa, nos casos em que é necessária licença.

8 – As regras previstas na alínea *f)* do nº 1 do artigo 27º, no nº 7 do artigo 28º, no artigo 37º-A e no nº 3 do artigo 48º-F aplicam-se igualmente aos titulares de direitos que não sejam membros da entidade de gestão colectiva, mas que por lei, transmissão, licença ou qualquer outra disposição contratual, têm com ela uma relação jurídica directa.

Artigo 32º – Contrato de gestão e representação

1 – A gestão dos direitos pode ser atribuída pelos seus titulares a favor de uma entidade de gestão colectiva mediante celebração de contrato de gestão e representação, com uma duração não superior a cinco anos, renováveis automaticamente, por iguais períodos, na falta de oposição.

2 – O contrato de gestão e representação deve estabelecer expressamente as condições de oposição à sua renovação, sendo proibida a previsão da obrigação de gestão de todas as modalidades de exploração das obras e prestações protegidas.

3 – No caso de cooperadores, associados ou beneficiários da entidade de gestão colectiva, a representação dos titulares de direitos pode resultar da simples inscrição como beneficiário dos serviços, conforme estabelecido nos estatutos e regulamentos da entidade de gestão colectiva que deverão respeitar as condições e limites referidos no número anterior.

4 – No exercício da sua actividade de representação, as entidades de gestão colectiva dispõem dos direitos, benefícios ou faculdades legalmente atribuídos aos seus representados.

Artigo 32º-A – Utilização de receitas

1 – As entidades de gestão colectiva devem manter separadamente nas suas contas:

a) As receitas de direitos e quaisquer rendimentos resultantes do investimento de receitas de direitos;

b) Quaisquer activos próprios que detenham e os rendimentos resultantes desses activos, de comissões de gestão ou de outras actividades.

2 – As entidades de gestão colectiva só podem utilizar as receitas de direitos ou quaisquer rendimentos resultantes do investimento das mesmas para a distribuição aos titulares de direitos, com excepção dos montantes necessários:

a) À afectação à função social e cultural nos termos do artigo 29º;

b) À constituição de reservas para os casos de reivindicação de pagamento, nomeadamente nos termos dosnºs 3 a 5 do artigo seguinte;

c) A uma utilização em conformidade com uma decisão adoptada nos termos das alíneas *c)* a *e)* e *h)* a *k)* do nº 2 do artigo 21º

3 – Caso uma entidade de gestão colectiva invista as receitas de direitos ou quaisquer rendimentos resultantes do investimento das mesmas, deve fazê-lo no interesse dos titulares cujos direitos representa, nos termos da política geral de investimento e da política de gestão dos riscos referidas nas alíneas *e)* e *k)* do nº 2 do artigo 21º, de acordo com os seguintes requisitos:

a) Se existir qualquer potencial conflito de interesses, a entidade de gestão colectiva deve assegurar que o investimento é efectuado no interesse exclusivo desses titulares de direitos;

b) Os activos devem ser investidos de modo que garanta a segurança, a qualidade, a liquidez e a rendibilidade da carteira no seu conjunto;

c) Os activos devem ser suficientemente diversificados para evitar a dependência excessiva de qualquer activo e a acumulação de riscos importantes na carteira no seu conjunto.

Artigo 33º – Distribuição dos montantes

1 – As entidades de gestão colectiva distribuem regular, célere, diligente e rigorosamente aos titulares de direitos as receitas que obtenham com a gestão dos direitos destes.

2 – A distribuição das receitas obtidas com a gestão de direitos é efectuada de acordo com os estatutos e com a política de distribuição aprovada pela assembleia geral.

3 – Os estatutos e a política de distribuição de receitas devem basear-se em critérios objectivos, adequados aos tipos de direitos geridos e que excluam a arbitrariedade, e devem assegurar aos titulares de direitos uma participação na distribuição que seja proporcional à utilização das respectivas obras.

4 – A distribuição e pagamento dos montantes aos titulares de direitos devem ser efectuados no prazo máximo de nove meses a contar do fim do exercício em que as receitas de direitos foram cobradas, salvo se razões objectivas, relacionadas nomeadamente com a comunicação de informações pelos utilizadores, a identificação de titulares de direitos ou o cruzamento de infor-

mações sobre as obras e outras prestações com os titulares de direitos, impedirem a entidade de gestão colectiva ou os seus membros de cumprirem o referido prazo.

5 – Caso os montantes devidos aos titulares de direitos não possam ser distribuídos dentro do prazo fixado no número anterior porque os titulares de direitos não podem ser identificados ou localizados e a derrogação do prazo não seja aplicável, estes montantes são lançados e identificados separadamente nas contas da entidade de gestão colectiva.

Artigo 34º – Prescrição

1 – A obrigação de pagamento aos titulares de direitos das receitas obtidas com a gestão de direitos prescreve no prazo de três anos.

2 – O prazo referido no número anterior conta-se a partir do fim do exercício em que ocorreu a cobrança das receitas de direitos.

3 – As entidades de gestão colectiva só podem invocar a prescrição caso demonstrem ter tomado todas as medidas necessárias para identificar, localizar e comunicar aos titulares de direitos os montantes que lhes são devidos.

4 – Para efeitos do disposto no número anterior, as entidades de gestão colectiva devem verificar os seus registos bem como outros registos disponíveis e facultar, até três meses após o termo do prazo fixado para a distribuição dos montantes aos titulares de direitos, aos membros e às entidades de gestão colectiva com quem celebram acordos de representação, uma lista de obras e de outras prestações cujos titulares não tenham sido identificados ou localizados, incluindo, sempre que disponível, o título da obra ou outras prestações, o nome do titular de direitos, o nome do editor ou produtor e quaisquer informações pertinentes susceptíveis de ajudar a identificar o titular de direitos.

5 – Se as medidas referidas nos números anteriores forem ineficazes, as entidades de gestão colectiva devem colocar as informações referidas no número anterior no seu sítio na Internet, até um ano após o termo do prazo de três meses.

6 – Operada a prescrição, os valores revertem para a função social e cultural prevista no artigo 29º

Artigo 35º – Gestão de direitos ao abrigo de acordos de representação

1 – As entidades de gestão colectiva não podem, no que diz respeito às tarifas aplicáveis, às comissões de gestão, às condições de cobrança das receitas de direitos e de distribuição dos montantes devidos, discriminar entre os seus membros e os titulares de direitos cuja gestão asseguram ao abrigo de um acordo de representação.

2 – As entidades de gestão colectiva devem distribuir e pagar regular, célere, diligente e rigorosamente os montantes devidos a outras entidades.

3 – As entidades de gestão colectiva não podem efectuar outras deduções às receitas de direitos ou a quaisquer rendimentos do investimento dessas receitas de direitos, para além das deduções respeitantes às comissões de gestão e à função social e cultural, aplicáveis à generalidade dos seus membros, a menos que a outra entidade de gestão colectiva que é parte no acordo de representação autorize expressamente essas deduções.

4 – As entidades de gestão colectiva disponibilizam, pelo menos, as seguintes informações às entidades de gestão colectiva em cujo nome gerem direitos ao abrigo de um acordo de representação:

a) As receitas de direitos atribuídas, os montantes pagos pela entidade de gestão colectiva por categoria de direitos geridos e por tipo de utilização pelos direitos que gere ao abrigo do acordo de representação e quaisquer receitas de direitos atribuídas que estejam pendentes, qualquer que seja o respectivo período;

b) As deduções efectuadas em relação a comissões de gestão;

c) As deduções efectuadas para quaisquer outros fins que não as relacionadas com as comissões de gestão;

d) As informações sobre quaisquer licenças concedidas ou recusadas relativamente a obras e outras prestações abrangidas pelo acordo de representação;

e) As resoluções adoptadas pela assembleia geral, na medida em que sejam relevantes para a gestão dos direitos abrangidos pelo acordo de representação.

5 – As entidades de gestão colectiva devem fornecer a informação referida no número anterior através de meios electrónicos, actualizando-a pelo menos uma vez por ano, e indicando o período a que as informações se referem.

6 – As entidades de gestão colectiva devem distribuir e pagar os montantes devidos às outras entidades de gestão colectiva no prazo máximo de nove meses a contar do fim do exercício em que as receitas de direitos foram cobradas, salvo se se verificarem razões objectivas que impeçam as entidades de gestão colectiva ou os seus membros de cumprirem o referido prazo, relacionadas nomeadamente com a comunicação de informações pelos utilizadores, a identificação de direitos, de titulares de direitos ou o cruzamento de informações entre as obras e outras prestações com os titulares de direitos.

7 – A entidade de gestão colectiva que receba os montantes referidos no número anterior, ou os respectivos membros, enquanto entidades que representam titulares de direitos, devem distribuir e pagar os montantes devidos no prazo máximo de seis meses a contar do seu recebimento, salvo se se verificarem razões objectivas que impeçam as entidades de gestão colectiva

ou os seus membros de cumprirem o referido prazo, relacionadas nomeadamente com a comunicação de informações pelos utilizadores, a identificação de direitos, de titulares de direitos ou o cruzamento de informações entre as obras e outras prestações com os titulares de direitos.

Artigo 36º – Relações com os utilizadores

1 – As negociações entre utilizadores e entidades de gestão colectiva devem obedecer aos princípios da boa-fé e transparência, incluindo a prestação de todas as informações necessárias para permitir a cobrança efectiva das receitas correspondentes.

2 – As condições gerais de licenciamento devem reflectir critérios objectivos e não discriminatórios, nomeadamente no que se refere às tarifas aplicáveis.

3 – Na concessão de licenças de serviços em linha, as entidades de gestão colectiva não devem ser obrigadas a utilizar como referência para outros serviços as condições de concessão de licenças acordadas com o utilizador, quando este presta um novo tipo de serviço em linha que está disponível ao público há menos de três anos.

4 – As entidades de gestão colectiva asseguram a existência de mecanismos que permitam a comunicação com os utilizadores através de meios electrónicos.

5 – Os utilizadores devem prestar gratuitamente a informação relativa à utilização efectuada sempre que a mesma seja necessária para efeitos da distribuição das receitas de direitos.

6 – A informação prevista no número anterior deve ser prestada em tempo útil, em condições que permitam o seu tratamento, designadamente no que respeita à identificação da obra, dos titulares e da utilização efectuada e deve incluir, sempre que presentes, os identificadores únicos anexos às fixações das obras.

7 – O disposto nosnºs 5 e 6 não se aplica aos utilizadores que procedam exclusivamente à execução pública de obras e prestações incorporadas em fonogramas e videogramas, por qualquer meio, incluindo em emissões de radiodifusão áudio ou audiovisual.

8 – Os utilizadores referidos no número anterior devem aceitar a instalação, a expensas das entidades de gestão colectiva, nos espaços onde efectuam a execução pública, de mecanismos de monitorização e detecção automática das obras e prestações por eles utilizadas, ou, em alternativa e para os mesmos fins, admitir o acesso de pessoas acreditadas pelas entidades de gestão colectiva que outorgaram a respectiva licença aos locais onde é utilizado ou

a partir do qual é utilizado, por qualquer meio, o respectivo repertório, com a salvaguarda do direito à privacidade e intimidade dos respectivos clientes.

9 – O incumprimento das obrigações de informação, concessão de acesso e instalação de mecanismos de monitorização e detecção previstas nos nºs 5 a 8 confere à respectiva entidade de gestão colectiva o direito de revogar unilateralmente a autorização concedida, sem prejuízo da possibilidade de aplicação de outras sanções contratuais ou constantes das respectivas condições gerais de licenciamento.

Artigo 37º – Balcões de licenciamento conjunto

1 – As entidades de gestão colectiva representativas das diversas categorias de titulares de direitos, em conjunto com as entidades representativas de utilizadores eventualmente interessadas, disponibilizam aos utilizadores procedimentos de licenciamento de actos de execução pública de obras, prestações, fonogramas e videogramas protegidos, designados «balcões de licenciamento conjunto».

2 – Os procedimentos de licenciamento referidos no número anterior devem permitir aos utilizadores, através de balcões de licenciamento conjunto electrónicos ou presenciais, solicitar e obter, num único procedimento, os licenciamentos ou autorizações para a execução pública de obras, prestações, fonogramas e videogramas protegidos, sendo as licenças ou autorizações emitidas em representação dos respectivos titulares de direitos.

3 – Os balcões de licenciamento conjunto devem salvaguardar:

a) A aplicação efectiva dos tarifários gerais em vigor das diversas entidades de gestão colectiva e a distribuição dos valores cobrados em função de tais tarifários;

b) A fixação autónoma dos respectivos tarifários, através dos mecanismos previstos na presente lei;

c) A repartição dos respectivos custos de funcionamento em função do valor das remunerações atribuídas a cada uma das entidades de gestão colectiva;

d) A gestão eficiente e transparente do serviço de licenciamento;

e) O controlo efectivo da emissão de licenças por parte das diversas entidades de gestão colectiva, em condições de igualdade e paridade;

f) A celeridade e facilidade de acesso ao licenciamento por parte dos utilizadores interessados;

g) A autonomia da sua organização e funcionamento relativamente aos das entidades de gestão colectiva.

4 – Na falta de acordo entre as entidades de gestão colectiva, ou entre estas e as entidades representativas de utilizadores, para a implementação do bal-

ção de licenciamento conjunto, a Inspecção-Geral das Actividades Culturais deve ouvir as entidades envolvidas e exercer mediação com vista a procurar a sua entrada em funcionamento.

5 – Subsistindo ausência de acordo, a Inspecção-Geral das Actividades Culturais propõe, junto do membro do Governo responsável pela área da cultura, medidas adequadas à efectiva implementação dos mecanismos de licenciamento.

6 – O disposto no presente artigo não prejudica a possibilidade das entidades de gestão colectiva promoverem e emitirem, simultaneamente, licenciamentos autónomos e exercerem, separadamente, os direitos entregues à sua gestão, em relação a todos os utilizadores que não tenham solicitado e obtido o licenciamento ou autorização através dos balcões de licenciamento conjunto, nos termos dos números anteriores.

Artigo 37º-A – Procedimentos de reclamação

1 – As entidades de gestão colectiva devem disponibilizar aos seus membros e às entidades de gestão colectiva em nome das quais gerem direitos ao abrigo de um acordo de representação procedimentos eficazes e oportunos para reclamações, particularmente no que se refere à autorização para a gestão de direitos, revogação ou retirada de direitos, condições de filiação, cobrança de montantes devidos aos titulares, deduções e distribuições.

2 – As entidades de gestão colectiva devem responder por escrito às reclamações dos membros ou das entidades de gestão colectiva em nome das quais gerem direitos ao abrigo de acordos de representação, devendo indicar por escrito os motivos, caso recusem alguma reclamação.

SECÇÃO II – Fixação de tarifários

Artigo 38º – Tarifas e tarifários gerais

1 – As entidades de gestão colectiva publicitam as tarifas de licenciamento de direitos exclusivos e de exercício de direitos de remuneração ou compensação equitativa nos respectivos sítios na Internet, bem como os tarifários gerais que sejam contrapartida das licenças gerais que concedam.

2 – As tarifas e tarifários gerais referidos no número anterior devem igualmente ser objecto de depósito e publicitação no sítio na Internet da Inspecção-Geral das Actividades Culturais, vinculando as entidades de gestão colectiva e os utilizadores ou entidades representativas de utilizadores apenas a partir da data da respectiva publicação.

3 – As tarifas devem reflectir o valor económico da utilização dos concretos direitos em causa e devem traduzir o resultado de uma negociação em condições reais de mercado.

4 – Os tarifários gerais devem ter em conta, designadamente, o valor económico da utilização do repertório para as diversas categorias de beneficiários das respectivas autorizações ou licenças, corresponder à justa remuneração dos titulares de direitos pela utilização das suas obras, prestações artísticas, fonogramas, videogramas ou emissões e, sempre que possível, ter em conta o volume real da sua utilização e difusão.

5 – As entidades de gestão colectiva devem ainda estabelecer tarifas e tarifários especiais com montantes especialmente reduzidos, aplicáveis a pessoas colectivas que prossigam fins não lucrativos e não comerciais, quando as respectivas actividades ou eventos se realizem em local de acesso livre e gratuito.

Artigo 39º – Fixação dos tarifários gerais por negociação

1 – Os tarifários gerais são fixados por negociação entre as entidades de gestão colectiva e as entidades representativas de utilizadores.

2 – Cabe às entidades de gestão colectiva e às entidades representativas de utilizadores celebrar, por escrito, os acordos que resultam da fixação dos tarifários gerais por negociação, os quais são depositados junto da Inspecção-Geral das Actividades Culturais, nos termos do artigo 41º

3 – O disposto no número anterior não prejudica a possibilidade das entidades de gestão colectiva fixarem os respectivos tarifários, em cumprimento da presente lei e enunciando os critérios e métodos da sua formação.

4 – Os acordos devem regular com exactidão os termos e condições das utilizações do repertório a que respeitem.

5 – (Revogado)

6 – As entidades de gestão colectiva estão obrigadas à negociação e à celebração de acordos quando as entidades representativas de utilizadores que os solicitem demonstrem representar efectivamente um número significativo de empresas, empresários ou profissionais que, no exercício da sua actividade, sejam típica ou habitualmente utilizadores, nos seguintes casos:

a) Quando não se encontre a vigorar um acordo depositado que tenha por objecto a definição de um tarifário ou vários tarifários aplicáveis à utilização ou utilizações em causa;

b) Na vigência de acordo referido na alínea anterior, caso as entidades representativas de utilizadores parte na negociação demonstrem representar mais utilizadores do que as entidades representativas de utilizadores signatárias;

c) Dois anos após o depósito junto da Inspecção-Geral das Actividades Culturais da última decisão da comissão de peritos que tenha por objecto a determinação de um tarifário aplicável ao mesmo tipo de utilizações.

7 – Para os efeitos previstos da alínea *b)* do número anterior, sempre que se suscitem dúvidas quanto à efectiva representatividade das entidades representativas de utilizadores, a Inspecção-Geral das Actividades Culturais deve, a requerimento de qualquer das partes interessadas na negociação, notificar as entidades que sejam parte no acordo e as entidades que pretendam dar início a uma nova negociação, para apresentarem, no prazo de cinco dias úteis, o comprovativo do número de associados ou representados.

8 – Recebido o comprovativo referido no número anterior, a Inspecção-Geral das Actividades Culturais informa as entidades representativas de utilizadores em causa do número efectivo de associados ou representados por cada uma delas.

Artigo 40º – Formalismo da negociação de tarifários gerais

1 – Qualquer das partes pode dar início às negociações através da apresentação de uma proposta escrita que contenha, pelo menos, as utilizações abrangidas, o prazo do licenciamento, a vigência do acordo e as tarifas aplicáveis, incluindo o valor, as condições e os requisitos da sua aplicação e os critérios e métodos de formação do valor proposto.

2 – A proposta referida no número anterior deve ser remetida à contraparte através de correio registado ou com comprovativo de entrega, devendo, na mesma data, ser dado conhecimento de tal facto à Inspecção-Geral das Actividades Culturais.

3 – Caso a proposta tenha sido apresentada por entidades representativas de utilizadores e estas não tenham dado cumprimento ao disposto no número anterior, a entidade de gestão colectiva destinatária da proposta deve remetê-la à Inspecção-Geral das Actividades Culturais, no prazo máximo de três dias úteis a contar da sua recepção.

4 – As propostas podem ser formuladas, consoante os casos, por uma ou mais entidades de gestão colectiva ou por uma ou mais entidades representativas de utilizadores, mas não podem ser dirigidas a mais do que uma entidade.

5 – O disposto no número anterior não prejudica a possibilidade de qualquer entidade representativa de utilizadores responder à proposta conjuntamente com outras entidades que representem a mesma categoria de utilizadores.

6 – O destinatário da proposta dispõe do prazo de 30 dias, a contar da sua recepção, para a aceitar ou apresentar uma contraproposta.

7 – O silêncio vale como aceitação da proposta e da contraproposta.

8 – Caso a proposta seja formulada por uma entidade representativa de utilizadores, a entidade de gestão colectiva destinatária pode, no prazo de 10 dias a contar da recepção da proposta e dando conhecimento de tal facto à Inspecção-Geral das Actividades Culturais:

a) Recusar a negociação, demonstrando que não estão preenchidos os requisitos que, nos termos do nº 6 do artigo anterior, lhe impõem o dever de negociação;

b) Indicar outra entidade representativa de maior número de potenciais utilizadores do respectivo sector, devendo, no mesmo prazo, iniciar negociações com a entidade que indicar, nos termos dosnºs 1 e 2.

9 – Caso a proposta seja formulada por uma entidade de gestão colectiva, a entidade representativa de utilizadores destinatária pode, no prazo de 10 dias a contar da sua recepção, recusar a negociação, declarando que não pretende celebrar acordos com a entidade de gestão em causa, dando conhecimento de tal facto à Inspecção-Geral das Actividades Culturais.

10 – Iniciada a negociação e até ao seu termo, qualquer entidade representativa de utilizadores que demonstre representar maior número de potenciais utilizadores do respectivo sector deve ser admitida a participar na mesma, desde que remeta à entidade de gestão colectiva em causa uma proposta formulada nos termos do nº 1 ou comunique, pela mesma forma, a sua adesão à proposta ou contraproposta formulada pela entidade que se encontre em negociação.

Artigo 41º – Depósito dos acordos de fixação de tarifários gerais

1 – O acordo de fixação de tarifários gerais celebrado nos termos do artigo anterior deve ser depositado por qualquer das partes junto da Inspecção-Geral das Actividades Culturais, que o publica no seu sítio na Internet, aplicando-se o nº 2 do artigo 38º

2 – Quando várias entidades representativas de utilizadores tiverem participado nas negociações, o acordo só é objecto de depósito se for subscrito por entidades representativas de maior número de utilizadores do respectivo sector.

3 – Depositado o acordo, os tarifários dele constantes, as suas regras de aplicação e demais condições vinculam as entidades de gestão colectiva signatárias, integrando-se nas suas tarifas gerais, bem como os utilizadores que preencham os pressupostos objectivos da sua aplicação, sejam ou não membros ou associados das entidades representativas de utilizadores signatárias.

4 – A vinculação das entidades de gestão colectiva e dos utilizadores mantém-se pelo período de vigência do acordo, ou por prazo inferior, caso o acto de depósito, a requerimento de ambas as partes, limite temporalmente a sua vigência.

5 – O depósito caduca automaticamente na data em que o acordo deixar de produzir efeitos em virtude da sua caducidade, denúncia, resolução, revogação, anulação ou declaração de nulidade.

6 – (Revogado)

7 – No prazo de 30 dias a contar da data do depósito do acordo, a entidade representativa de maior número de potenciais utilizadores do respectivo sector, tendo em conta o respectivo objecto, o âmbito territorial e o número de representados pelas entidades em causa, pode obstar à produção dos efeitos previstos no nº 3.

8 – Para efeitos do disposto no número anterior, a entidade representativa de utilizadores deve dar início às negociações com as entidades de gestão colectiva em causa, através do envio da proposta a que se refere o nº 1 do artigo 40º, dando conhecimento de tal facto à Inspecção-Geral das Actividades Culturais.

9 – Nos casos referidos nosnºs 2, 7 e 8 é aplicável, com as necessárias adaptações, o disposto nosnºs 7 e 8 do artigo 39º

Artigo 42º – Pendência das negociações para a fixação de tarifários gerais

1 – Na pendência das negociações para a fixação de tarifários gerais os utilizadores não ficam dispensados de obter as licenças ou autorizações legalmente exigidas para a utilização do repertório que pretendam efectuar, não podendo as entidades de gestão colectiva recusar a emissão de licenças provisórias, válidas até ao prazo de 15 dias a contar do termo das negociações, se outro mais curto não for solicitado pelo utilizador.

2 – Em relação aos tarifários praticados pelas entidades de gestão colectiva que participem nas negociações, na pendência destas aplica-se o seguinte:

a) Mantêm-se provisoriamente os tarifários gerais determinados por acordo com as entidades representativas de utilizadores, os tarifários acordados individualmente com utilizadores e apenas em relação a estes, os tarifários que tenham sido objecto de depósito anterior ou os tarifários determinados na sequência de decisão da comissão de peritos, ainda que os referidos acordos, actos de depósito ou decisões tenham deixado de vigorar em virtude da sua denúncia ou caducidade;

b) Fica suspensa a cobrança dos tarifários gerais que tenham sido fixados unilateralmente pelas entidades de gestão colectiva.

3 – Para efeitos do disposto nos números anteriores, a negociação considera-se pendente entre a data da recepção da proposta e o termo do prazo de 60 dias sobre aquela data.

4 – Nos casos referidos na alínea *b)* do nº 2 a obrigatoriedade de emissão da licença provisória apenas existe quando o utilizador declare, por escrito, que se considera devedor dos valores que resultem alternativamente:

a) Da aplicação das tarifas que vierem a ser determinadas por acordo para as utilizações provisoriamente autorizadas ou licenciadas;

b) Na falta de acordo, e caso não se encontre pendente um procedimento de fixação de tarifas pela comissão de peritos, das tarifas fixadas pelas entidades de gestão colectiva com efeitos à data de início da negociação.

Artigo 43º – Recusa de negociação e falta de acordo na negociação

1 – (Revogado)

2 – Em caso de falta de acordo na negociação, passados 60 dias sobre a data da recepção da proposta, devem as partes, por iniciativa de qualquer uma delas, recorrer a uma comissão de peritos.

3 – As entidades de gestão colectiva podem fixar unilateralmente as tarifas e tarifários gerais correspondentes às autorizações e licenciamentos das utilizações dos direitos dos seus representados:

a) Caso a entidade representativa de utilizadores reca negociação, nos termos do nº 9 do artigo 40º, e não haja nenhum acordo colectivo ou anterior decisão da comissão de peritos em vigor;

b) Caso as partes envolvidas na negociação não recorram à comissão de peritos nos termos do número anterior, passados 30 dias da falta de acordo na negociação.

Artigo 44º – Comissão de peritos

1 – Os conflitos resultantes das relações entre as entidades de gestão colectiva e os utilizadores ou entidades representativas de utilizadores emergentes da fixação de tarifários gerais são dirimidos por uma comissão de peritos.

2 – A comissão de peritos é composta por três peritos, competindo a cada parte designar o seu perito e os peritos assim designados devem escolher o outro perito, que actua como presidente da comissão de peritos.

3 – (Revogado).

4 – O funcionamento da comissão de peritos é objecto de enquadramento regulamentar, a aprovar por portaria dos membros do Governo responsáveis pelas áreas da cultura e da economia.

5 – As decisões da comissão de peritos têm por objecto:

a) A fixação, através de um procedimento colectivo, de um tarifário geral, aplicável a uma determinada actividade ou categoria de utilizadores objectivamente definida;

b) A fixação, através de um procedimento individual, de um tarifário aplicável a um concreto utilizador ou conjunto concreto e determinado de utilizadores, em virtude de utilizações de repertório, que devam ser abrangidas por um tarifário geral.

6 – A decisão deve ser proferida no prazo máximo de seis meses a contar da data da constituição da comissão de peritos.

7 – As decisões da comissão de peritos são tomadas tendo em conta o disposto nosnºs 3 a 5 do artigo 38º

8 – A comissão de peritos fixa, nos termos da portaria referida no nº 4, o montante pecuniário a pagar aos seus membros, o qual é suportado, em montantes iguais, pelas partes.

9 – As decisões da comissão de peritos integram os tarifários gerais da entidade de gestão colectiva, sendo objecto de depósito nos termos do artigo 41º

10 – Cabe recurso com efeito meramente devolutivo, para o Tribunal da Relação das decisões da comissão de peritos.

11 – Sem prejuízo do disposto no nº 4, aplica-se o disposto na lei da arbitragem voluntária em tudo o que não estiver regulado na presente lei.

12 – Os conflitos a que se refere o nº 1 podem ser, alternativamente, dirimidos nos termos da lei da arbitragem voluntária, sem prejuízo do disposto nosnºs 7 e 9 do presente artigo e no nº 5 do artigo 60º

Artigo 45º – Procedimento colectivo de fixação de um tarifário geral

1 – As entidades de gestão colectiva e as entidades representativas de utilizadores podem recorrer ao procedimento colectivo para a fixação de um tarifário previsto na alínea *a)* do nº 5 do artigo anterior, desde que comprovem a sua efectiva representatividade.

2 – O procedimento colectivo só pode ter lugar na sequência de um processo de negociação realizado nos termos do artigo 40º, e apenas quando as partes não tenham alcançado um acordo depois de expirado o prazo previsto no nº 2 do artigo 43º

3 – No procedimento colectivo, o recurso à comissão de peritos depende do preenchimento das circunstâncias referidas nas alíneas do nº 6 do artigo 39º e da não verificação das circunstâncias previstas no nº 8 do artigo 40º

4 – (Revogado)

5 – A partir da data do depósito, os tarifários vinculam as entidades de gestão colectiva intervenientes no procedimento colectivo e os utilizadores que preencham os pressupostos objectivos da sua aplicação, substituindo os respectivos tarifários gerais eventualmente existentes.

6 – (Revogado)

Artigo 46º – Procedimento individual de fixação de um tarifário

1 – As entidades de gestão colectiva e os utilizadores podem recorrer ao procedimento individual para a fixação de um tarifário previsto na alínea *b)* do nº 5 do artigo 44º quando, cumulativamente:

a) Não se encontre a vigorar um acordo depositado nos termos do artigo 41º, que tenha por objecto a definição de um tarifário aplicável às utilizações em causa nem esteja pendente uma negociação colectiva com vista a tal acordo;

b) Não tenha sido depositada junto da Inspecção-Geral das Actividades Culturais, há menos de dois anos, decisão de comissão de peritos que tenha por objecto a definição de um tarifário aplicável às utilizações em causa;

c) Não se encontre pendente um procedimento colectivo nos termos do artigo anterior que tenha por objecto a definição de um tarifário aplicável às utilizações em causa;

d) (Revogada)

2 – O carácter individual do procedimento não obsta ao litisconsórcio ou à coligação de partes, nos termos gerais.

Artigo 47º – Efeitos da pendência dos procedimentos de fixação de tarifários

1 – Na pendência dos procedimentos colectivos ou individuais referidos nos números anteriores mantêm-se provisoriamente em vigor:

a) Os tarifários gerais determinados por acordo com as entidades representativas de utilizadores, depositados junto da Inspecção-Geral das Actividades Culturais;

b) Os tarifários resultantes de acordos anteriormente firmados entre as partes no procedimento individual previsto no artigo 46º;

c) Os tarifários que tenham sido objecto de anterior depósito junto da Inspecção-Geral das Actividades Culturais;

d) Os tarifários determinados na sequência de decisões anteriormente proferidas no procedimento colectivo previsto no artigo 45º

2 – O disposto no número anterior é aplicável ainda que os referidos acordos, actos de depósito ou decisões tenham deixado de vigorar por força da sua denúncia ou caducidade.

3 – Fora dos casos previstos no nº 1, quando os tarifários em causa tenham sido fixados unilateralmente pelas entidades de gestão colectiva, é aplicável, com as necessárias adaptações, o disposto na alínea *b)* do nº 2 e o nº 4 do artigo 42º, devendo as licenças provisórias ser emitidas até ao prazo de 15 dias a contar do termo do prazo referido no nº 6 do artigo 44º, se outro mais curto não for solicitado pelo utilizador.

4 – Determinada pela comissão de peritos a tarifa a aplicar em relação à utilização ou tipo de utilização em causa, devem os montantes em falta ou em excesso em virtude da aplicação de tarifa provisória ou da suspensão da cobrança nos termos dos números anteriores ser, consoante os casos, pagos ou devolvidos, desde:

a) O início da negociação, tratando-se de procedimento colectivo;

b) O início da utilização em causa, tratando-se de procedimento individual.

5 – O recurso a qualquer um dos procedimentos para a fixação de um tarifário previstos nos artigos anteriores não dispensa a obtenção, por parte dos utilizadores, da autorização ou licença necessária para a respectiva utilização de obras, prestações, fonogramas, videogramas ou emissões, nem prejudica o recurso aos tribunais judiciais por parte dos titulares de direitos ou das entidades de gestão colectiva que os representem para reagirem contra a utilização ilícita de repertório protegido.

6 – O disposto no número anterior é aplicável sempre que a remuneração ou compensação a determinar não seja contrapartida de uma utilização livre ou de uma licença compulsiva expressamente prevista na lei.

Artigo 48º – Regimes especiais

1 – Sem prejuízo dos deveres de fixação, divulgação, razoabilidade e transparência dos tarifários, não estão abrangidas pelo regime previsto para a fixação de tarifários gerais as seguintes utilizações:

a) De obras, prestações, fonogramas, videogramas e emissões de radiodifusão que importem actos de exploração distintos dos referidos na alínea *d)* do artigo 2º;

b) De obras literárias, dramáticas, dramático-musicais, coreográficas ou pantomímicas;

c) Singulares e específicas de uma ou várias obras, prestações, fonogramas, videogramas e emissões;

d) De obras, prestações, fonogramas, videogramas e emissões para cuja autorização a entidade de gestão respectiva não se encontre mandatada, não exerça efectivamente a respectiva gestão ou para as quais seja necessária a autorização individualizada do seu titular;

e) Correspondentes à cópia privada sujeita ao pagamento de compensação aos titulares de direitos.

2 – O regime previsto para a fixação de tarifários gerais aplica-se, com as necessárias adaptações, às tarifas relativas a direitos de remuneração ou compensação equitativas.

CAPÍTULO IV – Concessão de licenças multiterritoriais por entidades de gestão colectiva de direitos em linha sobre obras musicais

Artigo 48º-A – Tratamento de licenças multiterritoriais

1 – As entidades de gestão colectiva que concedem licenças multiterritoriais de direitos em linha sobre obras musicais devem ter capacidade suficiente para tratar electronicamente, de modo eficiente e transparente, os dados necessários para a administração dessas licenças, incluindo para efeitos de identificação dos repertórios e de acompanhamento da sua utilização, da facturação aos utilizadores, da cobrança das receitas de direitos e da distribuição dos montantes devidos aos titulares de direitos.

2 – Para os efeitos previstos no número anterior, as entidades de gestão colectiva devem satisfazer, pelo menos, as seguintes condições:

a) Ter capacidade para identificar com rigor as obras musicais, no todo ou em parte, que estão autorizadas a representar;

b) Ter capacidade para identificar com exactidão, no todo ou em parte, relativamente a cada um dos territórios relevantes, os direitos e os respectivos titulares, no que diz respeito a cada obra musical ou parte desta que estão autorizadas a representar;

c) Utilizar identificadores únicos a fim de identificar os titulares de direitos e as obras musicais, tendo em conta, tanto quanto possível, as normas sectoriais facultativas e as práticas desenvolvidas ao nível internacional ou da União Europeia;

d) Utilizar meios adequados a fim de identificar e resolver em devido tempo e de forma eficaz as incoerências nos dados detidos por outras entidades de gestão colectiva que concedem licenças multiterritoriais de direitos em linha sobre obras musicais.

Artigo 48º-B – Transparência das informações constantes de repertórios multiterritoriais

1 – As entidades de gestão colectiva que concedem licenças multiterritoriais de direitos em linha sobre obras musicais devem comunicar aos prestadores de serviços em linha, aos titulares cujos direitos representam e às outras entidades de gestão colectiva, através de meios electrónicos e em resposta a um pedido devidamente justificado, informações actualizadas que permitam a identificação do repertório de música em linha que representam.

2 – Para os efeitos previstos no número anterior, estão incluídas as seguintes informações:

a) As obras musicais que representam;
b) Os direitos que representam, no todo ou em parte;
c) Os territórios abrangidos.

3 – As entidades de gestão colectiva podem tomar medidas razoáveis para proteger a exactidão e a integridade dos dados, controlar a sua reutilização e proteger informações comercialmente sensíveis.

Artigo 48º-C – Rigor das informações constantes de repertórios multiterritoriais

1 – As entidades de gestão colectiva que concedem licenças multiterritoriais de direitos em linha sobre obras musicais devem dispor de procedimentos que permitam aos titulares de direitos, às outras entidades de gestão colectiva e aos prestadores de serviços em linha solicitar uma correcção dos dados referidos na lista de condições, nos termos do nº 2 do artigo 48º-A ou das informações comunicadas nos termos do artigo 48º-B, sempre que esses titulares, entidades de gestão colectiva e prestadores de serviços em linha, com base em provas razoáveis, considerem que os dados ou as informações são inexactos no que se refere aos seus direitos em linha sobre obras musicais.

2 – Em caso de procedência das reclamações, as entidades de gestão colectiva devem assegurar que os dados ou as informações são corrigidas sem demora injustificada.

3 – As entidades de gestão colectiva devem facultar aos titulares dos direitos cujas obras musicais estão incluídas nos seus repertórios de música e aos titulares de direitos que, nos termos dos nº 3 do artigo 9º, lhes confiaram a gestão dos seus direitos em linha sobre obras musicais, os meios para lhes apresentarem, em formato electrónico, informações sobre as suas obras musicais, os seus direitos sobre as mesmas e os territórios abrangidos pela autorização.

4 – Para os efeitos previstos no número anterior, as entidades de gestão colectiva e os titulares de direitos devem ter em conta, tanto quanto possível, as normas setoriais voluntárias ou as práticas de intercâmbio de dados, desenvolvidas ao nível internacional ou da União Europeia, que permitem aos titulares especificar a obra musical e os direitos em linha, no todo ou em parte, bem como os territórios abrangidos pela autorização.

5 – Caso uma entidade de gestão colectiva mandate, nos termos dos artigos 48º-F e 48º-G, outra entidade de gestão colectiva para conceder licenças multiterritoriais dos direitos em linha sobre obras musicais, a entidade de gestão colectiva mandatária deve também aplicar o disposto nonºs 3 e 4 em relação aos titulares de direitos cujas obras musicais fazem parte do repertó-

rio da entidade de gestão colectiva mandante, salvo decisão em contrário das entidades de gestão colectiva.

Artigo 48º-D – Informação e facturação

1 – As entidades de gestão colectiva devem acompanhar a utilização dos direitos em linha sobre as obras musicais que representam, no todo ou em parte, pelos prestadores de serviços em linha a quem tenham concedido licenças multiterritoriais relativas a esses direitos.

2 – As entidades de gestão colectiva devem colocar à disposição dos prestadores de serviços em linha a possibilidade de as informarem, através de meios electrónicos, sobre a utilização efectiva dos direitos em linha sobre obras musicais, devendo estes comunicar a utilização efectiva dessas obras.

3 – As entidades de gestão colectiva devem adoptar métodos de informação em consonância com as normas sectoriais voluntárias ou as práticas desenvolvidas ao nível internacional ou da União Europeia para o intercâmbio electrónico desses dados.

4 – Caso as entidades de gestão colectiva possibilitem a comunicação de informações num formato normalizado na indústria para o intercâmbio electrónico de dados, as mesmas podem recusar as informações comunicadas pelos prestadores de serviços em linha noutros formatos, nomeadamente em formatos exclusivos.

5 – As entidades de gestão colectiva devem facturar aos prestadores de serviços em linha através de meios electrónicos e devem possibilitar a utilização de um formato em consonância com as normas sectoriais voluntárias ou as práticas desenvolvidas ao nível internacional ou da União Europeia.

6 – A factura deve identificar as obras e os direitos objecto da licença, no todo ou em parte, com base nos dados referidos no nº 2 do artigo 48º-A, e as correspondentes utilizações efectivas, na medida em que tal seja possível, com base nas informações prestadas pelos prestadores de serviços em linha e no formato utilizado para prestar tais informações.

7 – Caso a entidade de gestão colectiva utilize uma norma sectorial, o prestador de serviços em linha não pode recusar-se a aceitar a factura devido ao seu formato.

8 – As entidades de gestão colectiva devem facturar aos prestadores de serviços em linha, com rigor e no mais curto espaço de tempo, após a utilização efectiva dos direitos em linha sobre a obra musical indicada, excepto se a facturação não for possível por motivos imputáveis aos prestadores de serviços em linha.

9 – As entidades de gestão colectiva devem dispor de procedimentos adequados que permitam aos prestadores de serviços em linha contestar o rigor

da factura, nomeadamente se os prestadores de serviços em linha receberem facturas de uma ou mais entidades de gestão colectiva para os mesmos direitos em linha sobre a mesma obra musical.

Artigo 48º-E – Pagamento rigoroso e tempestivo aos titulares de direitos

1 – Sem prejuízo do disposto do disposto nos nºs 3 e 4, as entidades de gestão colectiva que concedem licenças multiterritoriais de direitos em linha sobre obras musicais devem distribuir os montantes devidos aos titulares de direitos resultantes dessas licenças, com rigor e no mais curto espaço de tempo possível, após a informação da utilização efectiva das obras, excepto se a distribuição não for possível por motivos imputáveis aos prestadores de serviços em linha.

2 – Sem prejuízo do disposto nosnºs 3 e 4, as entidades de gestão colectiva devem prestar aos titulares dos direitos, pelo menos, as seguintes informações, juntamente com cada pagamento que efectuem:

a) Período e espaço territorial em que ocorreram as utilizações pelas quais são devidos montantes aos titulares de direitos;

b) Montantes cobrados, deduções efectuadas e montantes distribuídos pelas entidades de gestão colectiva por cada direito em linha de todas as obras musicais que os titulares de direitos tenham autorizado, no todo ou em parte, as entidades de gestão colectiva a representar;

c) Montantes cobrados em nome dos titulares de direitos, deduções efectuadas e montantes distribuídos pelas entidades de gestão colectiva por cada prestador de serviços em linha.

3 – Caso uma entidade de gestão colectiva mandate outra entidade de gestão colectiva para a concessão de licenças multiterritoriais relativas a direitos em linha sobre obras musicais, nos termos dos artigos 48º-F e 48º-G, a entidade de gestão colectiva mandatária deve distribuir, rigorosamente e sem demora os montantes referidos no nº 1 e prestar as informações referidas no nº 2 à entidade de gestão colectiva mandante.

4 – A entidade de gestão colectiva mandante é responsável pela distribuição subsequente desses montantes e a prestação dessas informações aos titulares dos direitos, salvo acordo em contrário das entidades de gestão colectiva.

Artigo 48º-F – Acordos entre entidades de gestão colectiva sobre concessões de licenças multiterritoriais

1 – Qualquer acordo de representação entre entidades de gestão colectiva pelo qual uma entidade de gestão colectiva mandata outra entidade de gestão colectiva para conceder licenças multiterritoriais de direitos em linha

sobre obras musicais do seu próprio repertório de música tem natureza não exclusiva.

2 – As entidades de gestão colectiva mandatárias devem gerir os direitos em linha em termos não discriminatórios, de forma a assegurar a adequada remuneração dos titulares de direitos.

3 – A entidade de gestão colectiva mandante deve informar os seus membros dos principais termos do acordo, nomeadamente o respectivo prazo de vigência e os custos dos serviços prestados pela entidade de gestão colectiva mandatária.

4 – A entidade de gestão colectiva mandatária deve informar a entidade de gestão colectiva mandante dos principais termos em que os direitos em linha desta última devem ser licenciados, incluindo a natureza da exploração, todas as disposições respeitantes ou que afectem a tarifa da licença, o período de validade da licença, os períodos contabilísticos e os territórios abrangidos.

Artigo 48º-G – Obrigação de representar outra entidade de gestão colectiva quanto a licenças multiterritoriais

1 – Sempre que uma entidade de gestão colectiva que não conceda nem se proponha a conceder licenças multiterritoriais de direitos em linha sobre obras musicais do seu próprio repertório solicite a outra entidade de gestão colectiva que celebre um acordo de representação relativamente a esses direitos, a entidade de gestão colectiva requerida deve aceitar esse pedido, caso já conceda ou se proponha a conceder licenças multiterritoriais para a mesma categoria de direitos em linha sobre obras musicais do repertório de outra ou outras entidades de gestão colectiva.

2 – A entidade de gestão colectiva requerida deve responder à entidade de gestão colectiva requerente por escrito e sem demora injustificada.

3 – Sem prejuízo do disposto nosnºs 5 a 7, a entidade de gestão colectiva requerida deve gerir o repertório representado da entidade de gestão colectiva requerente nas mesmas condições que se aplicam à gestão do seu próprio repertório.

4 – A entidade de gestão colectiva requerida deve incluir o repertório representado da entidade de gestão colectiva requerente em todas as ofertas que endereça aos prestadores de serviços em linha.

5 – A comissão de gestão pelo serviço prestado pela entidade de gestão colectiva requerida à entidade requerente não deve exceder os custos em que aquela incorreu.

6 – A entidade de gestão colectiva requerente deve disponibilizar à entidade de gestão colectiva requerida as informações relativas ao seu próprio

repertório de música, necessárias para a concessão de licenças multiterritoriais de direitos em linha sobre obras musicais.

7 – Caso as informações sejam insuficientes ou prestadas de forma que não permita que a entidade de gestão colectiva requerida satisfaça os requisitos do presente capítulo, tem esta o direito de cobrar os custos em que tenha razoavelmente incorrido para satisfazer esses requisitos ou excluir as obras relativamente às quais a informação seja insuficiente ou não possa ser utilizada.

Artigo 48º-H – Derrogação relativa aos direitos de música em linha necessários para utilização em programas de rádio e de televisão

Os requisitos do presente capítulo não são aplicáveis às entidades de gestão colectiva que concedam, em conformidade com as normas europeias da concorrência, uma licença geral multiterritorial de direitos em linha sobre obras musicais, que seja acessória à licença para a emissão inicial do programa de rádio ou de televisão, para transmitir ou disponibilizar ao público programas de rádio ou de televisão do mesmo operador, em simultâneo com ou após a primeira difusão, assim como qualquer material em linha, nomeadamente antevisões, produzido por ou para organismos de radiodifusão.

CAPÍTULO V – Fiscalização e sanções aplicáveis

SECÇÃO I – Fiscalização

Artigo 49º – Âmbito da fiscalização

1 – A fiscalização do disposto na presente lei compete à Inspecção-Geral das Actividades Culturais.

2 – Sem prejuízo da responsabilidade civil e criminal, as entidades de gestão colectiva incorrem em responsabilidade contraordenacional por infracções cometidas no exercício das suas funções, em violação das disposições da presente lei.

3 – No exercício da sua função de fiscalização, a Inspecção-Geral das Actividades Culturais pode solicitar a intervenção da Inspecção geral de Finanças e da Autoridade Tributária e Aduaneira, sempre que exista necessidade de apuramento de matérias relacionadas com indícios de infracções de natureza financeira ou de matérias específicas cuja fiscalização e competência de intervenção incumba às referidas entidades.

4 – A Inspecção-Geral das Actividades Culturais é a entidade competente para rececionar e avaliar as questões submetidas pelos membros, titulares de direitos, utilizadores, entidades de gestão colectiva e outras partes interessadas,

sempre que considerem existir quaisquer actividades ou circunstâncias que violem alguma das disposições da presente lei.

Artigo 50º – Âmbito da tutela

(Revogado)

Artigo 51º – Destituição dos corpos gerentes

1 – A prática pelos corpos gerentes das entidades de gestão colectiva constituídas em Portugal de actos de gestão gravemente prejudiciais aos interesses da entidade, dos associados ou cooperadores e de terceiros constitui fundamento para a apresentação de pedido judicial de destituição dos órgãos sociais.

2 – No caso previsto no número anterior, compete aos associados ou cooperadores ou à Inspecção-Geral das Actividades Culturais informar as entidades competentes de todos os elementos disponíveis necessários à propositura da respectiva acção judicial, a qual segue os termos do Código de Processo Civil.

3 – O juiz decide a final, devendo nomear uma comissão provisória de gestão, pelo prazo máximo de um ano, encarregada de assegurar a gestão corrente da entidade e de convocar a assembleia geral para eleger os novos órgãos sociais.

Artigo 52º – Extinção das entidades de gestão colectiva

1 – A Inspecção-Geral das Actividades Culturais deve solicitar às entidades competentes a extinção das entidades de gestão colectiva constituídas em Portugal:

a) Que violem a lei, de forma muito grave ou reiteradamente;

b) Cuja actividade não coincida com o objecto previsto nos estatutos;

c) Que utilizem reiteradamente meios ilícitos para a prossecução do seu objecto;

d) Que retenham indevidamente as remunerações devidas aos titulares de direitos.

2 – O disposto no número anterior é aplicável a outras entidades que exerçam efectivamente a gestão colectiva, independentemente da sua natureza jurídica, autorização, registo ou comunicação.

3 – Sem prejuízo de eventual responsabilidade civil, penal e contraordenacional de tais entidades e das pessoas que actuem por conta ou em representação destas constitui também causa de extinção a falta de autorização, registo ou comunicação das entidades que exerçam efectivamente a gestão colectiva.

SECÇÃO II – Sanções

Artigo 53º – Contraordenações

1 – Constitui contraordenação punível com coima entre (euro) 250 e (euro) 2 500 no caso das pessoas singulares e de (euro) 500 a (euro) 15 000 no caso das pessoas colectivas, a violação do disposto nosnºs 2 e 3 do artigo 19º, nos nºs 1, 3 e 4 do artigo 20º, nos nºs 1 a 7 do artigo 28º, no nº 5 do artigo 29º, no nº 2 do artigo 32º, no nº 1 do artigo 35º, nos nºs 1, 2, 4 e 5 do artigo 36º, no nº 1 do artigo 37º, nos nºs 1 e 2 do 37º-A, no nº 1 do artigo 38º, no nº 3 do artigo 47º, nos nºs 1 e 2 do artigo 48º-A, nos nºs 1 e 2 do artigo 48º-B, no nº 1 do artigo 48º-C, nos nºs 2, 5 e 6 do artigo 48º-D e nos nºs 3 e 4 do artigo 48º-F.

2 – Constitui contraordenação punível com coima entre (euro) 600 e (euro) 3 000 no caso das pessoas singulares e de (euro) 1 200 a (euro) 30 000 no caso das pessoas colectivas, a violação do disposto no nº 2 do artigo 7º, no nº 2 do artigo 8º, no nº 1 do artigo 11º, no nº 2 do artigo 14º, no nº 3 do artigo 22º, nos nºs 1 e 3 do artigo 26º, nos nºs 1 a 3 do artigo 26º-A, nosnºs 1 e 2 do artigo 27º, nosnºs 1 a 3 do artigo 29º, nos nºs 1, 2 e 5 do artigo 30º, nos nºs 4 e 5 do artigo 33º, nos nºs 3 a 6 do artigo 34º, nos nºs 2, 4, 5 e 6 do artigo 35º, nos nºs 2, 4 e 6 do artigo 39º, no nº 1 do artigo 41º e nos nºs 1 a 3 do artigo 48º-E.

3 – Incorrem ainda em contraordenação as pessoas singulares que atuem por conta ou em representação das entidades de gestão colectiva, sendo reduzidos para um terço os limites mínimos e máximos das coimas previstas nos números anteriores.

4 – A negligência e a tentativa são puníveis, sendo os montantes mínimos e máximos das coimas reduzidos para metade, em caso de negligência, e a sanção especialmente atenuada, em caso de tentativa.

5 – (Revogado)

6 – (Revogado)

Artigo 53º-A – Da sanção aplicável

1 – A determinação da medida da coima faz-se em função da gravidade da contraordenação, da culpa do agente, da sua situação económica e dos benefícios obtidos com a prática do facto.

2 – Na determinação da sanção aplicável são ainda tomadas em conta a conduta anterior e posterior do agente e as exigências de prevenção.

3 – São ainda atendíveis a coacção, a falsificação, as falsas declarações, simulação ou outro meio fraudulento utilizado pelo agente, bem como a existência de actos de ocultação ou dissimulação tendentes a dificultar a descoberta da infracção.

Artigo 54º – Sanções acessórias

1 – Consoante a gravidade da infracção e a culpa do agente, podem ser aplicadas às entidades de gestão colectiva, simultaneamente com a coima, as seguintes sanções acessórias:

a) Interdição do exercício da actividade;

b) Cancelamento ou suspensão do registo.

2 – As sanções acessórias têm a duração máxima de dois anos.

Artigo 55º – Instrução dos processos e aplicação das coimas e sanções acessórias

Compete à IGAC a instrução dos processos de contraordenação, cabendo a decisão sobre a aplicação da coima e das sanções acessórias ao Inspetor-Geral das Actividades culturais.

Artigo 56º – Produto das coimas

O produto das coimas reverte:

a) 40 % para a IGAC;

b) 60 % para o Estado.

CAPÍTULO VI – Disposições complementares, transitórias e finais

Artigo 57º – Relatório anual sobre a transparência

(Revogado)

Artigo 58º – Desmaterialização de procedimentos

1 – Todos os pedidos, comunicações e notificações, ou, em geral, quaisquer declarações entre os interessados e as autoridades competentes nos procedimentos previstos na presente lei devem ser efectuados por meios electrónicos através do balcão único electrónico dos serviços a que se refere o artigo 6º do Decreto-Lei 92/2010, de 26 de Julho, acessível através do Portal do Cidadão.

2 – O disposto no número anterior não se aplica aos procedimentos contraordenacionais e aos procedimentos coletivos ou individuais de fixação de tarifários.

3 – Quando, por motivos de indisponibilidade das plataformas electrónicas, não for possível o cumprimento do disposto no nº 1, a transmissão da informação em apreço é efectuada por correio electrónico para endereço criado especificamente para o efeito pela Inspecção-Geral das Actividades

Culturais, publicitado no respectivo sítio na Internet e na plataforma informática existente para tramitação do procedimento.

4 – Sempre que o recurso ao correio electrónico não seja tecnicamente possível, a transmissão da informação pode ser feita por entrega à Inspecção-Geral das Actividades Culturais, por qualquer meio electrónico desmaterializado, ou por qualquer outro meio legalmente admissível.

5 – É ainda aplicável aos procedimentos referidos no presente artigo o disposto no nº 1 do artigo 7º do Decreto-Lei 92/2010, de 26 de Julho

6 – Sempre que um documento ou informação que deva instruir um dos pedidos, comunicações, notificações ou declarações a que se refere o nº 1 já se encontrar na posse de qualquer entidade administrativa nacional, a sua entrega pode ser substituída por indicação expressa da identificação e localização do mesmo, cabendo à Inspecção-Geral das Actividades Culturais a sua obtenção oficiosa através da Plataforma de Interoperabilidade da Administração Pública.

7 – O balcão único previsto no presente artigo cumpre o disposto na Lei 36/2011, de 21 de Junho.

Artigo 59º – Cooperação administrativa

As autoridades competentes, nos termos da presente lei, prestam e solicitam às autoridades competentes dos outros Estados-Membros informações, nomeadamente através do IMI e com base em pedidos devidamente fundamentados, sobre questões relevantes associadas à actividade de gestão colectiva desenvolvida por entidades estabelecidas ou para tal habilitadas nos termos da presente lei, nos termos do capítulo VI do Decreto-Lei 92/2010, de 26 de Julho.

Artigo 60º – Disposições transitórias

1 – Nas situações em que a autoridade administrativa competente em razão da matéria de um Estado membro ou do Espaço Económico Europeu ainda não participe no mecanismo de cooperação administrativa, através do IMI, compete à Inspecção-Geral das Actividades Culturais verificar a veracidade da informação facultada junto da respectiva autoridade administrativa competente.

2 – As entidades de gestão colectiva constituídas em Portugal devem:

a) Proceder à adaptação dos seus estatutos no prazo de seis meses após a entrada em vigor da presente lei;

b) Assegurar a implementação e entrada em funcionamento dos procedimentos necessários ao cumprimento do disposto nos nºs 2 a 4 do artigo 37º, no prazo de um ano a contar da data de entrada em vigor da presente lei.

3 – Os balcões de licenciamento conjunto previstos no artigo 37º devem ser efectivamente implementados no prazo máximo de um ano após a entrada em vigor da presente lei.

4 – Findo o prazo previsto no número anterior sem que os balcões de licenciamento conjunto tenham sido efectivamente implementados, a Inspecção-Geral das Actividades Culturais adopta, no prazo de 30 dias, as medidas previstas no nº 4 do artigo 37º

5 – Até à entrada em vigor da portaria prevista no nº 4 do artigo 44º, aplica-se nos procedimentos de fixação de tarifários previstos no nº 1 do artigo 44º o disposto na lei da arbitragem voluntária, com as seguintes especificidades:

a) A submissão à arbitragem faz-se com a notificação à contraparte da nomeação de um árbitro, junta com a proposta da parte que o nomeia;

b) No prazo de 20 dias após a recepção da notificação da nomeação e proposta, a contraparte nomeia o seu árbitro e junta a sua proposta;

c) As propostas juntas com a nomeação dos árbitros podem ser diferentes das anteriormente apresentadas.

6 – As entidades de gestão colectiva que, à data da entrada em vigor da presente lei, apliquem tarifários gerais que tenham sido fixados por acordo celebrado com entidades representativas de um número significativo de utilizadores podem proceder ao respectivo depósito junto da Inspecção-Geral das Actividades Culturais nos termos do artigo 41º

7 – As entidades de gestão colectiva que, à data da publicação da presente lei, apliquem tarifários gerais, depositados na Inspecção-Geral das Actividades Culturais nos termos legais, e que não tenham sido fixados por acordo ou cujo acordo não tenha sido celebrado com entidades representativas de um número significativo de utilizadores, devem, no prazo máximo de 30 dias a contar da entrada em vigor da presente lei, dar início às negociações nos termos dos artigos 38º e seguintes.

8 – Sem prejuízo do número anterior, as entidades representativas dos utilizadores podem dar início às negociações, nos termos dos artigos 38º e seguintes.

9 – No decurso das negociações referidas nosnºs 7 e 8 e, na falta de acordo, no decurso do procedimento perante a comissão de peritos, mantêm-se em vigor os tarifários gerais referidos no nº 7.

Artigo 61º – Regulamentação

O Governo regulamenta a presente lei no prazo de 30 dias a contar da data da sua entrada em vigor.

Artigo 62º – Norma revogatória

É revogada a Lei 83/2001, de 3 de Agosto.

Artigo 63º – Entrada em vigor

A presente lei entra em vigor 30 dias após a data da sua publicação.

ANEXO

(a que se refere o artigo 26º-A)

Relatório anual sobre a transparência

1 – Informações a prestar no relatório anual sobre transparência a que se refere o nº 3 do artigo 26º-A:

a) Demonstrações financeiras que incluam um balanço ou um mapa dos ativos e passivos, uma conta das receitas e despesas do exercício e uma demonstração dos fluxos de caixa;

b) Relatório sobre as actividades do exercício;

c) Informações sobre as recusas de concessão de uma licença, nos termos da alínea *e)* do nº 1 do artigo 27º;

d) Descrição da estrutura jurídica e de governo da entidade de gestão colectiva;

e) Informações sobre as entidades detidas ou controladas, directa ou indirectamente, no todo ou em parte, pela entidade de gestão colectiva;

f) Informações sobre o montante total das remunerações pagas às pessoas referidas no artigo 22º, no ano anterior e sobre outros benefícios concedidos a essas pessoas;

g) As informações financeiras a que se refere o número seguinte;

h) Relatório especial sobre a utilização dos montantes deduzidos para efeitos de serviços sociais, culturais e educativos, contendo a informação a que se refere o nº 3 do presente anexo.

2 – Informações financeiras a prestar no relatório anual sobre transparência:

a) Informações financeiras sobre as receitas de direitos, por categoria de direitos geridos e por tipo de utilização (por exemplo, emissão, utilização em linha e actuação pública), nomeadamente as informações sobre os rendimentos resultantes do investimento de receitas de direitos e a utilização desses rendimentos (distribuídos aos titulares de direitos ou distribuídos a outras entidades de gestão colectiva, ou utilizados de outra forma);

b) Informações financeiras sobre o custo de gestão dos direitos e de outros serviços prestados pela entidade de gestão colectiva aos titulares de direitos, com uma descrição abrangente de pelo menos os seguintes elementos:

i) Todos os custos operacionais e financeiros, com uma discriminação por categoria de direitos geridos e, caso os custos sejam indirectos e não possam ser imputados a uma ou mais categorias de direitos, uma explicação do método utilizado para repartir esses custos indirectos;

ii) Custos de funcionamento e financeiros, discriminados por categoria de direitos geridos e, caso os custos sejam indirectos e não possam ser imputados a uma ou mais categorias de direitos, uma explicação do método utilizado para repartir esses custos indirectos, apenas no que diz respeito à gestão de direitos, incluindo as comissões de gestão deduzidas ou compensadas nas receitas de direitos ou em quaisquer rendimentos resultantes do investimento de receitas de direitos, nos termos do nº 2 do artigo 33º e dos nºs 1 a 4 do artigo 30º;

iii) Custos operacionais e financeiros respeitantes a serviços, que não a gestão de direitos, mas incluindo os serviços sociais, culturais e educativos;

iv) Recursos utilizados para cobrir os custos;

v) Deduções efectuadas às receitas de direitos, com uma discriminação por categoria de direitos geridos e por tipo de utilização e a finalidade da dedução, como custos relativos com a gestão de direitos ou com serviços sociais, culturais ou educativos;

vi) Percentagens que o custo de gestão dos direitos e de outros serviços prestados pela entidade de gestão colectiva aos titulares de direitos representam, em comparação com as receitas de direitos no exercício em questão, por categoria de direitos geridos e, caso os custos sejam indirectos e não possam ser imputados a uma ou mais categorias de direitos, uma explicação do método utilizado para repartir esses custos indirectos.

c) Informações financeiras sobre os montantes devidos aos titulares de direitos, com uma descrição abrangente de pelo menos os seguintes elementos:

i) Montante total atribuído aos titulares de direitos, com uma discriminação por categoria de direitos geridos e tipo de utilização;

ii) Montante total pago aos titulares de direitos, com uma discriminação por categoria de direitos geridos e tipo de utilização;

iii) Frequência dos pagamentos, com uma discriminação por categoria de gestão de direitos e por tipo de utilização;

iv) Montante total cobrado mas ainda não atribuído aos titulares de direitos, com uma discriminação por categoria de direitos geridos e tipo de utilização e indicação do exercício em que estes montantes foram cobrados;

v) Montante total atribuído mas ainda não distribuído aos titulares de direitos, com uma discriminação por categoria dos direitos geridos e tipo de utilização e indicação do exercício em que esses montantes foram cobrados;

vi) Razões do atraso na distribuição e nos pagamentos, caso a entidade de gestão colectiva não os tenha efectuado no prazo estabelecido nosnºs 4 e 5 do artigo 33º;

vii) Total dos montantes não distribuíveis, acompanhado da explicação da sua utilização.

d) Informações sobre as relações com outras entidades de gestão colectiva, com uma descrição de pelo menos os seguintes elementos:

i) Montantes recebidos de outras entidades de gestão colectiva e montantes pagos a outras entidades de gestão colectiva, com uma discriminação por categoria de direitos, por tipo de utilização e por entidade;

ii) Comissões de gestão e outras deduções às receitas dos direitos devidas a outras entidades de gestão colectiva, com uma discriminação por categoria de direitos, por tipo de utilização e por entidade;

iii) Comissões de gestão e outras deduções dos montantes pagos por outras entidades de gestão colectiva, com uma discriminação por categoria de direitos e por entidade;

iv) Montantes distribuídos directamente aos titulares de direitos provenientes de outras entidades de gestão colectiva, com uma discriminação por categoria de direitos e por entidade;

3 – Informações sobre a função social e cultural, nomeadamente:

a) Utilização dos montantes deduzidos para efeitos de serviços sociais, culturais e educativos no exercício, com uma discriminação por tipo de finalidade e, para cada tipo de finalidade, com uma discriminação por categoria de direitos geridos e por tipo de utilização;

b) Explicação da utilização dos montantes, com uma discriminação por tipo de finalidade, incluindo os custos de gestão dos montantes deduzidos para financiar serviços sociais, culturais e educativos e os respectivos montantes utilizados para serviços sociais, culturais e educativos.

Lei 49/2015, de 05 de Junho

Cópia Privada

Segunda alteração à Lei 62/98, de 1 de Setembro, que regula o disposto no artigo 82º do Código do Direito de Autor e dos Direitos Conexos, sobre a compensação equitativa relativa à cópia privada.

A Assembleia da República decreta, nos termos da alínea *c)* do artigo 161º da Constituição, o seguinte:

Artigo 1º – Objecto

A presente lei procede à segunda alteração à Lei 62/98, de 1 de Setembro, que regula o disposto no artigo 82º do Código do Direito de Autor e dos Direitos Conexos.

Artigo 2º – Alteração à Lei 62/98, de 1 de Setembro

Os artigos 1º, 2º, 3º, 4º, 5º, 6º, 7º, 8º e 9º da Lei 62/98, de 1 de Setembro, alterada pela Lei 50/2004, de 24 de Agosto, passam a ter a seguinte redacção:

Artigo 1º

[...]

1 – ...

2 – O disposto na presente lei não se aplica aos programas de computador nem às bases de dados constituídas por meios informáticos.

Artigo 2º
[...]

Com vista a beneficiar os autores, os artistas intérpretes ou executantes, os editores e os produtores fonográficos e *vide*ográficos, uma quantia é incluída no preço de venda ou disponibilização:

a) De todos e quaisquer aparelhos que permitam a fixação de obras;

b) ...

Artigo 3º
Compensação equitativa

1 – A quantia referida no artigo anterior tem a natureza de compensação equitativa, visando compensar os titulares de direitos dos danos patrimoniais sofridos com a prática da cópia privada.

2 – Sempre que a utilização seja habitual e para servir o público mediante a prática de actos de comércio, o preço de venda ao público das fotocópias de obras, electrocópias e demais suportes inclui uma compensação equitativa correspondente a 3 /prct. do valor do preço de venda, antes da aplicação do IVA, montante que é gerido pela entidade gestora a que se refere o artigo 6º.

3 – Para os efeitos do disposto no número anterior, e em ordem a permitir a sua correcta exequibilidade, devem as entidades públicas e privadas que utilizem, nas condições supramencionadas, aparelhos que permitam a fixação e a reprodução de obras e prestações, celebrar acordos com a entidade gestora referida no número anterior.

4 – No preço da primeira venda ou disponibilização em território nacional e antes da aplicação do IVA em cada um dos aparelhos, dispositivos e suportes analógicos e digitais que permitem a reprodução e armazenagem de obras, é incluído um valor compensatório nos termos da tabela anexa à presente lei.

Artigo 4º
[...]

1 – Estão isentos do pagamento das compensações previstas na presente lei os equipamentos e suportes adquiridos por pessoas singulares ou colectivas, públicas ou privadas, nas seguintes condições:

a) Quando a sua actividade tenha por objecto a comunicação audiovisual ou produção de fonogramas e de videogramas, exclusivamente para as suas próprias produções;

b) Quando a sua actividade tenha por objecto o apoio a pessoas com deficiência;

c) Quando a sua actividade principal tenha por objecto a salvaguarda do património cultural móvel;

d) Quando os suportes sejam especialmente destinados à fixação de imagens ou outro tipo de obras para uso exclusivo no âmbito da actividade profissional do respectivo autor, designadamente na actividade de fotógrafo, designer, arquitecto ou engenheiro, assim como profissões artísticas devidamente enquadradas pelo código de actividade económica;

e) Quando os aparelhos, dispositivos ou suportes sejam destinados exclusivamente para fins clínicos, para as missões públicas da defesa, da justiça, das áreas da segurança interna e de investigação científica, bem como dos utilizados para garantia da acessibilidade por pessoas com deficiência.

2 – Para os efeitos do disposto no número anterior, as pessoas singulares ou colectivas adquirentes devem:

a) Requerer junto da entidade gestora a que se refere o artigo 6º, previamente à aquisição dos equipamentos e suportes, a emissão de declaração de onde conste que a utilização dos mesmos se integra numa das situações de isenção, indicando e comprovando o respectivo objecto de actividade;

b) Apresentar, no acto da compra dos equipamentos e suportes, a declaração referida na alínea anterior.

3 – Não ocorrendo recusa fundamentada, a falta de emissão da declaração a que alude a alínea *a)* do número anterior, no prazo de 15 dias a contar da entrega do requerimento, pode ser suprida pela exibição de comprovativo de entrega deste.

4 – Estão também isentas do pagamento das compensações previstas na presente lei as pessoas colectivas que utilizem os equipamentos e suportes de armazenamento previstos nas alíneas p) e q) do nº 2.3 da tabela anexa à presente lei sem os disponibilizarem a pessoas singulares para uso individual, desde que os equipamentos e suportes sejam parte integrante de sistemas de processos automatizados de gestão documental e de dados que não incluam reproduções de obras protegidas.

5 – Estão ainda isentos do pagamento das compensações equitativas os aparelhos, dispositivos e suportes destinados à exportação.

Artigo 5º
[...]

1 – A responsabilidade pelo pagamento das compensações equitativas fixadas pela presente lei incumbe ao primeiro adquirente dos aparelhos e suportes em território nacional, desde que estes não se destinem a exportação ou reexportação.

2 – A responsabilidade pela cobrança e entrega à entidade gestora a que se refere o artigo 6º das compensações equitativas referidas no número anterior incumbe aos fabricantes estabelecidos no território nacional e aos importadores.

3 – Os montantes pecuniários referidos no nº 2 devem ser pagos, trimestralmente, mediante depósito em conta bancária a favor da entidade gestora a que se refere o artigo 6º

4 – ...

5 – Os fabricantes e os importadores comunicam, semestralmente, à Inspecção-Geral das Actividades Culturais e à entidade gestora a que se refere o artigo 6º as seguintes informações:

a) As quantidades de aparelhos e suportes cujo preço inclui a compensação equitativa;

b) O preço de venda dos aparelhos e suportes a que acresce a compensação equitativa;

c) A compensação equitativa total cobrada.

Artigo 6º
Entidade gestora

1 – A cobrança, gestão e distribuição da compensação equitativa a que se refere o artigo 3º incumbem à AGECOP – Associação para a Gestão da Cópia Privada, adiante designada entidade gestora, pessoa colectiva, sem fins lucrativos, de natureza associativa, constituída por todas as entidades de gestão colectiva que em Portugal representam os autores, os artistas, intérpretes e executantes, os produtores de fonogramas, os produtores de videogramas, e os editores.

2 – Os estatutos da entidade gestora devem regular, entre outras, as seguintes matérias:

a) ...

b) ...

c) ...

d) Modos de cobrança das compensações equitativas fixadas pela presente lei;

e) Critérios de repartição das compensações equitativas entre os membros dos associados, incluindo os modos de distribuição e pagamento aos beneficiários que não estejam inscritos nos respectivos organismos, mas que se presume serem por estes representados;

f) ...

g) ...

h) Estrutura e organização interna, designadamente a previsão da existência de dois departamentos autónomos na cobrança e gestão das compensações equitativas percebidas, correspondentes, por um lado, a cópia de obras reproduzidas em fonogramas e videogramas e, por outro lado, a cópia de obras editadas em suporte papel e electrónico;

i) ...

3 – Na fixação dos critérios referidos na alínea *e)* do número anterior, são obrigatoriamente ponderados os seguintes factores:

a) A representatividade dos titulares de direitos;

b) O resultado dos estudos realizados pela entidade gestora, nomeadamente sobre a natureza das obras reproduzidas e os hábitos de cópia da população portuguesa;

c) A utilização, pelos titulares dos direitos, de medidas eficazes de carácter tecnológico, designadamente, de mecanismos digitais de protecção;

d) O acesso da população portuguesa a reproduções contratualmente autorizadas pelos titulares dos direitos.

4 – A entidade gestora deve organizar-se e agir de modo a integrar como membros os organismos que venham a constituir-se e que requeiram a sua integração, sempre que se mostre que estes são representativos dos interesses e direitos que se visa proteger, em ordem a garantir os princípios da igualdade, representatividade, liberdade, pluralismo e participação.

5 – (Anterior nº 4)

6 – Os custos de funcionamento da entidade gestora não devem exceder 20 /prct. do conjunto das receitas globais obtidas com a cobrança das compensações equitativas.

7 – A entidade gestora deve publicitar, anualmente, no respectivo sítio na Internet, os montantes da compensação equitativa distribuídos a cada um dos associados, com a respectiva identificação, bem como os estudos referidos na alínea *b)* do nº 3.

8 – Os associados da entidade gestora devem publicitar, anualmente, no respectivo sítio na Internet, os montantes totais distribuídos aos beneficiários da compensação equitativa, bem como os critérios aplicados à distribuição.

9 – A entidade gestora pode celebrar acordos com entidades públicas e privadas que utilizem equipamentos para fixação e reprodução de obras e prestações, com ou sem fins lucrativos, em ordem a garantir os legítimos direitos de autor e conexos consignados no respectivo Código.

10 – O conselho fiscal da entidade gestora é assegurado por um revisor oficial de contas (ROC).

11 – A entidade gestora publica anualmente o relatório e contas do exercício no seu sítio na Internet.

12 – A entidade gestora deve adaptar-se às disposições legais que enquadram a actividade das entidades de gestão colectiva e que se adaptem à sua natureza, em tudo o que não esteja regulado na presente lei.

Artigo 7º

[...]

1 – A entidade gestora deve afectar 20 /prct. do valor total das compensações equitativas percebidas para acções de incentivo à actividade cultural e à investigação e divulgação dos direitos de autor e direitos conexos.

2 – A entidade gestora deve, deduzidos os custos do seu funcionamento, repartir o remanescente das quantias recebidas nos termos dos artigos anteriores do seguinte modo:

a) No caso do disposto no nº 2 do artigo 3º: 50 /prct. para os organismos representativos dos autores e 50 /prct. para os organismos representativos dos editores;

b) No caso do disposto no nº 4 do artigo 3º:

i) Na parcela de compensação equitativa que corresponde à proporção da utilização típica do suporte para a reprodução de obras áudio e audiovisuais: 40 /prct. para os organismos representativos dos autores, 30 /prct. para os organismos representativos dos artistas, intérpretes ou executantes e 30 /prct. para os organismos representativos dos produtores de fonogramas ou de videogramas;

ii) Na parcela de compensação equitativa que corresponde à proporção da utilização típica do suporte para a reprodução de obras escritas, livros, incluindo livros outras publicações periódicas e não periódicas: 50 /prct. para os organismos representativos dos autores e 50 /prct. para os organismos representativos dos editores.

Artigo 8º

[...]

1 – ...

2 – Os organismos convidados a designar os membros da comissão, bem como o número de pessoas a designar por cada um, são determinados por despacho do membro do Governo responsável pela área da Cultura.

3 – ...

4 – ...

Artigo 9º

[...]

1 – Constitui contraordenação punível com coima de € 500 a € 5000 a venda de equipamentos ou suportes, em violação do disposto nos nºs 2 e 4 do artigo 3º

2 – Constitui contraordenação punível com coima de € 250 a € 1.500 o não envio da comunicação prevista no nº 5 do artigo 5º

3 – (Anterior nº 2)

4 – (Anterior nº 3)

5 – (Anterior nº 4)

Artigo 3º – Aditamento à Lei 62/98, de 1 de Setembro

É aditado à Lei 62/98, de 1 de Setembro, o artigo 5º-A, com a seguinte redacção:

Artigo 5º-A

Contribuição para o desenvolvimento da actividade cultural

1 – A partir de 2015, em cada ano civil, caso o montante da compensação equitativa cobrado pela entidade gestora a que se refere o artigo 6º seja superior a 15 milhões de euros, o montante superior a esse valor constitui receita própria do Fundo de Fomento Cultural e destina-se a contribuir para financiar programas de incentivo à promoção de actividades culturais e à criação cultural e artística, com prioridade ao investimento em novos talentos.

2 – A entidade gestora deve proceder à transferência do referido montante para o Fundo de Fomento Cultural com periodicidade trimestral.

Artigo 4º – Aditamento de anexo à Lei 62/98, de 1 de Setembro

É aditada em anexo à Lei 62/98, de 1 de Setembro, a tabela a que se refere o nº 4 do seu artigo 3º, na sua redacção actual, como anexo I da presente lei, da qual faz parte integrante.

Artigo 5º – Revisão da tabela de compensação equitativa

A tabela de compensação equitativa a que se refere o nº 4 do artigo 3º da Lei 62/98, de 1 de Setembro, na redacção dada pela presente lei, deve ser revista a cada dois anos a contar da sua entrada em vigor.

Artigo 6º – Norma transitória

A AGECOP – Associação para a Gestão da Cópia Privada dispõe de um prazo máximo de 60 dias após a entrada em vigor da presente lei para adequar os seus estatutos às alterações por esta introduzidas na Lei 62/98, de 1 de Setembro.

Artigo 7º – Norma revogatória

São revogados:

a) O artigo 8º da Lei 50/2004, de 24 de Agosto;

b) O artigo 8º da Lei 62/98, de 1 de Setembro, aditado pelo artigo 7º da Lei 50/2004, de 24 de Agosto;

c) O nº 2 do artigo 82º do Código do Direito de Autor e dos Direitos Conexos, aprovado pelo Decreto-Lei 63/85, de 14 de Março.

Artigo 8º – Republicação

A Lei 62/98, de 1 de Setembro, na sua redacção actual e com as necessárias correcções materiais, é republicada no anexo II, que é parte integrante da presente lei.

Artigo 9º – Entrada em vigor e produção de efeitos

1 – A presente lei entra em vigor 30 dias após a sua publicação.

2 – O disposto no nº 6 do artigo 6º da Lei 62/98, de 1 de Setembro, na redacção introduzida pela presente lei, só produz efeitos a partir de 1 de Janeiro de 2016.

Aprovada em 20 de Fevereiro de 2015.
A Presidente da Assembleia da República, Maria da Assunção A. Esteves.
Promulgada em 22 de Maio de 2015.
Publique-se.
O Presidente da República, Aníbal Cavaco Silva.
Referendada em 25 de Maio de 2015.
O Primeiro-Ministro, Pedro Passos Coelho.

ANEXO I

(a que se refere o nº 4 do artigo 3º da Lei 62/98, de 1 de Setembro)

Tabela de compensação equitativa

1 – Aparelhos, equipamentos e instrumentos técnicos de reprodução:
a) Equipamentos multifunções ou fotocopiadoras jacto de tinta – € 5/unidade;
b) Equipamentos multifunções ou fotocopiadoras laser:
Até 40 páginas por minuto – € 10/unidade;
Mais de 40 páginas por minuto – € 20/unidade;
c) Scanners e outros equipamentos destinados apenas à digitalização – € 2/unidade;
d) Impressoras jacto de tinta – € 2,5/unidade;
e) Impressoras laser – € 7,5/unidade.
2 – Aparelhos, dispositivos e suportes:
2.1 – Equipamentos e aparelhos analógicos:
a) Gravadores áudio – € 0,20/ unidade;
b) Gravadores vídeo – € 0,20/ unidade.
2.2 – Equipamentos e aparelhos digitais que compreendam as seguintes funções e não tenham incluídas memórias ou discos rígidos:
a) Gravadores de discos compactos específicos (CD) – € 1/unidade;
b) Gravadores de discos versáteis – € 2/unidade;
c) Gravadores mistos de discos compactos (CD e DVD) – € 3/unidade;
d) Gravadores de discos Blu-ray – € 3/unidade.
2.3 – Suportes e dispositivos de armazenamento:
a) Suportes materiais analógicos, como cassetes áudio ou similares – € 0,10/ unidade;
b) Suportes materiais analógicos, como cassetes vídeo ou similares – € 0,10/unidade;
c) Discos compactos (CD) não regraváveis – € 0,05/unidade;
d) Discos compactos de 8 centímetros – € 0,05/unidade;
e) Discos de formato «Minidisc» – € 0,05/unidade;
f) Discos compactos regraváveis (CD-RW) – € 0,10/unidade;
g) Discos versáteis não regraváveis (DVD-R) – € 0,10/unidade;
h) Discos versáteis regraváveis (DVD-RW) – € 0,20/unidade;
i) Discos versáteis RAM (DVD-RAM) – € 0,20/unidade;
j) Discos Blu-ray – € 0,20/unidade;
k) Memórias USB – € 0,016 por cada GB de capacidade de armazenamento ou fracção, com o limite de € 7,5;
l) Cartões de memória – € 0,016 por cada GB de capacidade de armazenamento ou fracção, com o limite de € 7,5;
m) Memórias e discos rígidos integrados em aparelhos com funções de cópia de fonogramas e/ou videogramas – € 0,016 por cada GB de capacidade ou fracção, com o limite de € 15;

n) Suportes ou dispositivos de armazenamento, como discos externos denominados «multimédia» ou outros que disponham de uma ou mais saídas ou entradas de áudio e vídeo e que permitam o registo de sons e ou imagens animadas – € 0,016 por cada GB de capacidade de armazenamento ou fracção, com o limite de € 15;
o) Memórias e discos rígidos integrados em aparelhos com função de televisor e em aparelhos que assegurem o interface entre o sinal de televisão e o televisor, incluindo os descodificadores ou aparelhos de acesso a serviços de televisão por subscrição, que permitam armazenar sons e imagens animadas – € 0,016 por cada GB de capacidade ou fracção, com o limite de € 15;
p) Memórias ou discos rígidos integrados em computadores que não se incluam na alínea anterior – € 0,004 por cada GB de capacidade ou fracção, com o limite de € 7,5;
q) Discos rígidos internos ou externos que dependam de um computador ou de outros equipamentos ou aparelhos para desempenhar a função de reprodução e que permitam o armazenamento de imagens animadas e sons – € 0,004 por cada GB de capacidade ou fracção, com o limite de € 7,5;
r) Memórias e discos rígidos integrados em aparelhos dedicados à reprodução, leitura e armazenamento de fonogramas, quaisquer obras musicais e outros conteúdos sonoros em formato comprimido – € 0,20 por cada GB de capacidade de armazenamento ou fracção, com o limite de € 15;
s) Memórias e discos rígidos integrados em telefones móveis que permitam armazenar, ouvir obras musicais e ver obras audiovisuais – € 0,12 por cada GB de capacidade de armazenamento ou fracção, com o limite de € 15;
t) Memórias ou discos rígidos integrados em aparelhos tabletes multimédia que disponham de ecrãs tácteis e permitam armazenar obras musicais e audiovisuais – € 0,12 por cada GB de capacidade de armazenamento ou fracção, com o limite de € 15.
3 – Ao mesmo aparelho, dispositivo ou suporte apenas pode ser aplicada uma compensação equitativa ao abrigo de uma das alíneas referidas nos números anteriores, de cuja aplicação resulte o valor mais elevado.

ANEXO II

Republicação da Lei 62/98, de 1 de Setembro

Regula o disposto no artigo 82º do Código do Direito de Autor e dos Direitos Conexos

Artigo 1º – Objecto

1 – A presente lei regula o disposto no artigo 82º do Código do Direito de Autor e dos Direitos Conexos, aprovado pelo Decreto-Lei 63/85, de 14 de Março, alterado pelas Leisnºs 45/85, de 17 de Setembro, e 114/91, de 3 de Setembro, pelos Decretos-Leisnºs 332/97 e 334/97, ambos de 27 de Novembro, e pelas Leisnºs 50/2004, de 24 de Agosto, 24/2006, de 30 de Junho, 16/2008, de 1 de Abril, 65/2012, de 20 de Dezembro, e 82/2013, de 6 de Dezembro.

2 – O disposto na presente lei não se aplica aos programas de computador nem às bases de dados constituídas por meios informáticos.

Artigo 2º – Compensação devida pela reprodução ou gravação de obras

Com vista a beneficiar os autores, os artistas intérpretes ou executantes, os editores e os produtores fonográficos e *video*gráficos, uma quantia é incluída no preço de venda ou disponibilização:

a) De todos e quaisquer aparelhos que permitam a fixação de obras;

b) Dos suportes materiais virgens digitais ou analógicos, com excepção do papel, previstos no nº 4 do artigo 3º, bem como das fixações e reproduções que por qualquer desses meios possam obter-se.

Artigo 3º – Compensação equitativa

1 – A quantia referida no artigo anterior tem a natureza de compensação equitativa, visando compensar os titulares de direitos dos danos patrimoniais sofridos com a prática da cópia privada.

2 – Sempre que a utilização seja habitual e para servir o público mediante a prática de actos de comércio, o preço de venda ao público das fotocópias de obras, electrocópias e demais suportes inclui uma compensação equitativa correspondente a 3 /prct. do valor do preço de venda, antes da aplicação do IVA, montante que é gerido pela entidade gestora a que se refere o artigo 6º

3 – Para os efeitos do disposto no número anterior, e em ordem a permitir a sua correcta exequibilidade, devem as entidades públicas e privadas que utilizem, nas condições supramencionadas, aparelhos que permitam a fixação e a reprodução de obras e prestações, celebrar acordos com a entidade gestora referida no número anterior.

4 – No preço da primeira venda ou disponibilização em território nacional e antes da aplicação do IVA em cada um dos aparelhos, dispositivos e suportes analó-

gicos e digitais que permitem a reprodução e armazenagem de obras, é incluído um valor compensatório nos termos da tabela anexa à presente lei e da qual faz parte integrante.

Artigo 4º – Isenções

1 – Estão isentos do pagamento das compensações previstas na presente lei os equipamentos e suportes adquiridos por pessoas singulares ou colectivas, públicas ou privadas, nas seguintes condições:

a) Quando a sua actividade tenha por objecto a comunicação audiovisual ou produção de fonogramas e de videogramas, exclusivamente para as suas próprias produções;

b) Quando a sua actividade tenha por objecto o apoio a pessoas com deficiência;

c) Quando a sua actividade principal tenha por objecto a salvaguarda do património cultural móvel;

d) Quando os suportes sejam especialmente destinados a fixação de imagens ou outro tipo de obras para uso exclusivo no âmbito da actividade profissional do respectivo autor, designadamente na actividade de fotógrafo, designer, arquitecto ou engenheiro, assim como profissões artísticas devidamente enquadradas pelo código de actividade económica;

e) Quando os aparelhos, dispositivos ou suportes sejam destinados exclusivamente para fins clínicos, para as missões públicas da defesa, da justiça, das áreas da segurança interna e de investigação científica, bem como dos utilizados para garantia da acessibilidade por pessoas com deficiência.

2 – Para os efeitos do disposto no número anterior, as pessoas singulares ou colectivas adquirentes devem:

a) Requerer junto da entidade gestora a que se refere o artigo 6º, previamente à aquisição dos equipamentos e suportes, a emissão de declaração de onde conste que a utilização dos mesmos se integra numa das situações de isenção, indicando e comprovando o respectivo objecto de actividade;

b) Apresentar, no acto da compra dos equipamentos e suportes, a declaração referida na alínea anterior.

3 – Não ocorrendo recusa fundamentada, a falta de emissão da declaração a que alude a alínea *a)* do número anterior, no prazo de 15 dias a contar da entrega do requerimento, pode ser suprida pela exibição de comprovativo de entrega deste.

4 – Estão também isentas do pagamento das compensações previstas na presente lei as pessoas colectivas que utilizem os equipamentos e suportes de armazenamento previstos nas alíneas p) e q) do nº 2.3 da tabela anexa à presente lei sem os disponibilizarem a pessoas singulares para uso individual, desde que os equipamentos e suportes sejam parte integrante de sistemas de processos automatizados de gestão documental e de dados que não incluam reproduções de obras protegidas.

5 – Estão ainda isentos do pagamento das compensações equitativas os aparelhos, dispositivos e suportes destinados à exportação.

Artigo 5º – Cobrança

1 – A responsabilidade pelo pagamento das compensações equitativas fixadas pela presente lei incumbe ao primeiro adquirente dos aparelhos e suportes em território nacional, desde que estes não se destinem a exportação ou reexportação.

2 – A responsabilidade pela cobrança e entrega à entidade gestora a que se refere o artigo 6º das compensações equitativas referidas no número anterior incumbe aos fabricantes estabelecidos no território nacional e aos importadores.

3 – Os montantes pecuniários referidos no nº 2 devem ser pagos, trimestralmente, mediante depósito em conta bancária a favor da entidade gestora a que se refere o artigo 6º

4 – Para os efeitos do disposto no número anterior, são celebrados acordos entre as entidades interessadas no procedimento, que devem regular os modos de cumprimento das obrigações previstas na presente lei.

5 – Os fabricantes e os importadores comunicam, semestralmente, à Inspecção-Geral das Actividades Culturais e à entidade gestora a que se refere o artigo 6º as seguintes informações:

a) As quantidades de aparelhos e suportes cujo preço inclui a compensação equitativa;

b) O preço de venda dos aparelhos e suportes a que acresce a compensação equitativa;

c) A compensação equitativa total cobrada.

Artigo 5º-A – Contribuição para o desenvolvimento da actividade cultural

1 – A partir de 2015, em cada ano civil, caso o montante da compensação equitativa cobrado pela entidade gestora a que se refere o artigo 6º seja superior a 15 milhões de euros, o montante superior a esse valor constitui receita própria do Fundo de Fomento Cultural e destina-se a contribuir para financiar programas de incentivo à promoção de actividades culturais e à criação cultural e artística, com prioridade ao investimento em novos talentos.

2 – A entidade gestora deve proceder à transferência do referido montante para o Fundo de Fomento Cultural com periodicidade trimestral.

Artigo 6º – Entidade gestora

1 – A cobrança, gestão e distribuição da compensação equitativa a que se refere o artigo 3º incumbem à AGECOP – Associação para a Gestão da Cópia Privada, adiante designada entidade gestora, pessoa colectiva, sem fins lucrativos, de natureza associativa, constituída por todas as entidades de gestão colectiva que em Portugal representam os autores, os artistas, intérpretes e executantes, os produtores de fonogramas, os produtores de videogramas, e os editores.

2 – Os estatutos da entidade gestora devem regular, entre outras, as seguintes matérias:

a) Objecto e duração;

b) Denominação e sede;

c) Órgãos sociais;

d) Modos de cobrança das compensações equitativas fixadas pela presente lei;

e) Critérios de repartição das compensações equitativas entre os membros dos associados, incluindo os modos de distribuição e pagamento aos beneficiários que não estejam inscritos nos respectivos organismos, mas que se presume serem por estes representados;

f) Publicidade das deliberações sociais;

g) Direitos e deveres dos associados;

h) Estrutura e organização interna, designadamente a previsão de existência de dois departamentos autónomos na cobrança e gestão das compensações equitativas percebidas, correspondentes, por um lado, a cópia de obras reproduzidas em fonogramas e videogramas e, por outro lado, a cópia de obras editadas em suporte papel e electrónico;

i) Dissolução e destino do património.

3 – Na fixação dos critérios referidos na alínea *e)* do número anterior, são obrigatoriamente ponderados os seguintes factores:

a) A representatividade dos titulares de direitos;

b) O resultado dos estudos realizados pela entidade gestora, nomeadamente sobre a natureza das obras reproduzidas e os hábitos de cópia da população portuguesa;

c) A utilização, pelos titulares dos direitos, de medidas eficazes de carácter tecnológico, designadamente, de mecanismos digitais de protecção;

d) O acesso da população portuguesa a reproduções contratualmente autorizadas pelos titulares dos direitos.

4 – A entidade gestora deve organizar-se e agir de modo a integrar como membros os organismos que venham a constituir-se e que requeiram a sua integração, sempre que se mostre que estes são representativos dos interesses e direitos que se visa proteger, em ordem a garantir os princípios da igualdade, representatividade, liberdade, pluralismo e participação.

5 – Os litígios emergentes da aplicação do disposto no número anterior são resolvidos por arbitragem obrigatória, nos termos da legislação geral.

6 – Os custos de funcionamento da entidade gestora não devem exceder 20 /prct. do conjunto das receitas globais obtidas com a cobrança das compensações equitativas.

7 – A entidade gestora deve publicitar, anualmente, no respectivo sítio na Internet, os montantes da compensação equitativa distribuídos a cada um dos associados, com a respectiva identificação, bem como os estudos referidos na alínea *b)* do nº 3.

8 – Os associados da entidade gestora devem publicitar, anualmente, no respectivo sítio na Internet, os montantes totais distribuídos aos beneficiários da compensação equitativa, bem como os critérios aplicados à distribuição.

9 – A entidade gestora pode celebrar acordos com entidades públicas e privadas que utilizem equipamentos para fixação e reprodução de obras e prestações, com ou sem fins lucrativos, em ordem a garantir os legítimos direitos de autor e conexos consignados no respectivo Código.

10 – O conselho fiscal da entidade gestora é assegurado por um revisor oficial de contas (ROC).

11 – A entidade gestora publica anualmente o relatório e contas do exercício no seu sítio na Internet.

12 – A entidade gestora deve adaptar-se às disposições legais que enquadram a actividade das entidades de gestão colectiva e que se adaptem à sua natureza, em tudo o que não esteja regulado na presente lei.

Artigo 7º – Afectação

1 – A entidade gestora deve afectar 20 /prct. do valor total das compensações equitativas percebidas para acções de incentivo à actividade cultural e à investigação e divulgação dos direitos de autor e direitos conexos.

2 – A entidade gestora deve, deduzidos os custos do seu funcionamento, repartir o remanescente das quantias recebidas nos termos dos artigos anteriores do seguinte modo:

a) No caso do disposto no nº 2 do artigo 3º: 50 /prct. para os organismos representativos dos autores e 50 /prct. para os organismos representativos dos editores;

b) No caso do disposto no nº 4 do artigo 3º:

i) Na parcela de compensação equitativa que corresponde à proporção da utilização típica do suporte para a reprodução de obras áudio e audiovisuais: 40 /prct. para os organismos representativos dos autores, 30 /prct. para os organismos representativos dos artistas, intérpretes ou executantes e 30 /prct. para os organismos representativos dos produtores de fonogramas ou de videogramas;

ii) Na parcela de compensação equitativa que corresponde à proporção da utilização típica do suporte para a reprodução de obras escritas, livros, incluindo livros outras publicações periódicas e não periódicas: 50 /prct. para os organismos representativos dos autores e 50 /prct. para os organismos representativos dos editores.

Artigo 8º – Comissão de acompanhamento

1 – É constituída uma comissão presidida por um representante do Estado designado por despacho do Primeiro-Ministro e composta por uma metade de pessoas designadas pelos organismos representativos dos titulares de direito, por um quarto de pessoas designadas pelos organismos representativos dos fabricantes ou importadores de suportes e aparelhos mencionados no artigo 3º e por um quarto de pessoas designadas pelos organismos representativos dos consumidores.

2 – Os organismos convidados a designar os membros da comissão, bem como o número de pessoas a designar por cada um, são determinados por despacho do membro do Governo responsável pela área da Cultura.

3 – A comissão reúne pelo menos uma vez por ano, sob convocação do seu presidente ou a requerimento escrito da maioria dos seus membros, para avaliar as condições de implementação da presente lei.

4 – As deliberações da comissão são aprovadas por maioria dos membros presentes, tendo o presidente voto de qualidade.

Artigo 9º – Contraordenações

1 – Constitui contraordenação punível com coima de € 500 a € 5000 a venda de equipamentos ou suportes, em violação do disposto nosnºs 2 e 4 do artigo 3º

2 – Constitui contraordenação punível com coima de € 250 a € 1.500 o não envio da comunicação prevista no nº 5 do artigo 5º

3 – A fiscalização do cumprimento das disposições constantes na presente lei compete à Inspecção-Geral das Actividades Culturais e a todas as autoridades policiais e administrativas.

4 – O processamento das contraordenações e a aplicação das coimas são da competência da Inspecção-Geral das Actividades Culturais.

5 – O produto da aplicação das coimas previstas no presente artigo constitui receita do Estado e da Inspecção-Geral das Actividades Culturais, respectivamente, nas percentagens de 60 /prct. e 40 /prct.

Artigo 10º – Entrada em vigor

A presente lei entra em vigor 30 dias após a sua publicação.

ANEXO

A que se refere o nº 4 do Artigo 3º

Tabela de compensação equitativa

1 – Aparelhos, equipamentos e instrumentos técnicos de reprodução:
a) Equipamentos multifunções ou fotocopiadoras jacto de tinta – € 5/unidade;
b) Equipamentos multifunções ou fotocopiadoras laser:
Até 40 páginas por minuto – € 10/unidade;
Mais de 40 páginas por minuto – € 20/unidade;
c) Scanners e outros equipamentos destinados apenas à digitalização – € 2/unidade;
d) Impressoras jacto de tinta – € 2,5/unidade;
e) Impressoras laser – € 7,5/unidade.
2 – Aparelhos, dispositivos e suportes:
2.1. – Equipamentos e aparelhos analógicos:
a) Gravadores áudio – € 0,20/ unidade;
b) Gravadores vídeo – € 0,20/ unidade.
2.2. – Equipamentos e aparelhos digitais que compreendam as seguintes funções e não tenham incluídas memórias ou discos rígidos:
a) Gravadores de discos compactos específicos (CD) – € 1/unidade;
b) Gravadores de discos versáteis – € 2/unidade;
c) Gravadores mistos de discos compactos (CD e DVD) – € 3/unidade;
d) Gravadores de discos Blu-ray – € 3/unidade.
2.3. – Suportes e dispositivos de armazenamento:
a) Suportes materiais analógicos, como cassetes áudio ou similares – € 0,10/ unidade;
b) Suportes materiais analógicos, como cassetes vídeo ou similares – € 0,10/unidade;
c) Discos compactos (CD) não regraváveis – € 0,05/unidade;
d) Discos compactos de 8 centímetros – € 0,05/unidade;
e) Discos de formato «Minidisc» – € 0,05/unidade;
f) Discos compactos regraváveis (CD-RW) – € 0,10/unidade;
g) Discos versáteis não regraváveis (DVD-R) – € 0,10/unidade;
h) Discos versáteis regraváveis (DVD-RW) – € 0,20/unidade;
i) Discos versáteis RAM (DVD-RAM) – € 0,20/unidade;
j) Discos Blu-ray – € 0,20/unidade;
k) Memórias USB – € 0,016 por cada GB de capacidade de armazenamento ou fracção, com o limite de € 7,5;
l) Cartões de memória – € 0,016 por cada GB de capacidade de armazenamento ou fracção, com o limite de € 7,5;
m) Memórias e discos rígidos integrados em aparelhos com funções de cópia de fonogramas e/ou videogramas – € 0,016 por cada GB de capacidade ou fracção, com o limite de € 15;

n) Suportes ou dispositivos de armazenamento, como discos externos denominados «multimédia» ou outros que disponham de uma ou mais saídas ou entradas de áudio e vídeo e que permitam o registo de sons e ou imagens animadas – € 0,016 por cada GB de capacidade de armazenamento ou fracção, com o limite de € 15;
o) Memórias e discos rígidos integrados em aparelhos com função de televisor e em aparelhos que assegurem o interface entre o sinal de televisão e o televisor, incluindo os descodificadores ou aparelhos de acesso a serviços de televisão por subscrição, que permitam armazenar sons e imagens animadas – € 0,016 por cada GB de capacidade ou fracção, com o limite de € 15;
p) Memórias ou discos rígidos integrados em computadores que não se incluam na alínea anterior – € 0,004 por cada GB de capacidade ou fracção, com o limite de € 7,5;
q) Discos rígidos internos ou externos que dependam de um computador ou de outros equipamentos ou aparelhos para desempenhar a função de reprodução e que permitam o armazenamento de imagens animadas e sons – € 0,004 por cada GB de capacidade ou fracção, com o limite de € 7,5;
r) Memórias e discos rígidos integrados em aparelhos dedicados à reprodução, leitura e armazenamento de fonogramas, quaisquer obras musicais e outros conteúdos sonoros em formato comprimido – € 0,20 por cada GB de capacidade de armazenamento ou fracção, com o limite de € 15;
s) Memórias e discos rígidos integrados em telefones móveis que permitam armazenar, ouvir obras musicais e ver obras audiovisuais – € 0,12 por cada GB de capacidade de armazenamento ou fracção, com o limite de € 15;
t) Memórias ou discos rígidos integrados em aparelhos tabletes multimédia que disponham de ecrãs tácteis e permitam armazenar obras musicais e audiovisuais – € 0,12 por cada GB de capacidade de armazenamento ou fracção, com o limite de € 15.
3 – Ao mesmo aparelho, dispositivo ou suporte apenas pode ser aplicada uma compensação equitativa ao abrigo de uma das alíneas referidas nos números anteriores, de cuja aplicação resulte o valor mais elevado.

DL nº 143/2014, de 26 de Setembro

Registo de Obras Literárias e Artísticas

O Código do Direito de Autor e dos Direitos Conexos, aprovado pelo Decreto-Lei 63/85, de 14 de Março, estabelece que o direito de autor é reconhecido independentemente de registo, depósito ou qualquer outra formalidade.

O registo actualmente existente de obras literárias e artísticas tem carácter facultativo e o seu enquadramento legal vem sendo efectuado por recurso a legislação dispersa, aplicando-se quanto ao procedimento de registo o regime estabelecido no Decreto-Lei 30/2005, de 10 de Fevereiro, alterado pelo Decreto-Lei 49/2006, de 1 de Março.

Não obstante, entende-se ser útil sistematizar e harmonizar num diploma único as matérias substanciais e procedimentais associadas ao registo de obras literárias e artísticas, até agora dispersas em diferentes textos legais, de modo a permitir a aplicação uniforme e coerente dos aspectos atinentes ao registo de obra, contribuindo assim para facilitar aos autores a apreensão do direito aplicável.

Apresenta-se, pois, de elevada relevância aprovar um sistema de registo de obras literárias e artísticas, clarificando ao mesmo tempo os efeitos do registo de obra protegida.

O presente decreto-lei aprova o Regulamento de Registo de Obras Literárias e Artísticas no respeito pelo Código do Direito de Autor e dos Direitos Conexos.

A uniformização desejada do sistema de registo de obra literária e artística só adquire relevância se acompanhada de consistência lógica capaz de facilitar a compreensão das disposições legais, tanto na acepção dos destinatários, como na dos órgãos e agentes que a aplicam. Por esse motivo, o Regulamento de Registo de Obras Literárias e Artísticas, aprovado pelo presente decreto-lei, está organizado em cinco capítulos e construído numa lógica sistemática e coerente que facilita a sua consulta e aplicação.

Assim:

Nos termos da alínea *a)* do nº 1 do artigo 198º da Constituição, o Governo decreta o seguinte:

Artigo 1º – Objecto

O presente decreto-lei aprova o Regulamento de Registo de Obras Literárias e Artísticas.

Artigo 2º – Aprovação do Regulamento de Registo de Obras Literárias e Artísticas

É aprovado, em anexo ao presente decreto-lei, do qual faz parte integrante, o Regulamento de Registo de Obras Literárias e Artísticas, abreviadamente designado por Regulamento.

Artigo 3º – Taxas

O montante das taxas correspondentes aos serviços a prestar pela Inspecção-Geral das Actividades Culturais, nos termos do Regulamento aprovado em anexo ao presente decreto-lei, consta de tabela de taxas a aprovar por portaria dos membros do Governo responsáveis pelas áreas das finanças e da cultura.

Artigo 4º – Disposição transitória

Até à entrada em vigor da portaria prevista no artigo anterior mantêm-se em vigor os montantes previstos na tabela anexa ao Decreto-Lei 30/2005, de 10 de Fevereiro, alterado pelo Decreto-Lei 49/2006, de 1 de Março.

Artigo 5º – Norma revogatória

São revogados:

a) O Decreto nº 4114, de 17 de Abril de 1918;

b) O Decreto-Lei 30/2005, de 10 de Fevereiro, alterado pelo Decreto-Lei 49/2006, de 1 de Março, sem prejuízo do disposto no artigo anterior.

Artigo 6º – Entrada em vigor

O presente decreto-lei entra em vigor 30 dias após a data da sua publicação.

Visto e aprovado em Conselho de Ministros de 21 de Agosto de 2014. – Pedro Passos Coelho – Maria Luís Casanova Morgado Dias de Albuquerque.

Promulgado em 19 de Setembro de 2014.

Publique-se.

O Presidente da República, Aníbal Cavaco Silva.

Referendado em 23 de Setembro de 2014.

O Primeiro-Ministro, Pedro Passos Coelho.

ANEXO

A que se refere o Artigo 2º

REGULAMENTO DE REGISTO DE OBRAS LITERÁRIAS E ARTÍSTICAS

CAPÍTULO I – Disposições gerais

Artigo 1º – Objecto

O Regulamento de Registo de Obras Literárias e Artísticas, abreviadamente designado por Regulamento, estabelece as regras e os procedimentos de registo de obras literárias e artísticas aplicáveis às criações nos domínios literário, científico e artístico.

Artigo 2º – Competência

O registo de obras literárias e artísticas compete à Inspecção-Geral das Actividades Culturais (Inspecção-Geral das Actividades Culturais), nos termos das alíneas *c)* e m) do nº 2 do artigo 2º do Decreto Regulamentar nº 43/2012, de 25 de Maio.

Artigo 3º – Definições

Para efeitos do presente Regulamento, entende-se por:

a) «Base de dados», a colectânea de obras, dados ou outros elementos independentes, dispostos de modo sistemático ou metódico e susceptíveis de acesso individual por meios electrónicos e protegidas pelo direito de autor no âmbito da legislação vigente;

b) «Distribuição», a disposição feita ao público do original ou de cópias de obras literárias, artísticas ou científicas, bem como de videogramas ou fonogramas, mediante a venda, locação, ou demais formas de transferências de propriedade ou de posse;

c) «Fonograma», o suporte ou veículo de um conteúdo sonoro, digital ou analógico, de forma estável e duradoura, de modo a permitir a sua percepção, reprodução ou comunicação;

d) «Obras» e «Obra colectiva», as criações intelectuais do domínio literário, científico e artístico, de acordo com as definições estabelecidas no Código do Direito de Autor e dos Direitos Conexos (CDADC);

e) «Obra derivada», o produto da transformação da obra originária, constituindo nova criação intelectual;

f) «Obras literárias e artísticas», as produções do domínio literário, científico e artístico, de acordo com a definição estabelecida na Convenção de Berna, a que Portugal aderiu através do Decreto nº 73/78, de 26 de Julho;

g) «Obra originária», a criação intelectual primitiva;

h) «Publicação», a colocação ao conhecimento do público de uma obra literária, artística ou científica, com o consentimento do autor ou de qualquer outro titular do direito de autor, por qualquer forma ou processo;

i) «Reprodução», a cópia de um ou de vários exemplares de uma obra literária, artística ou científica;

j) «*Video*grama», o registo resultante da fixação, em suporte material, de imagens, acompanhadas ou não de sons, bem como a cópia de obras cinematográficas ou audiovisuais, incluindo, independentemente do suporte material, da forma de fixação ou da interactividade, os *video*jogos e jogos de computador.

CAPÍTULO II – Obra protegida

Artigo 4º – Obras passíveis de registo

1 – São passíveis de registo as criações intelectuais dos domínios literário, científico e artístico protegidas nos termos da legislação vigente, designadamente:

a) Livros, folhetos, revistas, jornais e outros escritos;

b) Conferências, lições, alocuções e sermões;

c) Obras dramáticas e dramático-musicais e a sua encenação;

d) Obras coreográficas e pantomimas, cuja expressão se fixa por escrito ou por qualquer outra forma;

e) Composições musicais, com ou sem palavras;

f) Obras cinematográficas, televisivas, fonográficas, *video*gráficos ou radiofónicas;

g) Obras de desenho, tapeçaria, pintura, escultura, cerâmica, azulejo, gravura, litografia e arquitectura;

h) Obras fotográficas ou produzidas por quaisquer processos análogos aos da fotografia;

i) Obras de arte aplicadas, desenhos ou modelos industriais e obras de design que constituam criação artística, independentemente da protecção relativa à propriedade industrial;

j) Ilustrações e cartas geográficas;

k) Projectos, esboços e obras plásticas respeitantes à arquitectura, ao urbanismo, à geografia ou às outras ciências;

l) Lemas ou divisas, ainda que de carácter publicitário, se se revestirem de originalidade;

m) Paródias e outras composições literárias ou musicais, ainda que inspiradas num tema ou motivo de outra obra;

n) Programas de computador que tenham carácter criativo, nos termos do Decreto-Lei 252/94, de 20 de Outubro, que transpõe a Directiva nº 91/250/CEE, do Conselho, de 14 de Maio de 1991;

o) Bases de dados, nos termos do disposto no Decreto-Lei 122/2000, de 4 de Julho, que transpõe a Directiva nº 96/9/CE, do Parlamento Europeu e do Conselho, de 11 de Março de 1996;

p) As traduções, arranjos, instrumentações, dramatizações, cinematizações e outras transformações de qualquer obra, ainda que esta não seja objecto de protecção;

q) Os sumários e as compilações de obras protegidas ou não, tais como selectas, enciclopédias e antologias que, pela escolha ou disposição das matérias, constituam criações intelectuais;

r) As compilações sistemáticas ou anotadas de textos de convenções, de leis, de regulamentos e de relatórios ou de decisões administrativas, judiciais ou de quaisquer outros órgãos ou autoridades do Estado ou da Administração Pública.

2 – A protecção conferida às obras mencionadas nas alíneas p), q) e r) do número anterior não prejudica os direitos reconhecidos aos autores das correspondentes obras originais.

Artigo 5º – Elementos ou obras não passíveis de registo

Não são passíveis de registo, nos termos do presente Regulamento e em conformidade com o CDADC, os seguintes elementos ou obras:

a) As ideias, os processos, os sistemas, os métodos operacionais, os conceitos, os princípios ou as descobertas;

b) As notícias do dia e os relatos dos acontecimentos diversos com carácter de simples informações de qualquer modo divulgados;

c) Os requerimentos, alegações, queixas e outros textos apresentados por escrito ou oralmente perante autoridades ou serviços públicos;

d) Os textos propostos e os discursos proferidos perante assembleias ou outros órgãos colegiais, políticos e administrativos, de âmbito nacional, regional ou local, ou em debates públicos sobre assuntos de interesse comum;

e) Os discursos políticos.

CAPÍTULO III – Direito de autor e direitos conexos

Artigo 6º – Reconhecimento

O direito de autor e os direitos dele derivados, designados por direitos conexos, existem independentemente de registo.

Artigo 7º – Conteúdo do direito de autor

1 – O direito de autor compreende uma componente patrimonial, disposta à utilização, fruição e disposição da obra, e de uma vertente moral, associada à reivindicação da paternidade, integridade e genuinidade da obra.

2 – Os direitos morais do autor são irrenunciáveis, inalienáveis, imprescritíveis e insusceptíveis de transmissão ou oneração.

Artigo 8º – Presunção de titularidade

1 – Pertencem ao autor os direitos patrimoniais e morais sobre a obra.

2 – Salvo disposição em contrário, o autor é o criador intelectual da obra, assim se considerando por uma das seguintes modalidades:

a) Aquele cujo nome, próprio ou pseudónimo, tiver sido indicado como tal na obra;

b) Aquele cujo nome tiver sido anunciado ou comunicado ao público.

CAPÍTULO IV – Registo de obras literárias ou artísticas

SECÇÃO I – Do registo em geral

Artigo 9º – Princípio da instância

O registo de obras literárias e artísticas não se efectua oficiosamente, mas a requerimento de pessoa com legitimidade para o efeito.

Artigo 10º – Legitimidade

Têm legitimidade para requerer o registo:

a) Os autores ou outros titulares originários do direito de autor e direitos conexos em relação à obra, representação, produção ou execução;

b) Os titulares sucessivos do direito de autor e dos direitos conexos.

Artigo 11º – Natureza e efeito do registo

1 – O registo é facultativo e tem efeito presuntivo, não dependendo dele o reconhecimento do direito de autor e dos direitos conexos, salvo nas situações em que a lei lhe atribui efeito constitutivo, nomeadamente nas previstas no CDADC e demais legislação aplicável.

2 – Nos termos do CDADC, é atribuído efeito constitutivo ao registo:

a) Do título de obra não publicada;

b) Dos títulos dos jornais e outras publicações periódicas;

c) Dos factos que importem constituição, transmissão, oneração, alienação, modificação ou extinção do direito de autor;

d) Do nome literário ou artístico;

e) Da penhora e o arresto sobre o direito de autor;

f) Do arrolamento ou da apreensão em processo de insolvência da obra cinematográfica ou audiovisual, bem como de quaisquer outros actos ou providências que a afectem;

g) Do mandato, nos termos do artigo 74º do CDADC.

3 – Nos termos do artigo 48º do Decreto-Lei 124/2013, de 30 de Agosto, que regulamenta a Lei 55/2012, de 6 de Setembro, alterada pela Lei 28/2014, de 19 de Maio, estão sujeitos a registo:

a) Os factos jurídicos que determinem a constituição, reconhecimento, transmissão, oneração, modificação ou extinção dos direitos de propriedade intelectual relativos à obra cinematográfica e audiovisual;

b) Os factos jurídicos confirmativos de convenções anuláveis ou resolúveis que tenham por objecto os direitos mencionados na alínea anterior;

c) O arresto, a penhora, o arrolamento ou a apreensão em processo de insolvência, bem como quaisquer outros actos ou providências que afectem a livre disposição da obra cinematográfica ou audiovisual;

d) O penhor, a penhora, o arresto e o arrolamento de créditos garantidos pela obra cinematográfica e audiovisual e ainda a consignação de rendimentos ou quaisquer outros actos ou providências que afectem a livre disposição da obra;

e) A propriedade sobre o negativo;

f) Todos os actos que envolvam a constituição, modificação ou extinção de direitos ou garantias sobre a mesma obra.

4 – Estão ainda sujeitas a registo:

a) As acções que tenham por fim principal ou acessório a constituição, o reconhecimento, a modificação ou a extinção do direito de autor;

b) As acções que tenham por fim principal ou acessório a constituição, a reforma, a declaração de nulidade ou a anulação de um registo ou o seu cancelamento;

c) As decisões finais transitadas em julgado das acções previstas nas alíneas anteriores.

Artigo 12º – Extensão do registo

1 – O registo das obras previstas no presente Regulamento inclui a inscrição e os averbamentos de obras intelectuais do domínio literário, científico ou artístico, protegidas pela legislação vigente, consolidando as disposições constantes do CDADC, bem como dos demais instrumentos legislativos resultantes da ratificação de tratados internacionais sobre a matéria.

2 – O registo inclui ainda o averbamento de actos e contratos de constituição, transmissão, modificação ou extinção de direitos reais e de quaisquer outros factos, actos ou títulos, tanto voluntários como necessários, que afectem os direitos a inscrever.

SECÇÃO II – Do registo provisório

Artigo 13º – Legitimidade

Têm legitimidade para requerer o registo provisório:

a) O requerente a quem foi atribuído mandato judicial que ordene o registo provisório em função de litígio pendente sobre a titularidade dos direitos sujeitos a inscrição;

b) O requerente a quem foi atribuído mandato de penhora, arresto ou arrolamento de créditos pignoratícios ou garantidos por consignação com efeitos sobre a propriedade intelectual do devedor;

c) O requerente munido de sentença executória apta a concretizar-se sobre direitos de propriedade intelectual;

d) Os herdeiros que comprovem o respectivo direito sucessório;

e) O requerente a quem foi transmitida a esfera patrimonial da propriedade intelectual por efeito de contrato ou que, em outra situação, tenha direito a exigi-la nos termos da lei.

Artigo 14º – Prazos de caducidade

1 – O registo provisório caduca no prazo de um ano se não for averbado como definitivo.

2 – Nas situações previstas nas alíneas *a)* a *c)* do artigo anterior, o registo converte-se em definitivo por averbamento acompanhado da respectiva sentença, transitada em julgado.

3 – Nas situações referidas nas alíneas *d)* e *e)* do artigo anterior, o registo converte-se em definitivo por averbamento quando apresentados os comprovativos legalmente exigidos para sanar as condições que determinaram o seu carácter provisório.

SECÇÃO III – Do requerimento para registo de obra protegida

Artigo 15º – Princípio do tracto sucessivo

1 – O registo constitui presunção jurídica da titularidade dos direitos de propriedade intelectual desde a primeira inscrição até à entrada no domínio público.

2 – Os actos e contratos de transmissão ou modificação de direitos de propriedade intelectual só podem ser registados quando acompanhados de documentos certificativos, após terem sido formalizados nos termos do artigo 20º

Artigo 16º – Requerimento

1 – O pedido de registo é efectuado pelo titular do direito sobre a obra mediante requerimento, com observância dos requisitos previstos no presente Regulamento.

2 – Tratando-se de requerimento definitivo ou provisório, entende-se que têm legitimidade para efectuar o pedido de registo as pessoas mencionadas nos artigos 10º e 13º, respectivamente.

Artigo 17º – Forma e conteúdo geral do requerimento

1 – Os requerimentos para registo de obra protegida a que se refere a presente secção são submetidos preferencialmente por via electrónica, através do sítio na Internet da Inspecção-Geral das Actividades Culturais, acessível através dos Portais do Cidadão e da Empresa.

2 – Nos casos em que, por motivos de indisponibilidade das plataformas electrónicas, não seja possível o cumprimento do disposto no número anterior, a apresentação do pedido é efectuada através de correio electrónico, para um endereço específico criado pela Inspecção-Geral das Actividades Culturais, publicitado no respectivo sítio na Internet e nos Portais do Cidadão e da Empresa.

3 – As plataformas referidas nos números anteriores devem disponibilizar informação e dados em formatos abertos, que permitam a leitura por máquina e que permitam o seu acesso através do sistema de pesquisa online de informação pública nos termos da legislação em vigor.

4 – Sem prejuízo do disposto nos números anteriores, o pedido pode também ser efectuado presencialmente ou por via postal.

5 – O pedido de registo de direitos, actos e contratos é submetido através de formulário, com os elementos constantes do presente Regulamento, acompanhado de cópia da obra a registar, em suporte físico ou digital, e com identificação do título da obra e do autor.

6 – Sem prejuízo do dever de depósito das obras junto da Inspecção-Geral das Actividades Culturais, o requerente pode pedir a dispensa da apresentação dos documentos que devam instruir o requerimento referido no nº 1 que se encontrem na posse de qualquer serviço ou organismo da Administração Pública, quando dê o seu consentimento para a sua obtenção, nos termos do artigo 28º-A do Decreto-Lei 135/99, de 22 de Abril, alterado pelos Decretos-Leisnºs 29/2000, de 13 de Março, 72-A/2010, de 18 de Junho, e 73/2014, de 13 de Maio.

Artigo 18º – Requerimento para registo de obra colectiva

1 – No caso de obra colectiva, deve também ser submetida uma declaração expressa que ateste a obra como sendo colectiva, com o nome completo ou denominação da entidade singular ou colectiva que organizou e dirigiu a sua criação e a identificação do autor em nome do qual a obra pode ser divulgada ou publicada.

2 – Sendo possível discriminar, no conjunto da obra colectiva, algum ou alguns dos colaboradores, deve ainda ser feita menção expressa à sua identificação e à respectiva colaboração na obra.

Artigo 19º – Requisitos especiais

1 – No caso de obras derivadas e de obras compósitas, deve constar, adicionalmente, a identificação do autor ou co-autores da obra original.

2 – Tratando-se de obras publicadas sob pseudónimo ou anonimato, é obrigatória a identificação no pedido da pessoa física ou jurídica a que corresponda o exercício do direito de autor ou direitos conexos.

3 – Nas situações em que se trate de obra escrita com caracteres não latinos, deve constar o título original e a respectiva tradução em português.

Artigo 20º – Registo de transmissão de direitos de exploração

1 – O cumprimento das disposições previstas na alínea *c)* do nº 2 do artigo 11º e do nº 2 do 15º pressupõe a formalização do pedido de registo de transmissão inter vivos da titularidade dos direitos de exploração económica sobre a obra.

2 – Para os efeitos do número anterior, é exigível cópia autenticada dos documentos comprovativos da transmissão ou transmissões indicadas nos artigos 43º e 44º do CDADC, consoante se trate de transmissão parcial ou de transmissão total, respectivamente.

3 – Nas situações em que a mudança de titularidade se produza por motivo de fusão, resolução administrativa ou decisão judicial, o pedido de registo deve ser acompanhado de documento comprovativo certificado por autoridade com competência legal para esse efeito.

Artigo 21º – Deficiência do requerimento

1 – Na falta de cumprimento das exigências previstas nos artigos anteriores, o requerente é convidado a suprir no prazo de 30 dias as deficiências existentes no requerimento.

2 – A não entrega dos elementos em falta no prazo previsto no número anterior equivale à desistência do requerimento, obrigando o requerente à apresentação de novo pedido e ao pagamento da taxa devida.

3 – O disposto no número anterior não se aplica às situações de simples incorrecção ou de mera imperfeição na formulação do pedido, devendo a Inspecção-Geral das Actividades Culturais nesses casos suprir oficiosamente as deficiências constantes dos respectivos requerimentos.

Artigo 22º – Causas de indeferimento

São indeferidos os requerimentos:

a) Não identificados;

b) Cujo pedido seja ininteligível;

c) Cujo objecto corresponda a algum dos elementos ou obras previstas no artigo 5º;

d) Quando em relação à mesma obra tenha sido efectuado registo provisório e se mantiverem as causas que lhe deram origem.

CAPÍTULO V – Procedimento de registo

Artigo 23º – Forma e conteúdo geral da inscrição

A inscrição deve conter os seguintes elementos:

a) Número do assento da obra;

b) Título da obra, representação ou produção objecto da propriedade intelectual;

c) Tipo de obra, representação ou produção com os dados específicos de descrição ou identificação que constem no requerimento de registo;

d) Dados identificativos do autor ou do titular originário do direito de autor, direitos inscritos e respectiva extensão e condições, caso existam;

e) Identificação do titular dos direitos patrimoniais, data e hora de apresentação do requerimento de inscrição.

Artigo 24º – Elementos específicos do registo

1 – Para efeitos de identificação e descrição das obras, representações ou produções protegidas pelo CDADC, devem constar do registo, consoante as situações, os seguintes elementos:

a) Para as obras literárias e científicas, assim como para as obras dramáticas em geral:

i) O número de páginas ou folhas, volumes e formato;

ii) No caso das obras dramáticas, a duração aproximada;

b) Para as composições musicais, com ou sem palavras:

i) O género musical;

ii) O número de compassos e a duração aproximada;

iii) A pauta instrumental e vocal e um exemplar da partitura;

c) Para as coreografias e pantomimas:

i) A descrição por escrito do movimento cénico;

ii) A gravação da obra num suporte cujo conteúdo possa ser examinado pelo registo;

d) Para as obras cinematográficas e televisivas:

i) A descrição por escrito da obra;

ii) O nome, o apelido ou a denominação social do produtor;

iii) A identificação dos intérpretes principais;

iv) A gravação da obra num suporte cujo conteúdo possa ser verificado;

e) Para obras de escultura e cerâmica:

i) O material e a técnica empregues;

ii) As dimensões;

iii) As três fotografias para disposição tridimensional;

f) Para as obras de desenho, tapeçaria, pintura e azulejo:

i) O tipo de suporte, o material e a técnica utilizados;

ii) As dimensões;

iii) A cópia ou fotografia que permita a sua completa identificação;

g) Para as obras em banda desenhada:

i) O número de páginas, folhas ou volumes;

ii) O exemplar ou cópia da obra;

h) Para as obras em gravura e litografia:

i) A técnica de gravação;

ii) O material de suporte;

iii) O material de matriz, as cores e as tintas utilizadas na tiragem;

iv) Os formatos, a tiragem e a cópia ou fotografia que permita a sua completa identificação;

i) Para as demais obras plásticas, aplicadas ou não:

i) Os modelos industriais e as obras de design;

ii) O material empregue;

iii) As dimensões;

iv) As três fotografias para disposição tridimensional, quando aplicável;

v) A descrição por escrito que facilite a identificação da obra;

j) Para as obras fotográficas ou produzidas por quaisquer processos análogos aos da fotografia:

i) A cópia em positivo ou em diapositivo;

ii) A data da realização da fotografia ou da sua reprodução;

k) Para os Projectos, plantas ou desenhos de obras de arquitectura:

i) O extracto ou descrição por escrito que permita a sua identificação, incluindo os gráficos necessários em formato DIN-A3 com a escala gráfica de referência;

ii) As datas de constituição e cessação do grupo de trabalho quando o Projectos tenha sido elaborado por um grupo de trabalho oficialmente constituído por arquitectos ou engenheiros;

iii) A gravação da obra num suporte cujo conteúdo possa ser analisado;

l) Para as maquetas:

i) A escala;

ii) As três fotografias para disposição tridimensional;

m) Para mapas, gráficos e ilustrações relativas a topografia, cartas geográficas ou à ciência em geral:

i) As dimensões ou escala;

ii) A cópia que permita uma completa identificação;

n) Para os programas de computador:

i) A totalidade do código fonte que se apresentará como exemplar da obra;

ii) O ficheiro executável do programa;

iii) Uma breve descrição do programa;

iv) A linguagem de programação;

v) A compatibilidade de sistemas operativos em que corre;

vi) A lista de ficheiros;

vii) O fluxograma;

o) Para as bases de dados:

i) A memória descritiva da base de dados;
ii) Os critérios sistemáticos e metódicos de ordenação;
iii) O sistema de acesso aos dados;
iv) A gravação da obra num suporte cujo conteúdo possa ser conferido;
v) O modo de acesso aos dados;
p) Para as actuações de artistas, intérpretes ou executantes:
i) A descrição por escrito da interpretação, actuação ou execução;
ii) O lugar e a data da interpretação, actuação ou execução ou, se for caso disso, a data da divulgação da gravação;
iii) O título e o autor da obra interpretada;
iv) A gravação da obra num suporte cujo conteúdo possa ser conferido;
q) Para as produções fonográficas:
i) O título e, se for caso disso, a identificação do autor da obra fixada em fonograma;
ii) O nome dos principais artistas, intérpretes e executantes;
iii) A declaração do produtor certificando que tem a autorização dos artistas;
iv) O tipo de fonograma ou sistema de gravação;
v) A data da gravação ou da divulgação;
vi) A cópia do fonograma;
r) Para as produções audiovisuais:
i) A descrição por escrito da produção;
ii) A gravação da obra num suporte cujo conteúdo possa ser conferido;
iii) A data da gravação ou da divulgação.

2 – Para quaisquer outras obras, representações ou produções protegidas não incluídas nas alíneas do número anterior são exigidos os dados e documentos que em cada caso se afigurem necessários à identificação e determinação do objecto da obra.

Artigo 25º – Suporte

O registo de obras literárias e artísticas, independentemente do meio, é efectuado em suporte adequado que permita a sua conservação e o acesso facilitado a todos os dados que devem constar na informação do registo.

Artigo 26º – Publicidade dos assentos registais

Os assentos registais são públicos e a sua publicidade tem lugar mediante certificação com eficácia probatória do seu conteúdo.

BIOGRAFIA SUMÁRIA DA AUTORA

Patrícia Akester, é licenciada em Direito pela Universidade Católica de Lisboa, Mestre em Direito da Propriedade Intelectual pela *University College of London* e Doutorada em Direito de Autor e os Desafios da Tecnologia Digital pelo *Queen Mary Intellectual Property Research Institute, Queen Mary University of London.*

Encontra-se inscrita na *Bar Association of England and Wales, Lincolns Inn*, como *Registered European Lawyer*, desde 2009 e na Ordem dos Advogados, desde 1996.

A nível internacional, entre as entidades solicitadoras do seu apoio jurídico incluem-se a Fieldfisher (Londres), a Bristows (Londres), a UNESCO (Paris), a Rede Aga Khan para o Desenvolvimento (Paris, Lisboa), a Movie Pictures Association of America (California) e a Anne Frank Fonds (Basel).

Em Portugal, foi consultora da Sérvulo & Associados entre 2012 e princípios de 2019 e fundou a respectiva Clínica de Propriedade Intelectual, dedicada às empresas de tecnologia, em 2015.

Em Fevereiro de 2019 fundou um Gabinete exclusivamente dedicado à Propriedade Intelectual, à Inteligência Artificial e à Cibersegurança (https://intellectualpropertyoffice.net/)

É Vice-Presidente do Instituto Luso Árabe para a Cooperação, desde 2017 e membro do Conselho Consultivo da Exputnik, Aceleradora de Empresas Internacional, desde 2014.

É *Associate* do Centre for Intellectual Property and Information Law, da Universidade de Cambridge, desde 2012, tendo-se dedicado exclusivamente à investigação e docência, na mesma Universidade, entre 2002 e 2012.

Tem múltiplas obras publicadas, sobretudo no Reino Unido, na área do Direito de Autor, sendo co-autora do livro *Sterling on World Copyright Law* (Londres, Sweet & Maxwell) desde 2009.

Publicou, em português, em 2004, *Direito de Autor e os Desafios da Tecnologia Digital* (Cascais, Principia), em 2013, *Direito de Autor em Portugal, nos PALOP, na União Europeia e nos Tratados Internacionais* (Coimbra, Almedina) e, em 2017, Código *de Direito de Autor Anotado* (Coimbra, Almedina).

Já proferiu conferências na Europa, na América do Norte, na América do Sul e na Ásia.

Recebeu o Prémio Pró-Autor, por decisão unânime do Conselho de Administração da Sociedade Portuguesa de Autores, em Maio de 2019.

É colonista da Insider, Diário de Notícias, incidindo os seus artigos de opinião sobre temas ligados ao Direito de Autor, à Propriedade Intelectual em sentido abrangente, à Inteligência Artificial e à Cibersegurança.

BIBLIOGRAFIA DA AUTORA

LIVROS:

Portugal, in Copyright in the Information Society: A Guide to National Implementation of the EC Directive (Londres, Edward Elgar, 2011, 2019).

Infringement, in Sterling on World Copyright Law (Londres, Sweet & Maxwell, 2015, 2018).

Portugal, in Moral Rights (Londres, Sweet and Maxwell, 2010, 2016).

Breve Reflexão sobre o direito de autor: desafios actuais e consequentes necessidades em sede de política cultural in Direito de Autor: Que futuro na era digital (Lisboa, Guerra e Paz, 2016).

Hiperligações: Questões, respostas e mais questões, in Estudos de Direito Intelectual em homenagem ao Professor Doutor José de Oliveira Ascensão (Coimbra, Almedina, 2015).

Direito de Autor – Em Portugal, nos PALOP, na União Europeia e nos Tratados Internacionais (Coimbra, Almedina, 2013).

A Practical Guide to Digital Copyright Law (Londres, Sweet & Maxwell, 2008).

Direito de Autor e os Desafios da Tecnologia Digital (Cascais, Principia, 2004).

ARTIGOS

"O artigo 13 da proposta de Directiva Mercado Único Digital: uma perspectiva europeia" (2019) Boletim da Ordem dos Advogados Edição Especial Jan/Feb 46.

"Portuguese Chronicle" (2017) 253 Revue Internationale du Droit D'Auteur, 44.

"Direito de Autor em Macau" (2015) 5 Legisiuris, 149 e 251.

"I Congresso de Propriedade Intelectual" (2014) 1 Revista de Direito Intelectual 359.

"SAS Institute Inc v World Programming Ltd, Case C-406/10 – Exploractory Answers" (2012) 34(3) *European Intellectual Property Review* 145.

"The New Challenges of Striking the Right Balance Between Copyright Protection and Access to Knowledge, Information and Culture" (2010) 32:8 *European Intellectual Property Review* 372.

"The impact of Digital Rights Management on Freedom of Expression – The First Empirical Assessment" (2010) 1 *International Review of Intellectual Property and Competition Law 31.*

"Copyright and P2P: law, economics and patterns of evolution" (2006) 28:11 *European Intellectual Property Review* 576 (with F. Lima).

"Study on the draft WIPO Broadcasting Treaty and its impact on freedom of expression" (2006) April-June *UNESCO e-Copyright Bulletin.*

"Digital Rights Management in the 21st Century" (2006) 3 *European Intellectual Property Review* 159 (with R. Akester).

"The political dimension of the digital challenge: copyright and free speech restrictions in the digital age" 2006 (1) *Intellectual Property Quarterly* 16.

"Copyright and the P2P Challenge" (2005) 3 *European Intellectual Property Review* 106.

"Implementation of the InfoSoc Directive in Portugal" (2005) 16:1 *Entertainment Law Review* 7.

"The economic dimension of the digital challenge: a copyright perspective" (2005) 1 *Intellectual Property Quarterly* 69 (with F. Lima).

"Authorship and Authenticity in Cyberspace" (2004) 20:6 *Computer Law & Security Report* 436.

"Cópia privada de registos sonoros e audiovisuais: a perspectiva do common" (2002) 8-10 *Temas da Propriedade Intelectual* 53.

"Survey of Technological Measures for Protection of Copyright" (2001) 12:1 *Entertainment Law Review* 36.

CASE NOTE

"Comment on Théberge v. Galerie d'Art du Petit Champlain Inc" (2003) 34:7 *International Review of Industrial Property and Copyright Law* 833.

BOOK REVIEWS

"The Legal Protection of Databases: a Comparative Analysis" by Estelle Derclaye (2009) 20:2 *Entertainment Law Review* 70.

"Copyright Exceptions: The Digital Impact" by Robert Burrell and Alison Coleman (2006) 65:2 *Cambridge Law Journal* 459.

RELATÓRIOS INTERNACIONAIS

"Promoting access to information in a digital environment without adversely affecting copyright protection", comissionado pela UNESCO para a XIV reunião do Comité Intergovernamental de Direito de Autor, 2010.

"Technological accommodation of conflicts between DRM and freedom of expression: the first empirical assessment", feito no âmbito de de um projecto patrocinado pelo Leverhulme Trust, 2009.

"Study on the draft WIPO Broadcasting Treaty and its impact on freedom of expression", commissionado pela UNESCO, 2005.

"Implementation of the protection of technological measures of Article 6 of the InfoSoc Directive (2001/29/EC) in the UK" (Euro Copyrights, Copyright Laws in Digital Europe).

"Implementation of the protection of technological measures of Article 6 of the InfoSoc Directive (2001/29/EC) in Portugal" (Euro Copyrights, Copyright Laws in Digital Europe).

ÍNDICE REMISSIVO

ÍNDICE GERAL

DIPLOMAS INTEGRANTES